빅데이터 활용의 전제조건

빅데이터 거버넌스

Big Data Governance: An Emerging Imperative

조완섭 · 우준식 · 신정길 · 조재용 · 김상하 · 주재은 옮김

SUNIL SOARES

홍릉과학출판사

Big Data Governance : An Emerging Imperative by Sunil Soares
First Edition
First Printing – October 2012

이 책에 대한 서평들

빅데이터는 다양한 소스로부터 발생되는 복잡한 데이터를 다룬다. 따라서 적절한 관리가 수반되지 않으면 데이터를 올바르게 통합하는 것조차 상당히 어려운 작업이 될 것이다. Big Data Governance: An Emerging Imperative는 빅데이터 통합 프로젝트를 지원하는 빅데이터 거버넌스 프로그램을 개발하는데 필요한 정보와 통찰력을 제공하는 책이다. Sunil이 이 작업을 잘 수행하였다.

Jay Yusko, Ph.D.
VP, Technology Research
SymphonyIRI Group

이 책은 정보 거버넌스 전문가가 복잡한 문제를 독자에게 실질적이면서도 쉬운 방식으로 이해할 수 있도록 작성한 좋은 책이다. 대기업의 경험많은 IT 전문가로서도 데이터 딜레마를 만나면 압도당하는 느낌을 가지곤 한다. 현재 데이터 실무자는 대답 보다 더 많은 질문에 직면하고 있다. 내가 근무하는 회사는 남아프리카에서 선두 통신회사이며, CDR(call detail records), 위치 데이터, 소셜 미디어에서 생성되는 데이터 등 스트림 데이터로 넘쳐나고 있고, 이들의 분석을 통하여 보다 유용한 사용을 바라고 있다.

이 책은 빅데이터와 관련된 신비한 문제들을 명확하게 정리하고 있으며, 빅데이터 공간에서 직면하는 도전들을 해결하는데 필요한 능력을 제공하고 있다.

이 책 안에는 풍부한 정보들이 들어 있다. 나는 이제 빅데이터 관련 아이디어와 이 책에서 공부한 것을 통합하는 기회를 가지고 있으며, 조직에서 직면하고 있는 빅데이터 문제를 해결하는데 자신감을 가지게 되었다. 이 책에서 Sunil이 제시하는 가이드라인을 고맙게 생각한다.

Komalin Chetty
Head, Data Governance Office
Telkom South Africa

저자에 대하여

Sunil Soares는 조직의 정보 거버넌스 프로그램 구축을 컨설팅하는 Information Asset, LLC,의 설립자이자 경영임원이다. 이전에 Sunil은 IBM의 정보 거버넌스 책임자였으며, 6개 대륙의 수많은 회사들을 고객으로 지원했다.

Sunil의 첫 번째 책 "The IBM Data Governance Unified Process (MC Press, 2010)"은 정보 거버넌스 프로그램의 구현을 위한 14개 steps, 100개 sub-steps을 구체적으로 제시하고 있다. 이 책은 여러 회사에서 정보 거버넌스 프로그램을 구축하는데 청사진으로 사용되었고, 중국어로 번역되었다. Sunil의 두 번째 책 "Selling Information Governance to the Business: Best Practices by Industry and Job Function (MC Press, 2011)"은 정보 거버넌스의 베스트 프렉티스를 다루고 있다.

IBM에 조인하기 전에 Sunil은 뉴욕의 Financial Services Strategy Consulting Practice of Booz Allen & Hamilton에 근무하면서 금융관련 컨설팅을 수행하였다. Sunil은 New Jersey에 거주하고 있으며, University of Chicago Booth School of Business에서 금융 마케팅 분야 MBA를 취득하였다.

서문

Inderpal Bhandari

우리는 데이터가 넘쳐나는 시대에 살고 있다. 이러한 데이터들은 점차 그러나 확실하게 우리의 삶 속에 들어왔다. 우리는 많은 작업을 할 때 데이터에 의존한다. 경제생활을 하거나 과학 연구에서 우리의 건강을 전자 기록으로 남기는 것까지 모두 그러하다. 우리는 분석을 통해 아이디어를 발견하고 데이터의 가치를 최대한 이해하고 발견하며 그 통찰력을 정보, 지식, 즉각적인 행동으로 연결시켜야 한다는 것을 알고 있다. 최근 소셜 미디어, 센서 네트워크, 스트리밍 기술, 그러한 기술들이 등장하면서 데이터 가치를 찾는 작업이 기존 데이터베이스와 데이터 웨어하우징 기술 범위를 넘어서게 되었다. '빅데이터' 시대에 진입한 것이다.

빅데이터란 무엇인가? 무엇이 빅데이터 거버넌스인가? 어떻게 하면 기업 또는 개인이 빅데이터를 통해 비즈니스 가치를 만들어낼 수 있을까? 빅데이터에 대한 많은 질문들에 대한 대답이 이 책에 들어 있다. 이런 질문을 전에 한 적이 없다면 이 책을 꼭 읽어야 한다. 그렇지 않으면 빅데이터를 이용하여 사업을 차별화하고 성장시킬 기회를 잃게 될 것이나.

Sunil은 자세한 사례를 들어 독자가 복잡하고 현재 진행 중인 주제를 잘 이해할 수 있게 했다. 예를 들어 그는 소매점이 여러 상품에 대한 고객의 인식과 느낌을 분석하는 데 소셜 미디어 데이터를 사용하는 사례를 들고 있다. 소매업자는 이렇게 자신이 데이터에 대해 이해한 것을 가지고 제품에 대한 할인을 최적화하는 데 사용하고 이는 회사의 수익을 비약적으로 높여줬다.

Sunil은 책에서 20개가 넘는 사례들을 다루고 있다. 이 사례들을 읽으면서 나는 독자 여러분이 내가 했던 것처럼 두 단계의 두뇌 훈련을 하기를 권한다.

첫째로, 어떻게 기업 또는 개인이 책에 나온 현재 기술이 아닌 기존의 데이터 기술과 절차로 사례연구와 똑같은 결과를 얻을 수 있을지 생각해 보자. 앞서 말한 소매업 사례를 예로 들면 소매업자는 시장 조사 설문을 통해서 여러 상품에 대한 고객의 인식과 시장의 분위기가 호의적인지, 비호의적인지 알 수 있다. 그러나 문제는 이런 방법은 몇 달이 걸린다는 것이다. 설문 조사 결과가 나올 때는 고객의 인식과 감정이 설문조사 실시 당시와는 완전히 달라서 효과적인 할인을 하는데 아무런 도움이 못 된다. 우리는 소셜 미디어 데이터를 써야 하는 시대에 있다. 이 방법은 기존 접근법으로 할 때보다 훨씬 더 적절한 때에 비즈니스 인텔리전스를 줄 수 있다.

둘째로, 현재 데이터 관리 프로세스와 시스템 간의 차이에 대해 생각해 보자. 소매업 예에서 우리는 소셜 미디어 데이터를 상품과 연결지어 생각해야 하는데 기존 마스터 데이터 관리 시스템 매칭 방식으로는 그 작업이 어렵다. 예를 들어 이러한 매칭 방식은 자연 언어 처리 능력을 필요로 한다. 이것이 차이다. 우리는 이런 새로운 방식들을 거버넌스(관리, 통제)해야 한다. 이것이 두 번째 차이다.

Sunil은 여러 사례에서 이러한 차이를 찾고 논의하고 비교해서 연구하기 쉽게 썼다. 독자는 이 책의 사례를 접하면서 빅데이터 거버넌스를 잘 이해하고 내가 앞서 했던 질문에도 잘 대답할 수 있을 것이다.

내가 할 말은 이상이다. 이 책을 읽기를 권한다. 이 책은 독자들이 빅데이터 시대에 들어서는 데 큰 힘이 되어줄 것이다.

Inderpal Bhandari

Express Scripts 부사장, 데이터 책임 관리자

서문

Aaron Zornes

“거버넌스를 하고, 되도록이면 빨리 해라”는 이 분야에서 조금이라도 알고 있는 기업과 자사의 데이터 통합 계획의 범위, 방향 설정을 하는 솔루션 담당자가 자주 하는 말이다. 물론 지금은 이런 계획의 범위에 필수가 되어 가고 있는 빅데이터 통합도 포함된다. 빅데이터 거버넌스와 연관된 범위, 다양성, 통합을 이해하는 것은 아주 어려운 작업이다.

Sunil Soares의 이 책은 IT 전문가가 자신의 기존 IT 경력 포트폴리오인 마스터 데이터 관리, 데이터 거버넌스 등을 최근 데이터 기술 트렌드인 ‘빅데이터’와 ‘빅데이터 분석’에 비추어보게 한다. Sunil의 이 책은 빅데이터에 관한 잘 짜여진 참조 아키텍처와 빅데이터 분석으로 생긴 비즈니스 결과 사례들을 충분히 보여주고 있다.

확실히 우리가 경험한 바로는 빅데이터를 효율적이고 지속적으로 관리하기 위해서는 마스터 데이터 관리(MDM)와 데이터 거버넌스가 모두 필요하다. 2013년에서 2014년까지 빅데이터는 MDM 구조에 속하게 되겠지만 다른 소스로 분류될 것이다.

빅데이터 어플리케이션은 MDM 인식이 가능해야 하며 MDM은 각 빅데이터 소스의 특성별로 저장이 가능해야 한다. 빅데이터 분석이 효율적으로 되기 위해서는 고객, 상품의 마스터 뷰를 이해해야 한다. 소셜 MDM에 데이터를 추가하고 빅데이터 저장공간에서 개체간 연결을 위해 빅데이터를 찾는 것은 모든 각도에서 볼 수 있게 해준다.

빅데이터는 계획한 비즈니스 전략에 따라 관리해야 하며 그 다음 이러한 데이터들은 조직에서 데이터 거버넌스 정책을 시행해야한다. 바꾸어 생각하면 적정한 비즈니스 전략없이 과도한 투자를 하면 경제적, 전략적인 위험이 두 배로 증가한다.

데이터 거버넌스 계획을 수립하였으면, 다음에는 기업이 관리하는 것과 그보다 더 큰 범위의 빅데이터를 포함할 수 있게 데이터 거버넌스 절차를 확장해야 한다. Sunil의 책에서 주장하는 하나는 데이터는 당신이 그걸 어떻게 사용하느냐가 중요한 것이지 규모가 중요한 것이 아니라는 것이다. 그것을 염두에 두고 우리 같은 IT 전문가들은 빅데이터 같은 새로운 기술 솔루션 변화와 그것이 필요로 하는 거버넌스를 받아들일 수 있도록 배워야 한다. Sunil의 신간 '빅데이터 거버넌스'는 독자들이 성공적으로 배울 수 있게 가르쳐주고 이끌어줄 것이다.

Aaron Zornes

MDM Institute 의 수석 연구원

영국, 뉴욕, 샌프란시스코, 상해, 싱가포르, 시드니, 도쿄, 토론토

MDM&Data Governance Summit의 Conference 회장

머리말

제가 쓴 첫 책 'IBM 데이터 거버넌스 통합 프로세스'(MC Press, 2010년)에서는 데이터 거버넌스 계획 실행에 필요한 14가지 주요 절차와 100 여 개에 달하는 하위 절차를 다뤘습니다. 그 책은 데이터 거버넌스 계획을 실천하기 위한 사람, 절차, 소프트웨어 툴에 초점을 맞추고 있습니다. 14개의 주요 단계는 다음과 같습니다.

1. 비즈니스 문제를 정의한다
2. 이사회의 후원을 얻는다
3. 성숙도 평가를 한다
4. 로드맵을 만든다
5. 조직 청사진을 그린다
6. 비즈니스 용어집을 만든다
7. 데이터를 이해한다
8. 메타데이터 리포지터리
9. 매트릭스를 정의한다
10. 마스터 데이터를 관리한다
11. 분석 작업을 관리한다
12. 보안과 프라이버시를 관리한다
13. 정보수명주기를 관리한다.
14. 결과를 측정한다.

두 번째 책인 '비즈니스에서의 정보 거버넌스 가치: 산업, 직무별 베스트 프랙티스를 중심으로'(MC Press, 2011년)은 정보 거버넌스의 가치의 대표적인 사례를 보여준다. 이는 세 파트로 나뉜다.

1. 산업별 베스트 프랙티스 - 은행이나 금융 시장, 보험, 의료, 제조업, 소매업, 여행, 교통, 정부, 석유와 가스, 통신, 공공시설에서의 정보 거버넌스 원칙 적용
2. 직무별 베스트 프랙티스 - 세일즈, 마케팅, 회계, 정보 기술, 정보 보안과 개인정보 보호, 인사, 법적 규제, 준수사항, 운영, 공급 체인, 상품 관리 등 핵심 직무별 정보 거버넌스 적용
3. 산업간 베스트 프랙티스 - 역할, 책임, 메트릭스, 메타데이터, 사업 성숙도 평가, 여러 비즈니스 사례들, 참조 아키텍처 관련. 이러한 주제들은 직무별, 산업별, 지역에 상관없이 정보 거버넌스 계획을 하는 곳이면 항상 볼 수 있다.

이 책의 목표는 모든 것을 다 다루기보다 조직에서 정보 거버넌스의 가치를 만들어 낸 가장 대표적인 사례들을 제공한다. 첫번째 책이 정보 거버넌스 계획을 실행한 핵심 사례를 보여주었다면, 두 번째 책은 정보 거버넌스 계획을 위해 조직적인 차원에서 도입했던 사례를 중점적으로 다뤘다.

빅데이터 거버넌스

빅데이터는 몇 가지를 들자면 트위터 뉴스피드, 페이스북 포스트, 블로그, 링크드인 프로필, 핸드폰 GPS 신호, 기계 기록, 전자태그(RFID) 데이터를 포함하고 있다. 이 데이터는 운영 과정에서 끊임없이 생성되고 크기가 매우 크며, 빠른 속도,구조적, 비구조적, 반구조적 데이터의 다양한 형식을 지니고 있다. 조직은 마스터 데이터와 참조 데이터 등과 같은 다른 종류의 정보와 마찬가지로 빅데이터도 데이터로 보고 관리해야 한다. 우리는 빅데이터를 관리하는 것을 '빅데이터 거버넌스'라고 한다.

이 책은 분야별, 데이터 유형, 산업별 빅데이터 거버넌스에 대해 논의하기 위해 나의 첫 번째, 두 번째 책에서 나온 베스트 프랙티스를 함께 담았다. 책은 다섯 가지 부분으로 나뉜다.

1. 시작 - 1장부터 5장은 빅데이터 거버넌스 프레임워크(틀), 성숙도 평가, 여러 비즈니스 사례, 로드맵을 간략하게 보여준다.
2. 빅데이터 거버넌스 규칙 - 6장부터 12장은 조직 정보 거버넌스 규정, 메타데이터, 개인정보 보호, 데이터 품질, 비즈니스 프로세스 통합, 마스터 데이터 통합, 정보 수명주기 관리를 빅데이터에 어떻게 적용할지 다룬다.
3. 빅데이터 유형별 거버넌스 - 13장부터 17장은 웹, 소셜 미디어 거버넌스, 사물 통신 데이터, 많은 거래 데이터, 생체 인식, 사람이 활동하면서 발생시킨 데이터를 거버넌스하는 사례를 담았다.
4. 산업 차원 - 18장에서 20장까지는 의료, 유틸리티, 통신 서비스 공급자의 빅데이터 거버넌스 베스트 프랙티스와 이에 대해 연구한 바를 썼다.
5. 빅데이터 기술 - 21장과 22장은 IBM, 오라클, SAP, SAS, Informatica, 마이크로소프트 등에서 하는 것을 설명하면서 빅데이터 참조 아키텍처를 보여줬다.

이 책은 빅데이터 분석에 관해 다루고 있지 않다. 그보다는 빅데이터를 관리하는 것이 중요하다는 점에 초점을 맞추고 있다. 빅데이터 거버넌스는 빅데이터 분석만큼 매력적이지는 않겠지만 빅데이터 프로그램에서 최대의 효과를 얻을 수 있는 핵심적인 작업이다. 최근 가트너 조사 결과는 조직이 사용하려고 하는 대부분의 데이터가 조직의 통제 밖에 있고 덜 구조적이며, 기존에 하던 거래 데이터보다 생소해서 빅데이터가 정보 거버넌스를 매우 어렵게할 것이라고 보고하고 있다.

빅데이터는 보안 사기와 같은 특정 목적를 위해 처리할 때까지 데이터 자체만으로는 가치를 확인하고 입증할 수 없다. 사기가 이미 발생하고 난 뒤에 데이터를 처리하게 되면 너무 늦은 것 일지도 모른다. 빅데이터 분석은 데이터셋이 계속 증가하고 바뀌므로 항상 사본을 저장해놓을 수 없다. 복제, 누락, 일반적인 불완전한 면들이 빅데이터를 관리하는 데에서 생길 것으로 보인다. 빅데이터가 항상 기존 데이터에 비해 신뢰할 수 있는 게 아니므로 거버넌스가 매우 중요하다.

마지막으로 나는 빅데이터를 이러한 새로운 데이터 유형을 기존의 거버넌스 계획과 기술 인프라에 통합하는 게 중요하다고 생각하므로 'Big Data'보다 'big data'로 부른다.

누가 이 책을 읽어야만 하는가

이 책은 빅데이터의 분석과 거버넌스에 책임이 있는 모든 사람에게나 유용하다. 경영진들을 대상으로 했으며 기술적인 내용이 많거나 그렇게 전문적이지 않다. 이 책에 관심이 있을 것 같은 독자들을 들자면 다음과 같다.

- 정보 총괄 임원(CIO)
- 정보 거버넌스 임원 또는 매니저
- 데이터 거버넌스 총괄 임원
- 정보 기술 임원 또는 매니저
- 정보 관리 임원 또는 매니저
- 비즈니스 인텔리전스와 데이터 웨어하우징 임원 또는 매니저
- 비즈니스 인텔리전스 역량 센터 임원 또는 매니저
- 소셜 미디어 분석 임원 또는 매니저
- 데이터 관리자
- 데이터 디스커버리 총괄 임원
- 데이터 과학자
- 분석 책임임원 또는 부사장
- 마스터 데이터 관리 임원
- 데이터 총괄 임원
- 정보 보안 총괄 임원
- 개인정보 보호 총괄 임원
- 마케팅 총괄임원
- 위험 관리 총괄임원
- 재무 총괄임원
- 보험 계리 총 책임자
- 공급망 총 책임자
- 판매 판촉 총괄 임원

- 의료 정보 총괄 임원
- 브랜드 인식 파악 책임자

빅데이터는 비즈니스 인사이트를 찾을 수 있는 많은 새로운 기회를 열어주었다. 특히 데이터 품질, 메타데이터, 개인정보 보호, 마스터 데이터 통합에 관해서만큼은 빅데이터를 거버넌스 하는 것이 매우 중요하다. 이 책을 읽고 난 후 독자 여러분이 내가 빅데이터 거버넌스에 대해 그랬던 것처럼 흥미를 느꼈으면 한다.

역자 서문

100년 전 자동차가 우리나라에 처음으로 도입될 당시 자동차에 관한 규제나 관리를 위한 조직을 누구도 생각하지 않았다. 지금은 어떠한가? 자동차에 관한 수많은 법규(도로교통법, 자동차관리법, 대기환경보전법, 소음진동규제법 등의 법과 수많은 시행령, 시행규칙, 규정 등)가 있으며, 도로와 신호체계 등 인프라가 구축되었고, 정부나 지자체에서 자동차 관련한 조직과 인력이 자동차와 연관된 업무를 담당하고 있다.

빅데이터 시대에 접어들면서 크고 다양한 데이터가 빠르게 생성되고 있으며, 정부, 공공기관, 기업들은 빅데이터를 활용하여 가치를 창출하는 문제를 고민하고 있다. 빅데이터를 분석하면 과학적인 의사결정을 할 수 있고, 이를 통하여 정부나 기업의 업무가 혁신되어 경쟁력 강화로 연결되기 때문이다. 선진국을 중심으로 각 나라들은 이미 빅데이터에 대한 숨막히는 치열한 경쟁을 하고 있다. 창조경제를 주창하는 우리 정부가 발표한 정부 3.0도 빅데이터를 중심축으로 삼고 있다.

이와 같이 빅데이터의 활용이 강조될수록 빅데이터에 관한 관리(거버넌스)가 중요한 문제로 부각되고 있다. 이는 자동차가 널리 활용되기 위하여 관련 법규나 조직 및 인력이 필수적인 것과 유사한 것이다. 실시간에 대량으로 다양한 형태로 쏟아지는 빅데이터의 분석 결과를 중요한 의사결정에 활용하기 위해서는 데이터의 품질보장, 개인정보 보호, 데이터 수명관리 등이 함께 이루어져야 하기 때문이다. 품질이 낮은 데이터의 분석결과는 오류를 포함하므로 중요한 의사결정에 활용될 수 없다. 개인의 프라이버시를 침해하는 데이터가 적절히 관리되지 못하면 빅브라더의 우려가 현실화될 것이다. 폭증하는 데이터의 수명이 제대로 관리되지 못하면 IT 비용 증가는 물론 국내외의 각종 규제에 대응할 수 없을 것이다. 데이터 관련 조직과 예산 및 인력을 배치하여 이러한 문제를 담당하도록 함으로써 빅데이터의 최적 활용은 물론 각종 위험을 사전에 파악하여 제거할 수 있을 것이다.

이 책은 빅데이터의 활용과 함께 가야 할 빅데이터 거버넌스 문제를 다양한 사례와 함께 다루고 있다. 빅데이터를 활용하여 조직의 업무를 혁신적으로 개선하고 통찰(인사이트: Insight) 를 얻고자 하는 곳에서는 빅데이터 거버넌스 프로그램을 함께 수립함으로써 성공적이고도 완전한 빅데이터 시대를 맞이할 수 있을 것이다.

역자일동

조완섭

우준식

신정길

조재용

김상하

주재은

목차

이 책에 대한 서평들 iii
저자에 대하여 v
서문 (Inderpal Bhandari) vi
서문 (Aaron Zornes) viii
머리말 x
역자 서문 xv

1. 빅데이터 거버넌스의 소개 1

2. 빅데이터 거버넌스 틀(프레임워크) 7

2.1 빅데이터 타입 9
2.2 정보 거버넌스 원칙 11
2.3 산업과 기능 측면에서의 빅데이터 거버넌스 시나리오들 13

3. 성숙도 측정 27

3.1 IBM의 정보 거버넌스 위원회 성숙도 모델 28
3.2 성숙도 측정을 위한 샘플 질문 30

4. 비즈니스 케이스 37

4.1 빅데이터 거버넌스를 통한 승객안전과 정시 운행률 증진 38
4.2 고객 프라이버시에 대한 빅데이터 거버넌스의 재정적 영향 측정 40
4.3 빅데이터 수명주기의 통제를 통한 IT 비용 절감 40
4.4 빅데이터 계획에서 데이터 품질과 마스터 데이터의 영향력 예측 42
4.5 빅데이터 품질의 가치 계산 43

5. 로드맵 ······ 45
5.1 로드맵 사례 연구 46

6. 빅데이터 거버넌스에 대한 조직 ······ 51
6.1 핵심 프로세스를 밝혀내고, 책임할당(RACI) 차트를 만들어 빅데이터 거버넌스의 이해 당사자를 명확히 함 52
6.2 기존 역할과 새로운 역할을 적절히 통합함 57
6.3 빅데이터에 대한 적절한 관리권 지정 57
6.4 빅데이터의 책임성을 기존 정보 거버넌스의 역할에 추가함 63
6.5 빅데이터의 책임성을 포함하는 정보 거버넌스 조직을 생성함 66

7. 메타데이터 ······ 69
7.1 핵심 빅데이터 용어에 대한 비즈니스 측면의 정의를 담은 사전을 제작 71
7.2 Apache Hadoop 내에서 진행중인 메타데이터에 대한 지원을 이해 74
7.3 비즈니스 용어 사전에서 민감한 빅데이터를 표시함 77
7.4 빅데이터 저장소로부터 기술적인 메타데이터를 가져옴 78
7.5 비즈니스 용어 사전에서 용어에 관련된 데이터 소스를 링크함 78
7.6 운영 메타데이터를 활용하여 빅데이터의 이동을 모니터링함 78
7.7 데이터 흐름과 영향성 분석을 위해 기술적인 메타데이터를 유지함 79
7.8 전사적 검색을 지원하기 위해 비구조적 문서로부터 메타데이터를 수집함 81
7.9 빅데이터를 감안하여 기존 메타데이터의 역할을 확장함 81

8. 빅데이터 프라이버시 ······ 83
8.1 민감한 빅데이터의 식별 88
8.2 메타데이터 리포지터리에 민감한 빅데이터를 표시 91
8.3 국가, 주별로 프라이버시 법률과 규제 소개 91
8.4 국경을 넘는 개인 데이터의 관리 102
8.5 인가받은 사용자에 의한 민감한 빅데이터 접근 관리 104

9. 빅데이터 품질 ······ 107
9.1 비즈니스 당사자들과 함께 빅데이터 품질에 대한 신뢰구간을 설정 109
9.2 반구조적, 비구조적 데이터 활용으로 구조적 데이터의 품질 향상 114
9.3 디스크 비적재 방식의 스트리밍 데이터 분석을 활용한 데이터 품질 향상 114
9.4 정보 거버넌스 위원회에 데이터 관리 주체 지정 118

10. **비즈니스 프로세스 통합** ··· 121
10.1 빅데이터 거버넌스에 영향을 받는 핵심 프로세스의 구별 122
10.2 프로세스 맵의 설계와 주요 활동 124
10.3 빅데이터 거버넌스 정책을 프로세스의 키 스텝에 맵핑 124

11. **마스터 데이터 통합** ··· 127
11.1 빅데이터 분석 지원을 위한 마스터 데이터 품질 향상 129
11.2 빅데이터 활용 마스터 데이터 품질 향상 131
11.3 핵심 참조 데이터의 일치성과 품질 향상을 통한 빅데이터 거버넌스 프로그램 지원 135
11.4 마스터 데이터 관리와의 통합 수준을 결정하기 위한 소셜 미디어 플랫폼 정책 고려 136
11.5 마스터 데이터 확충을 위한 비구조적 텍스트 의미 추출 137

12. **빅데이터 수명주기(lifecycle) 관리** ··· 143
12.1 해당 지역의 규제와 비즈니스 요구에 따라 빅데이터 보관기간을 결정 145
12.2 법적으로 민감한 정보를 문서화해서 보관하고 정보요구에 대응 147
12.3 빅데이터의 압축 보관을 통해 IT 비용 절감과 응용의 성능 개선을 동시에 달성 147
12.4 실시간 스트리밍데이터의 수명주기를 관리하는 것 149
12.5 규제 준수를 위한 소셜 미디어 기록 보관과 전자정보 공개 요구에 부응 150
12.6 규제 혹은 사업상 필요하지 않은 정보의 방어적인 폐기 150

13. **웹과 소셜 미디어** ··· 153
13.1 진화하는 규제와 관습을 고려한 소셜 미디어 고객 데이터 활용 정책 수립 155
13.2 종업원과 구직자에 관한 소셜 미디어 데이터의 적절한 사용 정책 수립 160
13.3 신뢰구간을 활용한 소셜 미디어 품질의 측정 163
13.4 쿠키 및 다른 형태의 웹 추적 데이터의 활용에 관한 정책 수립 164
13.5 프라이버시와 규제를 위반하지 않는 방식으로 온라인과 오프라인의 데이터를 연동시키는 정책 수립 172
13.6 웹 측정 방법의 일관성 유지 175

14. **M2M 데이터** ··· 179
14.1 현재 활용가능한 위치정보 데이터의 유형 조사 181
14.2 고객의 위치정보에 대한 활용 정책을 수립 183
14.3 직원의 위치정보에 대한 활용 정책을 수립 186
14.4 RFID 데이터에 대한 프라이버시 인증 187

14.5 다른 M2M 데이터에 대한 프라이버시 정책 수립 188
14.6 M2M 데이터의 품질과 메타데이터 191
14.7 M2M 데이터에 대한 유지 기간 정책의 설정 195
14.8 M2M 데이터 지원을 위한 마스터 데이터의 품질 향상 195
14.9 사이버 공격에 대한 약점을 이기는 SCADA 인프라 강화 198

15. 빅 트랜잭션 데이터 205

16. 생체 데이터 213

16.1 생체 데이터의 적합한 사용과 관련된 프라이버시 영향 평가 214
16.2 고객과 종업원에 대한 생체 데이터 사용 시 규제 영향 분석을 위한 법률자문 216

17. 사람이 생성한 데이터 221

17.1 사람이 생성한 민감한 데이터를 감추기 위한 정책을 만들기 223
17.2 구조적 데이터의 품질 향상을 위해 사람이 생성한 비구조적 데이터 사용하기 224
17.3 사람이 생성한 데이터의 수명관리를 통한 비용절감 및 규제 준수 225
17.4 사람이 생성한 데이터 활용 MDM 보완 225

18. 헬스케어 227

18.1 비구조적 데이터 활용으로 구조적 데이터의 품질 개선 229
18.2 구조적 데이터로부터 얻을 수 없는 추가 의료요인들의 추출 230
18.3 핵심 비즈니스 용어들에 대한 일관된 정의 230
18.4 모든 시설에서 환자 마스터 데이터의 일치성 보장 231
18.5 미국 HIPAA 규정에 의거 의료 정보에 대한 프라이버시 보호 231
18.6 참조 데이터의 창조적 관리를 통한 추가적인 의료 통찰력 확보 232

19. 유틸리티 산업 233

19.1 미터기 계량치의 중복문제 237
19.2 기본 키의 참조 무결성 237
19.3 이상치 문제 238
19.4 고객 주소의 데이터 품질 238
19.5 정보 수명주기(lifecycle) 관리 239
19.6 데이터베이스 모니터링 240
19.7 기술적인 아키텍처 240

20. 통신 서비스 공급자 243

20.1 빅데이터 유형 245
20.2 빅데이터를 마스터 데이터와 통합하기 246
20.3 빅데이터 개인정보보호 249
20.4 빅데이터 품질 249
20.5 빅데이터 수명주기 관리 250

21. 빅데이터 참조 아키텍처 253

21.1 빅데이터 소스 256
21.2 오픈소스 진영의 컴포넌트들 256
21.3 Hadoop 배포판 259
21.4 스트리밍 분석 259
21.5 데이터베이스 260
21.6 빅데이터 통합 262
21.7 텍스트 분석 264
21.8 빅데이터 디스커버리 265
21.9 빅데이터 품질 266
21.10 빅데이터의 메타데이터 267
21.11 정보 정책 관리 268
21.12 마스터 데이터 관리 269
21.13 데이터 웨어하우스와 데이터 마트 270
21.14 빅데이터 분석과 리포팅 271
21.15 빅데이터 보안과 프라이버시 273
21.16 빅데이터 수명주기 관리 275
21.17 클라우드 279

22. 빅데이터 플랫폼 281

22.1 IBM 282
22.2 Oracle 289
22.3 SAP 294
22.4 Microsoft 빅데이터 플랫폼 298
22.5 HP 301
22.6 Informatica 302
22.7 SAS 306
22.8 Teradata 307

22.9 EMC 308
22.10 Amazon 309
22.11 Google 309
22.12 Pentaho 310
22.13 Talend 311

부록 A. LIST OF ACRONYMS 313

부록 B. GLOSSARY 317

부록 C. REVIEWER PROFILES 337

부록 D. 이 책에 기여한 사람들 341

CHAPTER

01

빅데이터 거버넌스의 소개

오늘날 사람들은 데이터 속에서 살아가고 있다. 이들 데이터는 소셜 미디어, 전화 GPS 신호, 스마트 시설 측정기, RFID 태그, 디지털 사진, 온라인 비디오 등과 같은 다양한 원천으로부터 생성되고 있다. IDC는 디지털 세계에서 2011년 1.8 제타바이트(ZB, 1.8 trillion gigabytes)의 정보가 생성되었으며, 2년마다 데이터의 양이 2배씩 증가하고 있다고 추정하였다.[1] 빅데이터는 다음과 같이 3Vs라는 특징을 가지며, 가치(value)를 의미하는 V를 하나 더 추가하기도 한다.

- **Volume(용량)** — 빅데이터는 대개 대용량이다. 조직들은 데이터로 넘쳐나고 있으며, 테라바이트(TB)나 펩타바이트(PB)로 축적되고, 가까운 장래에 제타바이트(ZB)로 될 것이다.
- **Velocity(분석속도)** — 시간에 민감한 스트림 데이터는 즉각적인 의사결정에 활용되기 위하여 밀리세컨드 이내에 분석되어야 한다.
- **Variety(데이터의 다양성)** — 빅데이터는 구조적(structured) 데이터, 반구조적(semi-structured) 데이터, 비구조적(unstructured) 데이터를 모두 포함하며, 이메일, 오디오, 비디오, 클릭스트림, 로그 파일, 생체정보 등이 그 예이다.
- **Value(비용 효율성)** — 조직들은 저렴한 비용을 들여 빅데이터로부터 통찰력을 얻고자 노력한다. 아파치 하둡(Apache Hadoop)과 같은 오픈소스 기술들이 빅데이터 처리에 널리 활용되는 이유이다. 이 책의 후반부에 논의될 하둡(Hadoop)은 수백 혹은 수천 대의 컴퓨터를 활용하여 대규모 데이터를 빠르고, 저렴하게 처리할 수 있도록 지원하는 빅데이터 시대의 핵심 소프트웨어이다.

조직들은 이러한 빅데이터를 통제(혹은 관리)해야 하며, 그것이 이 책을 쓴 이유이다. **빅데이터 거버넌스**는 다음과 같이 정의한다.

빅데이터 거버넌스(*big data governance*)는 정보 거버넌스의 일부로서 빅데이터의 최적화, 프라이버시, 가치창출과 관련된 정책을 정하는 것이다.

이 정의의 중요한 부분들을 나누어서 다시 설명하면 다음과 같다.

1 The 2011 Digital Universe Study: Extracting Value from Chaos (IDC, 2011).

- **빅데이터는 정보 거버넌스의 일부임.** 정보 거버넌스 조직들은 반드시 빅데이터를 기존 거버넌스 틀(framework)에 추가해야 한다. 이를 위하여 다음의 작업이 필요하다.
    - 정보 거버넌스의 범위를 확대하여 빅데이터 거버넌스를 포함하도록 한다.
    - 정보 거버넌스 위원으로 데이터 과학자와 같은 빅데이터 전문가를 추가한다.
    - 빅데이터의 카테고리별(예를 들어 소셜 미디어) 데이터 관리 책임자(data steward)를 지정한다.
    - 빅데이터에 필요한 메타데이터, 프라이버시, 데이터 품질, 마스터 데이터 등을 정보 거버넌스 원칙에 맞게 조정한다.

- **빅데이터 거버넌스는 정책을 제정하는 것임.** 정책은 사람들이 주어진 상황에서 어떻게 행동해야 하는지를 정한 것이다. 빅데이터 거버넌스 정책의 한 예로서 고객의 페이스북(Facebook) 프로파일을 고객의 공식적인 동의가 없는 한 마스터(master) 데이터 레코드에 통합할 수 없도록 금지하는 것이다.

- **빅데이터는 최적화되어야 함.** 조직들이 실세계의 원칙을 빅데이터에 어떻게 적용하는지 살펴보자. 조직들은 잘 정의된 자산관리 프로그램이 있어 기계, 항공기, 자동차, 기타 자산들을 관리한다. 실세계의 자산들에 대한 목록을 관리하는 것처럼 빅데이터에 대해서도 다음과 같은 관리가 필요하다.
    - 메타데이터 관리: 빅데이터의 종류를 파악하여 목록을 작성한다.
    - 데이터 품질 관리: 물리적 자산에 대하여 예방적 점검을 하는 것과 마찬가지로 빅데이터를 정제하여 품질을 관리해야 한다.
    - 정보 수명주기 관리: 대규모 데이터를 유지하는 것은 비용이 많이 들 뿐 아니라 위험성을 수반하므로 더 이상 의미가 없는 데이터는 폐기하거나 보관해야 한다.

- **빅데이터의 프라이버시가 중요함.** 조직들은 빅데이터의 오용을 막을 수 있는 정책을 수립해야 한다. 소셜 미디어, 위치정보, 생체정보, 그 외 개인식별정보를 취급하는 조직들은 프라이버시 침해로 인한 평판 리스크, 규제 리스크, 법적 리스크를 신중하게 고려해야 한다.

- **빅데이터는 돈으로 전환될 수 있음.** 빅데이터는 제3의 조직에 판매하거나 새로운 서비스를 개발하는 데 사용함으로써 돈으로 전환될 수 있어야 한다. 기존 회계 기준은 대차대조표 작성시 외부에서 구매하지 않은 정보를 재정적 자산으로 간주할 수 없

도록 한다. 이러한 보수적 회계규정에도 불구하고 조직들은 빅데이터를 재정적 가치를 가진 회사의 자산으로 인식하기 시작하였다. 예를 들어 시설 운영부서에서는 센서 데이터를 사용하여 예방관리를 함으로써 장비의 가동시간을 높일 수 있다. 콜센터에서는 에이전트의 기록을 분석하여 왜 고객이 전화했는지를 이해함으로써 통화량을 줄일 수 있다. 소매상에서는 고객 마스터 파일을 이용하여 충성도를 높이는 페이스북 앱(App)을 강화할 수 있다.

- **빅데이터는 기능(부서)들 사이에 자연스런 긴장을 조성함.** 빅데이터 거버넌스는 조직의 여러 기능들 사이에 조성되는 경쟁적, 대립적인 목표들을 조정해야 한다. 예를 들어 통신업체의 무선통신 마케팅 부서는 위치정보를 활용하여 새로운 수입원(예를 들어 가입자가 소매상 근처에 접근할 때 유용한 쿠폰을 받도록 함)을 찾는 데 관심이 있다. 그러나 유선 비즈니스 부서에서는 가입자의 동의 없이 위치정보를 사용하는 데 있어 발생하는 평판 리스크를 걱정하고 있다. 반면 네트워크 관리팀에서는 이러한 정보를 특정 무선 중계기에서 통화중 끊김 현상과 같은 네트워크 성능 문제를 해결하는 데 사용하려고 한다. 마지막으로 개인정보보호 부서에서는 잠재적인 규제 위반을 걱정하고 있다. 이러한 상황에서 빅데이터 거버넌스는 새로운 서비스로 인한 이득이 평판 리스크와 규제 리스크를 능가하는지를 점검한 후, 예를 들어 위치정보를 내부적으로 네트워크 분석에 활용하는 것은 허용하지만 다른 비즈니스에의 활용은 금지함으로써 부서 간의 갈등을 조정할 수 있을 것이다.

사례 1.1은 화성기후 탐사선과 관련된 불행한 사건을 데이터 거버넌스 관점에서 리뷰한 것이다. 오늘날의 기준에서 보면 빅데이터가 아닐 수 있다. 그러나 NASA는 다양한 숫자들과 복잡한 수식들을 사용한 여러가지 정보를 고속으로 처리하여 운행명령을 내리고 있다. 만약 비즈니스 조직들에서 리스크, 사기, 구매성향 등을 계산하기 위하여 이 같은 복잡한 수식과 다양한 숫자를 사용한다면, 점수를 오해하거나 잘못 적용하여 오판을 일으킬 수 있을 것이다.

사례 1.1

빅데이터 거버넌스와 화성기후 탐사선 폭발

물체를 우주에 착륙시키는 데는 엄청난 양의 숫자가 필요하다. 운이 좋지 않은 화성기후 탐사선 사건이 빅데이터 거버넌스의 중요성을 상기시키는 좋은 예이다.

1999년 탐사선이 궤도진입 직전에 운항 에러가 위성에 전송되었고, 화성 상공의 예정된 궤도보다 170 km 아래에서 진입하게 되었다. 측정값의 불일치가 우주탐색 역사상 가장 비싼 오류를 발생시킨 것이다. NASA 엔지니어가 뉴튼(newton) 단위 대신에 파운드(pound)를 사용한 것이 그 원인이었다. 이 작은 실수가 9개월간의 항해 후에 엄청난 고도 차이를 가져오게 된 것이다. 결국 그 위성은 예정보다 낮은 고도에서 대기 마찰을 견디지 못하여 불타버렸다.

데이터에 관한 이러한 작은 실수가 3억 2천8백만 달러의 손실을 가져왔으며, 미국의 우주탐사를 수년간 후퇴시킨 결과를 초래하였다.

보통의 정보 거버넌스 프로젝트에서는 비즈니스 문제를 확인하고, 비즈니스 케이스를 개발하며, 과제 책임자를 정하고, 기술적인 아키텍처를 정의하고, 계획의 나머지 부분을 진행하게 된다. 그러나 빅데이터 프로젝트에서는 다음 측면에서 다른 점이 있다.

- 프로젝트가 초기수용자(얼리 어댑터, early adopters)에 의해 주도됨
- 비즈니스 문제가 깊이있게 발견될 필요가 있음
- 하둡(Hadoop)과 같은 기술이 대개 전방을 차지하고 있음
- 비즈니스 케이스가 아직 개발되지 못하였음
- 데이터의 특징이 아직 명확하지 못함

이 책의 출판 시점에서 볼 때 거버넌스는 빅데이터와 관련된 기술들과 분석보다 뒷자리로 밀려 있는 것이 현실이다. 그러나 빅데이터 프로젝트가 본격화되면 프라이버시, 스튜어드십(stewardship, 관리권), 데이터 품질, 메타데이터, 정보 수명주기 관리 등이 합쳐져서 빅데이터 거버넌스를 위한 중요한 사항들로 자리잡을 것이다.

CHAPTER

02

빅데이터 거버넌스 툴 (프레임워크)

이 장에서는 빅데이터 거버넌스의 프레임워크를 설명한다. 그림 2.1에서 보는 바와 같이 이 프레임워크는 3차원으로 설명된다.

- **빅데이터 타입 축** — 빅데이터 거버넌스는 데이터 자체에 중요성을 둘 필요가 있다. 여기서는 빅데이터를 다섯 가지 타입으로 구분하였다: 웹과 소셜 미디어, 사물통신(M2M) 데이터, 빅 트랜잭션 데이터, 생체정보(Biometrics), 사람이 생성한 데이터가 있다.
- **정보 거버넌스 축** — 기존의 정보 거버넌스 원칙이 빅데이터에도 그대로 적용된다. 이 원칙은 조직(Organization), 메타데이터(Metadata), 프라이버시, 데이터 품질, 비즈니스 프로세스 통합, 마스터 데이터 통합, 정보 수명주기 관리 등을 포함한다.
- **산업(industries)과 기능(function) 축** — 빅데이터 분석은 특정 산업 혹은 기능분야별로 이루어지고 있다. 그림 2.1에서는 지면상 몇 가지를 보여주고 있으며, 이 외에도 수많은 산업과 기능영역이 추가 될 수 있다: 예를 들어 마케팅, 리스크 관리, 고객 서비스, 정보보안, 정보기술, 인적자원 등이 포함될 수 있다.

이 장에서는 빅데이터 거버넌스 프레임워크의 세 가지 축에 관하여 자세하게 살펴볼 것이다.

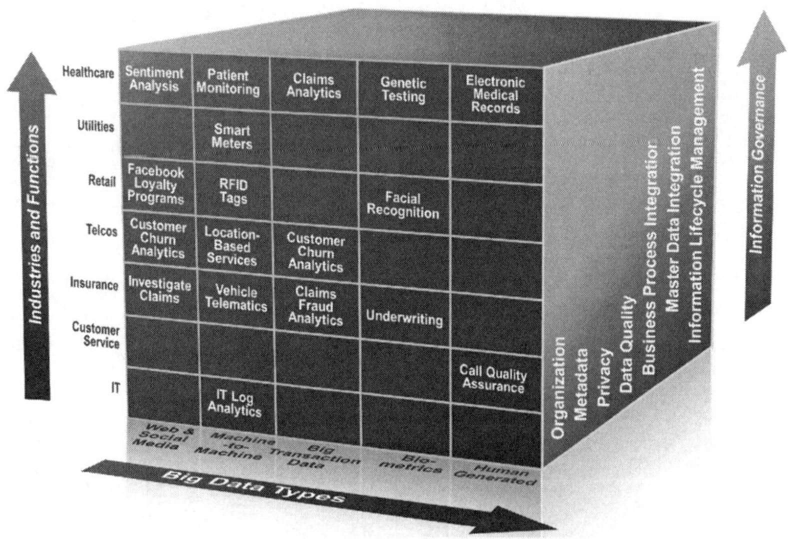

그림 2.1 빅데이터 거버넌스의 프레임워크

2.1 빅데이터 타입

그림 2.2에서 보는 바와 같이 빅데이터는 크게 다섯 가지 타입으로 구분될 수 있다. 각 타입을 좀 더 상세히 살펴보자.

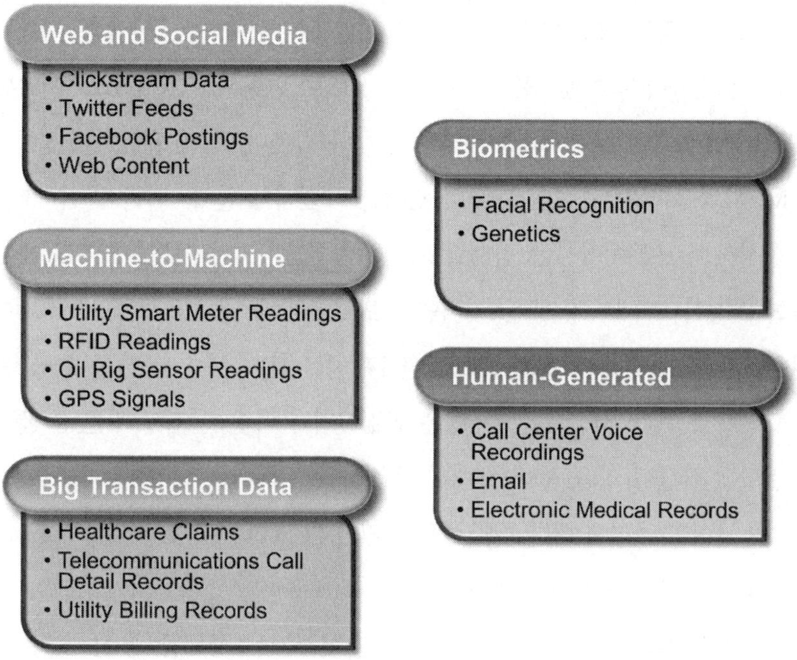

그림 2.2 빅데이터 타입들

1. **웹과 소셜 미디어** — 페이스북, 트위트, 링크드인, 블로그 등과 같은 소셜 미디어와 클릭스트림이 이 부류에 속한다. 빅데이터 거버넌스 프로그램에서는 이러한 데이터를 마스터 데이터 및 비즈니스 프로세스(예: 고객 충성도 프로그램)와 통합하려는 요구가 증가하고 있다. 빅데이터 거버넌스 프로그램에서는 규제나 판례 등을 참고하여 소셜 미디어 데이터를 통합하는 것에 관한 지침을 마련해야 한다. 또한, 쿠키정보(특히 제3의 기관의 쿠키)를 사용하여 사용자를 추적하거나 그들의 웹 상호작용 정보를 개별적으로 분석하는 것에 관해서도 적절한 지침을 마련해야 한다. 웹과 소셜 미디어에 대한 메타데이터도 매우 중요하다. 예를 들어, 클릭스트림 분석에서 두 사이트가 '유일한 방문자(unique

visitors)'라는 용어를 서로 다르게 해석할 수 있다. 예를 들어, 한 사이트에서는 1개월 내에서 유일함을, 두 번째 사이트에서는 1주일 내에서 유일함을 의미하는 경우, 이를 통합하여 분석하면 오류가 발생하게 된다.

2. **M2M 데이터** – Machine-to-machine 혹은 M2M은 다른 디바이스와의 유선 혹은 무선통신을 위한 기술을 의미한다. M2M은 센서 혹은 미터기를 사용하여 속도, 온도, 압력, 플로(flow), 염분 함유량 등을 측정한 이벤트를 캡처한다. 이러한 이벤트는 유무선 네트워크를 경유하여 이벤트를 의미 있는 정보로 변환하는 응용으로 전달된다. M2M 통신은 IoT(Internet of Things) 개념을 실현하게 된다. 빅데이터 거버넌스 프로그램에서는 M2M 데이터와 관련된 다수의 정책을 마련해야 한다. 예를 들어, 개인의 프로파일을 생성하여 프라이버시를 침해할 가능성이 있는 위치정보와 RFID 데이터의 활용에 관한 규정이 그 예이다. 또한, 거버넌스 프로그램에서는 거대한 M2M 데이터의 폐기에 관한 정책을 마련해야, 보관으로 인한 IT 예산 과다 사용을 막을 수 있다. 빅데이터 거버넌스 프로그램에서는 습기가 많은 환경이거나 혹은 혼잡도가 높은 경우에 RFID 읽기 빈도에 관한 규정을 두어 데이터 품질을 관리해야 한다. 마지막으로 빅데이터 거버넌스는 사이버 공격에 대한 취약성을 이기는 SCADA(Supervisory Control and Data Acquisition) 인프라도 가져야 한다.

3. **빅 트랜잭션 데이터** – 이 부류의 데이터로는 헬스케어 클레임, 통신 CDRs, 시설 요금 청구서 레코드 등이 있다. 빅 트랜잭션 데이터에도 반구조화 혹은 비구조화 형식이 증가하고 있다. 기존의 정보 거버넌스 이슈들인 메타데이터, 데이터 품질, 프라이버시, 정보 수명주기 관리 등이 그대로 적용되어야 한다.

4. **생체정보** – 생체인식 혹은 생체정보란 개인의 해부학적 혹은 행동양식의 특징에 근거한 자동 식별정보이다.[2] 해부학적 정보란 개인의 신체적인 특성으로부터 생성되는 데이터로서 지문, 홍채, 망막, 얼굴, 손의 모양, 귀의 모양, 음성패턴, DNA, 특별한 경우 몸의 냄새 등이 그 예이다. 행동양식에 근거한 데이터로는 필기체, 키보드 타이핑 분석 등이 있다.[3] 기술의 발전으로 다양한 생체정보가 개발되고 있다. 법률집행, 법률제도, 정보국

---

2 "An Overview of Biometric Recognition." http://biometrics.cse.msu.edu/info.html.

3 "Biometrics in the workplace." Data Protection Commissioner of Ireland. http://dataprotection.ie/viewdoc.asp?DocID=244.

등에서 오랫동안 이러한 정보를 사용해 왔다. 최근에는 생체정보가 상용분야에서도 사용이 확대되고 있으며, 소셜 미디어 등 다른 유형의 정보와 통합되고 있다. 이러한 추세는 비즈니스 기회를 주는 동시에 개인 프라이버시와 개인 데이터의 축적 및 유지라는 거버넌스 문제를 야기하고 있다.

5. **사람이 생성한 데이터** — 사람의 활동 결과로 많은 데이터가 생성되고 있다: 콜센터 데이터, 음성녹음, 이메일, 문서, 조사, 전자의료정보 등. 이러한 데이터 중에는 숨겨져야 할 민감한 데이터도 포함되어 있다. 또한, 이들 중에는 구조적 데이터의 품질을 높이거나 MDM과 통합되어야 하는 데이터도 있다. 이러한 문제 외에도 조직은 규제나 스토리지 비용을 감안하여 대규모로 축적되는 데이터의 보유기한에 관한 정책도 가지고 있어야 한다.

2.2 정보 거버넌스 원칙

정보 거버넌스의 일곱 가지 원칙이 빅데이터에 대해서도 그대로 적용된다.

1. **조직** — 정보 거버넌스 조직은 전체적인 프레임워크에 빅데이터를 추가해야 한다: 헌장, 조직구조, 역할과 책임. 정보 거버넌스 위원회는 데이터 과학자와 같은 빅데이터 전문가를 찾아 위원으로 임명해야 할 것이다. 또한, 소셜 미디어, RFID 등과 같은 빅데이터 유형별로 관리자를 임명해야 할 것이다(steward). 마지막으로 정보 거버넌스 프로그램에서는 기존 관리자에게 추가적인 책임을 할당해야 한다. 예를 들어, 고객데이터 관리자에게 마스터 데이터 리포지터리 안에서 페이스북이나 트위트 계정에 대한 관리 책임을 부과한다.
2. **메타데이터** — 빅데이터 거버넌스 프로그램은 빅데이터를 기업전체 메타데이터 리포지터리와 통합하는 것이 필요하다. 이를 위하여 다음과 같은 활동이 필요하다.
   - 빅데이터 용어들을 비즈니스 사전에 등록한다. 예를 들어, 클릭스트림 분석을 지원하기 위해 'unique visitor'라는 항목을 비즈니스 사전에 추가한다.
   - Hadoop에 있는 기술적 메타데이터를 메타데이터 리포지터리로 가져와서 등록한다.

- 데이터 흐름 관리자가 Hadoop에서 기술적인 메타데이터 리포지터리로 데이터를 이전할 수 있도록 지원한다.
- 빅데이터 환경 내에서 데이터의 흐름과 영향력 분석을 관리한다.

3. **프라이버시** — 1890년 루이스 브랜디(Louis Brandeis, 미국의 대법원 판사를 역임함)와 사무엘 워랜(Samuel Warren)은 프라이버시 보호권리에 관한 논문을 Harvard Law Review에 발표하였다. 이 논문에서 프라이버시는 '혼자 있을 권리'로 정의하고 있다. 이후 세계는 규제와 법률의 제정에서 이 프라이버시에 관한 이론을 확장하고 정형화하였다. 빅데이터 거버넌스는 민감한 데이터를 식별하고, 이를 활용하기 위한 정책을 수립해야 한다. 이러한 정책은 빅데이터 타입과 산업 및 나라에 따라서 다른 규제를 할 필요도 있다. 많은 논란이 있는 바와 같이 소셜 미디어와 위치정보의 사용에 관한 가이드라인을 빅데이터 거버넌스에서 다루어야 할 것이다.
4. **데이터 품질** — 조직의 데이터에 관하여 품질 측정, 품질 개선, 품질 인증과 무결성 보장 등의 규정을 정하는 것이다. 빅데이터의 경우 크기와 속도 및 다양성 때문에 기존 데이터 품질과는 다른 접근이 필요하다. 예를 들어, 빅데이터의 경우 품질 보장보다는 실시간성의 보장이 중요할 수 있으며, 반구조적 혹은 비구조적 데이터의 경우 품질 보장에 한계가 있을수도 있다. 또한, 빅데이터의 품질이 그 빅데이터로 부터 비즈니스 통찰력을 얻는 데 제한적으로만 영향을 미치는 경우도 있기 때문이다(예를 들어, 추세(트렌드)를 보는 경우 일부 데이터의 정확도를 희생할 수도 있음).
5. **비즈니스 프로세스 통합** — 데이터 거버넌스 프로그램은 빅데이터를 필요로 하는 핵심 비즈니스 프로세스를 식별하여 거버넌스를 지원하는 정책을 수립해야 한다. 예를 들어, 땅을 파서 생산을 하는 작업은 오일과 가스 업종의 핵심 프로세스이다. 빅데이터 거버넌스 프로그램에서는 관련 시설의 온도, 흐름, 압력, 염분 함유정도 등을 감지하는 센서 데이터를 얼마동안 보관할지를 설정해야 한다. 이러한 데이터는 보관비용이 비싸지만 오일이 새는 경우 규제기관에 장비 조작자의 행위를 정당화하는 수단이 되기 때문에 신중한 결정이 필요하다. 또 다른 예제로서 고객의 페이스북 프로파일(그의 친구 목록까지 포함하여)을 접근하려는 소매업자는 고객의 서면 동의를 받아야 한다는 거버넌스를 수립하여 시행할 수 있다. 이 경우 소매업자는 전체 고객충성도 프로그램에서 특정 상

품에 디스카운트를 제공하는 방식으로 고객의 서면 동의를 받을 수 있을 것이다.

6. **마스터 데이터 통합** — 빅데이터 거버넌스 프로그램에서는 빅데이터를 마스터 데이터 관리 환경에 통합시키는 정책을 수립해야 한다. 앞에서 논의한 바와 같이 소매업자들은 소셜 미디어 정보의 사용에 관한 규정을 정해야 한다. 다음으로 소매업자는 적절한 데이터 관리를 위한 정책과 도구를 사용함으로써 페이스북 상의 'Susie Smith'가 고객 마스터의 'Susan Smith'와 동일인인지를 결정해야 할 것이다.
7. **정보 수명주기 관리** — 빅데이터의 경우 데이터 양이 급증하는 특징이 있으므로 조직은 규제 혹은 비즈니스 요구사항을 분석하여 어느 데이터를 운영 시스템 혹은 분석 시스템에 유지할 것인지를 결정하고, 나머지는 보관소(archieve)에 저장하거나 폐기하도록 하는 것이 중요하다. 정보에 대하여 법적으로나 규제로써 분명한 명시가 없다면 IT 부서는 정보를 가치가 높고, 보관할 의무가 있다고 가정하고 관리해야 한다(폐기 시 위험성이 높다고 가정하고 보수적으로 운영해야 함). IT 비용이 지속적으로 증가하는 상황에서 불필요한 정보를 시스템에 유지관리하는 것은 부담이 된다. 빅데이터 거버넌스 프로그램에서는 빅데이터에 관한 규제나 비즈니스 요구를 분석하여 유지 관리에 관한 정책을 수립함으로써 이러한 부담으로부터 벗어날 수 있도록 해야 한다. 빅데이터 거버넌스 팀에서는 기록유지나 전자증거활동(e-Discovery) 등을 대비하여 빅데이터의 저장소에 관한 위치정보도 관리해야 한다. 또한, 애플리케이션의 성능을 보장하고 저장 비용을 적절한 수준으로 관리하기 위한 베스트 프랙티스, 도구, 아카이빙 및 압축 정책 등을 찾아야 할 것이다. 마지막으로, 조직들은 더 이상 규제 혹은 비즈니스 요구사항 측면에서 필요하지 않은 빅데이터는 폐기하여 비용을 절감해야 할 것이다.

2.3 산업과 기능 측면에서의 빅데이터 거버넌스 시나리오들

아직은 핵심적인 사용예(killer use case)가 알려지지는 않은 시점일지라도 빅데이터 실험 과제들에 관하여 논의하는 것이 중요하다. Tom Deutsch는 각 조직이 비즈니스를 진전시킬 목적으로 실패를 무릅쓴 전략적인 프로세스로서의 빅데이터 실험을 할 필요가 있다고 주장한다. 빅데이터의 경우 지금 시점은 실패를 통하여 배우는 것이 필요한 단계이기 때문이다.

그는 조직들이 아직 그들의 데이터를 가지고 분석하여 가치를 찾는 일에 적극적이지 않다고 말하고 있다.[4] 그럼에도 불구하고 빅데이터는 산업과 기능에 따라서 다양한 애플리케이션들을 위한 분석 및 운영 요구사항을 위해 관리(governed)되어야 한다. 다음에서 이러한 산업과 기능별로 시나리오들을 설명한다.

헬스케어 산업, 시나리오 1

- 솔루션 : 감성분석
- 빅데이터 타입 : 웹과 소셜 미디어 (보건의료 계획)
- 거버넌스 : 프라이버시

HIPAA(United State Health Insurance Portability and Accountability Act)의 프라이버시 규정 때문에 의료보험은 온라인 상에서 할 수 있는 행위에 제한사항을 가지고 있다.

만일 어떤 사람이 트위트 상에서 불평을 올리면, 의료보험에서는 제한된 반응을 올린 후, 오프라인 대화를 시도할 것이다.

헬스케어 산업, 시나리오 2

- 솔루션 : 환자 모니터링
- 빅데이터 타입 : M2M 데이터 (헬스케어 제공자)
- 거버넌스 : 데이터 품질, 정보 수명주기 관리, 프라이버시

병원들은 신생아 집중치료실에서 스트리밍 기술을 사용하여 신생아의 건강을 모니터링하려고 한다. 스트리밍 기술을 사용하면 질병 감염으로 인한 증세가 나타나기 24시간 전에 감염 사실을 예측할 수 있다. 이 예측 기술에는 대용량의 타임 시리즈 데이터를 분석하는 것이 중요한 과제이다. 그러나 이러한 시계열 데이터는 환사가 움직이거나 하면 읽을 수 없는 불안한 정보이다. 이 경우에 시스템은 선형 혹은 폴리노미얼 회귀 분석기법을 사용하여 데이터를 보정해야 한다. 또한, 병원은 이 경우에 오리지널 데이터와 보정된 데이터를 모두 보관함으로써 추후 법률적인 분쟁이나 의학적인 질문에 대처할 수 있도록 해야 한다. 한편, 병원측은 보호가 필요한 헬스 정보의 분실에 대비한 정책도 수립해야 한다.

---

4 Deutschj, Tom, "Failure is not a Four-Letter Word," IBM Data management, April 17, 2012, http://ibmdatamag.com/2012/o04/failure-is-not-a-four-lettter-word/.

헬스케어 산업, 시나리오 3

- 솔루션 : 클레임 분석
- 빅데이터 타입 : 빅 트랜잭션 데이터 (의료보험)
- 거버넌스 : 데이터 품질

거대한 의료보험 기관에서는 연간 5억 건 이상의 클레임을 처리하며, 각 클레임 정보는 600~1,000개의 속성을 가진다. 보험기관에서는 일부 회원들에 대한 사전 분석을 통하여 사전 대책을 수립하는 것이 필요하다. 한편, 비즈니스 인텔리전스 팀에서는 의사들이 사용하는 코드의 불일치로 예측 분석을 하는 데 어려움을 겪고 있다. 또한, 이 팀에서는 클레임 문서에 포함된 텍스트를 처리하는 것이 필요하다는 것을 알게 되었다. 그리고, 그 팀에서는 '만성적 과로(chronic congestion)'와 '혈당 모니터링'이라는 용어를 사용하여 어떤 회원을 각각 천식과 당뇨 질병관리 프로그램에 후보 회원으로 등록할지를 결정한다.

헬스케어 산업, 시나리오 4

- 솔루션 : 직원의 증명서 발행
- 빅데이터 타입 : 생체측정자료 (헬스케어 제공자)
- 거버넌스 : 프라이버시

생체측정 데이터의 활용이 시장과 작업장에 확산되고 있다. 예를 들어, 병원의 직원들은 자신의 아이디와 비밀번호를 입력하는 대신에 생체정보를 사용하여 인증을 한다. 직원들은 병상이나 사무실에서 생체정보 스캔을 통하여 시스템에 로그인한다. 이 경우에 병원은 직원들의 생체정보를 활용하고 보관하는 것에 대하여 법적인 자문을 통해 프라이버시 영향 평가를 해야 할 것이다.

헬스케어 산업, 시나리오 5

- 솔루션 : 전자의료기록에 기반한 예방적 분석
- 빅데이터 타입 : 사람이 생성한 자료 (헬스케어 제공자)
- 거버넌스 : 데이터 품질

병원에서 울혈성 심부전 치료 후 30일 이내에 재입원할 가능성을 예측하기 위해 20,000명의 환자와 150개의 변수를 사용하는 예측 모델을 구축하고자 한다. 분석 팀에서는 흡연을 예측 모델의 핵심 변수로 선택하였다. 처음에 확보한 자료에는 25% 정도가 yes/no로 흡연상태가 기록되어 있었다. 그러나 이후 분석 팀에서는 이를 85%까지 끌어 올렸으며, 이는 전자 의료 기록부에 기재된 의사의 소견서, 환자 퇴원정보, 환자 건강검진 정보 등을 활용한 결과이다. 정리하면, 분석팀에서는 비구조적 데이터인 의료기록부의 분석을 통하여 흡연 여부에 대한 데이터의 품질을 개선함으로써 예측의 정확도를 높일 수 있게 되었다.

시설 산업(Utilities Industry)

- 솔루션 : 스마트 계량기
- 빅데이터 타입 : M2M 데이터
- 거버넌스 : 프라이버시, 정보 수명주기 관리

몇몇 공공시설 분야에서는 수도, 전기, 가스 등의 검침을 자동화하고 있다. 이러한 스마트 미터 사업에서는 엄청난 양의 '인터벌' 데이터가 발생하며, 이들은 적절한 관리가 필요하다. 이러한 검침 정보는 집에 거주하는 시간이나 집에서의 활동들을 암시하는 프라이버시 정보를 포함하므로 프라이버시 보호가 필요하다. 또한, 이러한 대규모 정보는 저장 및 관리 비용을 증가시키므로 폐기 시점과 절차를 명확하게 규정해야 한다.

소매산업 분야 – 시나리오 1

- 솔루션 : 페이스북 충성도 앱
- 빅데이터 타입 : Web & 소셜 미디어 데이터
- 거버넌스 : 프라이버시, 마스터데이터 통합

소매업 마케팅 부서에서는 고객, 제품, 직원, 상점 등의 마스터 데이터를 사용하여 페이스북 앱을 강화하려고 한다. 페이스북 앱의 성공은 강력한 마스터 데이터 기반과 소셜 미디어 거버넌스 관련 정책이 전제로 되어야 한다. 예를 들어, 소매상은 고객의 친구에 관한 데이터를 앱 컨텍스트 밖에서는 사용하지 않는 등 페이스북 플랫폼 규약을 준수해야 한다. 더구나 소매상은 완전한 사용자 아이디 리스트를 확보하여 페이스북 고객의 프로파일을 MDM 레코드에 연결할 수 있도록 해야 한다. 마지막으로 소매상은 양호한 제품 계층구조를 생성하여 제품의 비교가 가능하도록 해야 한다. 간단한 예로서 소매상은 Whirlpool GX5FHDXVY(냉장고)을 구매한 고객이 냉장고 제품 계층에서 이미 특정 제품을 보유하고 있는지 확인하고 싶어할 수 있다.

소매산업 분야 – 시나리오 2

- 솔루션 : RFID 태그
- 빅데이터 타입 : M2M 데이터
- 거버넌스 : 프라이버시

조직은 RFID 기술을 도입하여 제품의 이동 정보를 공장에서 분배센터를 지나 상점까지 보급되는 전체 공급망 과정에서 파악하고 싶다. 그러나 RFID가 개인식별 정보(personally identifiable information)와 결합되어 있다면 프라이버시 문제가 발생한다. 예를 들어, 판매 시점에서 제품에 부착된 RFID를 비활성화시키지 않은 경우에 다른 소매업자가 그 RFID를 스캔하여(쇼핑 고객이 소매업자 근처에 있다고 가정함) 쇼핑 고객의 프라이버시를 침해하는 방향으로 마케팅 메시지를 조정할 수 있을 것이다.

소매산업 분야 – 시나리오 3

- 솔루션 : 얼굴 인식과 소셜 미디어 기반의 개인화된 메시징
- 빅데이터 타입 : 웹과 소셜 미디어, 생체정보
- 거버넌스 : 프라이버시, 비즈니스 프로세스 통합

최근 미국 연방 통상위원회(FTC)는 소셜 미디어와 얼굴 인식 기술을 통합 활용하는 것을 검토하고 있다.[5] 오늘날 소매상들은 얼굴 인식 소프트웨어를 사용하여 디지털 화면을 보는 고객의 나이와 성별을 인식하고, 타깃 광고를 제공하려고 한다.[6] 얼굴 인식은 개인을 인식하지는 않고 연령대나 성별 정도를 인식한다. 가까운 장래에 슈퍼마켓, 역, 대학 캠퍼스 등에 설치된 디지털 사인 혹은 키오스크에서 고객의 얼굴을 인식하고 이를 온라인 식별자와 매치한 후, 그가 방문한 웹사이트나 소셜 미디어 프로파일 등을 분석하여 적절한 광고를 내보내는 것이 가능할 것이다.

소매상은 고객 충성도 프로그램으로 계좌에 사진을 부착하도록 하여 다른 온라인 계좌나 상점 내 행동과 연계할 수 있다. 이렇게 함으로써 소매상은 고객의 구매 습관이나 관심사 혹은 이동 이력에 관한 정보까지 파악할 수 있으며, 이를 바탕으로 특정 상품에 대한 디스카

---

5 미연방통상위원회의 보고서 "Protecting Consumer Privacy in an Ear of Rapid Change: Recommendations for Business and Policymakers", 2012. 03.

6 Li, Shan and Samo, David, "Advertisers Start Using Facial Recognition to tailor Pitches." Los Angles Times, 2011. 08. http://articles.latimes.com/2011/aug21/business/la-fi-facial-recognition-20110821.

운트를 제시하거나 적절한 시장을 제공할 수 있다. 사진 인식 기술을 사용하여 고객을 인식하는 기술은 온라인과 오프라인을 연결하는 통로가 될 수 있으며, 이 기술을 사용하는 업체는 개인의 (온라인상의) 상세한 정보를 오프라인에 즉시 활용할 수 있게 되므로 개인정보보호가 중요한 문제로 부각된다.

통신산업 분야 – 시나리오 1

- 솔루션 : 고객이탈 분석
- 빅데이터 타입 : 웹과 소셜 미디어, 빅 트랜잭션 데이터
- 거버넌스 : 프라이버시, 마스터 데이터 통합, 데이터 품질

통신사업자는 상세한 고객이탈 모델을 가지고 있으며, 여기에는 고객의 통화 상세기록(CDRs: call detail records)과 소셜 미디어 등의 빅데이터를 포함하고 있다. 그러나 이 모델의 가치는 고객의 생일, 성별, 거주지, 소득 등과 같은 고객 마스터 데이터의 정확도에 따라 달라진다. 큰 회사에서는 이탈 모델과 관련된 예측분석을 시행하고 있으며, 고객의 통화 패턴은 이탈을 예측하는 중요한 지식으로 활용되고 있다. 회사는 고객의 통화 패턴 분석을 해외에 있는 분석사로 아웃소싱할 것을 결정하였으며, 이 경우 통화기록을 매일 해외의 회사로 보내야 하고, 따라서 고객의 프라이버시 보호에 각별한 신경을 써야 한다. 예를 들어, 가입자 이름과 통신 및 수신 전화번호는 이탈 분석에서 중요한 자료이지만 민감한 자료이므로 마스킹이 필요하다.

통신산업 분야 – 시나리오 2

- 솔루션 : 위치 기반 서비스
- 빅데이터 타입 : M2M 데이터
- 거버넌스 : 프라이버시

통신사의 마케팅 부서에서 새로운 수입원을 창출하기 위한 다음의 예제를 보자. 통신사는 고객의 위치정보를 제 3의 회사에 판매함으로써 그 고객이 현재 위치한 근처의 매장으로부터 쿠폰을 발송받도록 한다. 그러나 프라이버시를 관장하는 부서에서는 그로 인한 평판 리스크나 규제 리스크를 걱정할 수 있다. 이 경우 빅데이터 거버넌스 그룹에서는 위치정보 판매로 인한 이득과 리스크로 인한 손해를 면밀히 검토하여 적절한 정책을 수립해야 한다.

보험회사 – 시나리오 1

- 솔루션 : 클레임 조사와 비용부담 합의
- 빅데이터 타입 : 웹과 소셜 미디어
- 거버넌스 : 프라이버시, 비즈니스 프로세스 통합

많은 보험회사들이 클레임 조사를 위해 소셜 미디어를 사용한다. 그러나 규제에서는 보험료율이나 정책을 결정하는 과정에서 소셜 미디어의 사용을 아직까지 허용하지 않고 있다. 예를 들어, 생명보험사가 보험 가입신청자의 페이스북 프로파일에 나타나 있는 스카이다이버라는 사실을 근거로 그의 보험료를 높게 책정할 수 있는가?

보험회사 – 시나리오 2

- 솔루션 : 자동차 텔레매틱스
- 빅데이터 타입 : M2M 데이터
- 거버넌스 : 정보 수명주기 관리

보험업자들은 자동차에 센서를 부착하는 대신 낮은 비용으로 서비스를 제공하는 프로그램을 도입하고 있다. 이 센서는 보험 가입자의 운전행동에 대한 많은 양의 텔레매틱스 데이터를 수집하므로, 곧 대규모 텔레매틱스 데이터가 축적되어 저장관리에 문제를 일으키게 된다. 따라서 보험업자들은 이 텔레매틱스 데이터의 보유기간을 정책으로 확립해야 한다.

보험회사 – 시나리오 3

- 솔루션 : 클레임 처리
- 빅데이터 타입 : 빅 트랜잭션 데이터
- 거버넌스 : 마스터 데이터 통합, 비즈니스 프로세스 통합

클레임 절차와 분석에서는 비록 미비한 개선일지라도 보험업계의 핵심업무에 대한 중요한 개선으로 간주된다. 빅 클레임 트랜잭션 데이터는 고품질의 참조 데이터에 의존하는 경우가 많은데, 상품코드, 화재예방 등급, 빌딩 코드 등이 그 예이다. 이러한 데이터는 종이 문서나 스프레드 시트 등에 분산 저장되어 있을지도 모른다. 이러한 데이터가 보험계리인이나 손해사정인의 머리 속에 있거나 중앙에서 관리가 부족하다면 클레임 절차나 가격 결정을 어렵게 만드는 요인이 된다.

보험회사 – 시나리오 4

- 솔루션 : 보험인수
- 빅데이터 타입 : 생체정보
- 거버넌스 : 프라이버시

최근 몇몇 회사들이 저렴한 가격으로 DNA 분석 서비스를 제공함에 따라 DNA 분석기술은 충분히 상품화되었다. 유용한 DNA 데이터 집합은 새로운 상업적 기회뿐만 아니라 개인 프라이버시 문제를 동시에 야기한다. 미국의 대부분 주에서는 보험과 관련하여 개인 유전자 정보의 보호를 강제하는 특별한 법을 가지고 있다. 영국 보험협의회는 50만 파운드 이상의 생명보험을 제외한 어떤 보험에서도 유전자 검사를 할 수 없도록 규정하였다. 보험회사는 정부의 유전자 검사 승인 없이는 어떠한 불법적 유전자 예측 정보도 사용할 수 없다.[7]

오일과 가스 산업 – 시나리오 1

- 솔루션 : 지리 공간 및 지진 분석
- 빅데이터 타입 : M2M 데이터
- 거버넌스 : 메타데이터

오일 및 가스 회사는 지리 공간 및 지진 정보 분석을 통하여 새로운 에너지원을 찾거나 기존 에너지 저장소의 수명을 확대하려고 한다. 그러나 오일 및 가스 회사는 이러한 데이터가 적절한 품질을 가지고 있는지에 대한 확신이 필요하다. 예를 들어, 오일 회사는 동일한 지진 데이터를 외부 벤더로부터 두 번 구매하여 내부 저장소 안에서의 명명법 약속의 불일치를 해결하려고 한다. 이와 같은 명명법의 불일치 문제는 빅데이터 거버넌스와 관련된 메타데이터 문제이다.

오일과 가스 산업 – 시나리오 2

- 솔루션 : 굴착장치와 환경 모니터링
- 빅데이터 타입 : M2M 데이터
- 거버넌스 : 정보 수명주기 관리

과거에는 오일 굴착장치에 단지 1,000개 정도의 센서를 장착하였으며, 데이터베이스 용량

---

7 영국보험협회 뉴스, 2011년 4월 5일, http://www.abi.org.uk/Media/Releases/2011/04/Insurance_Genetics_Moratorium_extended_to_2017.aspx.

의 제한으로 2주마다 데이터베이스를 비워야 했다. 그러나 오늘날에는 30,000개 정도의 센서를 장착하고 있으며, 센서들로부터 수집된 데이터를 더 오래 보관하고 있다. 특히, 이러한 정보는 굴착장치의 수명이 다한 이후에도 환경규제 등에 대응하기 위해 오랫동안 보관되어야 한다. 그 결과 이러한 데이터 중 일부는 50~70년 혹은 100년까지 보관되어야 할 경우도 있으므로 아무리 저장장치가 저렴해져도 부담이 될 수밖에 없다. 빅데이터 거버넌스 프로그램에서는 센서 데이터의 보관에 관한 정책을 세워서 비용을 절감하는 방안을 마련해야 할 것이다.

소비재 산업

- 솔루션 : 수요 시그널 저장소(demand signal repository, DSR)
- 빅데이터 타입 : 빅 트랜잭션 데이터
- 거버넌스 : 비즈니스 프로세스 통합, 마스터 데이터 통합, 데이터 품질

소비재 판매회사는 DSR을 구현하여 모든 소비자 관련 데이터를 수집, 통합, 정제하여 비즈니스 인텔리전스 환경을 만들어가고 있다. DSR에서는 재고보관단위(stock keeping units, SKUs), 벤더가 관리하는 재고프로그램, 판촉상품개발, 고객분류 등의 최적화를 지원한다. DSR는 POS 트랜잭션 로그 등과 같은 다양한 소스로부터 데이터를 추출하여 통합한다. 또한, DSR에서는 다양한 부류의 제품 데이터 품질 문제를 다루어야 한다. 예를 들어, 소매상 혹은 기업마다 상이한 제품설명서나 Universal Product Codes(UPCs)와 관련된 제품명칭 통일 등의 작업이 필요하다. 이러한 데이터 품질의 문제가 해결되지 않으면 부정확한 예측을 야기하고, 결과적으로 수요 시그널을 왜곡하게 되는 것이다.

금융 산업 – 시나리오 1

- 솔루션 : 위험관리
- 빅데이터 타입 : 웹과 소셜 미디어(웹 콘텐츠)
- 거버넌스 : 마스터 데이터 통합

리스크 관리 부서는 최신의 금융 정보를 사용하여 고객 계층구조를 지속적으로 변경하고 있다. 예를 들어, Tata 자동차가 Jaguar를 인수할 때 리스크 관리 부서에서는 Jaguar에 대한 위험성을 Tata 자동차에 반영해야 할 것이다. 또 다른 예로서 은행은 자동차 제조사, 1차 공급사, 2차 공급사, 직원 등에 대한 모든 정보를 통합하여 경제적 계층구조(economic hierarchy)를 개발하고 있다. 리스크 관리 부서에서는 공급사 사이의 합병이 일어나면 그들의 경제적 계층구조를 수정할 것이다. 이러한 계층구조는 최신의 재정 정보를 기반으로 이루어진다. 리스크 관리 부서에서는 비정형 재정 정보를 가져와서 텍스트 분석을 한다. 분석의 대상이 되는 정보는 US Securities and Exchange Commision(SEC) 10-K, 10-Q filings, US 연방 예금보험회사(FDIC) 보고서 등이며, 이를 바탕으로 회사 소유자나 임원 및 고위관리자의 변화 등을 반영한다.

금융 산업 – 시나리오 2

- 솔루션 : 신용 및 채권회수
- 빅데이터 타입 : 웹과 소셜 미디어(웹 콘텐츠)
- 거버넌스 : 마스터 데이터 통합

미국의 은행들은 소셜 미디어를 사용하여 신용평가를 할 때 미국 공정신용 보고법(United State Fair Credit Reporting Act)과 같은 규제를 준수해야 한다. 또한, 징수 부서는 미국 채권회수법(United State Fair Debt Collection Practices Act)을 지켜야 한다. 이는 채권회수시 괴롭힘과 사생활 위반을 방지하기 위함이다(소셜 미디어에도 마찬가지).

철도 산업

- 솔루션 : 예방적 유지관리
- 빅데이터 타입 : M2M 데이터
- 거버넌스 : 데이터 품질, 정보 수명주기 관리

최신 기차는 1,000개가 넘는 종류의 기계적인 혹은 전자적인 이벤트를 저장, 관리한다. 이 이벤트들은 운영 이벤트(문열림, 브레이크를 밟는 중 등), 경고 이벤트(선로 전압주파수가 범위를 벗어남, 공기압축기 X의 압력이 낮음 등), 오류 이벤트(집전장치 고장, 역변환기 작동불가 등) 등으로 구분할 수 있다. 예방 유지관리 팀에서는 이러한 센서 데이터를 분석하여 고장을 미리 예측하는 모델을 가지고 있다.

예를 들어, 경고 이벤트 2389는 90% 정도의 확률로 오류 이벤트 1245에 선행하여 나타나는 것으로 분석되었다고 가정하자. 이 경우 경고 이벤트 2389가 발생하면 운영팀에서는 오류 이벤트 1245에 대한 대책을 세우도록 해야 할 것이다. 철도회사에서 운영하는 기차가 서로 다른 제작사로부터 구입된 것이라면 운행 전에 이러한 센서 데이터들을 표준화하는 작업들이 선행되어야 할 것이다. 기차의 특정 부분이 망가진 경우 운영팀에서는 다른 기차의 동일한 부분을 체크해야 하는데, 제작사마다 망가진 부분의 부품명을 다르게 작명한 경우 이 작업은 쉽지 않게 된다. 마지막으로 센서 데이터의 수명주기 관리는 철도 안전성 관련 규제에 적합하게 이루어져야 한다.

교육 산업

- 솔루션 : 시간경과(longitudinal) 데이터 웨어하우스
- 빅데이터 타입 : 웹과 소셜 미디어
- 거버넌스 : 프라이버시

미국의 주정부들에서는 프리스쿨, 조기 교육프로그램, K-12 교육과정, post-secondary education 과정의 정보들을 활용하여 시간경과 데이터 웨어하우스를 구축하고 있으며, 이는 노동 관련 정책을 수립하는 데 활용된다. 'P20W'라고 하는 이 데이터 웨어하우스는 다양한 기관들로부터 데이터를 추출하여 생성된다. 많은 P20W 데이터 웨어하우스가 학생들의 졸업 후 취업 이력을 모두 가지고 있지는 못한다. 여기서 중요한 의문은 P20W 팀이 LinkedIn이나 Facebook 정보를 사용하여 학생들의 취업 상황을 조사할 수 있는가? 라는 문제이다. 빅데이터 거버넌스 관점에서 보면 P20W 팀은 프라이버시 문제를 함께 고려해서 판단해야 할 것이다.

고객 서비스 기능

- 솔루션 : 통화 모니터링, 콜센터 대리인의 노트 분석
- 빅데이터 타입 : 사람이 생성한 데이터
- 거버넌스 : 마스터 데이터 통합, 프라이버시

고객 서비스 부서는 재정 압박 때문에 항상 운영경비 절감 방안을 찾으며, 이를 위해 평균 처리시간, 셀프 서비스, 첫 콜 해결 등과 같은 측정치에 기반을 두고 있다. 또한, 고객 서비스 부서는 콜센터 담당자의 노트들에 대한 텍스트 분석을 통하여 유사 불평과 관련된 높은 전화 비율의 경향을 파악하려고 한다. 한편, 이 부서는 콜 데이터를 고객 마스터 데이터와 통합하여 다음과 같은 통찰력을 얻으려고 한다.

- 소매상 전화 상담자들의 나이, 성별, 소득, 지역 등과 같은 프로파일은?

- 기업 전화 상담자들의 산업분야, 종업원수, 연매출, 지역 등과 같은 프로파일은?
- 특정한 인구통계학적 부류의 전화가 다른 부류들보다 더 빈번한가?
- 특정한 인구통계학적 부류의 전화가 다른 부류들보다 더 오래 통화하는가?

고객 서비스 부서는 운영 효율성을 개선하고 상담원 교육을 지원하기 위해 음성 녹음 분석을 한다. 고객 서비스 부서는 이 데이터를 사용하기 전에 사회 보장번호, 계좌번호, 이름, 주소 등과 같은 개인정보가 들어 있는 녹음의 일부를 마스킹 해야 한다.

정보기술 기능

- 솔루션 : 로그 분석
- 빅데이터 타입 : M2M 데이터
- 거버넌스 : 메타데이터

IT 부서는 시스템의 성능 향상 관련한 통찰력을 얻기 위해 애플리케이션 로그를 분석하는 등 빅데이터로 방향을 돌리고 있다. 그러나 애플리케이션 벤더들의 로그 파일들은 상이한 형식을 갖고 있으므로 분석 이전에 표준화가 필요하다.

마케팅 기능

- 솔루션 : 웹과 소셜 미디어
- 빅데이터 타입 : M2M 데이터
- 거버넌스 : 마스터 데이터 통합, 데이터 품질, 프라이버시

마케팅 부서에서는 감성 분석을 위해 트위터 데이터를 사용하려고 하며, 이를 통해 어떤 사용자가 회사 혹은 제품/서비스에 대하여 어떤 말을 하는지 분석해낸다. 분석팀은 트위터 메시지에 포함된 '@Acme'과 'Acme'가 모두 'Acme Cooperation'을 의미하는지 결정해야 한다. 감성분석과 고객의 프로파일을 통합하는 것도 의미 있는 일이다. 프라이버시 문제에 더하여 트위터는 단지 50~60%의 경우에만 사용자 이름을 알아낼 수 있다. 마지막으로 마케팅 부서는 다음과 같은 질문에 답을 하는 것이 필요하다: 트위터 사용자가 우리의 전형적인 고객보다 더 젊고 부유하다면 트위터 감성분석 결과가 고객을 대표한다고 믿을 수 있을까?

공장운영 기능

- 솔루션 : 운행관리
- 빅데이터 타입 : M2M 데이터
- 거버넌스 : 메타데이터

자동화된 거대한 공장에서는 조립라인에 수많은 로봇들을 사용하고 있다. 운행 부서에서는 서로 다른 로봇들의 운행 성능을 비교하기를 원하지만 이는 쉬운 일이 아니다. 로봇들의 소프트웨어 버전이 동일하지 않으면 발생하는 에러 코드들도 서로 상이하기 때문이다.

인사관리 기능

- 솔루션 : 채용 사전 스크리닝
- 빅데이터 타입 : 웹과 소셜 미디어
- 거버넌스 : 프라이버시

많은 지역에서 채용 지원자의 나이, 결혼유무, 종교, 피부색, 성적 지향성 등을 채용의 기준으로 삼는 것을 금지하고 있다. 그러나 LinkedIn, Facebook, Twitter 등 소셜 미디어는 이러한 정보들로 가득차 있다. 만일 어떤 채용자가 LinkedIn, Facebook, Twitter 등과 상의하여 지원자를 선별한다면 이러한 차별 금지 규정을 위배한 것이 된다. 이 책이 출간되는 시점에 미국의 Maryland, Minnesota, Illinois, Washington, Massachusetts, New Jersey 등의 주에서 채용 시 소셜 미디어 사용을 금지하는 법이 통과되어 제정되고 있었다.[8] 2010년 독일 정부의 법초안에서도 구인자를 Facebook으로 선별하는 것을 금지하고 있다. 캐나다는 아직 이러한 소셜 미디어 사용에 대한 규제를 하고 있지 않지만 연방 및 지방정부에서 프라이버시 관련 법을 가지고 있다. 소셜 미디어 정보를 채용자 선별에 사용하는 것을 금지하는 법이나 규제는 국가, 주에 따라 상이하지만 꾸준히 진화하고 있다. 회사에서는 이러한 점을 감안하여 채용에 관한 규정을 제정해야 할 것이다.

정보보호 기능

- 솔루션 : 네트워크 분석
- 빅데이터 타입 : M2M 데이터
- 거버넌스 : 메타데이터

---

8 Stern, Joanna, "Maryland Bill Bans Employers From Facebook Passwords," ABC news, April 11, 2012.http://abc-news.go.com/blogs/technology/2012/o4/maryland-bill-bans-employers-from-Facebook-passwords/.

보안 정보 이벤트 관리(security information and event management, SIEM) 도구는 회사 전체에서 시스템, 응용, 네트워크 장비, 보안 장비 등으로부터 로그 데이터를 통합한다. SIEM은 수집된 정보를 분석하여 보안 사고가 발생할 것인지를 예측한다. SIEM은 보안 침해의 원천을 결정하고, 추가적인 정보 유출을 막기 위한 조치를 취한다.

Jon Olstik 보고서에 따르면 보안 인텔리전스에서는 더 많은 데이터를 필요로 한다.[9] 이 보고서에서는 초기 SIEM들이 이벤트와 로그 데이터를 수집하였으나 점진적으로 SIEM은 NetFlow, packet capture, database 활동 모니터링, 아이덴티티와 접근 관리 등의 데이터까지 포함하게 되었다. 큰 기업에서는 이제 보안 인텔리전스, 조사, 포렌식 등을 위해 기가 혹은 테라바이트의 데이터를 수집한다. 마지막으로 이 보고서는 기존의 도구들이 이러한 확장성을 가지지 못하고 있으며, 빅데이터 기술을 필요로 하고 있다고 지적하였다.

빅데이터 거버넌스 프로그램 관점에서 보면 보안 전문가들은 방화벽, VPNs, bridges, 다양한 벤더에서 만든 라우터 등 전체 네트워크 상에서 상이한 명명법과 싸울 필요가 있다. 두 네트워크 장치에서 발생한 로그 파일은 동일한 이벤트를 다른 코드로 표시하는 경우가 있다. 보안 전문가는 SIEM 분석 이전에 이러한 이벤트 코드들을 통일해야 한다.

요약

빅데이터에는 다섯 가지 유형이 있다 : 웹과 소셜 미디어, M2M, 빅 트랜잭션 데이터, 생체정보, 사람이 생성한 빅데이터. 또한, 7가지 정보 거버넌스 원칙이 있다: 조직, 메타데이터, 프라이버시, 데이터 품질, 비즈니스 프로세스 통합, 마스터 데이터 통합, 정보 수명주기 관리. 이 장에서는 빅데이너 타입과 정보 거버넌스 원칙, 산업과 기능의 측면에서 기업이 정보 거버넌스 프로그램을 수립하는 데 필요한 프레임워크를 제시하였다.

9 Olsik, Jon, "Insecure About Security," Feb. 13, 2012.

CHAPTER

03

성숙도 측정

빅데이터 거버넌스 프로그램을 구현하는 데 있어 첫 단계는 현재 상태를 측정하고 빅데이터 거버넌스 성숙도에 대한 목표 상태를 정하는 것이다. 현재 상태와 목표 상태의 갭은 구현 로드맵에서 해결되어야 할 것이다.

3.1 IBM의 정보 거버넌스 위원회 성숙도 모델

여기서는 IBM의 정보 거버넌스 위원회 성숙도 모델을 이용하여 성숙도 측정방법을 소개한다. 이 모델은 정보 거버넌스 성숙도의 11개 카테고리를 기술하고 있으며, 그림 3.1에 나타나 있다.

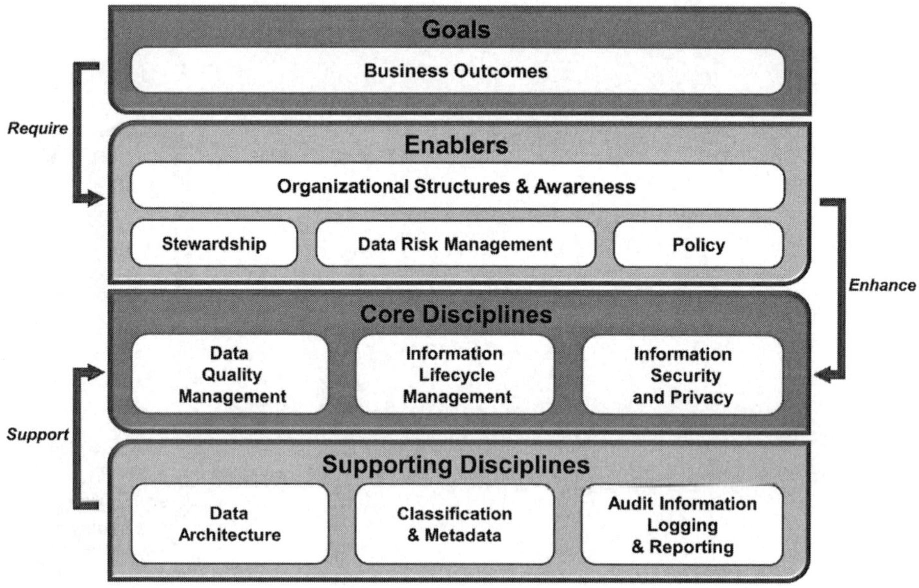

그림 3.1 IBM의 정보 거버넌스 위원회 성숙도 모델

1. **비즈니스 결과**(business outcomes)는 정보 거버넌스 프로그램의 목적을 의미한다.
2. **조직 구조와 인식**(organizational structure & awareness)은 비즈니스와 IT 사이의 상호 책임성의 정도를 의미하며, 여러 데이터 관리 레벨에서 책임에 관한 인식을 의미한다.

3. **관리권**(stewardship)은 데이터에 대한 자산 강화, 리스크 완화, 조직의 제어 등을 위하여 제정된 품질관리 규율을 의미한다.
4. **데이터 위험관리**(data risk management)는 리스크를 식별하고, 정성적·정량적으로 측정하며, 가능한 피하고, 그렇지 않으면 수용하거나 완화하며, 밖으로 내보내기 위한 방법론이다.
5. **정책**(policy)은 조직의 바람직한 행위를 기술한 규정이다.
6. **데이터 품질관리**(data quality management)는 데이터의 품질과 무결성에 대한 측정, 개선, 인증에 관한 방법들을 의미한다.
7. **정보 수명주기 관리**(information lifecycle management)는 정보를 수집하고, 사용하고, 유지하며, 폐기하는 전체 과정을 의미한다.
8. **정보보호와 프라이버시**(information security and privacy)는 조직이 리스크를 완화하고, 데이터 자산을 보호하기 위한 정책 및 실행과 제어 등을 의미한다.
9. **데이터 아키텍처**(data architecture)는 구조화 혹은 비구조화된 데이터와 데이터의 가용성과 분배성을 가능하게 하는 애플리케이션들의 아키텍처를 의미한다.
10. **분류와 메타데이터**(classification and meta data)는 business(비즈니스)와 IT 용어, 데이터 모델, 데이터 저장소(repository)의 의미 등을 정의하는 방법과 도구를 나타낸다.
11. **정보 로깅과 보고서의 감사**(audit information logging and reporting)는 데이터 값과 리스크 및 정보 거버넌스의 효과성을 측정하고 모니터링하는 조직의 프로세스를 의미한다.

정보 거버넌스에 관한 11개의 카테고리는 다음 4가지 관련된 그룹들로 구분된다.

- 목표(Goals) : 목표는 정보 거버넌스 프로그램의 예상되는 결과를 말한다. 이는 위험을 줄이고, 가치를 증진시키는 데 초점을 맞추는 경향이 있으며, 비용 감소와 수익 증진을 추구한다.
- 조력자(Enablers) : 이는 조직 구조와 인식, 관리권, 데이터 리스크 관리, 정책 등을 포함한다.
- 핵심 원칙(Core Disciplines) : 데이터 품질관리, 정보 수명주기 관리, 정보보안과 프

라이버시 등을 포함한다.

- 지원 원칙(Supporting Disciplines) : 데이터 아키텍처, 분류와 메타데이터, 감사 정보 로깅과 보고 등을 포함한다.

3.2 성숙도 측정을 위한 샘플 질문

다음은 빅데이터 거버넌스의 성숙도 측정을 위한 질문의 샘플들이다.

1. 비즈니스 성과

■ **빅데이터 거버넌스 프로그램과 관련된 핵심 비즈니스 부문을 확인했는가? 여기는 다음과 같은 것이 포함된다.**

- 소셜 미디어 거버넌스에 대한 마케팅 업무
- RFID 거버넌스를 위한 공급망 관리
- 데이터 유지정책에 관한 법적 문제
- 채용 후보자를 미리 선별하기 위한 소셜 미디어 거버넌스와 인적자원 관리
- 센서 데이터 거버넌스와 운영 및 유지관리 업무
- 통신에서 통화 상세내역 레코드의 거버넌스와 요금관리 업무
- 건강보험에서의 클레임 레코드 거버넌스를 위한 의료정보 인포매틱스 및 클레임 관리
- 공적으로 활용 가능한 금융기록물 내의 비구조화된 데이터를 기반으로 한 거래 상대방의 위험도 변경

■ **빅데이터 거버넌스로부터 얻게 되는 금전적 이익을 정량화했는가? 예를 들어, 빅데이터 거버넌스를 통하여 다음과 같은 효과를 얻을 수 있는지 생각해 보자.**

- 데이터 위반으로 벌금 혹은 소송의 위험을 줄일 수 있는가?
- 데이터 오용으로 나쁜 이미지가 브랜드에 나쁜 영향을 주는 것을 피할 수 있는가?
- 명명법의 불일치 등으로 동일한 데이터를 두 번 구매할 가능성을 줄이는가?
- 소셜 미디어 데이터를 마스터 데이터와 통합하여 교차 판매(cross-sell)와 상향 판매(up-sell)의 기회를 확대할 수 있는가?

- 센서 데이터를 일관성 있고 품질이 높은 자산 데이터와 연계하여 예측 유지관리 프로그램을 수행함으로써 장비의 고장시간을 줄일 수 있는가?

2. 조직 구조와 중요성에 관한 인식

- 조직에서 다루는 빅데이터의 유형을 인식하고 있는가? 웹과 소셜 미디어, M2M 데이터, 빅 트랜잭션 데이터, 생체정보, 사람이 생성한 데이터(이메일 등)가 전형적인 빅데이터의 유형들이다.
- 데이터 거버넌스가 필요한 빅데이터의 유형에 대하여 우선순위를 매겼는가?
- 기존 정보 거버넌스에 빅데이터로 인한 확장의 필요성을 인식하고, 반영하였는가?
- 빅데이터 거버넌스가 CDF(Chief Data Officer)와 IGF(Information Governance Officer)의 핵심 직무에 포함되었는가?
- 조직에 데이터 과학자가 있으며, 그들이 정보 거버넌스 위원회에서 적절한 활동을 하고 있는가?
- 정보 거버넌스 위원회에서 빅데이터 문제가 거론되는가?
- 정보 거버넌스 위원회에서 빅데이터와 마스터 데이터의 융합에 관한 논의가 있는가? 예를 들어, 소셜 미디어와 고객 마스터 데이터의 통합 필요성 등이 그 예이다.

3. 관리권(stewardship)

- 빅데이터의 관리권을 어떻게 다룰 것인가?
  - » 기존 데이터 관리권으로부터 직무를 확장하여 빅데이터까지 포함시키는 방식(예를 들어, 고객 데이터 관리권을 가진 사람이 소셜 미디어를 관리하도록 직무를 확대함)
  - » 빅데이터 관리권을 별도로 지정하는 방식(예를 들어, 소셜 미디어 관리권을 신설하여 특정 도메인에서 야기되는 프라이버시 문제를 담당하도록 함)
- 데이터 관리권이 합법적인 빅데이터 수집, 마케팅, 빅데이터의 적절한 활용과 관련된 부서까지 책임을 져야 하는가?(예를 들어, 소셜 미디어를 마스터 데이터 관리와 통합하는 경우)
- 빅데이터의 핵심 속성에 대하여 역할과 책임을 정의한 책임할당 행렬(responsibility assignment matrix: RACI)을 생성해 보았는가?

- 인적자원 관리에서 빅데이터 관리권의 역할이 공식화되었는가?

4. 데이터 리스크 관리

- 빅데이터 거버넌스에서 리스크 관리가 핵심 이해 관계자인가?
- 빅데이터 거버넌스와 리스크 관리 사이에 연결이 있는가?

5. 정책

- 빅데이터 거버넌스에 대한 정책들이 문서화되어 있는가?
- 이러한 정책들이 실행 매뉴얼로 구현되어 있는가?
- 거버넌스, 리스크, 규제(Governance, Risk, Compliance: GRC) 프레임워크를 사용하여 실행 메뉴얼의 준수여부가 모니터링되고 있는가? 예를 들어, 어떤 애플리케이션에서 고객의 위치정보를 사용하는 조직을 생각하자. 이 조직은 고객의 위치정보를 주기적으로 삭제함으로써 프라이버시 규제를 준수할 수 있다. 빅데이터 거버넌스 프로그램에서는 개인의 위치정보를 매월 주기적으로 삭제하도록 강제화할 수 있을 것이다. 빅데이터 거버넌스 프로그램에서는 GRC 도구를 사용하여 실행여부를 문서화(강제화)할 수 있을 것이다.
- 빅데이터 거버넌스 정책들이 빅데이터 플랫폼에서 지원되는가?
- 이러한 정책들이 관련 비즈니스 프로세스와 조율되어 운영되는가? 예를 들어, Facebook 데이터와 고객 마스터 데이터의 통합에 관한 정책은 고객 충성도 프로그램에 통합될 필요성이 있다.

6. 데이터 품질 관리

- 빅데이터의 경우 데이터의 가치가 높지 않거나 불분명한 경우가 있으며, 이러한 경우에 데이터 품질에 관한 공감대를 형성하고 있는가?
- 빅데이터의 저품질로 인한 재정적인 영향에 관해 공감대를 형성하고 있는가?
- 조직이 빅데이터 품질 문제를 실시간(real-time)으로 다루는가(streaming)? 혹은 배

치 스타일로 다루는가(Hadoop)?

- 마스터 데이터의 저품질이 빅데이터 분석에 어떤 영향을 미치는가? 예를 들어, 여러 소매상에서 동일한 상품에 대한 이름(혹은 코드)을 서로 다르게 사용한다면 대용량 판매 데이터(big transaction data)의 분석 결과에 대한 신빙성도 저하될 것이다.
- 빅데이터의 품질 향상을 위해 비구조화된 데이터를 사용하는가? 예를 들어, 환자들은 병원에 입원할 때 금연 여부에 대한 질문에 정확히 답하지 않는 경향이 있다. 그러나 의사의 진료 기록, 환자 퇴원정보, 신체검사 결과 등을 종합해서 분석하면 금연 여부를 더욱 정확히 알 수 있게 된다. 병원 팀에서는 이를 바탕으로 그 환자에 대하여 더욱 정확한 예측이 가능하게 될 것이다.
- M2M 통신에서 데이터 품질 문제를 고려하고 있는가? 예를 들어, RFID 데이터의 정확도는 리더기가 읽는 각도와 주변환경(습도 등)에 민감하게 반응하므로 주의가 필요하다.
- 오류를 포함한 빅데이터를 어떻게 발견하는가?
- 다양한 레벨의 신뢰성을 가진 데이터를 다루기 위해 미리 정의한 데이터 등급을 가지고 있는가?

7. 정보 수명주기 관리

- 빅데이터를 수용하기 위한 스토리지의 크기는 얼마나 되는가? 빅데이터는 연간 얼마나 증가하는가?
- 빅데이터를 수용하기 위한 저장공간의 비용은 얼마나 되는가? 연간 비용은 얼마나 증가하는가?
- 빅데이터의 유지와 관련된 규제 요구사항을 인식하고 있는가? 예를 들어, 다음을 고려해 보자.
  - » **규제 당국은 오일 펌프에서 나오는 센서 데이터를 확인하고 싶어한다.**
  - » **사고 조사반에서는 기관차 센서 데이터를 조사하고자 한다.**
- 빅데이터를 유지하고 싶어하는 비즈니스 요구사항을 이해하고 있는가? 마케팅 부서에서는 고객이탈 모델을 만들기 위해 수 개월간의 고객통화 기록을 사용하고 싶어한다.

- 빅데이터를 수용하기 위해 데이터 유지 스케줄을 확장하였는가?
- 국가, 주, 관련기관 등에서 제정한 빅데이터의 유지와 관련된 법적 사항들이 데이터 유지 스케줄에 잘 반영되어 있는가?
- 빅데이터 유지 스케줄에서 물리적인 빅데이터 저장소까지 유지 관리에 관한 장치가 마련되어 있는가?
- 소송에 대비하여 빅데이터로부터 관련정보를 확보하는 절차가 마련되어 있는가?
- 규제나 비즈니스 요구에 기반하여 빅데이터를 폐기하는 절차가 마련되어 있는가?
- Hadoop 혹은 다른 시스템에 있는 빅데이터를 압축할 수 있는가?
- 빅데이터를 보관소에 저장함으로써 IT 비용을 줄이고 응용들의 성능을 높이는 방안이 적용되고 있는가?

8. 정보보안과 프라이버시

- 정보보호 책임자가 빅데이터 거버넌스의 핵심 맴버인가?
- 프라이버시 보호 책임자가 빅데이터 거버넌스의 핵심 맴버인가?
- 국가, 주, 관련기관 등에서 요구하는 빅데이터 타입에 따른 프라이버시 규제를 잘 이해하고 있는가?
- Facebook, Twitter 등과 같은 소셜 미디어의 이용약관을 이해하고 있는가?
- 소셜 미디어 상의 고객 데이터 사용에 관한 가이드라인을 정의했는가?
- 고객의 위치정보 사용에 관한 가이드라인을 정의했는가?
- 직원과 채용 후보자에 대한 소셜 미디어 혹은 위치정보의 사용에 관한 정책을 인사관리 부서와 함께 논의하는가?
- 생산 시스템에서 민감한 빅데이터를 암호화하는가?
- 개발, 비즈니스 인텔리전스, 테스트 환경 등에서 민감한 빅데이터를 보호하는가?
- 암호화 기술을 이용하고 있는가?

9. 데이터 아키텍처

- 현재 IT 인프라와 빅데이터 기술인 Hadoop, NoSQL 등과 같은 새로운 빅데이터 기술들을 어떻게 공존시킬 것인가?
- 빅데이터 플랫폼으로 이전되어야 할 응용과 그렇지 않아야 할 응용들을 어떻게 구분하여 이전시킬 것인가?
- 기존의 ETL 도구들이 데이터를 빅데이터 플랫폼에 어떻게 적재하고 추출할 것인가?
- 빅데이터 플랫폼에서 데이터의 압축과 아카이빙을 어떻게 할 것인가?
- 마스터 데이터가 빅데이터에 미치는 영향을 고려하고 있는가? 예를 들어, 다음을 고려하자.
  - » **소유권 위치가 변경됨에 따라 고객 마스터 데이터, 예를 들어 10-K, 10-Q 재정 파일 등을 고객 위험관리 계층의 변경에 활용함**
  - » **통일된 자산 명명법을 사용하는 경우 하나의 펌프에서 고장난 부품을 다른 공장의 유사한 펌프에서 바로 교체할 수 있음**
- 참조 데이터(reference data)가 빅데이터에 미치는 영향을 고려하고 있는가? 예를 들어, ICD-9와 ICD-10 코드가 헬스케어 클레임 데이터에 영향을 미침
- 스트림 데이터 혹은 배치성 데이터에서 데이터 품질을 관리하고 있는가?
- 비즈니스 사전에 빅데이터에 관한 핵심 정의가 포함되어 있는가?
- 빅데이터의 출처를 관리하는가?
- 조직 내 프로그램들이 MapReduce를 자연스럽게 활용하는가? 그렇지 않다면 고차원의 프로그래밍 패러다임을 사용하는가?
- 데이터 신뢰성의 다양성을 어떻게 극복하는가?
- 기계학습 기술을 활용하고 있는가?
- 빅데이터 플랫폼에서 발전된 텍스트 분석 능력을 가지고 있는가?

10. 분류와 메타데이터

- 비즈니스 사전에 빅데이터 관련한 핵심 정의를 포함하고 있는가? 예를 들어, 클릭스트림 데이터에서 'unique visitor'의 의미가 정의되어 있는가?

- 빅데이터에 대한 핵심 정의들을 관리하기 위해 관리권을 지정하고 있는가?
- 빅데이터 아키텍처 안에서 빅데이터에 대한 출처를 다루고 있는가?
- 빅데이터 아키텍처 안에서 빅데이터의 영향 분석을 다루고 있는가?
- 빅데이터가 적재되지 않을 경우에 대한 상황을 대처하기 위하여 핵심 운영 메타데이터를 가지고 있는가?

11. 정보 로깅과 보고에 대한 감사

- 민감한 빅데이터(개인 위치정보, 전화 콜 데이터, 스마트 미터 기록, 헬스 클레임 등)에 대하여 암호화되지 않은 상태로 접근할 수 있는 데이터베이스 관리자, 계약자, 제 3자 등이 있는가?
- 빅데이터(헬스케어 클레임 데이터, 전화 콜 데이터 등)에 대한 인가된 사용자들의 접근을 어떻게 모니터링하는가?

요약

이 장에서는 빅데이터 거버넌스 프로그램의 성숙도 측정을 지원하는 몇 가지 질문들을 제시하였다. 현재의 상태와 바람직한 미래의 모습 사이에 간격은 빅데이터 거버넌스 로드맵의 일부로 해결되어야 할 것이며, 제 5장에서 이 문제를 다룬다.

CHAPTER

04

비즈니스 케이스

이 장은 Nick Dimtchev(IBM)과 Kurt Wedgwood(IBM)이 공헌하였다.

빅데이터가 탄력을 받음에 따라 조직 전반에 걸쳐 빅데이터 활용을 가속화하는 비즈니스 케이스의 개발이 필요하게 되었다. 이 장에서는 빅데이터 거버넌스에 대한 비즈니스 케이스 수립 사례들을 살펴본다.

- **4.1** 빅데이터 거버넌스를 통한 승객안전과 정시 운행률 증진
- **4.2** 고객 프라이버시에 대한 빅데이터 거버넌스의 재정적 영향 측정
- **4.3** 빅데이터 수명주기의 통제를 통한 IT 비용 절감
- **4.4** 빅데이터 계획에서 데이터 품질과 마스터 데이터의 영향력 예측
- **4.5** 빅데이터 품질의 가치 산정

다음에서 이들 각각에 관해 구체적으로 논의한다.

4.1 빅데이터 거버넌스를 통한 승객안전과 정시 운행률 증진

조직의 브랜드 가치는 데이터의 오류, 프라이버시 위반, 다른 이벤트 등으로 인하여 심각하게 훼손될 수 있다. 예를 들어, 사례 4.1에서 타이완 고속철도 회사(Taiwan High Speed Rail Corporation, THSRC)에서 운영중인 데이터 기반의 기관차 상태 모니터링 사례를 살펴보자.

사례 4.1

THSRC에서 고도의 기관차 상태 모니터링

THSRC 승객은 Taiwan 북쪽 Taipei에서 남쪽 Kaohsiung까지 214 mile을 90분에 달린다. 기차는 시간당 186 mile 이상의 속도로 50개의 터널과 214 mile에 분포된 고가교량, 지진이 일어나기 쉬운 지역 등을 통과한다.

THSRC는 센서를 통하여 지상선의 두께, 바퀴의 순환, 온도 등을 포함하여 320,000개 항목의 데이터를 얻고 있다. 기차 바퀴의 상태 데이터가 정상 상태의 데이터와 비교되기 위해 실시간으로

중앙 저장소에 무선으로 전송된다. 과도한 브레이크 사용과 같은 특정 파라미터의 편차가 발생하면 탑재된 모니터링 시스템은 자동으로 유지 시스템에 경고를 보낸다. 이 시스템은 자동으로 예방, 수정, 긴급 수리 같은 적절한 요청을 하게 된다. THSRC는 이 시스템으로 다음과 같은 많은 수익을 얻었다.

- 정시(On-Time) 성과 – 매일 평균 90,000명의 손님을 운송하는 이 시스템은 6초 이내 정시 도착과 정시 출발이 99.15% 비율로 이루어진다.
- 승객 안전 – 센서 데이터를 통해 다양한 변수들을 모니터링함으로써 획기적인 수준의 승객 안전을 얻을 수 있다. 반면 1998년 6월 3일 독일의 Eschede 고속전철 참사는 101명 사망, 88명 부상했다. 이 사고는 단순히 바퀴 하나에서 생긴 피로 균열에 의해 일순간에 탈선하였다.

THSRC 브랜드의 이 솔루션은 정시 출발도착 비율과 승객안전이라는 이점을 가져왔다. 이 사례는 빅데이터 거버넌스를 직접 논의한 것은 아니지만 유사한 시설 산업의 기업들에게 다음과 같은 고민을 던져주고 있다.

- Consistent sensor event codes : "이벤트 X(예를 들어, break고장)는 90% 확률로 이벤트 Y로 진행된다."라는 지식은 예방 유지관리 프로그램에서 매우 유용하다. 유지관리 프로그램은 여러 기차에서 센서가 발생시키는 이벤트 데이터를 분석해야 한다. 빅데이터 거버넌스 프로그램에서는 다른 기차의 센서들이라도 동일한 이벤트에 대해서는 동일한 이벤트 코드를 생성한다는 것을 보장해야 한다 (동일한 이벤트에 대하여 다른 기차들이 서로 다른 이벤트 코드를 생성한다면 고장 패턴을 분석하는 데 혼란이 초래될 것임).
- Consistent asset nomenclature : "기차에서 부품 A가 고장나면 동일 기차 혹은 다른 기차들에 장착된 유사 부품들을 검사해야 한다."라는 지식도 예방 유지관리에서 매우 중요하다. 빅데이터 거버넌스 프로그램에서는 다른 기차들에 장착된 동일 부품의 명칭을 일관되게 표기함으로써 신속하게 유사 혹은 동일 부품들을 점검할 수 있도록 보증해야 한다.

4.2 고객 프라이버시에 대한 빅데이터 거버넌스의 재정적 영향 측정

사례 4.2는 거대한 건강관리 프로그램에서 고객 프라이버시 관련 빅데이터 거버넌스가 재정적인 부문에 미치는 영향에 관해 설명한다. 이 사례는 공개적으로 입수 가능한 정보를 기반으로 작성되었다.

사례 4.2[10, 11]

건강보험 회사는 최근 문 닫은 콜센터 시설에서 50개 이상의 암호화되지 않은 하드디스크 드라이브를 분실하였다. 이 드라이브들은 클레임과 관련된 빅 트랜잭션 데이터를 포함한 모든 유형의 데이터가 포함되어 있다. 즉, 환자의 이름, 사회보장번호, 진단코드, 생일과 같은 민감한 정보를 포함한다. 아직 한 번도 환자 데이터가 누출되지는 않았지만 이 보험회사는 HIPAA 조치에 따라 미 연방정부에 150만 달러의 합의금을 냈다.

또한, 이 보험회사는 관련된 100만 명 이상의 고객들에게 이 사실을 알리는 비용과 무료 신용 모니터링을 제공하는 데 1,700만 달러를 지출했다. 유사 사건의 재발을 방지하기 위해 보험회사는 스몰 데이터는 물론 빅데이터의 암호화를 구현했다. 전사적으로 1,000대의 서버와 6,000대의 워크스테이션 및 25,000개의 콜센터 음성 녹음장치 그리고, 136,000개의 백업 테이프를 대상으로 암호화가 진행되었다.

4.3 빅데이터 수명주기의 통제를 통한 IT 비용 절감

빅데이터 거버넌스 프로그램에서는 빅데이터의 아카이빙을 통해 IT 비용을 줄일 수 있다. 사례 4.3은 유럽의 시설관련 회사에서 빅데이터 수명주기 거버넌스를 실행하여 운영비용 절약한 것을 보여주고 있다. 이 내용은 제 12장에서 더욱 자세히 설명한다.

10 Anderson, Howard. "Insurer Agrees to Settlement in Breach Case." *Data Breach Today*, March 13, 2012. http://www.databreachtoday.com/bcbs-tenn-gets-15-million-penalty-a-4583.

11 Anderson, Howard. "Security Action Taken in Wake of Major Breach Incident." *Healthcare Info Security*, July 28, 2011. http://www.healthcareinfosecurity.com/bcbs-tenn-encrypts-all-stored-data-a-3903.

사례 4.3

유럽의 시설관리 회사에서 빅데이터 수명주기 거버넌스 실현으로 운영경비를 절감

표 4.1은 유럽의 시설관리 회사의 전체 운영 비용 절약에 대한 요약이다. 전기와 가스의 자동 계량 측정 데이터를 압축하고 아카이빙하는 과정을 통하여 IT 비용을 절감하는 것이다. 이렇게 함으로써 고객 서비스와 응용프로그램 성능, 직원 생산성, 연산에 포함되지 않은 시스템 구동시간 등과 관련된 부가적인 이점도 얻는다.

표 4.1 빅데이터 수명주기 거버넌스에서 전기, 가스의 스마트 미터 데이터를 롤아웃 함으로써 얻는 운영비용 절감

A.	전기 자동 계량장치 하나의 연간 필요 저장 공간	4.5 MB
B.	가스 자동 계량장치 하나의 연간 필요 저장 공간	4.0 MB
C.	전기 자동 계량장치의 개수	2,700만
D.	가스 자동 계량장치의 개수	2,000만
E.	백업, 검증, 재해 복구 대비 생산 시스템의 복제 개수	4
F.	전기 자동 계량장치의 총 필요 저장 공간(A×C×E)	486 TB
G.	가스 자동 계량장치의 총 필요 저장 공간(B×D×E)	320 TB
H.	Terabyte당 연 평균 운영 비용	2만5천 달러
I.	전기 자동 계량장치의 연 저장 비용(F×H)	1,215만 달러
J.	가스 자동 계량장치의 연 저장 비용(G×H)	800만 달러
K.	빅데이터 수명주기 거버넌스의 수행으로 절약되는 금액	60%
L.	연간 절약되는 금액((I+J)×K)	12.09백만 달러

자동 계량기가 생성하는 데이터의 양은 기록 빈도에 따라 상당히 커질 수 있다. 보통의 경우 15분 주기로 데이터를 읽고, 트랜잭션당 최소 128바이트가 된다. 정전 보고, 과전압 경고, 구성 메시지와 같은 추가 트랜잭션은 계량기당 데이터의 크기를 증대시킬 수 있다. 일부 전문가들은 스마트 그리드 기능[12]을 지원하는 경우 계량기당 연 1.7GB까지 데이터를 생성할 수 있다고 추정했다. 여기서는 연간 미터기당 4.5메가바이트를 생성한다는 정도로 보수적으로 계산하였다.

12 Danahy, Jack. "That Smart Grid Data Surge We Mentioned Earlier. You Can't Ignore It." SmartGridNews.com website, November 3, 2009. http://www.smartgridnews.com/artman/publish/Technologies_Security/That-Smart-Grid-Data-Surge-We-Mentioned-Earlier-You-Can-t-Ignore-It-1351.html.

4.4 빅데이터 계획에서 데이터 품질과 마스터 데이터의 영향력 예측

빅데이터 프로그램에 깨끗하고, 잘 조직된 데이터를 공급하려면 데이터 품질과 마스터 데이터 관리(MDM)에 관한 적극적인 계획이 요구된다. MDM은 마스터 데이터를 빅데이터에 제공할 수 있으며, 빅데이터는 MDM에 새로운 인사이트를 제공할 수 있는 공생의 관계이다.

사례 4.4는 유명 소매업자의 빅데이터 분석 프로그램을 논의한 것이다.

사례 4.4

유명 소매업자의 빅데이터 분석 프로그램

유명한 글로벌 소매업자는 홍보 활동의 증가로 인하여 상품 수익의 감소를 경험했다. 이와 같은 비즈니스 문제를 극복하기 위해 회사는 신제품의 가격 전략을 결정할 때 Twitter나 다른 websites와 같은 소셜 미디어에서 고객의 상품 피드백을 수집하고 분석하기로 하였다. 제품이 출시되는 동안 시행한 감성 분석을 기반으로 회사는 마스터 상품 목록에서 가격을 변경하고 30%의 할인을 제공하기로 했다. 이 정책이 시즌 끝에 70% 디스카운트해서 판매하던 기존의 방식을 대체하게 되었다. 그 결과, 소매업자는 테이블 4.2와 같이 수익이 향상될 수 있었다. 소매업자는 표준 상품 정의와 고품질의 마스터 데이터를 사용한 것이 주목할 만하다.

표 4.2 글로벌 소매업체에서 감성 분석과 제품 마스터 데이터를 활용한 비즈니스 이익 창출

A.	정가로 표기된 새로운 상품 라인의 가치	1,000만 달러
B.	시즌이 끝났을 때 특가 할인	70%
C.	시즌이 시작할 때 할인	30%
D.	할인 수준의 차이(B-C)	40%
E.	시장 트렌드 분석 결과로 얻어지는 총 수익 혜택(A×D)	400만 달러

또한, 수영복 신제품을 홍보하기 위해 오후에만 반짝 이벤트를 진행했다. 마케팅 팀은 고객들을 반짝 이벤트로 끌어내기 위하여 소셜 미디어만을 사용하였고, 입소문이 빠르게 전파될 것으로 기

대했다. 이 이벤트는 눈에 띄는 성공을 거두었고 판매액도 예상한 금액을 넘어섰다. 그러나 마케팅 팀은 클릭스트림을 분석하여 몇 가지 이슈를 찾았다. 신상품을 고객들이 온라인에서 쉽게 찾을 수 없게 되어 있다는 문제이다. 근본적인 원인을 조사한 후에 소매업자는 쉽게 찾을 수 있도록 온라인 상에서 상품 계층 구조를 수정했다.

4.5 빅데이터 품질의 가치 계산

빅데이터 거버넌스 프로그램은 데이터 품질 가치를 정량화해야 한다. 예를 들어, 지리공간 정보는 오일과 가스 산업의 탐사 및 생산 업종에서 매우 중요한 데이터이다. 이들 데이터는 육상 시추 및 연안 시추와 연관되어 있으며 시추공과 관련될 수도 있다. 실제로 지리공간 데이터 거버넌스의 부실로 인하여 커다란 비즈니스 손실을 입은 사례들이 있다. 사례 4.5가 이 문제를 보여주고 있다.

사례 4.5

모 정유 회사는 정확하지 않은 지리공간 정보를 사용하여 버려진 시추공과 동일한 위치에서 시추 작업을 하였다. 직원들은 시추공의 위치를 다시 조정해야 했고, 이로 인하여 수백만 유로의 손실을 초래하였다. 다른 예로 탐색과 생산(E&P) 팀은 부정확한 좌표로 다른 회사가 소유한 인접 지역을 시추하였다. 회사는 법적인 문제와 공개된 망신에 직면하였고, 시간과 돈을 잃었다.

요약

이 장의 비즈니스 사례들이 보여주는 바와 같이 조직은 빅데이터를 사용하여 고객당 제품의 수를 증가시키고 이탈을 줄임으로써 수익을 향상시키고 있다. 조직은 빅데이터에 대한 거버넌스를 확보하기 위해 반복적인 접근을 해야 한다. 즉, 파일럿 프로젝트를 수행하고, 데이터를 통제하며, 결과를 측정한 다음 새로운 프로젝트를 선택한다. 어떤 계획이라도 빅데이터 거버넌스는 비즈니스에 대한 측정 가능한 가치에 집중해야 한다. 이해 당사자와의 정기적인 소통을 통하여 빅데이터 거버넌스에 대한 지속적인 지원이 이루어지도록 하는 것도 중요한 과제이다.

CHAPTER

05

로드맵

로드맵은 사람과 프로세스 및 기술 계획에 대한 단기, 중기, 장기 계획을 의미한다. 정보 거버넌스 프로그램은 대부분의 경우 향후 18~24개월의 계획을 커버하는 로드맵을 이미 가지고 있을 것이다. 빅데이터의 중요성이 강조되면서 정보 거버넌스 프로그램은 그 로드맵 안에서 빅데이터 관련 내용을 담는 것이 중요한 과제이다.

5.1 로드맵 사례 연구

사례 5.1에서는 대형 약국에서 빅데이터를 포함하는 정보 거버넌스 통합 로드맵을 개발했던 사례에 관하여 설명한다.

사례 5.1

대형 약국의 정보 거버넌스 로드맵

대형 약국의 수익관리자는 최고 데이터 임원 CDO(Chief Data Officer)를 임명하여 최고 운영책임자(Chief Operating Officer: COO)에게 보고하도록 하였다. CDO는 정보 거버넌스 관리자를 지정하여 정보를 전사적 자원으로 관리하도록 하였다. 그림 5.1에서 보는 바와 같이 정보 거버넌스 관리자는 위원회와 협의하여 다음과 같은 로드맵을 수립하였다.

1개월~30개월 – 정보 거버넌스 프로그램은 환자(patients), 처방자(Prescribers, 의사), 의약품(Drug)에 대한 마스터 데이터에 집중한다. 프로그램에서는 각 비즈니스 부서에서 데이터 관리인을 교육하여 마스터 데이터 개체를 관리하도록 한다.

12개월~30개월 – 정보 거버넌스 프로그램은 ICD-9와 CPT 코드와 같은 중요한 진단과 처리 코드에 대한 참조 데이터에 집중한다(이 코드에 대한 설명은 제6장에서 이루어짐).

31개월~48개월 – 정보 거버넌스 팀은 전체 로드맵 내에서 빅데이터를 포함하기로 하였으며, 두 가지 타입의 빅데이터를 선택했다.

- **처방 빅 트랜잭션 데이터**: 배급자는 해마다 수백만 개의 처방전(prescriptions)을 관리했다. 이 처방전들은 환자 및 의약품 마스터 데이터와 함께 서로 연관성을 갖도록 함으로써 의약품 간에 역반응을 피하도록 해야 한다.
- **소셜 미디어**: 배급자는 소셜 미디어(Social media) 데이터를 사용하여 회사와 마케팅 부서에 대한 부정적인 의견과 감정을 수용하려고 한다. 그러나 회사는 미국 식품의약국(FDA)의 불확

실한 규제 환경을 감안하여 소셜 미디어를 로드맵 상에서 연기하기로 결정하였다. 제13장의 사례 13.3에서 이 규제를 상세히 설명한다.

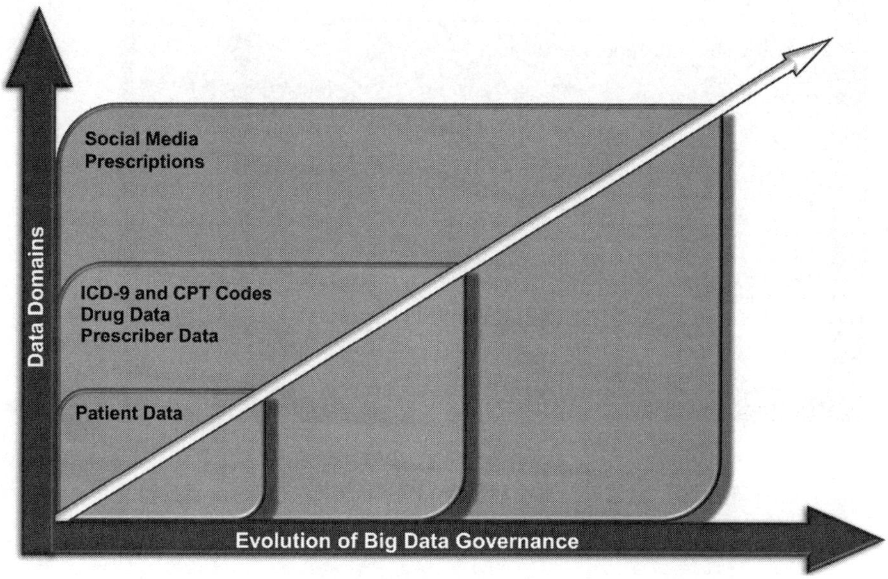

그림 5.1 약국 수익업자의 빅데이터 거버넌스 로드맵

사례 5.2는 거대 금융기관의 재무 부서에서 빅데이터 거버넌스 로드맵을 보여주고 있다.

사례 5.2

대형 금융기관의 재무 부서에서 빅데이터 거버넌스 로드맵

대형 금융기관의 재무 부서는 대기업 혹은 중견기업에게 통합된 현금 관리와 유동 관리 서비스를 제시하였다. 전사적 데이터 아키텍트는 빅데이터 프로그램의 초기 후원자였다. 이 책의 발간 당시에 그 부서의 빅데이터 프로그램은 초기 단계였다. 그러나 빅데이터 거버넌스 로드맵은 그림 5.2와 같이 만들어졌다. 다음에서 로드맵에 포함되어 있는 설계자의 생각을 볼 수 있다.

1개월~6개월 – 기업의 데이터 아키텍트는 첫 6개월 동안에 빅데이터를 핸들링할 수 있는 기술적 인프라를 정착시킨다. 아키텍트는 Linux server와 Apache Hadoop에 집중한다. 비즈니스와의 조율에 관해 질문을 받으면 아키텍트는 다음과 같이 대답한다. "기존 IT 프로젝트에서는 비즈

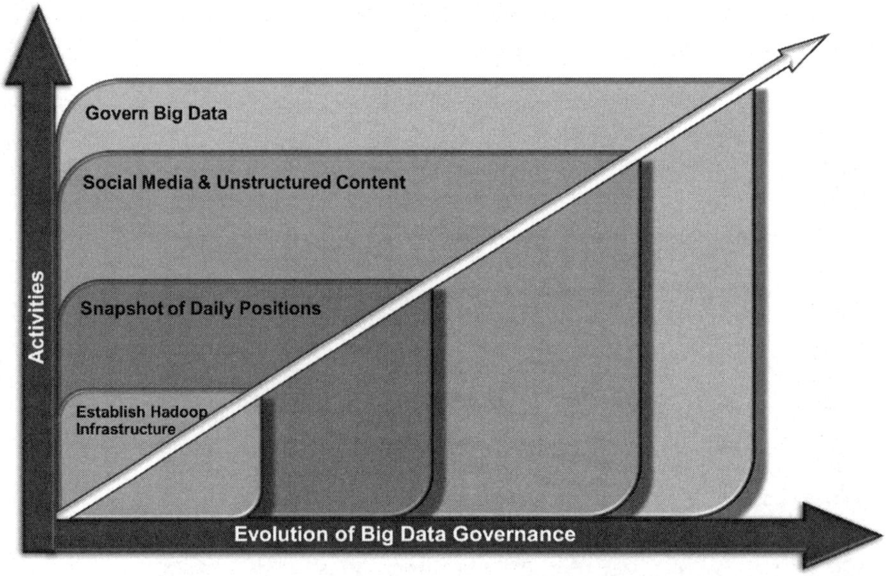

그림 5.2　금융기관에서 재무 부서의 빅데이터 거버넌스 로드맵

니스와의 관리적인 조정에 초점을 맞추는 것이 중요하지만 빅데이터는 너무 생소한 것이라 비즈니스 관점에서 성공 가능한 사용예와 재정적인 검증을 하는 데 시간을 보내야 한다. 이것이 인프라에 초점을 맞추어 작지만 실질적인 결과를 찾는 이유이다. 이렇게 함으로써 비즈니스로부터 더 큰 자금지원을 받을 수 있게 되기를 기대한다."

6개월~12개월 – 설계자는 상세한 트랜잭션 데이터를 가지고 와서 하루 단위의 상태(Daily positions)분석을 수행하려고 한다. 과거에는 기존 인프라의 높은 비용 때문에 상세한 트랜잭션 수준의 분석을 수행할 수는 없었다.

12개월~24개월 – 설계자는 소셜 미디어 및 다른 비구조화된 데이터를 Hadoop 환경으로 옮기려고 한다. 금융 기관의 고객들은 대부분 대기업이며, 설계자는 고객의 10-K와 10-Q 기록과 같은 비구조적 데이터를 탐색하려고 한다.

24개월~36개월 – 설계자는 24개월 후면 금융기관이 빅데이터를 제어하는 상태가 될 것으로 짐작한다. 재무 부서는 대형 회사 고객들과 관련된 마스터 데이터에 맞춰진 정보 거버넌스 프로그램을 이미 가지고 있다. 운영 그룹은 이 프로그램의 사업 후원자였다. 빅데이터 계획이 정보 거버넌스 프로그램의 후원을 왜 받지 못했냐고 질문을 받으면 설계자는 "빅데이터 계획이 유효한 결과를 내기 시작하는 데 수년이 걸리지만, 우리는 비즈니스의 관심을 끌 수 있다"라고 대답하였다. 그러면서 데이터 아키텍트는 조직들이 다음과 같은 정보 거버넌스의 기존 측면들을 신중하게 생각할 것을 권고한다.

- Hadoop에서 데이터를 어떻게 입력 혹은 출력할 것인가 ?
- Hadoop 내의 데이터 품질은 어떠한가?
- 빅데이터에 대한 메타데이터는 어떠한가?
- 12개월 후에 출시하게 될 마스터 데이터 관리 저장소에 빅데이터를 어떻게 통합할 것인가?

요약

고위 경영진은 빅데이터 관련 파일럿 프로젝트가 주요 데이터 내에서 높은 가시성을 확보했을 때 비로소 투자를 결심할 것이다. 그 결과 정보 거버넌스 팀은 빅데이터에 관련된 사람과 프로세스 및 기술을 로드맵에 포함시켜 변경할 필요가 있다.

CHAPTER

06

빅데이터 거버넌스에 대한 조직

이 장의 작성에는 Bob Leo(IBM)가 공헌하였다.

제 1장에서 언급한 바와 같이 빅데이터는 조직 내 여러 부서들 사이에 자연스런 긴장을 야기한다. 빅데이터 거버넌스 프로그램은 조직 내의 긴장을 조정하기 위해 다음과 같은 베스트 프렉티스를 적용해야 한다.

6.1 핵심 프로세스를 밝혀내고, 책임할당 행렬(responsibility assignment matrix)을 만들어 빅데이터 거버넌스의 이해 당사자를 명확히 함

6.2 기존 역할과 새로운 역할을 적절히 통합함

6.3 빅데이터에 대한 적절한 관리권 지정

6.4 빅데이터의 책임성을 기존 정보 거버넌스의 역할에 추가함

6.5 빅데이터의 책임성을 포함하는 정보 거버넌스 조직을 생성함

다음에서 이들 각각에 대한 베스트 프렉티스를 소개한다.

6.1 핵심 프로세스를 밝혀내고, 책임할당(RACI) 차트를 만들어 빅데이터 거버넌스의 이해 당사자를 명확히 함

책임할당(RACI) 차트는 조직 내 여러 부서들이 빅데이터 거버넌스에 어떻게 동참할 것인지를 명확하게 보여준다. RACI는 다음을 의미한다.

- **책임(Responsible):** 어떤 속성을 수행(관리)하는 데 대표 책임을 가진 사람이다. 하나의 속성에 대하여 다수의 사람(조직)에게 책임을 부과할 수 있다.
- **책무(Accountable):** 데이터 속성에 대하여 최종 책임을 가진 사람으로 승인자(approver)혹은 승인당국(approving authority)이라고도 한다. 책무를 가진 사람은 어떤 속성을 관리하는 책무를 당사자에게 위임할 수 있다. 이때 위임받는 당사자는 유일해야 한다.
- **컨설팅(Consulted):** 양방향 소통을 통하여 컨설팅을 받는 사람(들)이다.
- **공지(Informed):** 단방향 소통을 통하여 정보가 제공되는 사람(들)이다.

사례 6.1은 대규모 건강관리에서 프로세스 맵핑과 RACI 차트의 사용을 보여주고 있다.

건강관리에서 사용되는 클레임 코드의 지침서

건강관리에서는 클레임 코드를 사용하여 서비스 제공자(의사)와 병원에 변상을 하거나, 서비스에 대한 비용이나 품질을 벤치마킹하거나, 혹은 의료비용을 절감하는 보호관리 서비스를 제안하고 있다.

건강관리에서는 의사에게 클레임 관련사항을 제출할 때 적합한 ICD-9, ICD-10, CPT 코드를 사용하도록 요구한다.

■ ICD-9-CM 코드

International Classification of Diseases, Ninth Revision, Clinical Modification (ICD-9-CM)의 약어로서 WHO(World Health Organization)의 ICD-9 규정에 근거하고 있다.[13] ICD-9는 1979년 제정되었으며, 사망통계의 수집, 처리, 분류, 발표 등의 국제적인 비교 가능성을 높이는 것이 그 목적이다. ICD-9-CM은 미국 병원의 각 진단에 부여하는 공식적인 코드이다.

■ ICD-10-CM 코드

1999년 WHO에서 발표한 10번째 ICD 개정판으로 코드가 획기적으로 증가되었다. 예를 들어, ICD-9에서는 혈관 확장술에 대하여 단지 하나의 코드가 부여되었다. 그러나 ICD-10에서는 의사가 각 환자에 관련된 장치나 위치 등에 따라서 1,170가지 코드 중에서 하나를 선택하도록 하고 있다. ICD-10의 목적은 질병의 원인을 더 정교하게 분석하기 위함이다. 미국 보건복지부는 2013년 10월 1일까지 ICD-10이 실현되도록 하고 있다.

■ CPT 코드

Current Procedural Terminology(CPT) 코드는 의학, 해부학, 진단서비스 등에 대한 완전한 코드 집합으로서 의사, 환자, 승인기관, 헬스케어 제공자 등에 대한 관리나 재정 및 분석을 위해 미국의학협회(American Medical Association)에서 제정한 것이다. CPT

---

13 Zhang, Jane, "Why we need 1,170 Codes for Angioplasty," The Wall Street Journal, Nov. 11, 2008. http://online.wsj.com/article/SB122636897819516185.html.

코드는 클레임 상의 진단에 대한 코드를 표준화한 ICD-9-CM, ICD-10-CM 코드와 유사하지만 제공된 서비스를 의미한다는 점에서 차이가 있다. 진단(ICD-9-CM)이 CPT의 의학적 서비스 제공의 필요성을 야기한다는 점에서 두 코드 사이에 중요한 연관성이 존재한다. ICD와 CPT 모두 수치 코드이므로 건강보험 SW는 두 코드가 논리적인 연관성을 가지도록 해야 한다. 예를 들어 코 내시경 검사를 의미하는 CPT 31256는 발의 골절을 의미하는 ICD-9 826.0와는 연계될 수 없다. 이러한 요청은 즉시 식별하여 거부해야 한다.[14]

사례 6.1

건강보험에서 빅 클레임 트랜잭션 데이터 거버넌스

규모가 큰 건강보험에서는 연간 5억 건의 클레임을 처리한다. 각각의 클레임 레코드는 비 구조적 텍스트를 포함한 약 600개의 속성을 포함하고 있다. 이 모든 클레임에는 약 85센트가 지출되므로 건강보험 클레임 데이터 관리에 집중하기로 결정했다. 비즈니스 인텔리전스 부서는 클레임 데이터를 분석하였고, 이 분석은 몇 가지 후속 활동들을 가져왔는데 케어 관리가 그 예이다. 예를 들어, 나이가 든 회원이 관절통으로 의사를 몇 차례 방문하면 간호원이 그 회원에게 전화를 해서 관절염 치료를 권하게 된다. 이러한 사전 조치는 회원들의 삶의 질을 높일 뿐 아니라 의료비도 절감하는 효과를 가져온다.

비즈니스 인텔리전스 부서는 진단코드 필드에 ICD-9 코드를 사용하지 않는 경우를 다수 발견하였다. 자료 수집 후 비즈니스 인텔리전스 팀은 그 필드에 ICD-9와 CPT 코드 모두를 기재하도록 하였다. 그 다음에 비즈니스 인텔리전스 팀은 의사들과의 연관성을 관리하는 책임 부서인 네트워크 관리팀과 만났다. 수차례 미팅 후에 네트워크 관리팀은 그 필드에 ICD-9 혹은 CPT 코드 둘 중에서 어느 하나를 사용하도록 허용하였다(실제로 그 필드에는 ICD-9 코드가 사용되도록 규정되어 있었음). 결과적으로 클레임 보고서는 불일치(inconsistent)한 데이터를 가지게 되었으며, 그 결과 중요한 간호 인력들이 위험하지 않은 환자를 서비스하도록 방치하는 결과를 초래하였다.

비즈니스 인텔리전스 팀은 클레임 문서에 있는 텍스트 필드를 분석하였다. 이 텍스트 필드를 CPT 코드에 대한 참조 데이터와 비교한 결과 이상 현상들을 발견하였다. 예를 들어, 텍스트 필드에 "flu shot(독감예방)"이라고 기재되어 있지만 CPT code에는 "99214(신체검사)"로 기재되어 있어 문제

14 "Procedural and Diagnosis Coding Must Be Linked By Medical Necessity." University of Florida, College of Medicine Office of Compliance, September 20, 1999. http://www.med.ufl.edu/complian/q&a/cpt-codes.html.

가 발생하게 된다. 결론적으로 의사들은 무심코 클레임 문서에 정확하지 않은 처리 코드를 입력하고 있다는 점이다. 더구나 비즈니스 인텔리전스 팀은 환자의 텍스트 필드에 chronic congestion (만성적 충혈) 혹은 blood sugar monitoring (혈당 모니터링) 이라는 단어가 사용되면 각각 천식 및 당뇨에 대한 질병관리 프로그램의 후보자로 분류됨을 알 수 있었다.

그림 6.1은 건강보험의 빅 클레임 트랜잭션 데이터 관리를 위한 간단한 프로세스를 보여주고 있다.

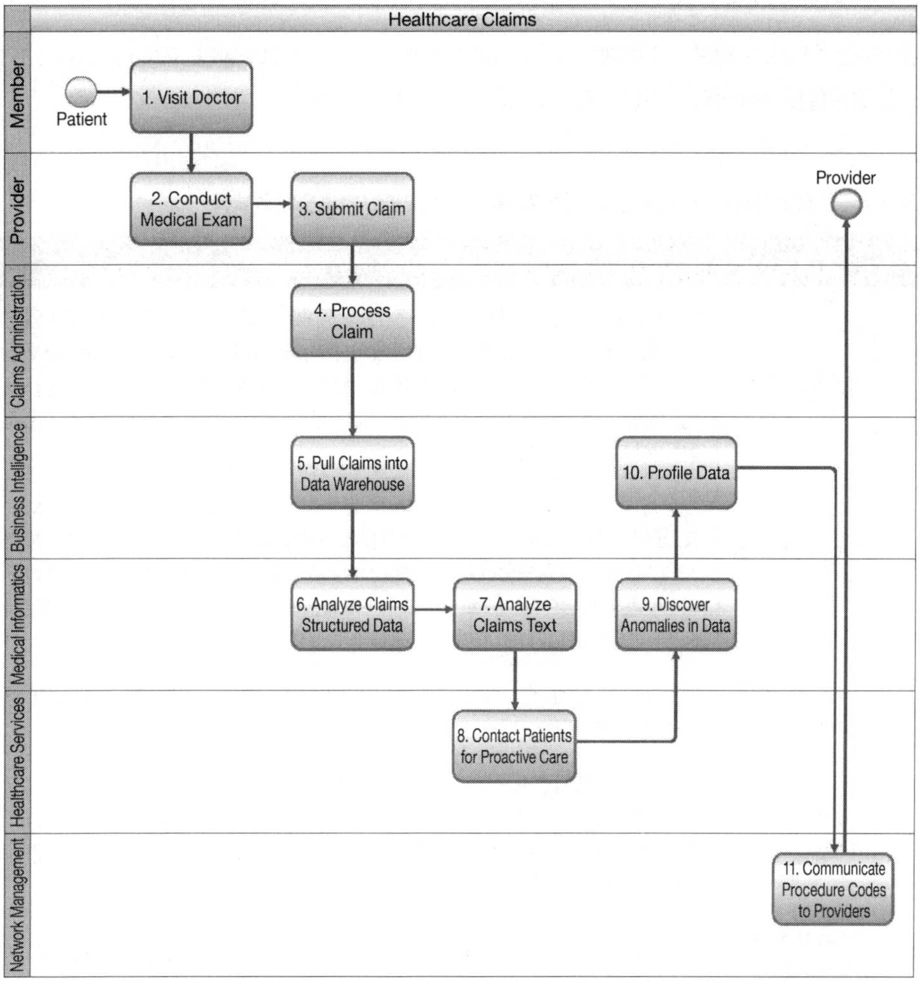

그림 6.1 **건강보험에서 클레임 처리 과정**

클레임 관리 프로세스에는 다음과 같은 업무들이 포함되어 있다.

- 헬스 플랜: 보험 수급자의 의료비용을 지불하는 개체(건강보험 제공자 혹은 건강보험 업자)

- 회원: 건강보험 수급자(건강보험 가입자와 그의 부양가족들)
- 공급자: 의료 서비스를 제공하는 의사, 치료사 또는 병원
- 클레임 관리: 공급자로부터 제출된 클레임(청구서)을 처리하는 부서
- 비즈니스 인텔리전스: 건강보험에 관련된 데이터 웨어하우스와 분석을 담당하는 부서
- 의료 정보학: 임상 문제를 해결하기 위해 정보기술의 사용을 담당하는 부서
- 건강관리 서비스: 건강관리에서 임상 측면을 다루는 건강보험 내 부서
- 네트워크 관리: 공급자의 네트워크를 관리하는 건강보험 내 부서

건강보험에서는 큰 청구건을 통제하기 위한 다양한 정책들을 수립해야 한다. 표 6.1은 그림 6.1의 핵심 활동들을 빅데이터 거버넌스 정책과 맵핑하는 것을 보여주고 있다.

표 6.1 건강보험에서 큰 청구건을 다루기 위한 빅데이터 거버넌스 정책들

순서	활동	빅데이터 거버넌스 정책
4.	청구건 처리	HIPAA는 건강 관련 데이터에서 보호가 필요한 개인 프라이버시 정보의 안전장치를 규정한 것이다. 정보보호팀에서는 데이터베이스 모니터링을 통하여 권한을 가진 사람만이 청구 레코드에 접근할 수 있도록 해야 한다. 예를 들어, 보험업자들은 청구 데이터가 데이터베이스 관리자에 의하여 임의로 접근되는 것을 원하지 않을 것이다.
7.	청구건 텍스트 분석	전술한 바와 같이 건강보험은 텍스트 분석을 통하여 불일치성을 찾아낸다. 예를 들어, "독감주사" 처치와 건강검진에 사용되는 CPT 코드 "99214"는 불일치의 예이다. 건강보험에서는 참조 데이터인 ICD-9와 CPT 코드를 사용하여 이 분석을 지원한다. 참조 데이터는 제11장에서 마스터 데이터 통합 부분에서 다루어진다.
9.	데이터 사이의 이상현상 발견	의료정보학 팀에서는 처치 코드 필드의 많은 항목들이 표준 ICD-9 코드가 아님을 발견하였다.
10.	데이터 프로파일	비즈니스 인텔리전스 팀은 데이터 프로파일링을 통하여 진단필드가 ICD-9 코드로 기재하도록 되어 있음에도 불구하고 ICD-9와 CPT 코드의 두 가지 형태로 부정확하게 기재되었음을 확인한다. 그 결과 청구 보고서는 정확하지 않은 데이터를 보여주게 된다.
11.	공급자에 대한 절차코드의 소통	빅데이터 거버넌스 프로그램에서는 네트워크 관리팀에서 공급자에게 청구문서를 작성할 때 ICD-9 코드만을 사용하도록 요청하는 정책을 수립한다.

표 6.2에서 요약한 바와 같이 비즈니스 인텔리전스 팀은 RACI 행렬을 개발하여 전체적인 역할과 책임성을 이해해야 한다. 비즈니스 인텔리전스 팀은 청구 분석에 사용되는 데이터의 품질에 대한 책임을 져야 한다. 또한 네트워크 관리팀은 공급자가 일관성 있게 코드를 사용하도록 보장하는

데 책임을 져야 한다. 더구나 의료 정보학, 건강관리 서비스, 청구 관리 부서들은 청구 정보를 매일 사용하므로 컨설팅이 필요하다.

표 6.2 건강보험 청구 데이터에 대한 RACI 차트의 일부분

속성들의 카테고리	책임성	책무성	컨설팅	공지
ICD-9와 CPT 코드	네트워크 관리	비즈니스 인텔리전스	의료정보학, 건강서비스, 청구건 관리	N/A

6.2 기존 역할과 새로운 역할을 적절히 통합함

정보 거버넌스 프로그램이 성숙한 상태로 진입한 후에는 CDO(chief data officer), IGO(information governance officer), 데이터 스튜어드 등의 역할을 담당하는 주체가 명확해질 것이다. 기존의 역할 담당자가 빅데이터와 관련된 새로운 역할을 추가로 맡을지 혹은 빅데이터와 관련하여 신규로 역할 담당자를 지정할 것인지도 결정해야 한다. 어느 것이 옳다고 단정할 수는 없다. 각 조직은 예산과 비용 및 위험성을 감안하여 결정해야 할 것이다. 제 6.3절에서 빅데이터 스튜어드를 위한 역할과 책임을 논의할 것이다. 제 6.4절에서는 기존 정보 거버넌스 역할에서 추가될 필요가 있는 책임성을 논의할 것이다. 통찰력을 제공하기 위해 최선을 다해야 하지만 빅데이터에 대한 역할이나 담당자의 책무도 아직은 진화하고 있는 중이다.

6.3 빅데이터에 대한 적절한 관리권 지정

데이터 관리권을 가진 주체는 관련 지식을 바탕으로 빅데이터의 품질과 개인정보 보호 등의 문제를 증진시키기 위한 방안을 비즈니스 주체에게 보고할 의무가 있다. 조직은 빅데이터 관리 주체를 임명하거나 혹은 기존 책임자에게 빅데이터 관리권을 추가로 지정해야 한다. 이 절에서는 빅데이터의 타입별로 관리권자의 역할을 설명한다.

웹과 소셜 미디어 관리권

이 부류의 데이터에 관한 관리권자는 클릭스트림이나 소셜 미디어 데이터에 대한 책임을 지고 있으며, 다음과 같은 역할과 책임을 부여받는다.

- 상위 관리자, 프라이버시 부서, 법률 자문기구, 그 외 관련 당사자 등과 함께 웹과 소셜 미디어 데이터의 적절한 사용에 관하여 공감대를 이루어야 한다. 예를 들어,
    - 고객의 행위를 파악하기 위하여 웹 쿠키 (특히 제3자의 쿠키)를 활용하는 방안
    - 보험에서 클레임 판결에 대하여 Facebook 데이터를 활용하는 문제
    - 승인되지 않은 정보의 비공식 요청에 대한 응답을 생명과학 관련 회사가 FDA의 관점에서 제시하는 문제
    - 은행에서 신용과 관련된 의사결정을 위하여 소셜 미디어를 활용할 때 미연방 신용관련 법률인 FCRA(Fair Credit Reporting Act)의 데이터 수집과 공유에 관한 제한 사항을 고려하는 문제
- 비즈니스 정의와 관련된 통일 문제(상이한 웹 분석 도구는 동일한 의미에 대하여 서로 상이한 용어를 정의할 수 있음: 예 'unique visitor')
- MDM의 적극적인 활용문제
    - MDM 팀과 연계하여 사용자의 소셜 미디어 ID를 MDM 상의 해당 레코드의 속성에 연결하는 문제
    - 데이터에 대한 신용구간을 정하여 구간 내의 데이터만 수집하는 방안
    - 구간 내의 레코드에 대하여 수작업으로 확보한 소셜 미디어 데이터와 MDM 레코드를 적절한 관리권 하에서 연계하는 방안
- 데이터 품질향상 계획의 수립. 예를 들어, Twitter 사용자들이 회사의 고객층을 대표할 수 있는지를 마케팅 부서와 논의하여 결정하는 문제

웹과 소셜 데이터에 대한 관리권의 배정은 아직 충분한 논의가 이루어지지 못한 문제이나 몇 가지 방안들이 나오고 있다.

- **웹 분석팀:** 클릭스트림 데이터의 관리권을 웹 분석팀에게 배정하는 방안

- **중간 규모의 유럽 은행:** Facebook에 첫 발을 내디딘 은행의 CEO는 회사의 노사관계 부서를 감성분석을 포함한 소셜 미디어 전략을 수립하는 책임부서로 임명함

M2M 데이터 관리권

이 관리권은 시설에 대한 스마트 미터기, 각종 센서, RFID 등과 같은 기계들로부터 생성되는 데이터에 책임을 가진다. 이 관리권의 주요 내용은 다음과 같다.

- 각 기계에서 생성되는 측정치가 정확함을 보장하는 일
- 에러를 포함한 측정치를 버리기 위한 비즈니스 규칙을 제정하는 일. 예를 들어, 교통량이 많거나 습기가 많은 곳에서 생성되는 RFID 데이터는 에러를 포함할 가능성이 높아짐
- 비즈니스 메타데이터를 정의, 수집, 유지관리하는 일. 예를 들어, 오일과 가스 회사가 이중으로 동일한 데이터를 구매하는 문제를 방지하기 위해 공간 데이터에 대한 일관성 있는 명명법을 사용해야 함
- 민감한 데이터의 적절한 사용에 관하여 정책을 수립해야 함. 예를 들어, 소매상에서 구매고객을 추적할 수도 있는 RFID 태그를 판매와 동시에 비활성화하는 문제와 통신사에서 고객의 움직임을 추적할 수 있는 지리공간 정보의 사용 문제를 다루어야 함
- 스마트 미터기, SCADA, 센서, 그 외 장치들에서 생성되는 데이터도 사이버 공격으로부터 보호되어야 함
- 빅데이터의 아카이빙과 저장배치 문제. 예를 들어 스마트 미터기에서 발생하는 데이터는 24개월간 아카이브되어야 하고, 3년 후에는 폐기함

다음에서 M2M 데이터 관리권의 예를 보여준다.

- **북미 통신 업계:** 통신 시설의 운영에 관련된 수십억 건의 이벤트가 쏟아지고 있으며, 이들은 통화 끊김 현상, 네트워크 혼잡문제 등과 같은 상태를 기록하고 있다. 이러한 데이터에 대한 관리권은 성능 모니터링 팀에서 담당해야 할 것이다.

- **북미 유틸리티 업계:** 유틸리티 장치에는 수백만 개의 스마트 미터기가 부착되어 거주민 혹은 비즈니스 고객들의 시간당 전기소모량을 측정한다. 고객 서비스 부서가 스마트 미터기 데이터의 관리자로 지정되어 있다. 고객 서비스 부서는 미터기로부터 읽은 데이터를 고객에게 웹을 통하여 제공해야 한다. 특히, 이 부서는 고객의 스마트 미터기 데이터에 대한 프라이버시를 모니터링하는 정책을 수립하였다.
- **오일과 가스 굴착 및 시추 회사:** 사례 6.2는 오일과 가스 굴착 및 시추 회사에서 용적측정 생산(production volumetrics) 부분의 관리권을 보여주고 있다.

사례 6.2

오일과 가스 굴착 및 시추 회사에서 용적측정 생산(production volumetrics) 부분의 관리권

오일과 가스 회사는 빠른 속도로 생성되는 방대한 양의 데이터(구조화 데이터뿐 아니라 반구조화 혹은 비구조화 데이터를 모두 포함)를 보유한다. 많은 데이터가 굴착기나 시설의 센서들에서 생성된다. 이 데이터는 파트너사와 정부에 매일, 월단위로, 혹은 연단위로 보고된다. 또한, 이 수치는 분기마다 주식시장에 보고되어 상장회사의 주가에 영향을 미친다. 더구나 부정확한 생산 관련 데이터는 합작투자 회계에 영향을 미친다. 예를 들어, 북해의 공유지는 두 개 이상의 합작사 소유로 되어 있다. 따라서 부정확한 데이터는 이익을 분배하는 데 문제를 야기한다. 마지막으로 회사들은 오일과 가스의 생산량의 측정치에 따라서 세금을 납부하는데, 데이터의 중요성을 확인할 수 있다.

거대한 오일 및 가스 굴착과 시추 회사는 생산관련 데이터에 대한 데이터 거버넌스 프로그램을 구현하기로 결정했다. 이 거버넌스 프로그램은 생산 리포트와 관련된 메타데이터에 초점을 맞추는 것으로 시작한다. 이 프로그램은 여러 리포트의 일관성에 큰 영향을 주는 '유정(well)'과 같은 50개의 핵심 정보 항목들을 정의하였다. 정보 거버넌스 프로그램에서는 다수의 하위 항목들도 정의하였다. 예를 들어, 'well origin', 'well completion', 'well bore', 'wellbore completion' 등이 그 예이다. 데이터 거버넌스 프로그램에서는 유정과 관련된 데이터와 정의를 위해 PPDM(Professional Petroleum Data Management) Association 모델을 이용한다.

회사는 매우 복잡하고 행렬과 같은 조직을 가지고 있으며, 지리적인 위치에 따라 생산활동 단위가 구성된다. 예를 들어, 멕시코만, 서아프리카, 캐나다, 북해, 아시아 등이 그 예이다. 각 비즈니스(생산활동) 단위별로 용적측정생산에 대한 고유의 정의를 가진다. 최종적으로 회사는 공동 서비스 조직(shared service organization)이 용적측정생산에 대한 전반적인 관리권을 가지도록 하였다. 공동 서비스 조직이 저장관리, 시설 엔지니어링, 드릴 시추 등을 수행하므로 용적측정생산에 대한 어느 정도의 책임을 가질 것이다.

회사의 복잡한 특성 때문에 용적측정생산에 대한 관리권은 IT 영역에 부과될 것이다. 그러나 핵심 비즈니스 용어들에 대한 정의는 IT와 비즈니스 임원들로 구성되는 범 부처적인 조직에서 승인되어야 할 것이다.

빅 트랜잭션 데이터 관리권

이 관리권은 보험청구, 통신 CDRs, 소비재 제품(consumer packaged goods) DSRs (demand signal repositories) 등과 같은 거래 데이터에 대한 책임을 의미한다. 빅 트랜잭션 데이터에 대한 관리권은 다음과 같은 역할과 책임을 가진다.

- 데이터 품질에 대한 비즈니스 규칙을 제정함. 예를 들어, 청구날짜가 지급날짜보다 앞서거나 동일해야 한다.
- 비즈니스 메타데이터의 정의, 수집, 유지관리. 예를 들어, 보험청구에 대한 정책항목(ploicy term)을 정의하고, 이와 관련된 데이터를 수집하고, 유지관리해야 한다.
- 민감한 데이터를 확인함. 예를 들어, 최고 임원이나 연예인의 전화 통화 CRDs에서 발신 및 수신번호는 민감한 데이터이다.
- 모든 민감한 데이터가 확인되어 메타데이터 리포지터리에 등록되어야 함.
- 아카이빙(보관)과 방어적인 폐기 정책. 예를 들어, 통신 CDRs은 3개월 후에 보관되어야 하고, 비용 절감을 위해 2년 후에 삭제되어야 한다.

다음에서 빅 트랜잭션 데이터의 관리권에 대한 예를 살펴본다.

- **북미 건강보험** — 사례 6.1에서 살펴본 바와 같이 건강보험은 빅 청구 트랜잭션 데이터에 대하여 관리권 주체를 지정하기로 결정하였다. 관리권자에게는 다음과 같이 우선순위를 갖는 복수의 기능들이 지정될 수 있다.
  - 네트워크 관리 팀. 건강보험 제공자의 네트워크 관리에 초점을 맞추어 관리함.
  - 비즈니스 인텔리전스 팀. 관리권 부서는 IT부서의 지시를 받음.
  - 메디컬 정보 팀. 분석에 초점을 맞춤.

- 건강관리 서비스 팀. 건강보험의 임상적 측면에 초점을 맞춤.

마지막으로 조직은 보험청구 관리권자가 청구관리 부서에게 보고하도록 결정하였다. 또한, 청구 관리권자는 정보 거버넌스 위원회(이 위원회는 비즈니스 인텔리전스 팀, 네크워크 관리팀, 메디컬 정보 팀, 건강관리 서비스 팀, 청구관리 부서보다 상위부서임)에 직접적인 책임을 가지도록 하였다.

- **다국적 소비제품 제조업체** — 제조업체들은 일종의 비즈니스 인텔리전스 환경인 DSRs 구축을 통하여 어떤 항목들이 팔리고 있고, 소매점에 어떤 제품을 더 보급해야 할지를 이해하려고 한다. DSR은 다양한 데이터 소스를 활용하는데, 벤더가 관리하는 재고정보, ERP, 다이렉트 마케팅, 소매점의 POS 트랜잭션 로그, 외부 구매정보, 소셜 미디어 등이 그 예이다. 다국적 소비제품 제조업체는 DSR 데이터 관리자를 임명하여 이들 데이터의 품질을 개선해야 한다.
- **아시아 지역 통신 운영자** — 통신 운영사에는 매일 수십억 건의 CDR 데이터가 생성되고 있으며, 수 페타바이트 분량의 빅데이터가 축적되어 있다. CDR 정보에 대한 관리권을 과금 부서에 부여할 수 있을 것이다.

생체정보 데이터 관리권

생체정보는 법률적으로 엄격히 통제되어 있으므로 정보기관 등에서 허용하지 않는 한 사용에 제한을 받는다. 따라서 각 조직에서 생체정보에 대한 관리부서를 지정했는지를 구체적으로 알 수는 없다. 가능한 대안으로 인사관리 부서에서 직원이 응용에 로그인할 때 생체정보를 수집하는 방안이 있다.

사람이 생성하는 데이터 관리권

사람이 생성한 데이터 축적물을 분석에 활용하는 것은 아직 초기 단계이다. 사람이 생성한 데이터의 관리권 문제는 아직 알려지지 않은 부분이다. 한 가지 방안은 고객 서비스 부서에서 고객의견 데이터를 분석하여 품질 보장이나 운영의 효율성을 증진하는 방안을 고려할 수 있다.

데이터 과학자

많은 조직들이 데이터 과학자를 채용하여 빅데이터를 다루려는 시도를 하고 있다. 데이터 과학은 수학과 프로그래밍 및 과학적 통찰력(인사이트)을 결합하는 학문영역이다.[15] LinkedIn의 전직 생산 책임자가 쓴 'Building Data Science Team', (D. J. Patil)에서는 데이터 과학자가 가져야 할 재능을 다음과 같이 기술하고 있다.[16]

- 기술적인 전문성: 특정한 과학 분야의 전문적인 식견
- 호기심: 특정 문제를 발견하여 해결하고자 하는 열정
- 스토리텔링: 데이터에 내재된 의미를 사용하여 이야기를 만들어 내는 능력과 소통 능력
- 영리함: 문제를 다른 시각에서 창의적으로 바라보는 능력

데이터 과학자는 매일 품질이 낮은 데이터나 일관성이 결여된 정의 등을 해결하기 위해 노력하며, 그들이 빅데이터 관리권의 주체가 될 수 있다.

6.4 빅데이터의 책임성을 기존 정보 거버넌스의 역할에 추가함

이 절에서는 빅데이터를 다루기 위하여 기존의 정보 거버넌스의 역할에 추가되어야 할 책무들을 소개한다.

최고 데이터 책임임원 (Chief Data Officer, CDO)

금융 서비스 산업 등에 소속된 많은 조직들은 전사 수준에서 정보의 진실성을 책임지는 CDO(chief data officier)를 임명하고 있다. CDO는 전사 수준에서 정보 거버넌스 프로그램을 책임지고 있으며, 빅데이터에 대한 관리권까지도 가질 가능성이 높다.

15 Dumbill, Edd. "What is big data?" O'Reilly website, jan. 11 2012, http:/radar.oreilly.com/2012/01/what-is-big-data.html.

16 Patil, D. J. Building Data Science Teams(O'Reilly Radar: 2011).

정보 거버넌스 책임자(Information Governance Officer, IGO)

많은 조직들에서 정보 거버넌스 책임자를 임명하여 전사적 데이터 아키텍처, 비즈니스 인텔리전스, 리스크 관리, 정보보안 등의 업무를 담당하게 하고 있다. 정보 거버넌스 책임자 자리는 정보를 조직의 주요 자산으로 인식함에 따라서 풀타임 직종으로 바뀌고 있다. 정보 거버넌스 책임자는 빅데이터를 관리하기 위하여 다음 사항을 추가로 담당해야 할 것이다.

- 관리되어야 할 빅데이터 타입의 결정
- 빅데이터 거버넌스를 지원하기 위한 비즈니스 케이스 개발 지원
- 비즈니스 이해 당사자와 함께 빅데이터를 홍보
- 빅데이터를 MDM과 통합하는 활동을 지원
- 빅데이터 활용을 위한 정책의 수립을 법무팀, 마케팅팀, 프라이버시팀, 이사진 등을 포함한 해당 부서들과 논의하고, 이들 사이의 이견 조율
- 정보보호 관리자와 논의하여 SCADA, 스마트 미터기, 사이버 공격에 대한 대책 논의
- 정보 거버넌스 실무반을 감독하여 규정을 준수하도록 하고, 그들의 활동이 정보 거버넌스 위원회의 활동과 일관성을 갖도록 함
- 비즈니스에 보고하는 빅데이터 관리주체를 감독함
- 빅데이터 관리주체가 비즈니스 관리 라인으로부터 적절한 지원(동의)을 받도록 함
- 빅데이터 관리주체가 일관성 있게 운영되어 비즈니스 부문에서 지속적으로 빅데이터의 효과를 제공받을 수 있도록 함

정보 거버넌스 위원회(Information Governance Council)

정보 거버넌스 위원회는 빅데이터 거버넌스 프로그램을 위해 최고 경영진의 추천으로 구성된다. 이 위원회에서는 정보 거버넌스 프로그램에 대한 전반적인 지시사항을 설정하고, 비즈니스와 IT 영역의 이견을 조율하며, 이를 최종적으로 결정한다. 비즈니스 문제에 따라서 정보관리 책임자(chief information officer), 정보관리 부사장, 정보보호 책임자, 리스크 관리 책임자, 혹은 다른 관련 임원이 정보 거버넌스 위원회의 의장을 맡을 수 있다. 이 위원회는 금융, 법률, 인사 등의 부서와 관련된 직능대표와 기업 자산이 되는 정보와 연관된 비즈니스

조직의 대표들을 포함할 수 있다. 경영진은 정보 거버넌스 프로그램에 대한 옹호자인 동시에 전 부서에서의 지원을 보증해야 한다. 정보 거버넌스 위원회는 매달 혹은 분기별로 모임을 가지게 될 것이다.

정보 거버넌스 위원회에서 다루게 될 의제 중 빅데이터 주제의 샘플의 예는 다음과 같다.

- 빅데이터 거버넌스에 대한 비즈니스 사례 검토
- 빅데이터와 마스터 데이터 사이의 연관성 점검. 예를 들어, 통신 CDRs 데이터로부터 얻어진 전화 패턴을 사용하여 MDM 내에서 가족관계 정보를 개선하는 일
- 빅데이터 품질관리 계획의 지원

정보 거버넌스 실무반

조직 내에서 정보 거버넌스 위원회 산하의 실무 그룹을 의미한다. 이 실무반은 정보 거버넌스 프로그램을 매일 시행하는 조직으로 데이터 관리 조직에 대한 감독을 수행한다. 정보 거버넌스 책임자는 이 실무반의 의장을 맡을 수 있다. 정보 거버넌스 실무반은 중간 관리자들로 구성되어 매주 혹은 매월 단위로 회의를 한다. 이 실무반은 정보 거버넌스 위원회와 유사한 주제들을 토론하지만 더 상세한 레벨의 논의가 이루어질 것이다.

고객 데이터 관리자

고객 데이터 관리자는 빅데이터를 관리하기 위해 다음과 같은 추가적인 책무를 다해야 할 것이다.

- MDM 레코드와 소셜 미디어 프로파일과 같은 반구조 혹은 비구조 데이터의 연계를 위해 노력해야 함
- 고객 MDM 레코드와 비구조 데이터의 연결, 중복제거, 통합을 위한 데이터 관리권 활용. 예를 들어 Facebook의 Susie Smith가 고객 MDM의 Susan Smith와 동일인인가를 결정해야 함
- 법률 자문관, 프라이버시 부서, 비즈니스 이해 당사자와 함께 빅데이터의 프라이버시 영향을 평가함

자재 데이터 관리자

자재 데이터 관리자는 빅데이터를 관리하기 위해 추가적인 책무를 부여받을 필요가 있다. 제 11장의 사례 11.3에서 웹 콘텐츠를 활용한 생산 데이터의 품질 향상 방안 사례를 설명하였다.

자산 데이터 관리자

자산 데이터 관리자도 빅데이터로 인하여 확장된 책무를 부여받아야 한다. 예를 들어 자산 관리자는 전체 사업장에서 장비의 명명법과 운영 단위를 표준화하여 센서 데이터가 최적으로 활용되도록 지원해야 한다. 기계에 부착된 센서 데이터 분석결과 공장의 설비에 문제가 있다면 운영팀은 다른 공장의 유사한 설비도 검사해 보아야 할 것이다. 이를 위해 고장난 설비의 명칭이 표준화되어 있어야 다른 공장에서 유사 설비를 조사하는 것이 가능하다.

최고 데이터 관리자

데이터 관리자는 비즈니스 부서에 보고를 해야 한다. 데이터 관리자는 다수의 비즈니스 단위 혹은 비즈니스 기능에 대한 보고를 해야 하므로 최고 데이터 관리자를 임명하여 전사적으로 다양한 데이터 관리자 역할의 일관성을 보장하고, 공동체 의식을 강화할 필요가 있다. 최고 데이터 관리자는 전사적인 수준에서 빅데이터를 포함한 정보 거버넌스 프로그램을 감독해야 할 것이다.

빅데이터 실무 관리인(custodian)

빅데이터 관리를 위한 기술적인 인프라와 저장장소에 책임을 지는 사람이다. 대개 IT 부서에서 이 역할을 담당할 것이다.

6.5 빅데이터의 책임성을 포함하는 정보 거버넌스 조직을 생성함

정보 거버넌스 조직은 데이터 관리를 위한 기존의 역할과 빅데이터로 인한 새로운 역할을 고려하여 기존 데이터와 빅데이터 모두를 잘 관리할 수 있는 체제를 갖추어야 할 것이다. 그림 6.2는 정보 거버넌스 조직의 구조를 건강보험을 예로 들어 그려본 것이다. 하위층 관리 위원회는 빅 청구 트랜잭션 데이터에 대한 관리를 포함한다. 중간층의 정보 거버넌스 실무반은 청구 처리담당 대표자를 포함한다. 상단의 최고 운영 책임자는 그에게 보고되는 청구 관리를 대표한다.

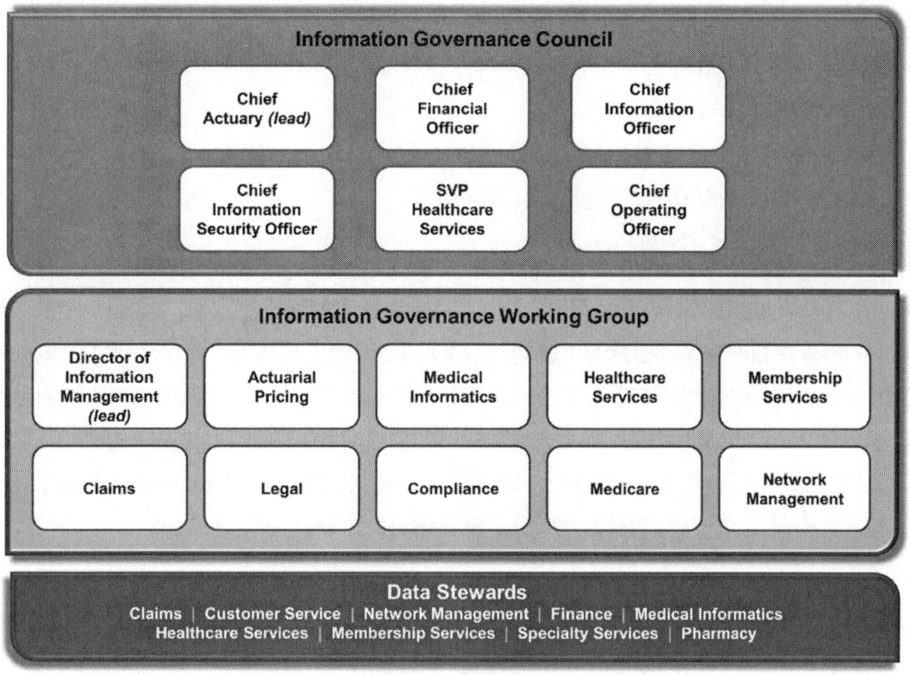

그림 6.2 건강보험에서 정보 거버넌스 조직

사례 6.3에서 보듯이 정부기관에서 빅데이터 거버넌스에 대한 고위층의 지원은 여러 부서와 선거직 공무원에 걸쳐 나타나고 있다(이 예는 적절히 수정한 것임).

사례 6.3

주 내에서 학생의 종적(longitudinal) 데이터에 대한 임원들의 후원

미국의 주정부는 프리 스쿨, 초기 학습 프로그램, K-12 교육, 중등교육 이후의 교육, 고용 등에 관련된 장기간의 데이터를 데이터 웨어하우스로 구축하여 긴급한 공공정책을 수립하는 데 활용하고자 한다. P20W 라 불리는 이 데이터 웨어하우스의 소스 데이터는 선출된 공무원 조직이나 독립된 위원회 등 다양한 기관들에서 유입된다. 어느 한 주의 상황을 보면, 작은 연구그룹이 주지사 부속 예산실에 위치하여 P20W 데이터 웨어하우스를 구축하는 책임을 담당하고 있다. 이 그룹은 법으로 정해진 주정부 전반에 걸쳐있는 다수의 파트너들과 협력하고 있다.

- 어린이 조기교육 부서
- 주정부 교육담당 책임자 (선출직)
- 교육 표준 위원회
- 주정부 교육 위원회
- 주정부 고등교육 위원회
- 공립 4년제 고등교육기관의 대통령 자문위원회
- 커뮤니티 혹은 기술 대학의 주정부 자문위원회
- 고용 훈련 및 교육 위원회

P20W 계획의 성공은 주도면밀한 정보 거버넌스로부터 큰 영향을 받는다. 즉, 다양한 기관들로부터 데이터의 수집과 공유에 관한 상이한 법과 규정들을 준수하면서 데이터 공유에 관한 협약을 만들어 나가는 데이터 거버넌스가 중요한 요소이다. 최고 경영자의 적극적인 지원과 다양한 기관들의 동의가 이 데이터 웨어하우스의 성공적인 구축과 활용에 있어 가장 핵심적인 사안이다. 각 기관 소유의 소스 시스템에 저장되어 있는 데이터가 그 기관의 데이터가 아니라 주정부 전체의 자산이라는 점을 최고 경영자가 명확히 이해하고 당사자들을 설득하는 것이 중요하다.

P20W에 저장된 대부분의 데이터는 이 책의 기준으로 볼 때 빅데이터는 아니다. 이 데이터는 제한된 크기를 가지며, 구조적 데이터이고, 월 단위로 갱신되기 때문이다. 그러나 데이터 거버넌스 프로그램에서는 빅데이터와 관련된 많은 문제들을 고민해야 한다. 예를 들어, P20W 데이터 웨어하우스는 졸업 후 취업 이력에 관한 정보를 가지고 있지 않다. 핵심 질문은 LinkedIn 이나 Facebook 과 같은 소셜 미디어 정보를 활용하여 그 구성원의 졸업 후 취업 이력 정보를 변경할 수 있는가? 라는 것이다. 최근의 프라이버시에 관한 이슈는 P20W 팀에게 도전적인 고민을 안겨주고 있다.

요약

기존의 정보 거버넌스 조직이 빅데이터에 대한 책임까지 부담해야 하는 시대가 되었다. 정보 거버넌스 조직은 기존의 역할을 확장하거나 새로운 역할을 만들어서 빅데이터에 관한 관리를 체계적으로 수행해야 한다.

CHAPTER

07

메타데이터

이 장은 Roger Hecker(IBM), Mady Korada(Inpreci), Bob Leo(IBM), Gokula Mishra(Oracle)의 공헌으로 작성되었다.

메타데이터(metadata)는 조직에서 관심을 갖는 데이터의 특성을 요약한 데이터로서 이름, 위치, 중요성, 품질, 조직에서의 가치, 다른 데이터와의 연관성 등이 그 예이다. 메타데이터는 정보 아키텍처가 어떻게 비즈니스 요구사항을 만족시키는지를 결정하므로 전사적 메타데이터를 관리하는 것은 정보 거버넌스 프로그램의 핵심 요소이다. 분석 혹은 저장 요구가 증가함에 따라 메타데이터 인프라의 확고한 구축을 통하여 일관성과 품질이 높은 데이터를 유지하는 것이 중요하다. 그러나 강력한 메타데이터 인프라를 구축하고 유지하는 것은 중요하면서도 도전적인 문제이다.

빅데이터는 기존의 데이터로부터 데이터의 양과 다양성 및 실시간성 측면에서 확대된 것이므로 메타데이터 인프라를 구축하고 유지관리하는 데 추가적인 과제를 던져주고 있다. 기존 데이터 웨어하우스에 대한 메타데이터 프로그램은 적합한 데이터가 사용되고, 재사용되며, 정의된 요구사항을 만족함을 보장하면 된다. 그러나 빅데이터의 경우 메타데이터 프로그램에서 발생하는 실패가 데이터 중복과 품질저하 및 접근성 저하 등의 문제를 야기할 수 있다. 그럼에도 불구하고 빅데이터 프로젝트에서 아직 메타데이터에 관한 우선순위는 낮게 책정되어 있다. 비즈니스 측면에서 빅데이터 과제를 일단 시작하게 되면 메타데이터가 중요한 역할을 담당하게 되므로 이에 관한 계획을 세우는 것이 중요하다.

조직에서 신뢰성 높은 정보를 접근할 수 있게 하려면 빅데이터 거버넌스 프로그램은 다음과 같은 베스트 프렉티스를 채택하여 메타데이터 문제를 풀어 나가야 한다.

7.1 핵심 빅데이터 용어에 대한 비즈니스 측면의 정의를 담은 사전을 제작
7.2 Apache Hadoop 내에서 진행중인 메타데이터에 대한 지원을 이해
7.3 비즈니스 용어 사전에서 민감한 빅데이터를 표시함
7.4 빅데이터 저장소로부터 기술적인 메타데이터를 가져옴
7.5 비즈니스 용어 사전에서 용어에 관련된 데이터 소스를 링크함
7.6 운영 메타데이터를 활용하여 빅데이터의 이동을 모니터링함
7.7 데이터 흐름과 영향성 분석을 위해 기술적인 메타데이터를 유지함

7.8 전사적 검색을 지원하기 위해 비구조적 문서로부터 메타데이터를 수집함

7.9 빅데이터를 감안하여 기존 메타데이터의 역할을 확장함

각 항목에 대한 베스트 프렉티스를 이 장에서 구체적으로 설명한다.

7.1 핵심 빅데이터 용어에 대한 비즈니스 측면의 정의를 담은 사전을 제작

비즈니스 용어 사전은 조직의 정보에 관한 소통을 원활하게 하기 위해 사용하는 언어(용어)를 담고 있다. 비즈니스 메타데이터 계층을 구축하고 유지관리하는 것은 요구사항의 의미를 표현하고, IT 시스템에서 가용한 정보를 기술하는 데 핵심 사항이다. 이러한 용어들을 전사적으로 관련된 모든 사람들(데이터베이스 관리자와 임원들)에게 배포함으로써 정확하고 신속한 의사소통과 정보개발이 가능하게 된다.

이 비즈니스 용어들은 전사적으로, 비즈니스 수준에서 정보에 대한 이해를 명확하게 표현해야 한다. 많은 조직들에서 상향식으로 '데이터 사전'을 구축하려는 경향이 있으며, 이미 존재하는 정보에 대하여 카탈로그 형태로 구축되고 있다. 그러나 비즈니스 사전은 비즈니스 요구사항을 만족시키기 위해 어떤 정보가 활용되어야 하는가를 답할 수 있어야 한다.

빅데이터를 다룰 때 비즈니스 주도의 데이터 정의를 데이터 카탈로그와 구별하는 것이 매우 중요하다. 빅데이터의 경우 데이터의 양과 다양성뿐 아니라 속도 측면에서도 관리가 불가능할 정도의 상황에 처할 수 있기 때문이다. 비즈니스 요구사항의 정확한 이해를 통해서만 빅데이터가 적절하게 수집, 전달, 저장, 분석되는 체제를 갖출 수 있기 때문이다.

많은 정보 거버넌스 프로그램에서는 이미 비즈니스 사전을 가지고 있다. 이상적인 비즈니스 사전은 데이터와 메타데이터에 관한 정의를 생성할 때 준수해야 할 요구사항과 권고를 담고 있는 ISO/IEC 11179-4와 같은 표준에 따라 구축되어야 한다. 정보 거버넌스 프로그램은 빅데이터 계획에 따라 발생하는 비즈니스 용어들을 추가해야 한다. 다음에서 빅데이터와 관련된 핵심 비즈니스 용어들을 예시로 보여준다.

보험 가입(가격책정)

■ **비즈니스 용어**

리스크 가격 책정의 정확도

■ **샘플 정의**

보험 가입은 리스크 가격 책정의 정확도를 의미하며, 이는 보험료와 청구비용의 비율로 나타난다.

■ **결과**

이 비율은 보험정책의 가격 책정에 핵심 포인트이다. 보험회사는 내부 혹은 외부에 존재하는 보험사기, 청구, 가격책정 등에 관련된 빅 트랜잭션 데이터를 분석하여 이 비율을 개선하려고 한다. 특정 보험 청구에서 의심되는 패턴이 보이면 보험사기 가능성을 점검함으로써 이 비율을 개선한다.

시설관리용 스마트 미터기 프로그램

■ **비즈니스 용어**

시스템 평균 중단시간 지수(System Average Interruption Duration Index, SAIDI)

시스템 평균 중단빈도 지수(System Average Interruption Frequency Index, SAIFI)

■ **샘플 정의**

SAIDI는 가입자당 정전의 누적 평균 시간이고, SAIFI는 한 고객이 경험하는 평균 전기 중단횟수이다.

■ **결과**

시설관련 기업들은 정전의 시작과 정전의 종료에 대한 정의가 가변적인 관계로 SAIDI 계산에서 일관성이 결여될 수 있다. 또한, '중단' 이라는 단어의 정의가 가변적인 관계로 기업들은 SAIFI를 일관성이 결여된 상태로 계산할 수도 있다. 지역의 당국자들은 SAIDI 및 SAIFI에 관련된 서비스 수준 협약을 요구한다. 예를 들어, 호주 에너지 담당 기관은 서비스 목표 성과 인센티브 제도(Service Target Performance Incentive Scheme, STPIS)를 감독한다. 이 제도에서 유틸리티 조직의 추가적인 매출원이 SAIDI와 SAIFI로부터 영향을 받게 된다. 규제 준수에 관련된 데이터의 품질을 보장함으로써 최저선을 개선하고, 페널티 지출을 줄이며, 정부로부터 지급되는 인센티브를 얻을 수 있게 된다. 예를 들어, 호주의 어떤 기관은 STPIS 때문에 수백만 호주 달러를 인센티브로 받은 사례가 있다. 다른 예로서 이탈리아 전력당국은 333/07 법령을 발표하여 전압의 품질과 서비스의 연속성 측면에서 국가적인 서비스 품질을 높였다. 그 결과 이탈리아의 전력분배 회사들은 1초 이상 지속되는 정전의 시간에 근거하여 인센티브와 페널티를 받고 있다.

웹 클릭스트림 분석

■ **비즈니스 용어**

유일한 방문자(unique visitor)

■ **샘플 정의**

유일한 방문자는 웹사이트에서 개인의 방문 횟수를 산정하는 데 사용되는 단위임

■ **결과**

이 용어는 클릭스트림 분석의 기본 사항이다. 웹 분석팀은 이 정의를 기반으로 하여 사용자 행위의 이해를 위해 추가적인 단어들을 생성한다. 그러나 두 웹사이트가 유일한 방문자에 관한 정의를 다르게 할 수 있다. 예를 들어, 한 사이트에서는 1개월 안에 한 번 방문한 사람을, 다른 사이트에서는 1주일 안에 한 번 방문한 사람으로 유일한 방문자의 의미를 정의할 수 있다. 이 경우 두 사이트의 데이터를 합치면 '유일한 방문자'에 대한 데이터는 일관성을 잃게 된다.[17]

보험사의 빅 청구 트랜잭션 데이터

■ **비즈니스 용어**

보험증권의 기한(policy term)

■ **샘플 정의**

보험계약이 유효한 기간

---

17 Longden, Jonny. "Essential guide to accuracy in web analytics." Actionable Analytics blog, August 4, 2009. http://actionable-analytics.com/2009/08/essential-guide-to-data-accuracy-in-web-analytics/.

■ **결과**

이 용어는 여러 가지 동의어를 가질 수 있다(policy period, policy validity period 등). 빅데이터 거버넌스 팀에서는 청구 데이터 분석을 위해 일관성 있는 용어를 사용하도록 관리해야 한다.

건강보험의 빅 청구 트랜잭션 데이터

■ **비즈니스 용어**

Per Member Per Month (PMPM)

■ **샘플 정의**

분자에 지출된 달러를, 분모에 건강보험 회원 수를 입력하여 청구비용을 결정하는 것

■ **결과**

건강보험에서 PMPM은 청구 및 재정 보고서 작성에서 중요한 측정치이다. 그러나 회원의 수를 계산할 때 PMPM 보고서에서 불일치가 종종 발생한다. 정정이 가능하므로 주어진 한 달 동안에 회원수를 계산하는 것은 시간에 따라 변할 수 있기 때문이다. 이 비즈니스 용어에 대한 명확한 정의 없이는 분석의 결과가 일관성을 잃게 된다. 이 문제는 기존에도 발생하던 문제이지만 보험 청구의 양과 분석의 속도가 실시간으로 처리되는 상황에는 더욱 복잡한 문제가 되고 있다.

7.2 Apache Hadoop 내에서 진행중인 메타데이터에 대한 지원을 이해

이 책은 Hadoop에 대한 기술적인 매뉴얼은 아니지만 Hadoop 메타데이터와 관련된 핵심 사항들을 알아야 할 필요가 있다.

- **메타데이터:** Hadoop의 핵심 조력자

그림 7.1에서 보는 바와 같이 Hadoop 분산파일 시스템(HDFS)은 마스터/슬레이브 구조를 가지면서 하나의 NameNode와 다수의 DataNodes로 구성된다. 하나의 파일은 하

나 이상의 블록들로 쪼개지고, 이 블록들은 DataNodes에 저장된다. NameNode는 메타데이터를 가지고 다시 재조립되어 하나의 가치 있는 정보로 만들어진다. 예를 들어 미국 내 각 가구별 구매 행위를 분석하는 작업을 보자. 빅데이터 분석팀은 1억 개의 레코드를 HDFS에 로딩하고, 이들을 블록들로 분할한다. 각 블록은 각 카운티의 가정들에 대한 자료들로 구성된다. Hadoop은 하나의 블록을 여러 서버에 복제하여 저장함으로써 fault tolerance를 보장한다. 결과적으로 데이터는 하나 이상의 서버가 망가지는 경우에도 데이터는 분실되지 않게 된다.

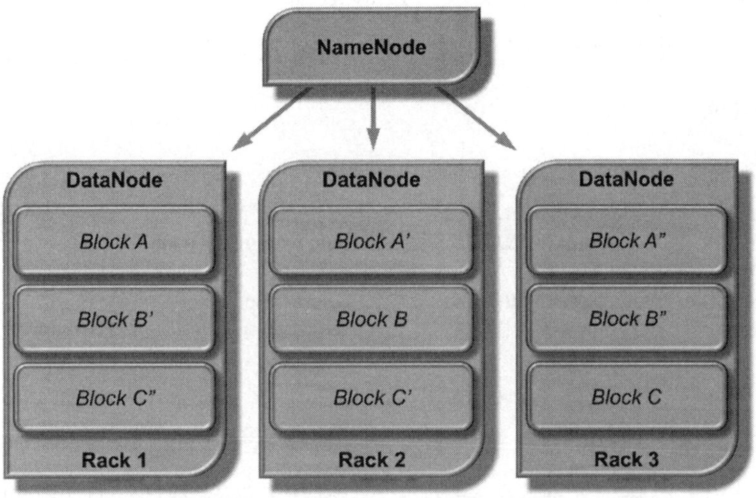

그림 7.1 Hadoop 분산파일 시스템의 기술적인 아키텍처

- **단일 포인트 고장(single point of failure)**

HDFS는 DataNodes를 복제함으로써 고장 감내 기능을 제공하지만 메타데이터를 가지고 있는 NameNode의 고장에 취약하다. 이를 감안하여 Cloudera(Hadoop 배포자)는 NameNode에 대한 복제본을 만들어 분리된 다수의 로컬 하드 드라이버에 저장하고, 그중 적어도 하나는 원격지 하드 드라이버(NFS로 마운트됨)에 보관하는 것을 권장하고 있다.[18]

---

18 Kimball, Aaron. "Protecting Per-Datanode Metadata." Cloudera, May 22, 2009, http://www.cloudera.com/blog/2009/05/protecting-per=datanode-metadata/.

- **확장성(scalability)**

  eBay의 Anil Madan에 의하면 마스터 서버 NameNode는 데이터 저장공간이 커짐에 따라서 전체 메타데이터를 메모리에 유지해야 하므로 확장성 문제에 직면할 수 있다. Madan은 페타바이트 데이터 스토리지는 기가바이트의 메모리가 필요한 것으로 산정하였다.[19]

- **HCatalog**[20]

  이 책이 출간될 당시에 HCatalog 프로젝트 (이전에 Howl 이라고 알려져 있음)는 Apache Incubator의 일부였다. HCatalog는 Hadoop 내에서 메타데이터의 부족함을 보충하는데 그 목적이 있다. 예를 들어, 웹 로그의 추출에 사용되는 다음의 Pig Latin 스크립터를 고려하자.

```
A = load '/data/raw/ds=20110225/region=us/property=news'
    using PigStorage()
    as (user:chararray, url:chararray, timestamp:long);
```

그리드 관리자가 데이터를 다른 곳으로 이동시키려면 이 Pig Latin 스크립터가 변경되어야 한다. 데이터 사용자가 새로운 응용을 개발하거나 혹은 새로운 데이터 세트를 질의하고자 할 때 그 데이터를 파일 시스템에서 찾는 것이 어려울 수 있다. 어떤 조직에서는 wiki pages 등의 방식으로 이 정보를 기록한다. 그러나 이러한 페이지는 데이터 저장소가 변경됨에 따라 불가피하게 진부한 상태로 가게 된다. HCatalog를 사용하면 사용자는 그 데이터가 어디에 저장되어 있는지 어떻게 사용하는지를 알 필요가 없어진다.

---

19 "The Road Ahead," as described by Anil Madan, eBay Director of Engineering, Analytics Platform Development. "Hadoop-Metadata Scalability." Big Data I/O forum, June 5, 2011, http://bigdata-io.org/category=5-issue.

20 Gate, Alan. "HCatalog, tables and metadata for Hadoop." YDN blog, April 29, 2011. http://developer.yahoo.com/blogs/hadoop/posts/2011/04/hcatalog-tables-and-metadata-for-hadoop/.

7.3 비즈니스 용어 사전에서 민감한 빅데이터를 표시함

빅데이터는 매우 민감한 정보나 개인을 식별할 수 있는 정보를 포함하는 경우가 빈번하다. 예를 들어, 전화 회사는 GPS 데이터를 지리공간 정보와 결합하여 매우 상세한 개인 활동과 라이프 스타일을 생성할 수 있다. 이 책에서는 의도적으로 메타데이터를 프라이버시보다 앞서 기술함으로써 이 문제를 좀 더 깊이 다루었다. 빅데이터 거버넌스 프로그램은 프라이버시 및 메타데이터와 관련된 다음과 같은 일련의 활동을 수행해야 한다.

- **민감한 빅데이터의 분류**

  빅데이터 거버넌스 프로그램에서는 주민번호와 같은 민감한 데이터를 분류할 필요가 있다. 민감한 데이터의 분류는 비즈니스 사전에서 시작되어 모든 데이터 저장소까지 적용되어야 한다. 민감한 데이터를 분류할 때 다양한 수준의 민감도를 정하는 것이 좋다.

- **민감한 빅데이터의 발견**

  민감한 빅데이터는 비구조화된 텍스트에 숨겨져 있을 수도 있다. 예를 들어, 콜센터에서는 주민번호를 비구조화된 필드에 입력하는 경우도 있다. 빅데이터 거버넌스 프로그램에서는 데이터 프로파일링 도구를 사용하여 비구조화된 필드에 포함된 민감한 데이터를 자동으로 발견하는 것을 고려해야 할 것이다.

- **비즈니스 사전에 민감한 데이터를 표시**

  정보보호 책임자는 민감한 데이터에 대한 정책을 수립해야 한다. 비즈니스 사전에서 민감한 데이터를 명시하는 것은 매우 중요한 작업인데, 이는 민감한 데이터의 위치를 명시했을때만 조직은 그에 대한 정책을 집행할 것이기 때문이다.

- **빅데이터 프라이버시 정책의 시행**

  앞의 예에서 조직은 콜센터에서 통화를 종료한 후에 비구조화 필드에 있는 민감한 모든 정보를 삭제하게 하도록 하는 정책을 시행할 수 있다. 빅데이터 거버넌스 팀은 데이터 프로파일링 도구를 사용하여 이러한 정책의 준수 여부를 모니터링 할 수 있다. 이러한 도구에 관해서는 제21장 빅데이터 참조 아키텍처 부분에서 논의한다.

7.4 빅데이터 저장소로부터 기술적인 메타데이터를 가져옴

비즈니스 사전을 구축한 후에 빅데이터 소스로부터 메타데이터를 수집해 와야 한다. 이때 데이터 소스는 관계 데이터베이스, 파일, 비즈니스 인텔리전스 리포트, 응용, 데이터 모델, Hadoop 등에 포함된 구조적, 반구조적, 비구조적 데이터를 포함한다. 주요 정보 관리 벤더들은 이러한 메타데이터를 중앙 집중화된 리포지터리로 모으는 커넥트 혹은 브리지 도구를 제공한다. 앞으로 주요 메타데이터 벤더들은 Hadoop 소스에 대한 지원을 선언할 것으로 본다.

7.5 비즈니스 용어 사전에서 용어에 관련된 데이터 소스를 링크함

비즈니스 사전과 데이터를 포함하는 소스들을 연결하는 것은 비즈니스와 IT를 결속시키는 데 매우 중요하다. 비즈니스 용어들의 개념적인 계층과 관련된 데이터 소스를 연결함으로써 분석가가 활용가능한 데이터 소스를 찾는 것이 가능해지며, 요구사항을 지원하기 위해 데이터 소스를 생성하는 이중의 노력을 제거할 수 있게 한다. 예를 들어, 빅데이터 거버넌스는 비즈니스 용어인 'unique visitor'를 클릭스트림 데이터에 대한 XML 스키마 상의 관련 엘리먼트와 연결시키기를 원한다.

7.6 운영 메타데이터를 활용하여 빅데이터의 이동을 모니터링함

운영 메타데이터(operational metadata)는 운영시 데이터의 이동 메커니즘(예를 들어 ETL 도구)에 의해 생성되는 정보로서 실제 데이터의 이동에 관한 정보를 기술하고 있으며, 이동 과정에서 발생하는 데이터의 변환에 관련된 정보도 포함한다. 운영 메타데이터는 발생하도록 규정되어 있는 것과 실제로 발생한 것 사이의 갭에 대한 가교 역할을 한다. 빅데이터 프로그램은 거대한 양의 데이터를 Hadoop 환경에서 데이터 웨어하우스(혹은 데이터베이스)로 이동할 수 있다. 빅데이터 거버넌스 관점에서 볼 때 전체 과정에서 어떤 일이 실패하였다거나 혹은 다수의 행(레코드)들이 누락되었다는 사실을 시기적절하게 알아차리는 것은 매우 중요하다.

운영 메타데이터의 예는 다음과 같다.

- 특정 작업이 실패했거나 혹은 경고가 발생했는지에 관한 정보
- 어떤 데이터베이스 혹은 파일들로부터 read/write/reference 했는지에 관한 정보
- 어떤 작업이 언제 시작되어 언제 종료되었는지에 관한 정보
- 사용된 단계 혹은 연결에 관한 정보
- 어떤 작업이 포함된 프로젝트에 관한 정보
- 어떤 작업이 실행된 컴퓨터에 관한 정보
- 어떤 작업에서 사용된 런타임 파라미터들
- 작업의 실행동안에 발생한 이벤트(읽거나 쓰여진 레코드 수)
- 작업의 호출 ID

7.7 데이터 흐름과 영향성 분석을 위해 기술적인 메타데이터를 유지함

데이터 계통(lineage)은 통합 프로세스를 사용하여 데이터 이동에 관한 감사추적을 제공한다. 데이터 계통은 "이 데이터가 어디서 왔는가?", "이 데이터가 어디로 가는가?", "그 과정에서 어떤 일이 발생했는가?" 등과 같은 기본적인 질문에 대한 답을 제공한다. 어떤 데이터에 대한 변경이 다른 데이터에 어떤 영향을 미치는가를 이해하는 능력을 영향분석(impact analysis)이라고 한다.

조직에서 사기적발이나 리스크 관리 등 중요한 응용에 Hadoop이 사용됨에 따라 관련된 정보관리 시스템 차원에서 빅데이터를 포함한 데이터 계통관리와 영향분석의 필요성이 높아지고 있다. 사례 7.1은 거대한 수송 서비스 업종에서 기존의 데이터 웨어하우징 환경에 Hadoop을 통합하는 방안을 보여주고 있다.

사례 7.1

거대 수송 서비스 업체의 데이터 웨어하우징 환경과 Hadoop의 통합사례

그림 7.2에서 보는 바와 같이 거대 수송 서비스 제공 사업자는 대규모 클릭 스트림 데이터를 생성하며, 이들 데이터는 다음과 같은 특성을 가진다.

- 데이터가 XML 포맷임
- 각 사용자 세션은 대규모 데이터를 발생시킴
- 데이터는 성긴 형태(sparse)로서 대용량 데이터임에도 작은 인사이트가 포함됨
- 클릭스트림 데이터 원본을 데이터 웨어하우스 안에서 다루는 것은 비용 측면에서 불가능한 상황임
- 비즈니스 인텔리전스 팀은 기존 ETL 도구를 사용하여 XML 데이터를 파싱하는 것이 어려움을 인식함

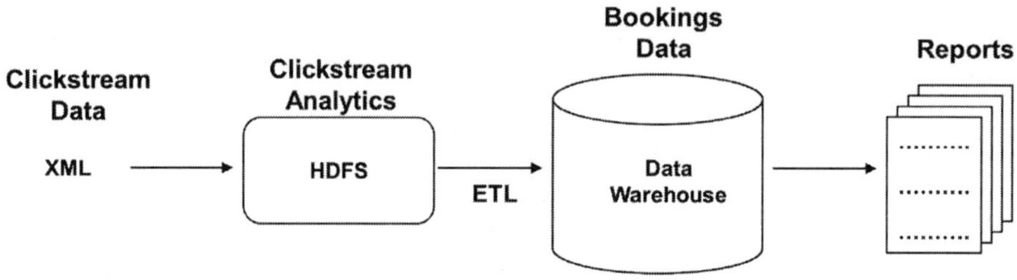

그림 7.2 거대 수송 서비스 업체의 데이터 웨어하우징 환경과 Hadoop의 통합에 대한 기술적인 아키텍처

비즈니스 인텔리전스 팀은 클릭스트림 데이터로부터 사용자 브라우징 패턴을 분석하기 위하여 Hadoop을 조사하기 시작했다. 그 결과 실제로 구매가 일어난 경우에 대하여 브라우징 데이터와 부킹 데이터 (판매 정보)의 통합이 필요함을 알았다. 부킹 정보는 데이터 웨어하우스에 포함되어 있으므로 그 팀에서는 ETL을 사용하여 실제 구매자에 대한 클릭스트림 데이터를 Hadoop에서 데이터 웨어하우스로 가져 오기로 결정하였다.

이 책을 출판할 당시에 그 조직은 Hadoop에 대한 검증 절차를 진행하고 있었다. Hadoop이 일단 구축되면 비즈니스 인텔리전스 팀은 다음과 같은 질문에 대답하기 위해 강력한 메타데이터 기반을 필요로 할 것이다.

- 마케팅 팀 : $500 이상 구매자의 주요 랜딩 페이지를 확인할 수 있는가?
- 재무 팀 : 수익성이 높은 고객들이 이 보고서에 나열된 사이트로부터 유입되는가?

- IT 팀 : HDFS에서 이 파일들을 삭제하면 후속 보고서들에 어떤 영향을 미치는가?

7.8 전사적 검색을 지원하기 위해 비구조적 문서로부터 메타데이터를 수집함

비구조적 문서에 대하여 검색 인덱스를 생성하는 것도 메타데이터의 한 형태이다. 많은 수의 기업 검색 업체들이 다음과 같은 활용 사례를 지원하는 도구를 개발해왔다.

- **보험:** 고객의 응대, 경보, 정책, 고객정보 등에 관한 문서 리포지터리를 검색하는 도구를 콜센터에 제공함으로써 평균 처리시간의 3초 단축과 연간 수백만 달러 절감효과를 가져온다.[21]
- **제약:** 고객, 환자, EMC Documentum의 리서치 데이터, 파일 시스템, Microsoft의 SharePoint, intranet pages, 외부 데이터베이스 등에 대한 빠른 접근을 제공함으로써 연구를 신속하게 지원한다.[22]
- **건강:** 임상 의사에게 메디컬 저널과 다른 문서 저장소에 있는 최신의 연구결과에 대한 접근을 제공한다.[23]

7.9 빅데이터를 감안하여 기존 메타데이터의 역할을 확장함

정보 거버넌스 팀은 메타데이터와 관련된 다수의 역할을 가지게 된다. 조직은 기존의 역할에 더하여 빅데이터 거버넌스까지 포함하도록 정보 거버넌스 팀의 역할을 확장해야 한다.

- **비즈니스 사전 관리자**

이 관리자는 빅데이터와 관련된 용어까지 포함하는 비즈니스 사전을 관리해야 한다.

21 "Velocity in Call Center." IBM Vivisimo, 2010, http://www.information-management.com/media/pdfs/casestudy-callcenters.pdf.

22 "Velocity in Pharmaceuticals." IBM Vivisimo, 2010, http://vivisimo.com/docs/casepharma.pdf.

23 http://vivisimo.com/customers/vivisimo-customers.html.

- **메타데이터 관리자**

  이 관리자는 데이터 소스로부터 기술적인 메타데이터를 식별하고 수집하는 책임을 담당한다. 메타데이터 관리자는 데이터베이스와 비즈니스 인텔리전스 보고서, 응용, 파일 시스템, 조직 내에서 사용하는 내비게이션 도구 등에 관해 충분히 이해하고 있어야 한다. 점점 더 중요한 데이터가 빅데이터 환경에서 존재하므로 메타데이터 관리자는 Hadoop, NoSQL 등과 같은 도구들을 다룰 수 있어야 한다.

- **데이터 계통(lineage) 관리자**

  데이터 계통 관리자는 메타데이터 관리자와 협력하여 데이터 소스들 사이의 데이터 흐름이 데이터 계통 분석 내에 표현되도록 해야 한다. 데이터 계통 관리자는 Hadoop과 다른 빅데이터 소스들 사이에 데이터 흐름을 관리해야 한다.

- **데이터 관리권**

  데이터 관리권에 빅데이터를 포함해야 하며, 특히 핵심 비즈니스 용어의 정의에 빅데이터 관련 용어들이 포함되어야 한다.

- **데이터 아키텍트**

  데이터 아키텍트는 메타데이터 모델의 생성 및 그와 전사적 데이터 모델과의 연결을 감독한다. 데이터 아키텍트는 콘텐츠, 구조, 메타데이터 자체에 관한 관리 등에 대한 변경을 감독한다. 데이터 아키텍트는 정보 아키텍트 안에서 빅데이터 소스들을 포함해야 할 것이다.

요약

메타데이터 베스트 프렉티스들은 기존의 데이터 프로젝트에서 잘 정립되었다. 그러나 빅데이터는 실시간성과 다양성 등의 특징으로 인하여 특별한 메타데이터 문제를 제시하고 있다. 조직들이 빅데이터에 관해 더 많은 경험을 할수록, 벤더들이 Hadoop을 그들의 제품에 연계시킬수록 빅데이터에 대한 메타데이터가 중요한 문제로 부상할 것이다.

CHAPTER

08

빅데이터 프라이버시

이 장은 Nina Vredevoogd(Concur Technology), Crysta Anderson(IBM), Michel Eggloff(IBM), Eberhard Hechler(IBM)의 공헌으로 작성되었다.

100년 전에 Louis Brandeis(이후 미국의 대법원 판사역임)와 Smauel Warren은 "The Right to Privacy" 라는 논문을 Harvard Law Review에 발표하였다. 제 2장에서 언급한 바와 같이 이 논문은 프라이버시를 '혼자 있을 권리'라고 정의하였다. 프라이버시에 관한 규정과 법률은 이 이론으로부터 정형화되고 확장되어 왔다. IDC에 따르면 디지털 세계에 있는 보호되어야할 정보의 50% 만이 실제로 보호되고 있다고 한다.[24] 빅데이터에 관한 많은 응용들이 나타나고 있지만 프라이버시 문제는 지속적으로 중요한 도전이 되고 있다. 고객이 그들의 데이터가 어떻게 수집되고, 보관되며, 사용되고, 보호되고, 폐기되는가에 대한 기대치가 증가함에 따라 법률과 경험이 빠르게 진전되고 있다. 하루가 멀다하고 조직들이 빅데이터를 활용하여 고객을 감시하고 있다는 뉴스가 나오고 있다. 이 장에서는 언론에 보도된 빅데이터의 사용에 관한 몇 가지 사례를 살펴볼 것이다.

전화 회사는 GPS 시그널을 사용하여 개인의 움직임을 감시할 수 있으며, 통화 패턴을 분석하여 그들의 사회적 관계를 이해할 수 있다. 사례 8.1은 통신 분야에서 위치정보 활용과 프라이버시 문제를 논의한다.

사례 8.1

독일 정치인의 모바일 폰 추적장치 사례[25]

독일 녹색당의 Malte Spitz는 빅데이터의 프라이버시와 관련된 명확한 법률을 만들기를 원하고 있다. Malte Spitz 씨는 그의 모바일 폰에서 6개월이 넘는 기간 동안 수집된 데이터를 공개하기로 결정했다. Malte Spitz 씨는 지난 6개월 동안 수집된 그의 위치를 보여주는 35,000개의 점을 포함한 거대한 파일을 입수했으며, 관련 전화 회사를 고발했다. 이 데이터는 그의 모바일 폰에서 (전화 회사 서버로) 전송된 GPS 시그널로서 그가 전화를 사용하지 않았을 때도 전송되었다. Malte Spitz 씨는 이 정보를 공개하였다. 개별적으로 볼 때 이 데이터는 의미가 없다. 그러나 연구원들은 이 정보를 분석하고, 다른 정보와 결합하고, 지도상에 표현함으로써 Malte Spitz 씨의 구체적

24 *The 2011 Digital Universe Study: Extracting Value from Chaos*. IDC, 2011.

25 Biermann, Kai. "Betrayed by our own data." Zeit Online, March 26, 2011. http://www.zeit.de/digital/datenschutz/2011-03/data-protection-malte-spitz.

인 행적을 파악할 수 있다. 예를 들어, 그의 GPS 정보를 시간 데이터와 결합하여 그가 언제 정치 집회에 갔는지, 열차를 언제 탔는지, 어느 도시를 방문했는지, 어디서 잠을 잤는지, 어디서 작업을 하는지, 어느 맥주집을 방문했는지를 알 수 있게 된다.

미국의 국토안보국(DHS)은 감시대상 단어들을 사용하여 블로그, Tweets, Facebook 페이지를 모티터링한다고 알려져 있다. 사례 8.2는 영국의 커플과 DHS 및 Twitter가 연관된 실화를 보여주고 있다.

사례 8.2

DHS는 Tweets로 인해 영국 관광객을 추방함[26]

DHS 요원은 젊은 영국인 커플을 테러 혐의로 로스앤젤레스 공항에서 구금하였다. 1주일 전에 그들 중 한 사람이 "Free this week, for quick gossip/prep before I go and destroy America." 라는 글을 Tweets로 작성한 혐의였다. 요원은 'destroy'가 '열정적인 파티'라는 의미의 영국 방언이라는 설명을 믿지 않았다. 다음날 아침 그 요원은 영국인 커플을 비행기에 태워 영국으로 되돌려 보냈다.

데이터 보호에 관한 유럽연합의 지시(95/46/EC) 제 2조는 개인 데이터를 다음과 같이 정의하고 있다.

> 개인 데이터는 자연인(데이터 주체)을 식별할 수 있는 정보를 의미한다; 사람을 식별할 수 있다는 의미는 직접적으로, 간접적으로, 식별 번호로, 혹은 신체적, 생리학적, 정신적, 경제적, 문화적, 사회적 식별도구를 조합하여 특정인을 구분해 낼 수 있음을 의미한다.

그림 8.1에서 보는 바와 같이 개인 데이터와 관련된 생태계에는 많은 것이 관련되어 있다.[27]

---

26 "Two U.K. citizens detained by DHS over Twitter jokes." *Homeland Security Newswire*, February 2, 2012. http://www.homelandsecuritynewswire.com/dr20120202-two-u-k-citizens-detained-by-dhsover-twitter-jokes.

27 *Protecting Consumer Privacy in an Era of Rapid Change: Recommendations for Businesses and Policymakers*. Federal Trade Commission Report, March 2012. Page B-2.

- **개인:** 사람(유럽연합의 데이터 보호 지시에서는 '데이터 주체'라고 표시함)은 개인 데이터 관련 생태계의 중심이다.
- **데이터 수집가(소스):** 개인에 관한 데이터를 수집하는 사람들은 이제 개인에 대한 새로운 타입의 데이터인 빅데이터를 그들의 손에 넣으려고 하고 있다. 데이터 수집가는 다음과 같이 세분화된다.
  - 금융 서비스 회사 – 은행, 보험업자, 신용카드사, 중계업자
  - 통신사 – 모바일, 케이블, 유선 통신업체
  - 여행사 – 항공사, 호텔 및 철도
  - 인터넷 운영자 – 검색엔진, 소셜 네트워크 사이트, 콘텐츠 사이트
  - 건강보험 제공자 – 병원, 의사, 간호사, 약사
  - 정부 – 법집행 당국, 법원, 정보기관
  - 소매업자 – 식료품 잡화점, 어패럴, 특수 소비재 취급소
  - 유틸리티 – 전기, 수도, 가스 등
- **데이터 브로커:** 데이터 브로커(정보 브로커 혹은 데이터 벤더)는 개인에 대한 정보를 수집하여 가공하고 패키지화하여 제 3자에게 판매한다.[28] 데이터 브로커는 개인의 정보를 여러 소스로부터 수집하고 통합하며, 어떤 경우에는 당사자에게 통보하지도 않고 이런 작업을 수행한다. 이런 부류에는 리스트 브로커, 정보 브로커, 웹사이트, 미디어 아카이브, 신용조사 기관, 건강분석, 광고 네트워크 등이 있다. 회사로는 Nielsen, Acxiom, Reed Elsevier, Thomson Reuters 등이 있으며, 특정 산업과 데이터 집합에 전문적인 수천 개의 브로커가 있다. 데이터 브로커는 미국에서 불법적인 조직은 아니지만 프라이버시 옹호자들은 그들의 활동을 비판하고 있다. 지역의 법률에 따라 데이터 브로커가 공공 아카이브로부터 많은 개인정보를 수집할 수도 있다. 이 정보에는 이름, 현재와 과거의 주소, 이메일 주소, 전화번호, 생일, 자동차 이력과 벌금 및 위반 정보, 법정관련 정보, 구금과 유죄, 출생증명서, 결혼 증명서, 이혼 증명서, 사망 증명서, 재산기록, 무기허가증 등이 포함된다. 빅데이터 시대에 데이터 브로커는 개인이 방문한 웹사이트 기록(제 13장에서 설명하는 쿠키 활용), 구글 탐

28 Couts, Andrew. "Meet the online snoops selling your dirty laundry and how you can stop them." Digital Trends, March 27, 2012. http://www.digitaltrends.com/social-media/unmasking-the-databrokers-who-they-are-and-what-they-know-about-you/.

색기록, 블로그 포스트, Tweets, 별명, 사용자명, 온라인 구매이력, Facebook 친구, Facebook '좋아요', 위치정보(모바일 폰 활용) 등이 추가로 확보가능한 정보이다.[29]

- **데이터 사용자**: 데이터 사용자는 비즈니스 목적에 맞추어 수집된 데이터를 구매하는 사람이다. 구체적으로 다음과 같은 부류가 있다.
  - 은행: 모기지 론에 대한 신용 승인, 사기 탐지, 채권 추심 등의 용도로 데이터 구매
  - 보험: 건강, 자동차, 생명보험 등의 계약
  - 마케팅: 직접 메일, 이메일, 전화 등으로 목표 고객을 선정하는 데 활용
  - 직원: 채용 후보자에 대한 조사
  - 법률 시행과 정보기관: 행방 불명된 사람, 유산 수령인, 증인, 관계자, 테러 방지 등
  - 변호사: 사건 조사
  - 미디어: 카탈로그 및 잡지의 권유

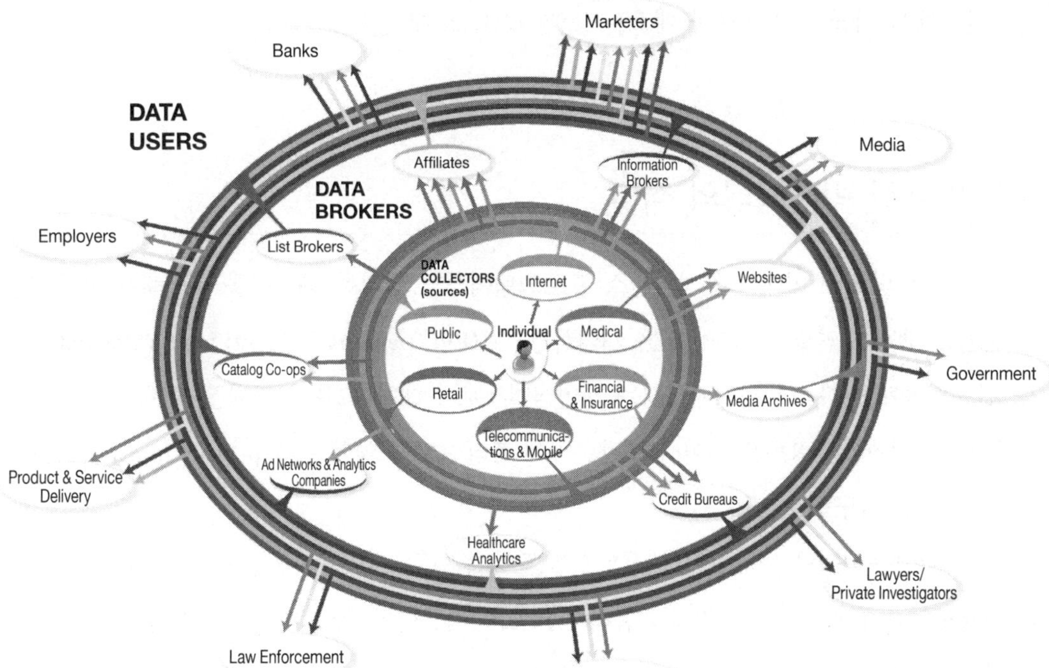

그림 8.1 **개인 데이터 생태계**

29 Ibid.

빅데이터는 볼륨, 속도, 다양성의 특징을 가지고 있으므로 이를 남용할 위험성도 더 커지고 있다. 제 13장에서는 웹과 소셜 데이터에 대한 프라이버시 이슈를, 제 14장에서 M2M 데이터, 제 15장에서 빅 트랜잭션 데이터, 제 16장에서 생체정보, 제 17장에서 사람이 생성한 데이터에 대한 프라이버시 이슈를 각각 다룰 것이다. 여기서는 빅데이터 프라이버시에 관련된 일반론과 베스트 프랙티스를 다룬다.

8.1 민감한 빅데이터의 식별

8.2 메타데이터 리포지터리에 민감한 빅데이터를 표시

8.3 국가, 주별로 프라이버시 법률과 규제 소개

8.4 국경을 넘는 개인 데이터의 관리

8.5 인가받은 사용자에 의한 민감한 빅데이터 접근 관리

다음에서 이들 각각에 대한 베스트 프랙티스를 소개한다.

8.1 민감한 빅데이터의 식별

첫 번째 단계로 빅데이터 거버넌스 프로그램에서는 민감한 데이터를 식별해야 한다. 일반적으로 개인과 연결된 빅데이터는 개인식별정보(PPI, personally identifiable information)로 간주되어야 한다. 각 사법권에서는 개인식별정보에 대한 고유의 규제를 가지고 있다. 예를 들어, 유럽연합은 RFID 데이터와 관련하여 프라이버시 영향 측정(privacy impact assessment, PIA)를 요구하고 있다.

빅데이터는 PPI와 non-PPI의 경계를 모호하게 만들고 있다. 예를 들어, 브라우저 지문(browser fingerpinting)은 쿠키에 의존하지 않으며 컴퓨터와 개인 디바이스를 유일하게 식별할 수 있다. 브라우저 지문은 사용자 브라우저에서 설정 가능한 특징들을 조합한 것으로 시스템 폰트, 소프트웨어, 설치된 플러그인 등이 있다.[30] 다른 예제로서 태어난 국가, 거주 국

30 Larkin, Erik. "rowser Fingerprinting Can ID You Without Cookies." *PCWorld*, Jan. 29, 2010. http://www.pcworld.com/article/188161/browser_fi ngerprinting_can_id_you_without_cookies.html.

가, 예금 잔고 등의 데이터가 따로 존재하면 PPI를 형성하지 않는다. 그러나 이 세 가지 정보가 결합되면 민감한 데이터로 변하여 어떤 개인을 유일하게 식별하는 것이 가능해진다. 예를 들어, 베네수엘라에서 태어났고, 카자흐스탄에서 거주하며, 은행에 200만 달러의 예금이 있는 사람은 거의 유일하기 때문이다.

이러한 혼란스러움을 감안하여 미국 연방통상위원회(FTC)가 제정한 프라이버시 프레임워크에서는 '특정한 소비자나 컴퓨터 혹은 디바이스에 적절히 연결될 수 있는 고객정보'를 지칭하고 있다. 그 보고서에는 이러한 데이터를 보호하기 위한 세 가지 단계를 기술하고 있다.

1. 식별자를 변형하거나 제거하는 단계(de-identify)

조직은 개인 식별자를 제거하는 단계를 취해야 한다. 이 단계에서는 민감한 데이터 필드에 대한 수정, 제거, 노이즈 추가, 집계, 합성 등의 과정을 거치게 된다.

2. 단계 1에서 변형된 데이터를 다시 식별자로 만드는 행위(re-identify) 금지

조직은 de-identify한 데이터를 그대로 유지한다는 사실을 공표해야 하며, 다시 식별자로 복구하지 않음을 선언해야 한다.

3. 관련기관에도 re-identify 행위를 금지

조직은 민감한 데이터를 사용한 서비스 제공자나 이를 관리하는 제 3자에게 re-identify 행위를 금지시켜야 한다.

사례 8.3은 FTC가 온라인 혹은 메일 오더 방식으로 비디오를 대여하는 Netflix 사를 조사한 사례이다.

사례 8.3

FTC가 Netflix의 익명의 사용자 데이터를 공개하려는 계획을 조사

Netflix는 미국의 온라인 혹은 메일 오더 방식으로 비디오를 대여하는 회사이다. 이 회사는 비디오 추천 알고리즘을 개선하기 위하여 익명의 소비자 데이터를 공개하려는 계획을 가지고 있었고,

FTC는 이 문제에 관심을 가졌다. FTC의 프라이버시 문제에 대한 걱정에 대응하여 Netflix는 그 데이터를 특정 연구자에게만 공개하는 것으로 공개범위를 축소하였다. 더구나 Netflix는 고객 데이터가 re-identify 돼서 사용되는 것을 방지하기 위한 여러 가지 대책도 강구하여 수행하였다. 이 대책에 의하면 데이터가 제 3의 기관에 넘어가는 경우에도 계약에 의하여 제한된 연구자만이 이 정보를 사용하게 됨을 보장한다.

마지막으로 사례 8.4는 New York Times에 보도된 내용으로 소매업자가 빅 트랜잭션 데이터를 사용하여 10대 여학생의 임신사실을 그녀의 부모보다 먼저 인지하고 광고를 했다는 기사이다.

사례 8.4

빅 트랜잭션 데이터를 활용한 10대 여학생의 임신사실 확인[31]

소매업자는 임신 3개월째 임신부들을 위한 특별한 광고지를 디자인하여 홍보하기로 결정하였다. 소매업자는 태아기 비타민이나 임신복 등을 임산부에게 추천하려고 한다. 분석팀은 예비엄마를 선정하는 데 근거가 되는 여러 가지 지표를 사용하고 있다. 예를 들어 향기가 없는 로션이나 다이어트 보조제, 향기 없는 비누, 목화볼을 담는 큰 가방 등이 그 예이다. 소매업자는 이런 정보를 분석하여 미국 내 수만 명의 여성들에게 광고를 한다.

1년 후에 소매상으로 어떤 남성이 들어와서 매니저 면담을 요청하였다. 그의 손에는 그의 딸에게 보내진 광고 전단지가 있었으며, 고등학생인 내 딸에게 이런 광고지를 보냈다면서 화를 내고 있었다. 관리자는 사과를 했고, 며칠 후 전화를 다시 걸어서 또 다시 사과를 했다. 그러나 전화에서 아버지는 딸과 이야기해 보았는데, 딸이 임신한 것은 사실로 밝혀졌고, 8월에 출산 예정이라고 하였다.

---

31 Duhigg, Charles. "How Companies Learn Your Secrets." *The New York Times*, February 16, 2012. http://www.nytimes.com/2012/02/19/magazine/shopping-habits.html?pagewanted=1&_r=2&hp.

8.2 메타데이터 리포지터리에 민감한 빅데이터를 표시

민감한 데이터는 조직 내에서 별도의 지역에 저장될 수 있다. 빅데이터 관리자는 이러한 데이터가 메타데이터 리포지터리에 적절하게 (민감한 데이터로) 분류되어 있음을 보장해야 한다. 일단 메타데이터가 구축되면 응용들은 그에 합당한 프라이버시 정책(예를 들어, 민감한 데이터를 접근하는 어떠한 응용도 적절한 부서의 승인을 받아야 한다)을 준수하게 될 것이므로 메타데이터에 적절히 기록하여 관리하는 것이 중요하다.

개인식별정보(PPI)를 포함한 특정 데이터 필드들이 프라이버시 통제를 받지 않을 수도 있으므로 주의가 요망된다. 예를 들어, 고객의 SSN 데이터가 “EMP_NUM”에 포함되어 있을 수 있고, SSN의 마지막 네 자리는 “PIN”이라는 다른 필드에 포함되어 있을 수 있다. 따라서 필드의 이름이나 헤드만으로 민감성 여부를 판정하면 안 된다.

데이터 디스커버리 도구들은 EMP_NUM 필드가 다른 테이블의 SSN 및 PIN 필드와 연관이 있음을 발견해 낸다. 따라서 데이터 디스커버리 도구를 사용할 때 통계도구와 같이 샘플 데이터를 조사할 것이 아니라 실제 데이터를 모두 조사하는 것이 필요하다.

8.3 국가, 주별로 프라이버시 법률과 규제 소개[32]

빅데이터 프라이버시는 인터넷과 소셜 미디어가 글로벌 현상임에도 관련 법이나 규제는 여전히 지역적이라는 점에서 특별한 한계를 가진다. 각 나라와 주 및 지방정부는 자신의 법과 규제를 가지고 프라이버시 문제를 관리한다. 더구나 이 법과 규제는 끊임없이 변화하고 있다. 여기서는 법적인 영역을 논하는 것은 아니지만 서로 다른 사법영역에서 프라이버시 법과 규제의 사례를 비교하여 살펴보고자 한다. 각 기관은 최종적으로 자신이 처한 환경에 따라서 적절한 법적 자문을 별도로 받아야 할 것이다.

미국의 의회는 제 2차 세계대전의 잔악한 행위를 경험하면서 1948년 인권법 선언을 채택하였다. 제 12조에서 다음과 같은 프라이버시 규정을 두었다.

32 Section includes content from Vredevoogd, Nina. “Data Privacy Protection Law.” IMT551, 2004.

어떤 사람도 그의 프라이버시나 가족 및 편지 등에 대한 방해나 그의 명예와 평판에 대한 방해를 받아서는 안 된다. 어떤 사람도 이러한 행위로부터 법적으로 보호받을 권리를 가진다.

미국과 유럽은 프라이버시에 대하여 서로 다른 견해를 가지고 있다. 미국은 개인 정보를 유용한 상품으로 간주하고 있으나 유럽은 개인 정보를 양보할 수 없는 권리로 인식한다. 유럽의 프라이버시에 관한 인식은 역사적으로 나치 정권의 개인정보 악용에 대한 우려에서부터 시작된 것이다.[33]

유럽

역사적으로 (특히 제 2차 세계대전 이후) 유럽인들은 데이터 보호를 인간의 기본권 보호라는 차원에서 상당히 민감한 문제로 인식해 왔다. 미국과 달리 유럽은 엄격한 규제와 법을 통하여 개인의 프라이버시에 관한 권리를 보호해 왔다.

유럽 의회의 인권법 제 8조에는(Council of Europ, 1950) "모든 사람은 그의 개인적인 것과 가족 및 편지 등에 관해 존중받을 권리를 가진다."라고 명시하고 있다. 유럽연합 기본권 8조(2000/C 364/01)에는 개인 데이터를 2차 목적에 사용하는 것에 대하여 다음과 같이 제한하고 있다.

> ... 이러한 개인 데이터는 명시된 목적에 맞게, 관련 당사자의 동의나 관련 법을 준수하면서 공정하게 처리되어야 한다.

유럽 데이터 보호 명령(European Data Protection Directive, 95/46/EC)은 유럽 연합 내에서 개인 데이터의 처리를 규정하고 있다. 여기에는 미국에서 보편적으로 행해지고 있는 데이터 수집에 관한 지시를 포함하고 있다.

- 개인으로부터 데이터를 수집할 때 데이터 관리자는 반드시 그의 신분과 수집 및 처리의 목적과 기타 관련정보를 밝혀야 한다.

33 Craig, Terence and Ludloff, Mary E. *Privacy and Big Data*. O'Reilly, 2011. Page 30.

- 데이터는 공표된 목적에 맞게 사용되어야 하며, 최신정보를 유지해야 하고, 개인 식별자와 연결되어서는 안 된다.
- 직접 마케팅이나 그 밖의 목적으로 당초 알리지 않았던 제 3자에게 데이터를 넘기려면 당사자에게 알려서 그들이 opt-in 혹은 opt-out 방식으로 허용 여부를 부담없이 선택할 수 있도록 해야 한다. 개인 데이터는 처음에 공지한 목적대로 사용해야 하며, 그 외 용도로 사용하려면 반드시 당사자의 명시적인 허락을 받아야 한다.
- 이와 같은 개인 데이터의 처리에서 당사자는 자신의 개인 데이터에 접근하여 이를 수정할 수 있는 권리를 가져야 한다.
- EU 밖으로 데이터를 이전하는 경우 수신 국가가 데이터 보호에 관한 적절한 수준의 보장을 해야 가능하다.
- 민감하다고 판단되는 데이터에 대하여 추가적인 제한이 가해질 수 있다. 인종이나 민족, 정치적 견해, 건강정보, 성적인 사항 등에 관한 정보는 명시적인 허락이 필요하다.

2012년 1월, 유럽 의회는 소셜 미디어 등과 같은 새로운 미디어를 다루기 위해 법률 개정안을 제안했다. 법안은 "개인 데이터의 처리와 관련한 개인의 보호와 개인 데이터의 자유로운 이동(General Data Protection Regulation)"이다. 이 새로운 법안은 현재의 유럽 데이터 보호 명령(95/46/EC)을 보충하면서 대체할 것으로 예상되며, 개인의 권리 증진과 비즈니스의 의무를 강화할 것으로 예상된다. 이 책을 출판할 당시 이 법안이 통과되지는 않았다. 이 책에서는 이 법안에 관해 좀 더 깊이 기술하는데, 이는 다른 지역의 나라에서도 기본적으로 이런 방향으로 개인정보를 보호하는 추세이기 때문이다.

다음은 유럽에서 제정하고 있는 새로운 프라이버시 법안의 주요 내용이다.

- **규제와 명령**[34]

제안된 법안은 규제(regulation)를 위한 것으로 명령(directive)은 아니다. EU 법체계에서 규제는 자동으로 회원국의 법적 시스템에 일부로 반영된다. 반면, 명령은 회원국들이 결과적

34 "Proposed EU Data Protection Regulation—January 25, 2012 Draft: What US Companies Need to Know." It Law Group, January 27, 2012. http://www.itlawgroup.com/resources/articles/230-proposedeu-data-protection-regulation-january-25-2012-draft-what-us-companies-should-know-.html.

으로 달성해야 할 사항들을 제시한 것이다. 기존의 유럽 데이터 보호 명령인 95/46/EC은 명령이므로 EU 전역의 모든 조직에서 그 준수를 보장하는 데 어려움이 있었다. 그러나 신규 법안은 규제이므로 EU 전체에서 일관성 있게 준수될 것으로 보인다.

- **잊혀질 권리**

개인이 더 이상 자신의 정보가 처리되지 않기를 원한다면 조직은 당사자에 관한 개인 정보를 시스템에서 제거해야 한다. 꼭 보관해야 한다면 그 이유를 입증할 책임은 조직에 있다. 유럽 의회는 사례 8.5를 사용하여 새로운 법안의 필요성을 보여주고 있다.[35]

- **디폴트로서의 프라이버시**

조직은 기본적으로 가장 강력한 프라이버시 상태를 제공해야 한다.

- **명시적인 동의**

회사는 개인에게 명확하게, 이해하기 쉬운 말로, 투명하게 그들의 개인 데이터가 어떻게 사용되는지를 알림으로써 당사자들이 어떤 데이터를 공유할 것인지를 쉽게 결정할 수 있도록 보장해야 한다. 회사는 개인이 그들의 정보를 제공하는 데 동의했다면 그 동의가 명시적으로 모든 사항을 충분히 인식한 상태에서 한 것임을 보장해야 한다.

- **데이터 위반의 공지**

개인정보보호가 위반되었다면 회사는 감독당국에게 24시간 이내에 신고해야 한다. 또한, 회사는 당사자들에게 개인정보보호 위반이 그들의 개인 데이터나 프라이버시에 영향을 미칠 수 있음을 알려야 한다.

- **데이터 보호 영향 평가**

어떤 작업의 수행이 프라이버시에 대한 위험을 야기할 가능성이 있을 경우 조직은 그 작업이 개인 데이터의 보호에 어떤 영향을 미치는지를 평가해야 한다.

---

35 "How will the data protection reform affect social networks?" European Commission, January 2012. http://ec.europa.eu/justice/data-protection/document/review2012/factsheets/3_en.pdf.

- **데이터 보호 관리자**

조직은 데이터 보호 관리자를 임명하여 상부에 보고하고, 규제 준수에 관한 책임을 지도록 해야 한다.

- **데이터 이동**

신규 법안은 개인이 그들의 데이터를 더욱 쉽게 접근하고 또 이동시킬 수 있도록 권리를 부여할 것이다. 이는 개인 데이터가 한 서비스 제공자에서 다른 사업자로 쉽게 이전될 수 있는 장치를 마련한 것이다.

- **행정상의 제제**

신규 법안은 국제 비즈니스의 연간 총매출의 2%까지의 벌금을 부과할 것이라는 뉴스 보도가 잇달았다.

사례 8.5

소셜 네트워킹 사이트가 오스트리아 법대생의 정보를 수집함

오스트리아의 어느 법대생이 소셜 네트워킹 사이트를 운영하는 회사에 대하여 자신에 관해 수집된 정보를 요청하였다. 이 회사는 학생에게 1,224 페이지에 달하는 정보를 보내주었다. 여기에는 사진, 메시지, 수년 전부터 이루어진 포스팅 자료 등이 포함되어 있었으며, 이들 중 일부는 그가 이미 삭제한 것이었다. 그는 그 사이트가 자신이 생각한 것보다 더 많은 정보를 수집하고 있었으며, 심지어 그가 삭제한 정보까지 가지고 있음을 알았다.

이와 같이 인터넷에서 수집되고 저장된 데이터는 없어지지 않는다. 이러한 상황에서 '사용자 동의 없는 데이터 수집의 방지 법안'이 프라이버시를 보호하는 진정한 희망이 될 것이다.[36]

36 Craig, Terence and Ludloff, Mary E. *Privacy and Big Data*. O'Reilly, 2011. Page 42.

미국

미국에는 현재 프라이버시에 관한 법적인 정의가 없는 상황이다. Judith DeCew는 다음과 같이 언급하였다.[37]

> 헌법에 명시적으로 언급된 프라이버시에 관한 권리가 없기 때문에 프라이버시에 관한 법적인 판례가 다양하고, 프라이버시 권리를 둘러싼 비판과 논란이 끊임없이 제기되어 왔다. 4차 수정법에서는 정보 프라이버시 보호 규정의 기술이 더욱 어려워졌다. 미국의 기존 법적 선례는 스스로 한 번 공개한 개인 정보의 재사용을 제한하는 명시적 조치는 개인의 책임이라는 것이다.

세계의 다른 많은 나라들과 달리 미국은 프라이버시 보호를 전담하는 연방기관이 없다. 그러나 의회는 특정 산업에서 프라이버시를 관리하는 단편적인 법들을 통과시켰다.

- 1914년 연방거래위원회법(Federal Trade Commission Act, FTC Act) 5조는 회사가 그들이 공표한 프라이버시 정책을 준수하지 않아 '불공정하고 기만적인 행위'를 한 경우에 강화된 조치를 취하도록 하고 있다.
- 1970년 공정신용보고법(Fair Credit Reporting Act)은 정확하지 않은 금융관련 기록을 당사자가 접근하여 수정할 수 있는 권리를 부여하였다.
- 1974년 가족의 교육권 및 프라이버시에 관한 법률(Family Educational Rights and Privacy Act, FERPA)은 학생의 교육 기록에 관한 프라이버시를 보호하고 있으며, 이는 미국 교육부에서 지원을 받는 모든 교육기관에 적용되도록 하고 있다.
- 1974년 프라이버시 법(Privacy Act)은 연방 기관에서 유지관리하고 있는 개인식별정보를 보호한다.
- 1984년 케이블 통신법(Cable Communications Act)은 가입자 정보에 대한 프라이버시 조항을 담고 있다.
- 1986년 전기통신 프라이버시법(Electronic Communications Privacy Act)은 연방도

37 DeCew, Judith W. In Pursuit of Privacy: Law Ethics, and the Rise of Technology. Cornell University Press, Ithaca, NY, 1999. Page 21.

청법규의 프라이버시 보호를 확대한 것으로 새로운 형태의 통신수단인 이메일과 디지털 통신을 담고 있다.

- 1988년 비디오 프라이버시 보호법(Video Privacy Protection Act)은 비디오 랜탈 관련 프라이버시를 보호하고 있다.
- 1991년 전화 고객보호법(Telephone Consumer Protection Act)은 전화 및 팩스 관련 프라이버시를 다루고 있다.
- 1998년 온라인 어린이 프라이버시 보호법(Children's Online Privacy Protection Act)은 13세 이하의 어린이를 대상으로 하는 웹사이트의 프라이버시 정책을 다룬다.
- 1999년 그람-리치-블라일리 법(Gramm-Leach-Bliley Act, 금융제도 개혁법)에서는 고객의 금융정보에 대한 보호를 통제한다. 이 법은 금융기관에 대하여 공공성이 없는 개인정보의 노출을 제한한다.
- 1996년 건강보험 양도 및 책임에 관한 법안(Health Insurance Portability and Accountability ActHIPPA)은 건강보험 회사가 환자에게 그들의 정보 활용에 대하여 고지할 것을 요구하고 있으며, 고객이 자신의 의료기록을 접근할 수 있도록 하고 있다.

역사적으로 FTC는 "불공정하고 기만하는 행위"를 금지하는 FTC 법률의 제 5조에 의거하여 회사들이 기 공표한 프라이버시 정책을 지키지 않을 경우에 강제 조치를 취해왔다. FTC는 점차 많은 수의 미국 연방 법률(온라인 어린이 프라이버시 보호법, 그람-리치-블라일리 법, 공정신용보고법 등)을 강화하는 방향으로 책무를 다하려고 한다.

FTC는 웹과 소셜 미디어의 프라이버시에 관한 새로운 규제의 측면에서 선두 주자이다. 2012년 3월 FTC는 "급속히 변하는 시대에 고객 프라이시 보호: 비즈니스 및 정책 입안자용"이라는 보고서를 발간하였다. 이 보고서는 법적인 구속력은 아직 없지만 비즈니스 담당자와 법안을 만드는 사람들에게 데이터 프라이버시와 관련된 핵심적인 권고사항을 제시하고 있다. 다음이 핵심 권고사항이다.

- **설계에 의한 프라이버시(Privacy by Design)**

프라이버시는 제품의 개발 각 단계에서 고려되어야 하고, 기본으로 설정되어야 한다. 회사들은 실무에서 상당한 프라이버시 보호를 반영하여 데이터 보안, 수집 시 적절한 제한, 적절한 유지와 폐기정책, 데이터 정확성 유지 등을 고려해야 한다.

- 데이터 수집의 적절한 제한

회사들은 데이터 수집에 적절한 제한을 두어 특정 트랜잭션의 문맥과 일치하거나 혹은 비즈니스와 연관된 고객이거나 혹은 법에 의해 요구되는 경우로 수집을 한정해야 한다. 이러한 상황과 맞지 않는 데이터 수집이라면 회사는 적절한 시점에 눈에 잘 띄게 그 사실을 고지해야 한다.

이 보고서는 설계에 의한 프라이버시를 적용한 경영대학위원회(Graduate Manage-ment Admission Council, GMAC)의 사례를 강조하고 있다. GMAC는 개인으로부터 지문을 수집하여 경영대학원 입학시험을 치렀다. 개인의 지문이 여러 기관에서 조회되어 범죄 데이터베이스와 비교하는 상황이 발생하자 GMAC는 손바닥문(palm prints)을 사용하는 시스템으로 변경하였다. 손바닥문을 사용하는 시스템도 지문을 사용하는 시스템만큼 정확하지만 상대적으로 덜 민감한 정보로 간주된다.

- 데이터 유지와 폐기의 적절한 정책

보고서는 회사가 데이터의 유지와 폐기에 관련된 적절한 정책을 수립해야 한다고 규정하고 있다. 수집된 데이터가 적절한 목적의 달성을 위해 필요한 기간을 벗어나서 존재하면 안 된다. 그러나 그 데이터의 사용이나 관련성의 유형에 따라서 유지기간을 융통성 있게 설정할 수 있다. 예를 들어, 모기지 회사는 정확한 지불을 체크하기 위하여 모기지 기간 동안에 데이디를 유지할 수 있다. 유사하게 자동차 딜러는 고객 정보를 수년간 보관함으로써 서비스 기록을 관리하거나 혹은 새로운 제안을 할 수 있을 것이다.

한편, 위치정보는 고객의 움직임에 관한 상세 프로파일을 생성하는 데 사용될 수 있으며, 이는 고객이 원하지 않는 것일 수 있다. 예를 들어, 고객은 모바일 앱을 설치하여 호텔이나 레스토랑에서 가까이 있는 친구를 찾는 데 이용한다고 하자. 이 고객은 서비스 제공사가 자신이 어느 호텔과 레스토랑을 방문했는지에 관한 히스토리를 보관할 것이라고는 상상하지 않을 것이다. 이 서비스 제공자가 제 3의 사업자에게 이 정보를 넘겨준다면 고객의 예상 이동 경로를 파악할 수 있게 되고, 이는 스토킹 등 다른 범죄의 타깃이 되는 심각한 사태로 진전될 수 있다.

- **사용자 선택의 단순 명료함**

회사는 데이터를 수집할 당시에 밝힌 목적과 다르게 수집된 데이터를 사용하려면 고객의 동의를 받아야 한다.

예를 들어, 딜러로부터 자동차를 구매한 경우 이 규정이 어떻게 적용되는지를 살펴보자. 자동차 판매와 관련하여 딜러사는 고객의 개인정보와 구매에 관한 정보를 수집한다. 3개월 후에 딜러사는 고객 주소를 사용하여 무료 오일교환권을 보낸다. 유사하게 2년이 지난 후, 타이어 세일 광고지와 새로운 자동차 모델에 관한 정보를 보낸다. 여기까지는 데이터의 수집과 후속 사용방식이 거래 처리와 일관성을 가지고, 고객과 자동차 딜러사의 관계에 비추어 합당하다고 볼 수 있다. 회사가 자녀에 관한 정보나 금융, 건강, 사회보장번호, 위치정보 등을 수집하려면 사전 동의를 고객으로부터 받아야 할 것이다.

- **모바일**

보고서는 모바일 폰(전화기) 사업자로 하여금 프라이버시 보호를 강화하도록 요청하였다.

- **데이터 브로커**

보고서는 데이터 브로커의 개인정보 수집과 활용에 대한 통제와 가시성 부족을 해결하기 위한 목적으로 법을 제정하는 것이 필요하다고 지적한다. 데이터 브로커는 고객에 대한 개인정보를 사거나 파는 일을 하고 있으며, 개인에게 그 사실을 통지하지도 않는다. 이 보고서는 마케팅 목적으로 개인 데이터를 가공하는 데이터 브로커에게 다음을 수행하도록 요청하고 있다. 브로커는 중앙집중형 웹사이트를 구축하여 자신을 소개하고, 개인정보를 어떻게 수집하고 활용하는지와 그들이 유지하는 고객 데이터에 관하여 구체적인 접근 권한과 다른 대안들을 제시해야 한다.

- **거대 플랫폼 제공자**

보고서는 인터넷 서비스 제공자와 소셜 미디어 플랫폼이 고객의 온라인 활동을 모두 모니터링하는 시대에 발생하는 프라이버시 이슈들을 집중적으로 조명하고 있다.

2012년 2월, 오바마 정부는 소비자 프라이버시 권리장전(Consumer Privacy Bill of Rights)을 발표하여 고객 프라이버시 보호의 청사진으로 삼고자 하였다.[38] 이 제안서는 2012년 3월의 FTC 보고서와 유사하다. 또한 백악관은 FTC가 소비자 프라이버시 권리장전을 강화하는 감독기관이 되도록 의회에 제안하였다. 백악관은 이와 동시에 상무부에 지시하여 비즈니스 단체, 프라이버시 옹호단체, 소비자 프라이버시 권리장전의 이해 당사자들과 협력하여 집행가능한 프라이버시 정책들을 개발하도록 하였다.

이러한 연방 법률에 더하여 각 주에서도 산발적인 법률을 제안하였으며, 이들은 교육이나 어린이 등 특정 분야를 대상으로 하고 있다. 47개 주와 콜롬비아 구역, 몇몇 미국령 등에서 보안 위반 공지법(security breach notification, SBN)을 제정하였다. SBN 법은 회사가 특정한 개인정보를 불법적으로 노출한 경우에 당사자에게 공지하도록 함으로써 프라이버시를 효과적으로 증진시키고 있다.[39] 캘리포니아 법원에서는 사례 8.6에서 보여주는 바와 같이 프라이버시를 옹호하는 적극적인 선고를 하고 있다.

사례 8.6

캘리포니아 대법원은 우편번호를 수집한 소매업자가 고객 프라이버시를 위반한 것으로 판결함[40]

2011년 2월 캘리포니아 대법원은 가정용품 소매업자인 Williams-Sonoma 사에 대한 집단소송을 다루었다. 법원은 소매업자가 신용카드 거래 업무와 관련하여 고객으로부터 우편번호를 확보할 수 없도록 하였다. 원고는 Williams-Sonoma 사가 고객의 주소를 얻기 위하여 우편번호를 활용하였으며, 이 데이터를 마케팅에 사용하였을 뿐 아니라 다른 사업자에게 판매했다고 주장했다. 원고는 이런 Williams-Sonoma 사의 행위가 캘리포니아 헌법을 위반하였고, 1971년 제정된 캘리포니아 신용카드법(Song-Beverly Credit Card Act)을 위반하였다고 주장했다.

---

38 "Consumer Data Privacy in a Networked World: A Framework for Protecting Privacy and Promoting Innovation in the Global Digital Economy." White House, February 2012.

39 Ibid, page 39.

40 "California court rules against Williams-Sonoma." Reuters, February 10, 2011. http://www.reuters.com/article/2011/02/11/us-williamssonoma-idUSTRE71A0BW20110211.

이러한 내용으로 볼 때 미국은 유럽의 프라이버시 보호 정책과 유사한 방향으로 프라이버시 보호에 관한 정책을 발전시켜 나가고 있음을 알 수 있다.

남아프리카

이 책을 발간할 당시 개인정보보호에 관한 법률이 남 아프리카까지 영향을 미치지는 못하였다. 일단 이 법이 영향력을 발휘하기 시작하면 남아프리카 당국도 규제 준수를 위한 조정자를 임명할 것이다. 남아프리카 조직들은 이미 이러한 규제를 어떻게 준수할 것인가를 고민하기 시작하였으며, 이를 위하여 다음과 같은 사항들이 고려되어야 할 것이다.

- 조직에서 수집한 개인정보가 수집당시의 목적에 맞게 사용되고 있음을 보증함
- 개인정보의 처리에 데이터 주체의 동의(opt-in)가 있음을 확인함
- 개인정보를 조직이 보호하고 있는지에 대하여 측정함
- 언제 조직이 개인정보를 폐기할 것인가를 나타내는 기록 관리 프로그램의 운영
- 조직을 대신하여 개인정보를 처리하게 하거나 다른 나라로 보낼 때 엄격한 계약의 여부

싱가포르

이 책을 발간할 당시 싱가포르는 개인 데이터 보호법을 통과시키는 과정에 있었다. 이 법이 통과되면 싱가포르는 유럽과 유사한 개인정보보호체제를 갖추게 될 것이다.

인도[41]

인도에서는 IT 규정(Reasonable Security Practices and Procedures and Sensitive Personal Data or Information)이 2011년 발효되었다. 이 법은 인도의 프라이버시 규제를 선진국 수준으로 높임으로써 IT 아웃소싱 등의 분야에서 인도 산업을 발전시키고자 제정된 것이다. 이 규칙은 개인정보가 이메일, 팩스, 편지 등을 통하여 수집될 때 당사자에게 알려야

41 Claburn, Thomas. "India Adopts New Privacy Rules." *Information Week*, May 5, 2011. http://www.informationweek.com/news/government/policy/229402835.

한다는 점을 강제하고 있다. 언론사들은 인도에서 수집되는 어떠한 개인정보나 인도 밖에서 인도로 유입되는 개인정보가 이 법에 통제를 받게 된다고 보도하고 있다.

이 규정은 인도로 아웃소싱 하려고 하는 회사에 영향을 미칠 수 있으므로 부담이 될 수 있다. 이들 회사는 개인에게 공지하기 위하여 콜센터의 도움을 청해서 고객들의 동의를 확보해야 할 것이다. 그러나 인도에서 IT 산업의 중요성을 감안할 때 개인정보보호에 관한 이 규제는 완화될 것이라고 보도하고 있다.

8.4 국경을 넘는 개인 데이터의 관리[42]

유럽의 데이터 보호 명령(95/46/EC)은 유럽 밖으로의 데이터 이전은 데이터가 이동되는 국가의 개인정보보호 수준이 적절할 때 허용하도록 하고 있다. 이 규정은 미국과 유럽 사이의 데이터 이동을 어렵게 만들 것이다.

1999년 4월 미국의 상무성은 'U.S.-EU Safe Harbor Principles.'이라고 하는 7가지 원칙을 제정하였다. 이 원칙은 EU의 명령에 대처하기 위한 것이다. 이 원칙은 대략 유럽 연합의 조치에 대응하도록 다음과 같이 제정되었다.

1. 고지: 개인정보의 수집, 활용, 재사용 목적에 관하여 당사자에게 고지해야 한다.
2. 선택: 개인에게 opt-out의 기회를 제공해야 한다. 민감한 정보에 대하여 개인에게 동의 혹은 명시적인 opt-in 선택권이 주어져야 한다.
3. 데이터 이동: 조직은 고지와 선택의 원칙에 부합한 상황에서만 제 3자에게 개인정보를 제공할 수 있다.
4. 보안: 조직은 개인정보에 대한 분실, 오용, 비인가 접근, 노출, 변조 및 파괴 등으로부터 보호할 조치를 취해야 한다.
5. 데이터 무결성: 조직은 데이터 수집 시 명시한 목적에 맞게 데이터를 사용해야 한다. 또한, 데이터가 정확하고, 완전하며, 현재 것이라는 것을 보장해야 한다.

42 Vredevoogd, Nina. "Data Privacy Protection Law." IMT551, 2004.

6. 접근: 개인은 자신의 개인정보에 접근하여 오류를 수정하거나 보충자료를 제공할 수 있어야 한다.
7. 통제 강화 : Safe Harbor Principles를 준수하는지를 확인해서 그렇지 않을 경우에 개인에 구제를 보증할 효과적인 장치가 있어야 한다.

Safe Harbor Principles는 유럽의 데이터 보호법으로부터 미국 기업을 보호하기 위해 제정된 것이다. 인증은 자의적이지만 회사가 이를 지킨다고 선언한 이후에 Safe Harbor Principles을 위반한 것으로 확인되면 범죄가 되며, FTC 혹은 다른 미국 기관에 의해 기소당할 수 있다. 미국은 스위스와도 이와 유사한 Safe Harbor Framework을 채결하였다.

백악관은 2,700개의 회사가 Safe Harbor Framework에 가입하였다고 주장한다. 그러나 Safe Harbor Framework는 금융서비스, 통신산업, 보험 등의 영역에는 적용되지 않으며, 이들은 FTC 사법권의 밖에 놓여 있다.[43] 또한, Safe Harbor Framework은 규정 준수와 통제 강화 측면에서 심각한 비판의 대상이 되기도 한다. "The US Safe Harbor – Fact or Fiction?" 이라는 보고서(Galexia, 2008)에서 Chris Connolly는 다음과 같은 문제점을 지적하였다.

- Safe Harbor의 멤버와 관련하여 거짓된 주장을 하는 조직이 있음
- "상무성으로부터 인증을 받았다" 혹은 "EU로부터 인증을 받았다"는 등의 거짓된 주장을 하는 조직도 있으나 Safe Harbor는 기본적으로 '자가-인증' 방식임
- 상무성은 Safe Harbor 인증마크를 발급하고 있지만 이것은 공공에게 오해를 일으킬 소지가 있음
- 조직의 프라이버시 정책이 모호하고 EU의 상대 회사와는 비교할 수 없을 정도임
- 조직들은 Safe Harbor에 참여 정도를 제한하여 특정 카테고리의 데이터 (예를 들어, 인적자원, 온라인, 오프라인, 매뉴얼 등)에만 한정하는 경우도 있음

EU는 '모델 조항(model clauses)'을 만들어 개인정보를 다루는 유럽 경제구역(EEA) 밖의 회사와 거래하는 EU 조직들이 활용할 수 있도록 하고 있다. 이 조항은 EEA 밖에서 개인정

43 "Consumer Data Privacy in a Networked World: A Framework for Protecting Privacy and Promoting Innovation in the Global Digital Economy." White House, February 2012, Page 33.

보를 처리할 경우에 필수 계약조항이 될 것이다. 결과적으로 EU에서 비즈니스를 하는 미국 회사들은 그들의 비즈니스 실행과 정책이 유럽의 요구사항을 충족시키는지를 미리 측정해야 할 것이다. 예를 들어, 미국 회사가 그들의 웹사이트를 EU 국가에 개설하여 미국 본사와 독립적으로 운영하는 경우 데이터는 혼합될 수 없다.

또한, 아시아 태평양 경제협력기구(APEC)는 범 국가적 프라이버시 규정을 만들어 이 지역의 회사들이 공조하는 체제를 구축하고 있다. APEC는 21개 나라를 포함하고 있다(Australia, Brunei Darussalam, Canada, Chile, the People's Republic of China, Hong Kong, Indonesia, Japan, the Republic of Korea, Malaysia, Mexico, New Zealand, Papua New Guinea, Peru, the Philippines, Russia, Singapore, Chinese Taipei, Thailand, the United States).

8.5 인가받은 사용자에 의한 민감한 빅데이터 접근 관리

대부분의 조직에서는 민감한 데이터에 대한 접근 권한을 인가 받은 사용자로 제한하고 있다(예를들어, 데이터베이스 관리자, 콜센터 요원, 헬프 데스크 요원 등). 그러나 조직들은 이를 효과적으로 강제할 수 있는 수단을 가지고 있지 못하다. 더욱 한심한 것은 아웃소싱 때문에 이러한 인가된 사용자 중 일부가 국외에 있는 경우도 있다. 민감한 빅데이터를 인가된 사용자가 얼마나 남용하는가를 보여주는 다음 사례가 있다.

- **통신:** 데이터베이스 관리자는 마케팅 부서의 부사장의 통화 패턴을 분석하여 그가 결혼한 남자이고, 업무시간 외에 여자 직원과 반복적인 통화와 메시지를 주고 받고 있다는 사실을 발견할 수 있다.
- **건강보험:** 콜센터 직원은 청구 기록을 분석하여 회사의 CEO가 최근 수술을 받았음을 알 수 있다.
- **크루저 선박 운영자:** 여행 플래너는 예약 시스템으로부터 정보를 확보하여 고객이 언제 집을 비울 것인가를 조직범죄 집단에 알려줄 수 있다.
- **시설관리:** 데이터베이스 관리자가 스마트 리더기 데이터를 도둑에게 제공할 수 있다.

이 도둑은 스마트 리더기 데이터를 분석하여 주인이 언제 집을 비우는지 정확하게 예측할 수 있다.

이런 사항들을 고려할 때 빅데이터 거버넌스 프로그램은 민감한 데이터를 정의하고 이를 접근하는 인가된 사용자의 접근도 모니터링 해야 한다. 데이터베이스 모니터링 도구들은 누가 언제 민감한 데이터에 접근했는지를 감시하는 데 사용될 수 있다. 이러한 도구들은 제 21장에서 논의한다.

요약

빅데이터 프라이버시에 관한 법과 규제는 나라, 주, 지역별로 지속적으로 진화하고 있다. 조직은 고객과 직원에 대한 정보를 적절하게 활용하기 위해 법적인 자문을 받을 필요가 있다. 또한, 조직은 민감한 빅데이터를 구분해서 메타데이터 리포지터리에 표시해 두는 것도 중요한 일이다.

CHAPTER

09

빅데이터 품질

이 장은 David Borean(InfoTrellis), Roger Rea(IBM), Randy Schnier(IBM), Brian Williams(IBM)의 공헌으로 작성되었다.

데이터 품질 관리는 데이터에 관한 품질과 무결성을 측정하고, 개선하며, 보증하는 방법을 다루고 있다. 엄청난 크기와 속도 및 다양성이라는 빅데이터의 특징으로 인하여 빅데이터 품질은 기존의 데이터 품질 문제와는 다르게 다루어져야 한다. 표 9.1은 기존 데이터와 빅데이터의 차이점을 데이터 품질관리 측면에서 비교한 것이다.

표 9.1의 차이점을 감안하여 빅데이터 품질 프로그램은 핵심 베스트 프렉티스를 고수하면서도 기존 프로젝트와 다른 접근법을 취해야 할 것이다. 결과적으로 빅데이터 거버넌스 프로그램은 데이터 품질 문제에서 다음과 같은 베스트 프렉티스를 적용할 필요가 있다.

9.1 비즈니스 당사자들과 함께 빅데이터 품질에 대한 신뢰구간을 설정

9.2 반구조적, 비구조적 데이터 활용으로 구조적 데이터의 품질 향상

9.3 디스크 비적재 방식의 스트리밍 데이터 분석을 활용한 데이터 품질 향상

9.4 정보 거버넌스 위원회에 데이터 관리 주체 지정

이 장의 나머지 부분에서 이들 각각을 구체적으로 논의한다.

표 9.1 기존 데이터와 빅데이터의 품질관리 비교

차원	기존 데이터 품질관리	빅데이터 품질관리
프로세싱 방식	배치 방식의 프로세싱	실시간 혹은 배치 방식의 프로세싱
데이터의 다양성	주로 구조적 데이터	구조적 데이터, 반구조적 데이터, 비구조적 데이터
신뢰수준	데이터 웨어하우스에 정제된 상태로 데이터가 저장되어 있어야 올바른 분석이 가능함	Noise는 미리 필터링되어야 하지만 데이터는 'good enough'로 충분할 수 있음 (분석 인사이트가 데이터 품질에 제한적으로만 영향을 받는 경우도 있음)
정제 시간	데이터 웨어하우스로 로드하기 전에 정제되어 있어야 함	중요한 데이터와 그들 사이의 관계를 완벽히 알 수 없기에 우선 있는 그대로 적재함 데이터의 엄청난 양과 빠른 속도로 인하여 스트리밍 방식이나 인메모리 방식의 분석을 통한 정제가 요구되며, 결과적으로 저장 공간을 줄일 수 있음

차원	기존 데이터 품질관리	빅데이터 품질관리
핵심 데이터의 요소	데이터 품질은 고객 데이터와 같은 핵심 데이터에 대하여 평가됨	빅데이터는 불분명하고, 때론 더 깊은 탐구가 필요하기 때문에 기준이 되는 핵심 데이터 요소들이 반복적으로 바뀔 수 있음
분석장소	분석할 데이터가 데이터 품질 및 분석 담당 엔진으로 이동함	반대로 품질관리 및 분석 서버가 데이터 쪽으로 이동함 (데이터를 이동하는 비용과 시간이 크기 때문에)
관리주체	관리주체는 대부분의 데이터를 관리할 수 있음	데이터의 빠른 생성 속도와 많은 양 때문에 관리 주체는 데이터의 일부분만을 담당할 수 있을 것임

9.1 비즈니스 당사자들과 함께 빅데이터 품질에 대한 신뢰구간을 설정

빅데이터 거버넌스 프로그램에서는 핵심 데이터 요소를 구분하여 잘 관리함으로써 프로그램을 성공적으로 이끌어 나가야 한다. 데이터 품질이 먼저 해결되어야 하는 기존 비즈니스 인텔리전스 사업과 달리 빅데이터 사업에는 데이터 품질 문제를 사정에 맞추어 해결해야 한다. 기존 사업에서 비즈니스 인텔리전스 팀은 내부의 구조화된 데이터 필드들을 조사한 후에 밝혀지는 데이터 품질 문제를 해결할 수 있으나 빅데이터 과제에서는 그때그때 임시방편으로 해결할 수밖에 없는 경우가 빈번하다. 더구나 빅데이터 과제에서 외부 데이터를 사용하는 경우 데이터 품질 문제를 정시에 발견하기도 어렵다. 그럼에도 불구하고 과거 경험을 동원하여 외부 빅데이터의 품질과 관련된 예상되는 문제점들을 해결하는 방안도 강구해야 한다.

다음과 같은 Tweet 데이터를 가정하자.

Best day ever. Went mountain biking today. Will get one for my husband too.

비즈니스 인텔리전스 팀은 이 메시지를 올린 Twitter 사용자에 대하여 다음과 같은 속성을 추정할 수 있을 것이다.

- 성별: 여성
- 결혼 유무: 기혼
- 스포츠: 자전거 타기
- 나이: 25~55 (결혼하였으며, 활발하게 스포츠를 즐김)

그 팀은 이 사용자가 작성한 Tweets를 더 조사함으로써 더 많은 정보를 얻을 수 있을 것이다.

빅데이터 거버넌스 프로그램은 비즈니스 이해 당사자와 협업하여 품질 요구 매트릭스(quality requirement matrix)을 작성해야 한다. 이 매트릭스를 사용하여 핵심 데이터 요소, 데이터 품질 관심사, 비즈니스 규칙을 설정하게 된다. 비즈니스 관련자가 이 활동에 참여하여 핵심 데이터 요소가 어떻게 실제 사용되는지를 설명해야 한다. 많은 경우에 동일한 데이터에 대하여 다수의 사용자가 존재한다. 사례 9.1은 가상 회사인 Acme Corporation에서 Twitter 데이터 품질과 관련된 이슈를 보여준다.

사례 9.1

Acme Corporation에서 Twitter 데이터 품질 이슈

표 9.2는 Acme Corporation에서 Twitter 데이터에 대한 품질 요구 행렬의 샘플을 보여준다. 측정 알고리즘은 단순화하였으며, 예시를 목적으로 하고 있다. 기존의 데이터 위주 프로젝트와 유사하게 빅데이터의 품질은 그 목적에 맞추는 것이 중요하다. 빅데이터 품질의 허용 가능한 범위는 분석에서 그것이 어떻게 사용되는가와 운행 프로세스에 의존한다. Acme 회사는 표 9.3과 같이 Twitter 데이터에 대한 신뢰구간을 설정하였다.

표 9.2 Acme Corporation에서 Twitter 데이터에 대한 품질 요구 행렬

핵심 데이터	데이터 품질 문제점	데이터 품질 비즈니스 규칙
트위터의 타임스탬프	표준 형식과 다른 트위터의 timestamp의 형식은 외부 데이터와 조인을 하는 데 있어 오류를 발생시킬 수 있다.	모든 양식은 YYYY-MM-DD HH:MM:SS로 재구성한다.

핵심 데이터	데이터 품질 문제점	데이터 품질 비즈니스 규칙
사용자 이름	프로필에 기재된 사용자 이름 중 40~50%가 실제 이름과 다르지만, 이러한 이름은 MDM(Master Data Management)에서 실제 고객 정보와 연결할 수 있는 유용한 요소이다. Tweet handle (screen_name)보다 사용자 프로필로부터 이름을 추출하는 것이 중요하다.	• 만약 숫자나 부호와 같은 문자가 사용자 이름에 포함되어 있다면 신뢰수준은: 0% • 만약 성이나 이름에 해당하는 한 단어만 포함되어 있다면 신뢰수준은: 25% • 만약 2~3개의 단어가 포함되어 있다면 신뢰수준은: 50% • 만약 사용자 이름이 사전에 등록된 것이라면 신뢰수준은: 99%
회사 언급	Acme Corporation에 대한 트윗인가 혹은 필터링 되어야 할 노이즈인가?	• 트위터에 "@Acme" 단어가 포함되어 있다면 신뢰수준은: 99% • 트위터에 "Acme"과 Acme 사의 제품 이름이 포함되어 있다면 신뢰수준은: 75% • 트위터에 "Acme"에 대해 아무 언급이 없으면 신뢰수준은: 0%
장소	• 트위터에서 장소 데이터는 매우 중요한 역할을 한다. 예) 미국 동남부에 위치한 지역 사람들이 다른 지역에 위치한 사람들보다 불만스러워하는 이유는 무엇인가? • 사용자 프로파일에 사용자 거주 도시와 주(state) 정보가 포함될 수 있으나 입증된 것은 아니다.	• Tweet 메타데이터로부터 Tweet.user.location 문자열을 추출하여 사용자의 거주 도시와 주 이름을 확인하라. • 만약 위치를 알아내기가 어렵다면, "알 수 없음"으로 표시해 둔다.

표 9.3 Twitter 데이터에 대한 신뢰구간

카테고리	신뢰구간
Very high	90%~99%
High	80%~89%
Medium	70%~79%
Low	< 69%

다음에서 Twitter 데이터에 대한 핵심 데이터 요소를 설명한다.

- **트위터의 타임스탬프**

timestamp는 언제 Tweet가 생성되었는지를 나타낸다. Tweet 메타데이터에는 "created_at" 이라는 항목으로 정의되어 있다. 이것은 단순하지만 매우 중요한 정보이다. 감성분석에서 이 타임스탬프 정보는 시간차원을 구성한다. 또한, 이 정보는 Twitter handle (사용자)과 고객 레코드를 매치하는 데 역할을 담당한다. Tweet "bought a new purse at acme today!" 라는 메시지를 가정하자. 이 메시지는 고객이 타임스탬프 날짜에 구매를 완료했음을 나타낸다. 이 정보는 고객 레코드를 좁혀나가는 데 사용될 수 있다.

- **사용자 이름**

프로필에 기재된 사용자 이름 중 40~50% 만이 실제 이름과 동일한 것으로 알려져 있다. 나머지 경우는 사용자 이름은 회사 이름이거나 별명 등이 사용된다. screen_name이라 불리는 Tweet handle은 사용자 이름보다 더 아리송하다. 사용자 이름은 감성 분석 등에서는 중요하지 않지만 Tweet를 실제 고객 정보와 연결할 수 있는 유용한 요소이다. 분석 팀에서는 다음과 같은 비즈니스 규칙을 설정하여 사용자 이름이 실제 이름인가에 대한 신뢰구간을 계산해야 한다.

- 만약 숫자나 부호와 같은 문자가 사용자 이름에 포함되어 있다면 신뢰수준은: 0%
- 만약 성이나 이름에 해당하는 한 단어만 포함되어 있다면 신뢰수준은: 25%
- 만약 2~3개의 단어가 포함되어 있다면 신뢰수준은: 50%
- 만약 사용자 이름이 사람 이름 사전에 등록된 것이라면 신뢰수준은: 99%

제 13장에서 논의한 바와 같이 Tweets를 평판 리스크 분석에 사용하는 경우 데이터 집합이 모든 고객을 대표하는지에 대한 검증이 필요하다.

- 불평많은 고객이 Twitter를 더 많이 사용하는가?
- 젊은 고객이 Twitter를 더 많이 사용하는가?
- 부유한 고객이 Twitter를 더 많이 사용하는가?

다음의 사례 9.2는 고급 소매상에서 소셜 부서가 직면한 도전들을 보여준다.

사례 9.2

고급 소매상에서 소셜 부서가 직면한 도전

고급 소매상의 소셜 부서는 Twitter 사용자가 그들의 고객(30세 이상의 여성)과는 다른 부류인가에 대한 임원진의 질문에 답을 해야 한다. 소셜 부서는 시장 조사를 수행한 결과 동일하다는 결론을 얻었다. 이러한 조사결과를 바탕으로 소셜 부서는 임원진들로부터 더 많은 예산과 관심을 끌어 낼 수 있게 되었다.

- **회사 이름**

Tweets는 조직에서 사용되기 전에 정제되어야 한다. 즉, Tweets의 일부만이 유용하며, 나머지는 노이즈로서 제거되어야 한다. 예를 들어 'Jone Acme'을 포함한 Tweet는 'Acme Corporation'과 무관하므로 버려야 한다.

분석 팀에서는 다음과 같은 비즈니스 규칙을 제정하여 일정한 신뢰구간 내의 데이터만 수집하도록 한다.

- 트위터에 '@Acme' 단어가 포함되어 있다면 신뢰수준은 : 99%
- 트위터에 'Acme'과 Acme 사의 제품 이름이 포함되어 있다면 신뢰수준은 : 75%
- 트위터에 'Acme'이라는 단어만 포함되어 있다면 신뢰수준은 : 50%
- 트위터에 'Acme'에 대해 아무 언급이 없으면 신뢰수준은 : 0%

이것은 매우 단순화된 예제로서 분석팀은 추가적인 비즈니스 규칙을 고안해야 할 것이다. 예를 들어, 지역정보로 'foursquare'와 'yelp'가 있는지 확인하고, 트랜잭션 키워드로 'purchase'와 'bought'를 확인해야 할 수 있다. 비즈니스 담당자는 데이터가 어떻게 활용되는가를 분석하여 신뢰구간을 만들어야 한다. 예를 들어, 고객 감성분석을 하는 부서의 경우 'high' 신뢰구간을 설정하고, 콜센터에서는 'very high' 수준을 사용하여 실시간으로 정확한 지원을 할 필요가 있다.

- **위치**

위치 정보는 두 부분에서 존재할 수 있다.

- 사용자가 Twitter에 가입할 때 작성하는 프로필에서 사용자의 정확한 위치를 확인할 수 있으나 이 필드는 옵션이다. 또한, 사용자가 작성한 위치는 검증되지 않은 정보이므로 진실성은 알 수 없다.
- Tweets는 사용자가 설정하는 경우 좌표값이 생성된다. 핵심은 사용자 프로필 상의 위치이다. 따라서 유용한 정보(예를 들어, 'Boston, MA', 'Newark, New Jersey', 'Maryland', 'Central Florida' 등)를 사용하여 이 항목에 대한 검증이 필요하다.

9.2 반구조적, 비구조적 데이터 활용으로 구조적 데이터의 품질 향상

빅데이터 거버넌스 프로그램에서도 구조화된 데이터의 품질에 문제를 고민하는 경우가 있다. 이 경우에 빅데이터 거버넌스 팀에서는 반구조적, 비구조적 데이터를 사용하여 구조적 데이터의 품질을 높이는 것이 가능할 수 있다. 제 18장의 사례 18.1은 이 문제를 다룬다. 분석 팀은 병원 시스템에서 사용하는 비구조적 데이터(전자의료기록, 환자 신체검사 결과, 의사의 주의사항, 퇴원 요약 정보 등)를 사용하여 금연 상태, 마약과 알코올 남용 등에 관한 정확한 통찰력을 확보할 수 있다. 분석 팀은 이 데이터를 활용하여 어떤 환자가 울혈성 심부전 치료 후 30일 이내에 재입원 할 가능성을 예측하고 있다.

9.3 디스크 비적재 방식의 스트리밍 데이터 분석을 활용한 데이터 품질 향상

스트리밍 분석에서는 대규모 데이터를 디스크에 저장하지 않고 실시간으로 직접 분석한다. 스트리밍 애플리케이션은 데이터에 대하여 다음 두 가지 사항을 고려해야 한다.

- <u>소스</u>

스트리밍 애플리케이션에 입력되는 데이터를 의미한다. 소켓 연결, 데이터베이스 질의, 자바 메시지 서비스(JMS) topic/queue, 혹은 파일 등이 그 예이다. 스키마는 각 소스의 전송 미디어가 서로 다름에도 각 소스를 정의할 수 있다.

- **싱크 혹은 목적지**

이는 스트림 애플리케이션에서 생성된 데이터를 의미하며, 소켓 연결, 데이터베이스 테이블, JMS topic/queue, 파일, 혹은 웹서비스 등으로 전달되거나 기록된다. 목적지에 대한 스키마도 생성되어야 한다.

스트리밍 애플리케이션을 구축하기 전에 빅데이터 팀은 데이터의 특성을 이해해야 한다. 사례 9.1의 Twitter 예제에서 빅데이터 팀은 Twitter API를 사용하여 Tweets의 샘플 데이터를 다운로드 받아 분석을 수행한다. 스트리밍 데이터의 프로파일링은 기존 데이터 프로젝트와 유사하다. 양쪽 모두 데이터에 대한 이해가 선행되어야 한다. 그러나 스트리밍 데이터에 대한 프로파일링은 다음 두 가지 측면을 추가적으로 고려해야 한다.

1. 시간적인 조정

스트리밍 애플리케이션은 다른 소스들로부터 데이터를 받아서 조인하고, 연관시키며, 매칭 작업을 수행할 때 시간적인 차이점을 이해해야 한다. 예를 들어, 두 가지 센서로부터 데이터를 받아서 서로 통합하는 작업에서 한 센서는 1초마다, 다른 센서는 3초마다 데이터를 생성하는 경우 이를 통합할 때 적절한 조정이 필수적이다.

2. 도착 비율

스트리밍 애플리케이션은 데이터의 도착 비율을 이해해야 한다.

- 데이터가 연속적으로 유입되는가?
- 데이터가 폭증하는 현상이 있는가?
- 데이터 도착에서 차이(gaps)가 있는가?

이 절에서는 세 가지 사례를 통하여 스트리밍 데이터의 사용에 관하여 알아본다. 사례 9.3은 가상적인 스트리밍 애플리케이션을 소개한 것으로 학교 빌딩의 센서를 모니터링 하는 예이다.

사례 9.3

학교 빌딩의 센서를 모니터링하는 가상적인 스트리밍 애플리케이션

간단한 스트리밍 애플리케이션에서 학교 건물에 부착된 모션 센서와 온도 센서를 모니터링하고 있다. 빅데이터 팀은 데이터의 특성을 이해하기 위하여 점검을 한 결과 모션 센서로부터는 30초마다 데이터가 유입되고, 온도 센서로부터는 60초마다 데이터가 유입되고 있었다. 스트리밍 애플리케이션에서는 두 가지 데이터 소스로부터 입력되는 데이터의 간격을 맞추어야 한다. 이를 위하여 하나의 윈도를 만들어 두 가지 유형의 센서 데이터가 메모리에 유지되도록 함으로써 두 데이터가 매치될 수 있도록 하였다.

스트리밍 애플리케이션은 Room A가 강의실이고, Room B가 보일러실이라는 참조 데이터를 사용 활용하였다. 스트리밍 애플리케이션에서는 매 10분마다 온도 데이터를 Hadoop에 저장한다. 분석팀은 Hadoop을 사용하여 정규화된 모델을 구축하였으며, 보일러실과 강의실의 평균 온도가 각각 3:00 a.m.에 65도, 9:00 a.m.에 75도가 되었다(Hadoop은 제 21장에서 설명한다).

마지막으로 스트리밍 애플리케이션은 경고를 발생시키기 위해 필요한 데이터를 사용한다. 예를 들어 5분 동안 센서 데이터가 발생하지 않거나, 보일러실의 온도가 3:00 a.m.에 75도까지 상승하거나, 모션 센서에 움직임 데이터가 5:00 a.m.에 발생하는 경우에 경고가 발생된다.

사례 9.4는 무선 통신회사에서 실시간으로 네트워크 성능을 모니터링하는 분야에 스트리밍 기술의 사용 예를 보여주고 있다.

사례 9.4

스트리밍 기술 활용 무선 통신회사 실시간 네트워크 성능 모니터링

무선 통신회사는 다수의 광역도시 지역에 거주하는 고객들을 서비스하고 있다. 이 회사는 웹 사용과 SMS 관련된 CDRs 데이터(xDRs로 통칭함)와 인터넷 프로토콜 세부내역 레코드(IPDRs)를 분석하여 성능 모니터링을 하고자 한다.

이 회사는 이러한 실시간 분석을 통하여 다음과 같은 비즈니스 목적을 달성하려고 한다.

1. CDRs 데이터를 분석하여 고객에게 위치기반 광고를 제공한다.
2. 가능성이 있는 네트워크 장애를 예측하고, 대책을 세움으로써 고장을 미리 예방한다.

3. 고객 서비스 대표에게 어느 가입자에게 어떤 서비스가 문제를 일으켰는지 최신 정보를 제공한다.

현재 IT 시스템으로는 이러한 예방적 조치를 가능하게 하는 분석이 3G 기술로 인한 xDRs 데이터 양의 급격한 증가로 인해 불가능하다. 이 팀은 4G로 이전됨에 따라 상황은 더욱 심각해질 것이라고 생각하고 있다.

기술 팀은 스트리밍 기술을 활용하여 이 문제를 해결하였다. 그러나 기술 팀은 다음과 같은 데이터 품질 문제에 직면하고 있다.

- 기술 팀은 각 도시에 대하여 다양한 소스에서 발생하는 xDRs 정보와 통화품질 정보를 통합해야 한다.
- xDRs 데이터는 여러 번 중복되고 있다. 예를 들어 가입자가 타워 사이를 이동하면 추가적인 통화품질 데이터가 전송된다. 통화품질 데이터는 신호강도, 통화실패, 신호미약으로 인한 재전송 등과 관련된 정보들로 구성된다.
- 통화품질 정보는 2~20개의 레코드로 구성되며, 어떤 경우에는 더 많은 정보를 포함하기도 하지만 평균 6개의 레코드이다.
- 목표는 xDRs에서 가장 적절한 복사본 및 이와 관련된 통화품질 데이터를 생성하는 것이다.
- 이 팀은 high volume, high velocity 데이터를 다루어야 한다. 예를 들어 이 팀은 중간 규모의 도시 지역에서 시간당 50기가 바이트의 xDRs 데이터와 90기가 바이트의 통화품질 데이터를 다루어야 한다.
- 기술 팀은 네트워크 스위치가 생성한 UATI(Universal Access Terminal Identifier)를 데이터 통합할 때 주키로 사용하려고 하였지만 이 필드는 동일한 스위치의 다른 통화에서 시간당 2~3회씩 재사용되기 때문에 불가능하다. 그래서 UATI 와 시작/종료 타임스탬프를 결합하여 키를 구성하고, 데이터 통합작업을 하였다.

이런 상황을 해결하기 위하여 기술 팀은 스트리밍 윈도(입력된 레코드 수나 시간에 기반을 둔 버퍼링) 개념을 사용하여 xDRs와 통화품질 데이터를 매치하였다. 이 방식은 장단점을 가진다. 예를 들어, 윈도 사이즈가 크면 시스템 메모리 소모가 많고, 윈도 사이즈가 작으면 통화품질 데이터가 xDRs 데이터와 매치되기 전에 사라지는 경우가 발생하게 된다. 여러 번의 시뮬레이션을 통하여 최적의 윈도 사이즈를 발견할 수 있었다.

사례 9.5는 신생아 집중 관리실에서 타임시리즈 데이터에 대한 거버넌스 문제를 다루고 있다.

사례 9.5

신생아 집중 관리실의 타임 시리즈 데이터 거버넌스

병원에서는 스트리밍 기술을 활용하여 신생아 집중 관리실에서 발생하는 스트림 데이터를 분석하고 신생아를 모니터링하려고 한다. 스트리밍 기술을 사용하여 병원은 증상이 발견되기 24시간 전에 예측을 할 수 있게 되었다. 하지만 빅데이터 거버넌스 프로그램 관점에서 병원은 여러 가지 정책을 수립해야 한다.

- 데이터 품질문제: 이 애플리케이션은 거대한 타임 시리즈 데이터를 포함한다. 그러나 타임 시리즈 데이터는 (장치가 몸에 부착되어 있기 때문에) 신생아가 움직이는 경우 발생하지 않을 수 있다. 이 상황에서 스트리밍 플랫폼은 선형 혹은 폴리노미얼 회귀분석을 사용하여 누락된 데이터를 보정한다.
- 정보 라이프사이클 관리: 병원은 수정된 모든 데이터에 대하여 그 사실을 표시해 두고 있다. 법률적인 문제나 의학적인 질문에 대하여 원본과 수정본을 모두 제출할 필요가 있기 때문이다.
- 프라이버시: 병원은 건강정보 보호(PHI, protected health information)에 대한 정책을 수립하고 있다.

9.4 정보 거버넌스 위원회에 데이터 관리 주체 지정

빅데이터 거버넌스 프로그램에서는 데이터의 품질에 대하여 책임지는 관리주체를 지정할 필요가 있다. 데이터 품질과 관련된 관리주체는 다음 세 가지 주요 책임을 할당받는다.

1. 빅데이터 품질에 대한 비즈니스 규칙과 신뢰구간을 설정하고 개선해 나가야 한다. 관리주체는 빅데이터 품질을 위한 기준이 되는 데이터 요소와 신뢰구간, 측정 알고리즘을 정의하고, 계속적으로 정제 및 관리를 해야 한다.
2. 빅데이터 품질에 대한 이슈를 다루어야 한다. 빅데이터 관리주체는 기존 데이터(예를 들어, master data나 reference data)보다 더 다양하고 다른 형태의 데이터들을 다룬다. 관리주체는 빅데이터의 일부분에 대해서만 품질관리를 할 수 있을 것이다. 스트리밍 분석에서 빠른 속도로 들어오는 데이터에 대하여 빨리 처리해야 하는 상황에서 관리자

가 개입할 여지가 거의 없기 때문이다. 따라서 고속으로 입력되는 빅데이터에 대하여 적절한 기준이 설정되어 관리자가 관심을 가져야 하는 상황을 자동으로 탐지해내야 할 것이다.

3. 빅데이터의 품질의 트렌드를 보고해야 한다. 빅데이터 거버넌스 프로그램에서 관리주체들은 데이터의 품질을 향상하는 데 있어 도움을 주는 리포트를 생성해야 한다. 이러한 리포트들은 일정 기간 동안 데이터 품질이 어떻게 바뀌고 있는지, 데이터 품질의 동향에 관한 다음과 같은 정보를 정보 거버넌스 위원회에 시각화된 형태로 제공해야 한다.
   - 핵심 데이터 항목에 대한 데이터 품질의 동향
   - 관리권이 요구되는 데이터 품질에 관한 이슈들의 동향

제 5장 로드맵에서 논의한 바와 같이 청구 데이터는 건강보험에서 발생하는 빅 트랜잭션 데이터이다. 사례 9.6은 거대 건강보험에서 청구 데이터 관리권에 관해 논의한다.

사례 9.6

거대 건강보험의 청구 데이터 관리권

건강보험 청구에는 많은 날짜들이 포함되어 있다. 서비스 날짜, 청구요청 날짜, 청구대금 지급날짜 등이 그 예이다. 청구 데이터의 관리주체는 치과, 안과, 가족계획 등 다양한 계약자들로부터 입력되는 청구 데이터를 주기적으로 검사한다.

건강보험은 CMS(Centers for Medicare and Medicaid Services)에 몇 가지 지표를 보고하는데, 그 중 하나가 청구 대금지급 시간에 관한 사항이다. 이 사항에 관한 데이터 품질을 높이기 위하여 청구 데이터 관리권자는 비즈니스 규칙을 개발하여 청구대금 지급날짜가 청구 요청날짜보다 더 빠른 경우를 식별해낸다.

보험 계리인은 정확한 청구날짜를 필요로 하며, 이를 사용하여 예치금액을 산정하는 IBNR(Incurred But Not reported)을 계산한다. IBNR은 손실을 입은 모든 보험 계약자에게 지불해야 될 금액을 의미한다. 청구 데이터 관리권자는 서비스 날짜보다 앞선 영수 날짜를 모두 표시하는 비즈니스 규칙을 개발한다.

요약

빅데이터 품질은 기존의 프로젝트와는 다른 데이터 품질 문제를 가지고 있다. 빅데이터 품질은 실시간으로 다루어져야 하는 경우도 있으며, 데이터의 품질이 매우 낮은 경우가 많고, 그래서 품질에 대한 신뢰구간을 정하는 것이 필요하다. 또한, 데이터 품질 관리주체도 전체 데이터 중에서 단지 일부에 대해서만 품질 관리를 할 수 있을 것이다.

CHAPTER

10

비즈니스 프로세스 통합

이 장은 Kurt Wedgwood(IBM)의 공헌으로 작성되었다.

Forrester Research에 의하면 조직은 거대한 고객정보, 원재료에 관한 정보, 벤더와 위치 정보 등을 정제하고 통합하기 위하여 MDM(master data management)을 시작한다고 하였다. 또한, 조직은 핵심 프로세스를 최적화하기 위하여 BPM(business process management)을 도입한다고 한다. 그러나 Forrester는 이러한 시스템 도입은 사일로(siloed) 방식으로 구축되어 각 시스템 간의 연계가 미흡한 상태로 진행됨을 지적하였다.[44] Forrester의 관점은 BPM과 빅데이터 거버넌스 사이의 조율에도 적용된다. 이 장에서 이와 연관된 문제들을 다루고자 한다.

10.1 빅데이터 거버넌스에 영향을 받는 핵심 프로세스의 구별

10.2 프로세스 맵의 설계와 주요 활동

10.3 빅데이터 거버넌스 정책을 프로세스의 키 스텝에 맵핑

이 장의 나머지 부분에서 위의 내용을 구체적으로 설명한다.

10.1 빅데이터 거버넌스에 영향을 받는 핵심 프로세스의 구별

조직은 BPM과 빅데이터 거버넌스의 공생관계를 인식해야 한다. 이 관계의 중요성을 보여주는 몇 가지 예제를 보자.

- **보험 청구 처리**

일관성 없는 데이터 입력은 보험 청구 처리에서 공통적으로 발생하는 문제이다. 예를 들어, 일부 노동자의 보험 회사는 상처의 원인을 기록하는 데 자유 형식의 텍스트 항목을 사용한다. 보험 회사는 이러한 자유 형식 때문에 청구를 분석하는 데 어려움을 겪는다. 보험 회사는 상해의 원인과 같은 중요한 정보를 기록하기 위한 표준 코드를 개발하여 프로세스를 개선해야 한다. 청구 양식을 표준화함으로써, 보험 회사는 그 데이터의 일관성을 향상시킬 수 있다.

---

44 Karel, Rob and Clay Richardson with Connie Moore, Ralph Vitti, and Charles Coit. "Avoid Process Data Headaches: Align Business Process And Data Governance Initiatives." Forrester, November 22, 2010.

- **건강보험 청구 과정**

제 6장의 사례 6.1에서 빅데이터 거버넌스 정책과 건강보험의 청구 처리 사이의 매핑과정을 논의하였다.

- **소비재 수요 예측**

제 15장의 사례 15.3에서 소비재 제조업체가 동일한 제품에 대하여 서로 다른 이름을 사용하는 소매업자들의 POS 트랜잭션 로그를 사용할 때 그것이 수요 예측, 제품 개발, 마케팅 세분화에 미치는 영향을 예시하고 있다.

- **예방적 유지보수**

제 14장의 M2M 데이터 부문에서 논의한 바와 같이 예방적 유지보수 프로그램은 많은 양의 센서 데이터를 사용하는 예측 모델에 의존한다. 예를 들어, 센서 이벤트 1234(기계고장)의 90%는 센서 이벤트 4567의 발생이 선행된다는 사실을 발견했을 때 유지관리 부서는 예방적 유지보수를 시작할 수 있다. 즉, 센서 이벤트 4567이 발생하면 관리팀은 이벤트 1234가 발생할 것을 예측하고 대비하면 된다. 그러나 여러 시스템의 센서가 동일한 이벤트에 대해 서로 다른 코드를 생성할 경우, 이러한 예측모델은 정확할 수가 없다. 제 14장 사례 14.8은 빅데이터 거버넌스 정책들이 철도에서 조건 모니터링 프로세스에 매핑되는 과정을 보여주고 있다.

- **신입사원 채용과정**

기업의 인사 부서는 입사 지원자를 사전에 선별하기 위해 구직자의 SNS 이용에 관한 지침을 수립해야 한다. 제 13장의 사례 13.2에서 논의한 바와 같이 법과 규정이 이 분야에서 급속히 발전하고 있다.

- **석유·가스 탐사**

제 14장의 사례 14.11은 석유 및 가스 업계에서 탐사 프로세스를 지원하기 위하여 사용하는 센서 데이터의 거버넌스에 관해 기술하고 있다.

10.2 프로세스 맵의 설계와 주요 활동

이 장의 이후 부분에서는 'Acme'라는 가상의 소매업자가 MDM을 사용하여 어떻게 Facebook 앱을 강력하게 만드는지에 관하여 간단한 사례로 설명한다. Acme의 마케팅 부서는 고객, 제품, 직원, 점포의 위치에 대한 마스터 데이터를 사용하여 Facebook 앱을 풍부하게 만들고 있다(MDM에 관해서는 다음 장에서 설명한다).

사례 10.1

소매업체에서 소셜 미디어의 사용

다음은 Acme Corporation에서 Facebook 앱을 강력하게 만들기 위해 사용한 핵심 활동들을 요약한 것이다.

1. Kate(고객)는 Sally(친구)로부터 Facebook 앱 요청을 받는다.
2. Kate는 Acme(소매점)로부터 할인, 친구 인식 경보, 프리미엄 제품과 같은 혜택을 보고 Facebook 앱요청을 수락한다.
3. Kate는 동의를 하고 Acme가 그녀의 기본 정보와 그녀의 친구에 관한 기본 정보에 접근하는 것을 허락한다.
4. Acme는 MDM에 있는 그녀의 내부 기록과 Kate의 Facebook 프로필을 맞춰본다.
5. Acme는 매력적인 상품제안을 하기 위해 Kate의 MDM 프로필과 지난 구매정보를 활용한다.
6. Acme는 또한 홍보된 상품을 Kate가 직접 확인할 수 있는 가장 최적의 지점을 제안하고 Kate의 쇼핑 상담자를 할당한다.

10.3 빅데이터 거버넌스 정책을 프로세스의 키 스텝에 맵핑

다음 단계는 빅데이터 거버넌스의 핵심 변화와 구체적인 활동을 맵핑하는 것이다. 표 10.1은 사례 10.1에서 본 소매업체의 빅데이터 거버넌스 정책을 정리한 것으로 MDM을 사용하여 Facebook 응용을 강화한 내용이다.

표 10.1 소매업체에서 빅데이터 거버넌스 정책의 핵심 사항들

활동	빅데이터 거버넌스 정책
1. Kate(고객)가 Sally(친구)로부터 Facebook 애플리케이션 요청을 수신한다.	Acme 사는 자사 제품에 대하여 소셜 미디어 상에서 최고의 영향력을 행사하는 사람을 확인한다.
2. Kate는 Acme(소매점)로부터 할인, 친구알람 서비스, 프리미엄 제품소개 등과 같은 혜택을 보고 Facebook app 요청을 수락한다.	Acme 사는 인센티브를 미세조정하기 위해 인구학과 행동 속성들에 기반을 둔 A/B 테스팅을 수행한다. Acme는 A/B 테스팅을 위해 인구통계, 행동학, 제품선호도 등에 관한 고품질 데이터가 필요하다.
3. Kate는 Acme가 그녀의 기본정보와 그녀의 친구에 관한 기본정보에 접근하는 것을 허락한다.	마케팅은 Facebook 플랫폼 정책을 고수한다. 예를 들어, 고객의 친구에 대한 데이터를 목적 외에는 사용하지 않는다. 이 항목은 제 13장의 Web 및 소셜 미디어에서 설명되어 있다.
4. Acme는 MDM에 있는 그녀의 내부 기록과 Kate의 Facebook 프로필을 맞춰본다.	마케팅 데이터 관리자는 고객의 MDM 기록에 고객의 Facebook 프로필을 연결하는 속성을 확인한다. Acme 사는 Kate의 MDM 기록에 Kate의 Facebook 사용자 ID를 추가한다.
5. Acme는 매력적인 상품제안을 하기 위해 Kate의 MDM 프로필과 지난 구매정보를 활용한다.	판촉 데이터 관리자는 제품 비교를 가능하게 하는 제품 계층을 설정한다. 간단한 예로, Acme는 Kate가 이미 'Whirlpool GX5F-HDXVY'를 구입한 적이 있기 때문에 '냉장고' 계층의 제품을 이미 가지고 있다는 것을 안다.
6. Acme 또한 직접 Kate가 홍보된 상품을 확인할 수 있는 가장 최적의 지점을 제안하고 Kate의 쇼핑 상담자를 할당한다.	부동산 데이터 관리자는 고객들이 선호하는 물리적 매장을 확인하기 위해서 위치 마스터 데이터를 설립했다. 점포 영업활동 관리자는 관련 마스터 데이터를 생성하고 고객을 지원하기 위한 프로세스를 정의한다.

요약

이 장에서는 BPM과 빅데이터 거버넌스 통합의 중요성을 설명하였다. 빅데이터 거버넌스 프로그램은 정책을 중요 업무프로세스 내의 핵심활동들과 맵핑하는 데 기여할 것이다.

CHAPTER

11

마스터 데이터 통합

이 장은 Crysta Anderson(IBM), David Borean(InfoTrellis), Gokula Mishra(Oracle), Jennifer Reed(IBM)의 공헌으로 작성되었다.

매출증대, 비용절감, 리스크 관리 등과 같은 전략적 목표를 달성하기 위하여 조직들은 비즈니스 전체적인 관점이 아니라 개별 비즈니스 속(silos)에 데이터가 잠겨 있는 현재의 상황을 제어해야 한다. 이러한 데이터 중에서 비즈니스에 핵심적인 역할을 하는 가장 중요한 정보가 마스터 데이터(master data)이며 고객, 제품, 원재료, 벤더(공급자), 계정 등에 관한 정보가 그 예이다. 마스터 데이터는 그 중요성에도 불구하고 각종 응용들과 시스템 및 비즈니스 프로세스 전반에 흩어져 중복 저장된 경우가 많다. 조직들은 마스터 데이터의 전략적인 중요성을 인식하기 시작했다. 마스터 데이터 관리 시스템을 장기적인 관점에서 구축하고, 이 정보를 활용하여 회사를 성공적으로 이끌고 있다. 이러한 경우 고객, 상품과 원재료, 벤더, 종업원, 계정 차트 등이 단일 뷰로 관리된다.

마스터 데이터 도메인(master data domain)은 고객, 제품, 원재료, 벤더, 계정 등과 같은 특정한 카테고리의 정보를 의미한다. 각 데이터 도메인은 특정한 속성이 있어 특정 목적에 맞게 다루어져야 한다. 예를 들어, 전화번호는 고객 데이터 도메인의 중요한 속성으로서 기업이 그 고객과 접촉하는 데 필수적인 정보이다. 마스터 데이터 도메인들 사이에는 관련성(relationship)이 있으며, 이를 위하여 마스터 데이터에 대한 진정한 이해가 필요하다. 예를 들어, 은행은 주어진 고객에 대하여 그의 모든 계좌와 상품들을 연결하여 볼 수 있으면 서비스 제공과 함께 상품의 추가 판매 및 수익성 분석 등을 전체적으로 이해하는 데 유용하게 된다. 여기서 고객, 계좌, 상품은 서로 관련성(relationship)이 있는 마스터 데이터 도메인이다.

조직이 왜 빅데이터를 MDM과 통합해야 하는지에 관해 몇 가지 이유가 있다.

- **이탈 고객 관리**: Twitter, Facebook, 음성기록 등의 빅데이터와 고객 마스터 데이터의 통합으로 얻어진 통찰력을 활용하여 고객 이탈 모델의 예측력을 강화할 수 있다.
- **리스크 관리**: 비구조화된 재정 정보(10-K나 10-Q 등)를 활용하여 회사의 소유구조의 변화와 MDM 계층구조를 갱신한다.
- **고객 분류**: 소셜 미디어 등의 정보를 이용하여 고객 분류와 고객 행동을 모델링한다.
- **차선책 제안**: 고객이 회사와 인터랙션 한 정보를 바탕으로 cross-sell 혹은 up-sell을

제안한다.

- **콜 센터의 운용비용 절감:** 고객의 인구 통계학적 정보와 그들의 질문에 대한 사항을 이해하여 미리 대처함으로써 콜센터에서 고객 응대시간과 빈도를 줄일 수 있다.
- **중복 방지:** 마스터 데이터의 중복성을 줄이는 것은 MDM의 주요 목적 중 하나이다. 마스터 데이터 중복방지 기능은 빅데이터 플랫폼 안으로 들어가야 한다.
- **선호도 관리:** 고객 선호도(do not call, do not email 등)는 MDM 내에서 잘 관리되어야 한다. 빅데이터 분석 플랫폼에서는 캠페인 시 MDM 내의 선호도를 기반으로 홍보할 고객을 선정해야 할 것이다.

빅데이터 거버넌스 프로그램에서는 빅데이터를 MDM과 조율하기 위하여 다음과 같은 베스트 프렉티스를 활용하는 것이 필요하다.

11.1 빅데이터 분석 지원을 위한 마스터 데이터 품질 향상

11.2 빅데이터 활용 마스터 데이터 품질 향상

11.3 핵심 참조 데이터의 일치성과 품질향상을 통한 빅데이터 거버넌스 프로그램 지원

11.4 마스터 데이터 관리와의 통합 수준을 결정하기 위한 소셜 미디어 플랫폼 정책 고려

11.5 마스터 데이터 확충을 위한 비구조적 텍스트 의미 추출

이 장의 나머지 부분에서 각각에 대한 베스트 프렉티스를 소개한다.

11.1 빅데이터 분석 지원을 위한 마스터 데이터 품질 향상

빅데이터와 MDM의 관계는 MDM과 데이터 웨어하우징의 관계와 유사하다. 많은 조직에서 MDM을 사용하여 데이터 웨어하우스로 입력되는 데이터를 정제한다. 또한, 조직은 빅데이터 분석을 위하여 고품질의 마스터 데이터를 필요로 한다. 다음은 빅데이터 분석 프로젝트에서 고품질의 마스터 데이터가 필요한 이유를 보여주는 예이다.

- **재료(materials):** 소비재 제품 기업들은 소매상들의 POS 로그를 활용하여 어느 제품이 어느 상점에서 많이 팔리고 있는지를 분석한다. 이러한 작업은 소매상들로부터 일관성있는 제품 정보(MDM)를 받아들일 수 있어야 이들 정보를 비교하여 정확한 분석이 가능하다.
- **자산(assets):** 조직들은 사전 예방관리 모델을 세우기 위해 실시간 센서 데이터를 사용한다. 이 모델은 이벤트 A12345(심한 진동)가 95% 확률로 B2345(시설의 고장)이벤트를 야기한다는 사실을 활용한다. 예방관리 모델에는 수백만 건의 이벤트 레코드들이 수백 개의 시설에 설치된 수천 개의 센서들로부터 유입된다. 조직은 자산의 계층구조와 명명법 규칙을 표준화함으로써 (MDM) 사전예방 모델의 정확도를 획기적으로 개선할 수 있다. 예를 들어, 자산관리 시스템이 동일한 펌프에 대하여 두 가지 다른 이름을 가진 경우를 가정하자. 두 펌프가 심한 진동 현상을 각각 이벤트 A1234와 A5678로 표시하고 있고, 시설의 고장을 각각 B22345와 B6789로 표시한다고 가정하자. 결과적으로 이 시스템은 장비들로부터 해당 이벤트를 추출하는 데 어려움이 있고, 모델의 고장 예측 능력을 저하시키게 될 것이다.
- **고객(customers):** 빅데이터 분석을 통하여 고객이탈에 관한 예측을 할 수 있다. 예를 들어, 통신 운용사는 고객의 상세 이탈모델을 수립하기 위하여 통화패턴, 통화불능, 소셜 미디어 등과 같은 빅데이터를 활용한다. 그러나 고객 이탈 모델의 전반적인 성능은 고객 마스터 데이터인 고객의 성별, 수입, 나이, 거주지 등에 의존하는 바가 크다.

사례 11.1은 통신 운영자가 네트워크 성능관리와 위치기반 서비스를 제공하는 데 있어 네트워크 마스터 데이터의 중요성에 관하여 설명한다(이 예제는 적절히 수정되었다).

사례 11.1

통신업체 빅데이터에서 네트워크 마스터 데이터의 중요성

거대 통신회사에서는 네트워크 물품목록 관련 마스터 데이터의 품질 문제가 중요함을 인식하고 있다. 통신회사는 네트워크 서비스 제공과 네트워크 물품목록 관리를 별도의 시스템으로 구축하여 운영하고 있다. 그림 11.1에서 보는 바와 같이 네트워크 필드 운영팀은 네트워크 서비스 제공

시스템에서 트렁크 라인을 업그레이드 해 달라는 서비스 요청을 받을 수 있다. 그러나 이러한 업그레이드 결과는 독립적으로 운영되고 있는 네트워크 물품목록 시스템에 즉각 반영되지 않는 경우가 많다. 네트워크 물품목록 데이터는 그림에서 보는 바와 같이 비즈니스 인텔리전스 시스템으로 유입된다. 따라서 비즈니스 인텔리전스 시스템은 아직도 예전의 느린 트렁크 라인 정보를 가지고 있으며, 따라서 네트워크 성능관리 (빅데이터) 팀은 그 트렁크 라인이 300%나 활용되는 성능 병목지점으로 분류한다. 더 심각한 문제는 용량 계획팀이 그 트렁크 라인을 업그레이드 대상으로 분류한다는 점이다.

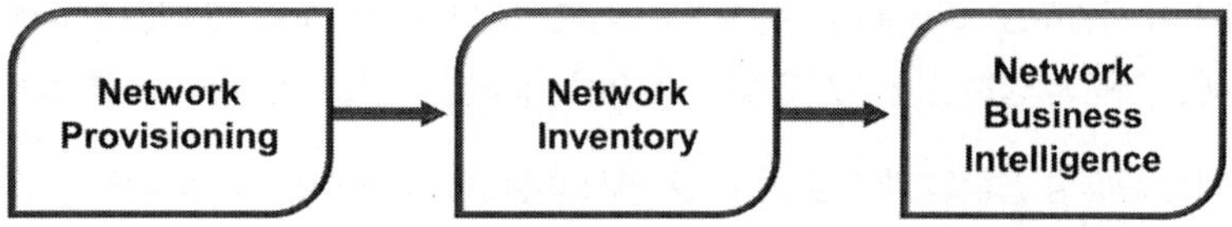

그림 11.1 데이터 흐름을 보여주는 통신 네트워크

이러한 시나리오가 수천 개의 네트워크 물품목록들에 대하여 발생한다면 운영자는 극심한 혼란에 빠질 것이다. 운영자는 네트워크 물품목록 시스템에서 충분한 용량을 가진 것으로 나타나므로 새로운 고객 주문을 받게 된다. 그러나 엔지니어가 현장에 도착하면 용량이 부족한 것으로 확인된다. 네트워크 현장 운영계로 보내진 40%의 업그레이드 요청은 실제로 불필요한 상황이 될 수도 있다.

위치기반 서비스(big data)의 출현은 문제를 더욱 심각하게 만든다. 예를 들어, 운영자가 간단한 어린이 추적 서비스를 개발한다고 가정하자. 어린이가 전화기를 휴대하면 모바일 네트워크로 그의 위치가 전송된다. 학교 시간 동안에 부모는 운영자의 웹사이트를 방문하여 자녀가 학교에 있음을 확인하고 안심할 수 있다. 운영자는 자녀들의 전화기를 추적할 수 있다고 확신하지만 각 학교의 경계지점에서는 서비스가 불안정할 수 있다. 그 결과 학교 수업시간에 그들의 자녀가 학교 건물 밖으로 떠났다는 메시지를 받고 불필요하게 불안해 할 수도 있다.

11.2 빅데이터 활용 마스터 데이터 품질 향상

빅데이터를 활용하면 마스터 데이터의 전반적인 품질을 향상시킬 수 있다. 사례 11.2에서는 통신 운영사가 고객 마스터 데이터의 품질 향상에 CDRs 혹은 위치정보를 활용하는 예를 보여주고 있다(이 예제는 실제 상황에서 적절히 가공되었음).

사례 11.2

고객 마스터 데이터의 품질 향상에 CDRs 혹은 위치정보 활용 예

통신 운영사는 다음과 같은 특징을 가진 유선과 모바일 비즈니스를 운영하고 있다.

- Wireline: 통신 운영사는 국가 전체적으로 wireline 비즈니스를 사실상 독점하고 있다. 와이어라인 부서는 고객에 대하여 이름, 주소, 기타 인구 통계학적 정보를 가지고 있으며, 품질도 양호하다.
- Mobile: 이 사업자는 모바일 비즈니스에서 극심한 경쟁을 하고 있다. 모바일 부서에서는 가입자에 대한 대략의 정보만을 가지고 있으며, 이들 대부분은 선불 전화카드 고객이다.

임원진에서는 고객당 상품의 개수를 증가시키면서 이탈고객을 줄이는 데 관심을 가지고 있다. 그러나 모바일 부서 고객들에 대한 데이터 품질이 좋지 않아서 이러한 목적을 달성하는 데 걸림돌이 되고 있다.

그림 11.2는 가상의 예로서 Smith 가족의 예를 보여준다. 이들 가족은 John과 Mary (부모)와 두 자녀 Elizabeth와 Maya로 구성된다. 이들 가족은 Smith 이름으로 유선전화를 가지고 있고, 모든 구성원들이 선불카드로 모바일 전화를 사용하고 있다. 그림에서 볼드 라인은 운영사가 어디에서 디바이스와 사람 사이의 관계를 설정할 수 있었는지를 보여준다. 점선 라인은 운영사가 어디에서 이 관계에 대한 인식을 할 수 없었는지를 보여준다. 유선전화는 John Smith로 등록되어 있고, 운영사는 그의 이름, 주소, 성별, 생일 등을 알고 있다. 그러나 운영사는 다음과 같은 정보를 알고 있지 않다.

- 선불 모바일 폰: 운영사는 선불전화 사용자에 대한 이름, 주소, 인구 통계학적 정보를 가지고 있지 않다. 그 결과 이러한 사용자에 대한 교차 판매를 홍보할 수 없다.
- 가족: 운영사는 부부 관계나 자녀 관계를 알지 못한다.

한편, 마케팅 부서에서는 다음과 같은 빅데이터를 활용하여 고객 마스터 데이터를 강화하고자 한다.

- CDRs: 통화 패턴을 분석하면 가입자 사이의 관계를 추정할 수 있다. 예를 들어, 전화 발신자, 수신자, 통화시간, 통화빈도 등이 그 예이다.
- 무선통신 타워에서 생성한 데이터의 삼각측량: 전화 발신자의 위치를 세 개의 타워로부터 유추할 수 있다.
- GPS 데이터: GPS 정보는 모든 전화기로부터 얻을 수 있는 것은 아니며, 건물 안에서는 정확도에 한계가 있다.

그러나 프라이버시 부서에서는 가입자가 자신의 위치정보를 다른 용도로 사용한다는 점을 알게 되면 반발할 것이라고 우려하고 있다. MDM 팀은 다음과 같은 절충안을 제시하였다.

- GPS 데이터는 사용하지 않을 것이다.
- 삼각 측량법은 가입자가 특정 타워의 특정 반지름 안에 있는지를 확인하는 데만 사용한다. 이 방식을 사용하면 도시 인구 전체 대신에 그 부분집합만을 고려할 수 있을 것이다. 예를 들어, 도시의 인구가 100만 명인데 어떤 사용자가 어느 한 타워에서 항상 저녁 시간을 보낸다면 그 타워 밖에 있는 모든 사람들을 가족 관계가 아니라고 판단하여 제외할 수 있을 것이다.
- 운영자는 CDRs을 사용하여 가족관계를 유추한다. 통화패턴을 사용하면 높은 확률로 가족관계를 유추해 낼 수 있을 것이다.

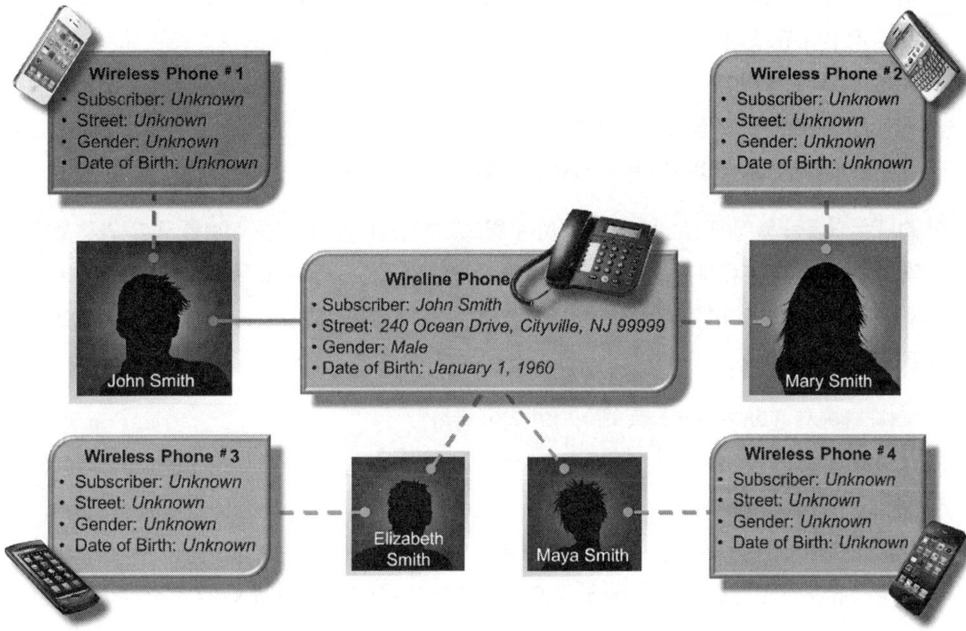

그림 11.2 유선과 모바일 폰의 가족관계 유추

사례 11.3은 제품 마스터 데이터의 품질을 개선하기 위해 웹 및 다른 데이터 소스의 데이터를 어떻게 활용하는지를 보여주고 있다.

사례 11.3

웹 및 다른 데이터 소스를 활용한 제품 마스터 데이터의 품질 개선

정보 서비스 제공업체는 수백만의 소비재 상품에 대한 마스터 데이터를 유지관리하는 책임을 지고 있다. 이 회사는 각 항목에 대한 속성들을 유도해 내기 위해 다양한 데이터 소스를 활용하였다: 웹에서 가져온 상품 이미지, POS 트랜잭션 로그(POS TLogs), 상점의 광고 전단지 등이 그 예이다.

- 영양 정보: 정부 규제의 대상이 되는 재료와 영양 패널 정보
- 마케팅 클레임 정보: 패키지 전면에 표시된 '정직한', '콜레스테롤 제거', '트랜스 지방제거' 등으로 정부의 규제 대상은 아니지만 고객의 관심이 높음
- POS TLogs로부터 얻어진 제품 판매 정보
- 상점 전단지로부터의 상점 프로모션 행사
- 블로그, 매거진, 소셜 미디어 등의 데이터를 활용한 감성분석

이 회사는 크롤링 및 인덱싱 엔진을 사용하여 웹으로부터 이러한 비정형 정보를 끌고 와서 활용한다. 키워드, 필터, 분류체계 등과 같은 벤더가 제공하거나 혹은 내부적으로 개발한 기법을 사용하여 비정형 정보에 의미를 부여하고 있다. 이러한 노력의 결과로 그 회사는 다음과 같은 비즈니스 목표를 달성하였다.

1. 회사 내에서 관리 가능한 제품 데이터의 양이 증가함
2. 데이터의 품질 향상 – 예를 들어, 제조사로부터 받을 수 없는 영양정보와 같은 정보를 다양한 소스에서 가져와 통합함
3. 제조사로부터 받은 제품 정보의 인증 – 예를 들어, 회사는 웹 콘텐츠를 사용하여 회사가 제공한 Universal Product Codes를 검증하고 있다. 이 코드는 북미에서 제품에 부착된 바코드로 12-digit codes 이다. 또한, 이 회사는 제품의 속성을 검증하는 데 예를 들어, 샴푸에 대하여 제품 마스터와 웹사이트에 각각 "3.8 oz"와 "4.0 oz"로 표시된 것을 확인하고 수정한다.
4. 이전에 불가능했던 제조회사에 대한 추가적인 분석을 수행한다. 예를 들어, "소매업체 A가 우리의 경쟁사 치약을 우리 치약과 동시에 광고하고 있는가?"라는 질문에 답하는 분석이 가능하게 된다.
5. 감성 분석과 상품 판매 사이에 인과관계를 분석한다. 예를 들어, "영향력이 높은 블로거가 특정 상품의 판매량에 영향을 미치는가?"라는 질문에 대답할 수 있게 되었다.

11.3 핵심 참조 데이터의 일치성과 품질 향상을 통한 빅데이터 거버넌스 프로그램 지원

조직들은 이제 참조 데이터가 마스터 데이터와 유사한 문제를 가진다는 점을 인식하고 있다. 참조 데이터는 회사 내 다른 응용들이 참조할 수 있도록 일종의 룩업 테이블(lookup table)에 저장되며, 정적인 특성을 가진다는 점에서 마스터 데이터와 차이가 있다. 참조 데이터의 예로서 국가/주/지방 코드, 통화 코드, 업체 코드 등이 있다. 교육분야에서 참조 데이터로는 코스, 민족, 인종 등에 대한 코드가 있다. 다음은 빅데이터 거버넌스에서 참조 데이터의 중요성을 예를 들어 설명한 것이다.

- **ICD-9 헬스케어 코드**: 사례 6.1에서 설명한 바와 같이 청구 트랜잭션 데이터는 질병과 ICD-9 코드에 대한 참조 데이터를 가진다.
- **State 코드**: 통신 CDRs 데이터에는 미국의 53개 주에 관한 정보가 포함되어 있으나 과금 정보에는 50개의 주에 관한 데이터만 포함되어 있다.
- **통화 코드**: 한 응용에서는 'JYP'를, 다른 응용에서는 'YEN'을 사용하여 일본 화폐단위를 표시하고 있다.
- **학교 코드**: 학교 버스 시스템으로부터 위치 정보의 효과적인 분석을 위해 최신의 정확한 학교 코드가 필요하다.
- **보험**: 보험사들은 제품코드, 화재 방지 클래스, 빌딩 코드 등과 같은 참조 데이터와 씨름을 하고 있다. 이러한 코드는 서류와 스프레드시트에 분산되어 있다. 중앙집중적으로 관리되는 참조 데이터가 없으면 보험계리인이나 손해사정인의 머릿속에 존재하는 데이터에 의존해야 하므로 가격정책의 수립이나 청구 처리를 어렵게 만든다.
- **소비재**: 사례 11.3에서 정보서비스 제공업체는 color에 대하여 28,000개의 유일한 값을 유지하고 있다. 예를 들어, 'RED', 'RD', 'ROUGE'가 모두 동일한 색깔을 나타낸다는 사실을 유지해야 한다. 더구나 어떤 제조사가 총괄적으로 'breakfast meals'라고 표시한 모든 제품들을 분류하기 위하여 참조 데이터를 사용한다.
- **범용**: 사례 9.2에서 모션 센서와 온도 센서로부터 유입되는 스트리밍 데이터를 통합하는 응용에서 참조 데이터를 활용하는 예를 보았다. 이 스트리밍 응용에서 Room

A가 강의실이고, Room B는 보일러실이라는 정보가 바로 참조 데이터에서 가져온 것이다. 스트리밍 응용에서 온도 데이터는 10분마다 Hadoop에 저장한다. 분석 팀은 하둡 시스템을 사용하여 보일러실과 강의실의 평균 온도가 03:00 a.m.에 65도이고, 09:00 a.m.에 75도임을 보여준다. 응용은 보일러실의 온도가 03:00 a.m.에 75도를 넘거나 05:00 a.m.에 강의실에서 움직임이 감지되면 경보를 발생시킨다.

이상적으로는 빅데이터 거버넌스에서 데이터 로드 전에 핵심 참조 데이터를 체크하는 것이 필요하다. 참조 데이터 관리책임자는 입력되는 데이터의 편차를 표시하여 이후 검증하는 과정을 거치도록 해야 할 것이다.

11.4 마스터 데이터 관리와의 통합 수준을 결정하기 위한 소셜 미디어 플랫폼 정책 고려

소셜 미디어 데이터를 고객 마스터 데이터와 통합하려는 유혹이 있을 수 있지만 빅데이터 거버넌스 프로그램에서는 프라이버시 정책과 소셜 미디어 플랫폼의 규제나 정책을 먼저 고려하는 것이 필요하다. 표 11.1은 Facebook 플랫폼 정책(2012년 3월 6일)과 그것이 마스터 데이터 관리에 미치는 영향을 보여주고 있다.

표 11.1

	Facebook 플랫폼 정책(2012년 3월 6일)	MDM에의 영향
1	당신의 앱 상에서 어떤 사용자의 친구에 관한 데이터는 그 사용자와의 경험 콘텍스트(교류)에서만 사용될 수 있다.	조직은 Facebook app에서 어떤 사람의 친구에 관한 데이터를 다른 용도로 사용할 수 없다(예: Facebook의 친구 정보를 이용하여 MDM에 새로운 관계를 추가하려는 시도는 금지).
2	사용자가 당신의 앱(app)에 연결할 때 일정한 제한(예를 들어 전송)을 조건으로 자신의 기본적인 계정 정보를 제공한다. Facebook API를 통하여 얻어진 그 밖의 모든 데이터는 해당 고객의 명시적인 동의를 얻어야 한다.	조직은 기본적인 계정 정보(이름, 이메일, 성별, 생일, 현재 도시 및 프로필 사진 URL) 이외의 정보를 사용하기 전에 사용자의 명시적인 동의를 얻어야 한다.

	Facebook 플랫폼 정책(2012년 3월 6일)	MDM에의 영향
3	당신은 Facebook 사용자 ID를 당신의 app (예: 당신의 응용을 구축하고 수행하는 데 필요한 인프라, 코드, 서비스 등) 이외에 어떠한 용도로도 사용할 수 없다. Facebook 사용자 ID는 당신의 응용을 구축하고 실행하는 외부 서비스에 사용될 수 있으나 이러한 서비스들이 당신의 응용을 실행하는 데 필요하고, 또 이러한 서비스들이 Facebook 사용자 ID 보호에 대한 의무를 가져야 한다.	조직은 MDM에 Facebook 사용자 ID를 저장할 수 있는지 확인해야 한다.
4	당신이 플랫폼 사용을 중지하였거나 우리가 어떤 이유로 중단시켰다면 당신이 Facebook API의 사용을 통해 수집한 모든 데이터를 삭제해야 한다. 다만, (a) 기본적인 계정 정보이거나, 또는 (b) 당사자의 명시적인 동의를 받아서 보관한 데이터의 경우는 예외이다.	조직은 MDM 데이터와 Facebook 데이터를 병합할 때 매우 신중해야 한다. 예를 들어, 조직이 사용자 Facebook으로부터 고객의"married to"라는 글을 MDM 시스템의 데이터와 병합한 경우를 보자. 이후 그 조직이 Facebook을 중단한 경우 당사자로부터 이 정보에 대한 명시적인 동의를 받아야 할 것이다. 조직이 통합된 데이터를 중요 자료로 제작하여 전사적으로 전파한 경우에는 더 큰 문제가 될 수 있다.
5	사용자의 친구 리스트를 한 명이 사용에 동의를 했다고 해도 당신의 응용 밖에서 사용하면 안 된다. 다만 두 사람 모두 당신의 응용에 연결된 경우에는 이 연결정보를 사용할 수 있다.	1번과 유사한 문제임
6	어떤 사용자가 자신에 관한 모든 정보를 당신으로부터 지울 것을 요청한다면 Facebook은 그렇게 할 것이며, 이를 효과적으로 수행하기 위한 방안을 제공할 것이다. 만일 당신이 Facebook에서 제시한 항목을 위반한다면 당신이 Facebook API로부터 받은 데이터를 모두 삭제하도록 요청할 것이다.	4번과 유사한 문제임

11.5 마스터 데이터 확충을 위한 비구조적 텍스트 의미 추출

MDM 시스템은 고객, 공급 업체, 자재, 자산, 기타 단체 등에 대한 전방위적(360도) 뷰를 제공한다. 전통적인 MDM 시스템은 수많은 구조적 데이터 소스로부터 구조적 데이터를 수집한다. 빅데이터의 출현으로 MDM 프로젝트는 점차적으로 소셜 미디어, 이메일, 콜센터 보이스 전사(transcripts), 에이전트 로그, 스캔된 텍스트 등과 같이 대량의 비구조적 텍스트 안에 숨겨있는 유용한 가치를 이끌어 내야 한다. 이러한 정보는 다양한 포맷으로(텍스트, MS

Word, pdf 파일 등), 다양한 유형의 스토리지(콘텐츠 관리 리포지터리 혹은 파일 시스템)에 존재할 수 있다. 사례 11.4의 예에서 MDM 팀은 이메일 정보를 고객 레코드와 통합하는 예를 보여주고 있다.

사례 11.4

고객 MDM 및 전자 메일 통합

MDM 프로그램에서는 다음 단계들을 거쳐 비구조화된 텍스트로부터 마스터 데이터를 보완할 수 있다.

1. 관리되어야 할 각 항목에 대하여 속성을 정의

그림 11.3은 고객 entity에 대한 단순화된 스키마이다. CRM 시스템에서 널리 사용되는 이름, 회사, 도시, 국가 및 이메일 정보가 포함되어 있다. 마스터 데이터 팀은 이 정보를 사용하여 기존 MDM 레코드와 이메일에 포함된 콘텐츠를 연관시키고자 한다.

Name	Company	City	Country	Email

그림 11.3 고객 엔티티에 대한 단순화된 스키마

2. MDM 저장소 및 기타 소스에서 유입된 각 속성에 대하여 사전 파일을 생성

MDM 팀은 모든 가능한 값 목록을 포함하는 사전을 만든다. 사전은 다수의 방법으로 만들어질 수 있다. 한가지 방법은 MDM 시스템에 있는 각 속성에 대한 기존 값들을 기반으로 사전을 만드는 것이다. 추가적인 알고리즘과 주석 논리를 사용하면 이 사전을 향상시킬 수 있다. 그림 11.4는 MDM에 있는 고객의 각 속성에 대하여 값들을 조회하여 생성된 사전을 보여주고 있다.

Name	Company	City	Country	Email
John Doe	Acme	Chicago	USA	jdoe@acme.com
Paul Dean	Akron	London	UK	jdoe3@acme.com
Jane Lee	Alloy		France	pdean@alloy.com
Jim Doe				

그림 11.4 고객 엔티티에 대한 속성 사전들

3. 퍼지 매칭과 비즈니스 규칙을 기반으로 해당 용어에 주석처리

그림 11.5는 비즈니스 의견을 주고 받은 회사 간의 이메일이다. 팀은 텍스트 주석 기술을 사용하여 사전을 기반으로 강조하는 단어를 찾아낸다. 'date'와 같은 특정한 용어들은 동일한 날짜를 다양하게 표시하므로 사전 기반의 주석이 불가능하다. date가 이 예에서 핵심 속성이 아니지만 데이터-활용 주석 알고리즘과 규칙이 더 적합할 수 있다.

Jon Doe and **Janet Lee** from **Acme** met in **Chicago** with **Paul Dean** from **Akron** to discuss the materials contract. The meeting took place on 24 August 2011.

Jon from **Acme** in the **UK** is currently visiting the office in **Chicago** to help **Janet** and **Paul** with planning a joint venture between **Acme** and **Akron**. **Paul** is scheduled to spend considerable time in the **UK** later this year to oversee the execution of the project.

Please contact Jon (**jdoe@acme.com**) or Paul (**paul.d@akron.com**) for further information.

그림 11.5 비구조화 콘텐츠를 포함한 샘플 이메일

4. 비구조적 텍스트로부터 추출한 주석들로 구성된 MDM 시스템에의 질의

그림 11.6에서 보는 바와 같이 텍스트 분석 플랫폼은 비구조적 텍스트로부터 추출한 주석들로 구성된 MDM query를 생성한다.

Name = "Jon Doe" or "Janet Lee" or "Paul Dean" or "Jon" or "Janet" or "Paul" or "Lee" or "Doe" or "Dean"

Company = "Acme" or "Akron"

Country = "UK"

City = "Chicago" or "Akron"

Email = jdoe@acme.com or paul.d@akron.com

그림 11.6 비구조적 텍스트로부터의 주석들로 구성된 MDM query

MDM 시스템은 최소 매칭 한계를 넘어서는 그림 11.7과 같은 레코드를 리턴할 것이다. EID값 1에 해당하는 레코드가 최고 매칭 값을 갖는 것으로 이메일, 고용주, 국가, 이름이 모두 일치한다.

EID	Matching Score	Name	Employer	Country	City	Email
1	High	John Doe	Acme	UK	London	jdoe@acme.com
2	Low	Jim Doe	Acme		Chicago	jdoe3@acme.com
3	Medium	Paul Dean	Akron	US	Chicago	pdean@akron.com
5	Medium	Jane Lee	Acme	US		

그림 11.7 MDM 시스템이 리턴하는 최소 매칭 한계를 넘어서는 레코드들

5. 비구조적 엔티티에 대하여 레코드를 생성

다음 시스템은 문서에서 발견된 속성들을 기반으로 매칭 entity를 생성한다. 그림 11.8은 이메일을 사용하여 매칭 엔티티 식별자 1 (MEID 1)을 생성하고 있다.

```
Name = "Jon Doe"
Employer = "Acme"
Country = "UK"
Email = "jdoe@acme.com"
```

이 레코드에는 정보출처, 문서 형식, 관련성의 강도를 나타내는 정보(confidence)가 추가된다.

```
DOCID = "Doc1" (특정 이메일에 대한 식별자)
Source = "Email"
Confidence = High
```

Name	Employer	Country	City	Email	DOCID	SOURCE	MEID	Confidence
Jon Doe	Acme	UK		jdoe@acme.com	Doc1	Email	1	High
Jon Doe	Acme				Doc1	Email	2	Low
Paul Dean	Akron		Chicago		Doc1	Email	3	Medium
Janet Lee	Acme				Doc1	Email	5	Medium

그림 11.8 텍스트 분석에 의해 생성된 개체들 — MDM 결과와 추출된 항목들의 인터섹션

6. 기존의 MDM 레코드와 새롭게 생성된 entity 레코드의 연계

그림 11.9에서 보는 바와 같이 새롭게 생성된 엔티티 레코드는 신뢰도가 높은 경우 자동으로 MDM 시스템에 입력된다. 한편, 신뢰도가 낮은 경우에는 자동으로 거부된다. 중간 정도의 신뢰도를 가진 경우에는 데이터 관리자가 수동으로 레코드를 확인한 다음에 기존의 MDM 레코드와 연결할 것인지를 결정한다.

Confidence Level	Algorithm
High	Automatically insert record into MDM
Low	Automatically reject record
Medium	Manually review of record by data steward

그림 11.9 새로 생성된 레코드에 대한 처리 알고리즘

그림 11.10과 같이 MDM은 자동으로 MEDI 1 (그림 11.8의 Jon Doe)을 EID 1 (그림 11.7의 John

Doe)과 연결한다. 한편, MDM은 신뢰도가 낮은 그림 11.8의 MEID 2를 자동으로 제거한다. 마지막으로 신뢰도가 중간정도인 MEID 3와 MEID 5는 데이터 관리자가 신중하게 검토한 다음에 포함여부를 결정한다.

EID	Matching Score	Name	Employer	Country	City	Email
1	High	John Doe	Acme	UK	London	jdoe@acme.com

Name	Employer	Country	City	Email	DOCID	SOURCE	MEID	Confidence
Jon Doe	Acme	UK		jdoe@acme.com	Doc1	Email	1	High

Jon Doe and **Janet Lee** from **Acme** met in **Chicago** with **Paul Dean** from **Akron** to discuss the materials contract. The meeting took place on 24 August 2011.

Jon from **Acme** in the **UK** is currently visiting the office in **Chicago** to help **Janet** and **Paul** with planning a joint venture between **Acme** and **Akron**. **Paul** is scheduled to spend considerable time in the **UK** later this year to oversee the execution of the project.

Please contact Jon (**jdoe@acme.com**) or Paul (**paul.d@akron.com**) for further information.

그림 11.10 매칭되는 엔티티와 이메일의 연결

마스터 데이터 팀은 MDM에 구조화되지 않은 정보를 분석하여 통합함으로써 더 나은 고객 뷰를 확보할 수 있다. 이것은 또한 직원의 인사 이동시 매우 유용할 수 있다. 위의 예에서 Acme 사의 Jon Doe와 Janet Lee는 Akron 사의 Paul Dean와 함께 일하고 있다. Paul Dean이 계약 완료 전에 Akron 사를 떠난 경우를 가정하자. 새로운 대표인 Lucas Alecander은 Acme 사와 예정되어 있던 모든 일에 대하여 어떻게 업데이트된 상태를 받을 것인가?라는 문제를 고민하게 될 것이다. 이메일과 같은 비구조적 텍스트로 MDM을 풍부하게 함으로써, Lucas는 Acme의 프로파일을 열어볼 수 있을 것이다. 그는 그가 상대해야 할 사람이 John Doe와 Jane Lee라는 것을 알 수 있다. 더 살펴보면, 그는 그 프로필과 연관된 이메일이 있었다는 것을 알 수 있다. 텍스트를 읽으면, 그는 그가 Acme에서 일한다는 것을 알고 있고, Paul과 함께 시작한 일을 계속 할 것을 기대하고 있다는 것을 알게 된다. 이를 통하여 Acme 사와 Akron 사의 관계가 강화되고, Akron 사가 Acme 사를 고객으로 유지할 가능성을 높인다. 또한, 직원의 이직으로 인한 문제를 일시적이 아니라 체계적으로 해결하게 되는 것이다.

텍스트 분석과 MDM의 통합을 필요로 하는 많은 비즈니스 응용들이 있다. 예를 들어, 은행 리스크 관리 부서는 텍스트 분석과 MDM을 결합하여 거래 상대방의 리스크를 갱신한

다. 리스크 관리 부서는 SEC 파일링과 같은 비구조화된 금융정보를 활용하여 회사의 주인이 변경되었는지, 거대 고객이 다른 세 회사의 임원인지 등을 조사한다. 리스크 관리 부서는 이러한 정보를 이용하여 MDM 내의 고객 계층구조를 갱신하고, 고객에 대한 최신의 뷰를 구축한다.

보험사는 "플로리다에서 허리케인에 노출되는 정도는?"이라는 질문에 답을 할 수 있도록 정확한 위치정보를 필요로 한다. 보험 계리인의 참사 위험모델은 건물의 정확한 위도와 경도 정보에 민감한데, 이는 해변가의 건물들이 해변으로부터 어느 정도 떨어진 육지 내의 건물보다 위험도가 훨씬 높기 때문이다. 품질이 낮은 위치 마스터 데이터를 사용하는 보험사는 텍스트 분석 등의 기술을 도입하여 숨겨진 위치 데이터를 찾아내고, 이를 MDM에 반영해야 할 것이다.

마지막으로 텍스트 분석은 소셜 미디어(Facebook, Twitter 등)를 고객 MDM과 통합하는 데도 활용될 수 있을 것이다.

요약

Big data와 master data는 서로 높은 시너지 효과를 준다. Big data는 고객, 재료, 자산, 직원에 대한 master data를 사용함으로써 수준높은 분석과 인사이트의 발견이 가능해진다. 또한, master data는 통화 세부 사항 기록, 소셜 미디어, 웹 콘텐츠와 같은 big data를 활용하여 풍부하게 보충될 수 있다.

CHAPTER

12

빅데이터 수명주기(lifecycle) 관리

이 장은 Rani Hublou(IBM), Deudre Oajbad(IBM), Brian M. Williams(IBM)의 공헌으로 작성되었다.

데이터 볼륨의 급속한 증가로 조직들은 규제와 비즈니스 요구사항을 이해하여 어떤 데이터를 운영 시스템 혹은 분석 시스템에 유지할 것인가, 어떤 데이터를 아카이빙 할 것인가, 어떤 데이터를 삭제할 것인가에 대한 결정을 해야 한다. 정보에 대한 법적, 제도적 의무에 대한 명확하고도 구체적인 이해가 없다면 IT 부서는 모든 데이터가 고급의 가치를 가진 것으로, 의무적으로 보관해야 하는 것으로, 부적절한 제거는 회사를 고도의 위험으로 몰아가는 것이라는 가정 하에서 보수적으로 관리해야 한다. IT 비용을 부담으로 느끼는 상황에서 정보를 과도하게 보수적으로 관리하는 것은 자원의 낭비가 될 것이다.[45]

2010년 Gartner 연구 보고서 "IT Metrics : IT Spending and Staff Report"에 따르면 IT 비용은 예산의 3.4%를 차지하고 있으며, 굉장한 부담으로 느끼고 있다. 특히, IT 비용 중 61%가 정보 볼륨에 기인하는 것으로 조사되었다. 빅데이터 거버넌스 프로그램에서는 법적 리스크와 IT 비용을 동시에 줄이는 정책을 수립하는 것이 중요한 과제이다.

빅데이터의 수명주기를 관리하는 데 있어 베스트 프렉티스는 다음과 같다.

12.1 해당 지역의 규제와 비즈니스 요구에 따라 빅데이터 보관기간을 결정

12.2 법적으로 민감한 정보를 문서화해서 보관하고 정보요구에 대응

12.3 빅데이터의 압축 보관을 통해 IT 비용 절감과 응용의 성능 개선을 동시에 달성

12.4 실시간 스트리밍데이터의 수명주기를 관리하는 것

12.5 규제 준수를 위한 소셜 미디어 기록 보관과 전자정보 공개 요구에 부응

12.6 규제 혹은 사업상 필요하지 않은 정보의 방어적인 폐기

이 장의 나머지 부분에서 이들 각각에 대하여 구체적으로 살펴본다.

---

45 "2010 Information Governance Benchmark Report in Global 1000 Companies." The Compliance, Governance and Oversight Council.

12.1 해당 지역의 규제와 비즈니스 요구에 따라 빅데이터 보관기간을 결정

각 나라, 주, 지역에 따라 데이터 보관에 관한 규제는 다르다. 통신 데이터는 대다수의 나라와 지역에서 규제의 대상이다. 빅데이터 거버넌스 프로그램에서는 각 빅데이터 타입에 따라 산업별로 각 나라의 데이터 보유 규정을 이해하는 것은 필수적이다. 사례 12.1은 이것이 쉽지 않은 일임을 보여주고 있다.

사례 12.1

나라별 통신 데이터 필수 보유기간

통신 데이터는 사람들 사이의 관계, 위치정보 등 고급 정보를 포함하고 있으므로 법적인 보호와 테러 방지 노력 등에 중요한 가치가 있다. 그 결과 많은 국가에서 통신 데이터의 보관에 관한 법적 제도적 장치를 마련하고 있다. 다음에서 몇몇 국가의 통신 데이터 보관에 관한 요구사항을 살펴보겠다.

영국	영국 내무부는 테러 방지, 범죄와 보안관련 법률 등 국가 안보와 관련된 장치를 위해 통신 데이터 보관에 대한 자율적 규정을 발표했다. 이 규정은 다음과 같이 요약된다.[46] - 이름, 생년월일, 설치 및 과금용 주소, 신용카드번호, 전화번호, 글로벌 휴대폰 식별번호(IMEI), 글로벌 모바일 가입자 식별번호(IMSI) 등을 12개월간 보관한다. - 전화 관련 데이터(발신자 번호, 수신자 번호, 통화기간, 위치정보)는 12개월간 보관한다. - SMS, EMS, MMS 데이터 관련 발신자 번호, 수신자 번호, 위도와 경도로 구성되는 위치정보는 6개월간 보관한다. - Email 데이터(사용자 이름, 로그인/로그아웃 시간, IP주소, from/to 이메일 주소 등)는 6개월간 보관한다. - 웹활동, 사용시간과 데이터, IP 주소, URL 등 정보는 4일간 보관한다.
유럽연합	유럽연합의 회원 국가들은 최소 6~24개월 동안 데이터를 보관해야 한다.[47] 그러나 해당 규정은 나라에 따라 달리 적용된다.

46 "Retention of Communications Data" under Part 11: Anti-Terrorism, Crime and Security Act.

47 Directive 2006/24/EC of the European Parliament and of the Council, March 15, 2006.

이탈리아	이탈리아는 다음과 같이 통신 데이터 유지법을 시행하고 있다. 1. 이동 및 유선통신 데이터는 29개월 동안 보관되어야 한다. 2. 인터넷 사업자는 최저 6개월간 보관해야 하며, 이 기간은 6개월 연장 가능하다. 3. 모든 휴대폰 사업자와 선불 폰 판매자는 가입 시 제시한 신분증 사본을 보관해야 한다.[48] 이탈리아 법이 휴대폰 이용자의 개별인식을 요구하기 때문이다.
독일	독일 의회는 통신데이터를 6개월 동안 보유할 것을 요구하는 법안을 통과시켰으나, 연방대법원이 개인의 프라이버시에 대한 과도한 침해라는 사유로 위헌판결을 내렸다.[49]
프랑스	인터넷과 통신 사업자에게 1년간 데이터를 보관할 것을 요구한다.[50]
미국	미국은 유럽과 비슷한 형태의 데이터 보유 규정을 가지고 있지 않다.
태국[51]	모든 통신 사업자는 90일간의 트래픽 데이터를 보관해야 한다. 트래픽 데이터는 위치, 트래픽 양, IP주소, URL등을 포함해야 한다.
인도[52]	인도 정부는 ISP 사업자들에게 사업을 시작하기 전, 인터넷 서비스의 규정에 대한 인허가 계약에 사인을 하게 하였다. 계약은 네트워크상에서 이루어진 의사소통에 대한 기록을 1년간 보유할 것을 명시한다. 2009년 정보 기술법이 제정되었지만 아직 구체적인 규정이 아직 발효되지 않았다. 그러나 관련 산업계는 이미 관련 데이터(SMS messages, 전화 통화 로그, 이메일 헤더, 웹 요청 등)를 3~12개월간 보유하고 있다.
호주	이 책을 발간할 당시까지 호주는 통신 데이터에 대한 어떠한 규정도 가지고 있지 않다. 그러나 정부는 시행 가능성을 모색하고 있다.[53]

48 "Italy decrees data retention until 31 December 2007." EDRI-Gram, August 10, 2005. http://www.edri.org/edrigram/number3.16/Italy.

49 "German court orders stored telecoms data deletion." *BBC News*, March 2, 2010. http://news.bbc.co.uk/2/hi/8545772.stm.

50 http://www.edri.org/book/export/html/844.

51 "Data Retention Mandates: A Threat to Privacy, Free Expression and Business Development." The Center for Democracy and Technology, October 2011.

52 Ibid.

53 Grubb, Ben. "No Minister: 90% of web snoop document censored to stop 'premature unnecessary debate.'" *The Sydney Morning Herald*, July 23, 2010. http://www.smh.com.au/technology/technologynews/no-minister-90-of-web-snoop-document-censored-to-stop--premature-unnecessary-debate-20100722-10mxo.html.

12.2 법적으로 민감한 정보를 문서화해서 보관하고 정보요구에 대응

거의 모든 기업과 조직들은 소송이나 정부의 조사에 대비하여 많은 양의 잠재적 증거를 보관할 것을 요구받는다. 큰 회사의 정보 관리 담당부서는 데이터에 관한 다양한 의무와 관련된 수백, 수천의 법적 문제들을 가질 수 있다. 예를 들어, BP 오일 유출 사건의 1심 공판을 위한 전자자료는 9백만 건의 문서와 15테라바이트의 데이터를 상회하였다.[54] 법적인 문제는 대개 3년 이상 진행되며, 많은 경우에 5년 이상 지속된다.

정보 거버넌스 프로그램은 법적 리스크와 비용을 관리하는 동시에, 의무사항에 대해 정보 관리인과 의사소통하고, 증거를 수집하며, 결과를 분석해야 한다. 기업 내부에서 빅데이터가 보편화되면서, 법적 문제도 커지고 있다. 예를 들어, 오일 유출로 인해 고소당한 굴착회사는 그들이 적절한 조치를 취하였음을 입증하기 위해 관련 센서 데이터를 보관해야 한다.

12.3 빅데이터의 압축 보관을 통해 IT 비용 절감과 응용의 성능 개선을 동시에 달성

조직은 빅데이터를 압축 보관하여 스토리지 비용을 줄이고, 응용의 성능을 개선하는 것이 필요하다. 빅데이터로는 스마트 미터기 데이터, 센서 데이터, RFID 데이터, 웹 로그 등이 있으며, 이들은 관계 데이터베이스, 파일 시스템, NoSQL 데이터베이스, Hadoop 등에 저장된다. 물론 조직은 그 지역의 규제를 준수해야 할 것이다. 예를 들어, 독일의 데이터 접근과 전자 서명 인증법(GDPdU)은 인보이스와 재무보고서 등과 같은 세금관련 문서를 다루고 있다. GDPdU는 세금관련 문서를 전자적으로 생성하거나 수신하는 회사는 아카이빙 과정에서 동일한 포맷을 유지해야 한다.[55] 이 법에 따르면 회사는 아카이빙 과정에서 구조화된 데이터를 PDF 등의 포맷으로 변경할 수 없게 되어 있다. 그렇지 않으면 세금당국이 수백 장의 PDF 문서를 조사하여 독일 회사가 세금을 제대로 냈는지 조사할 것이다.

---

54 http://legaltalkmedia.com/LTN/TDD/TDD_051412_BPOil.mp3.

55 http://www.cgrey.be/rm_map/Germany.html.

제 4장의 사례 4.3은 유럽의 유틸리티 회사에서 스마트 미터기 데이터를 압축하고 아카이빙하는 과정에서의 재정적 이점을 보여주고 있다. Hadoop이 데이터 복제를 통하여 데이터 유실을 방지하므로 사례 12.2에서의 조직은 이미 폴트-톨러런트한 데이터 아카이빙을 실현한 것으로 볼 수 있다.

사례 12.2

중간 규모의 회사에서 데이터 저장시 하둡 활용의 이득

표 12.1은 중간 규모 회사에서 데이터 아카이빙 시 Hadoop을 활용하는 경우에 발생하는 이익을 정리한 것이다. 기존 스토리지를 이용하는 경우에 연간 테라바이트당 20,000달러가 사용되지만 Hadoop을 사용하는 경우 3군데로 복제하는 비용을 포함하여도 연간 테라바이트당 11,000달러가 절감되는 것으로 분석되었다. 이러한 분석에도 불구하고 조직은 다른 방안들도 고려하고 있다. 예를 들어, non-Hadoop, 파일 기반의 방식에서는 이러한 아카이빙에서 변경이 어려울 것이다. 즉, 데이터가 변경될 수 없다. 규제 준수 관점에서는 이 방식을 더 선호할 수 있다. 또한, 조직은 데이터를 Hadoop과 non-Hadoop에 아카이빙할 때 압축을 고려할 수도 있을 것이다.

표 12.1 중간 규모 회사에서 Hadoop 활용 아카이빙의 경제성 분석

A. 기존의 테라바이트당 데이터 저장비용	$20,000
B. Hadoop을 통한 저장비용	$3,000
C. 소요되는 복사 횟수	3
D. Hadoop을 통한 전체 데이터 저장비용	$9,000
E. 비용 절감액	$11,000

제 21장 빅데이터 참조 아키텍처에서 논의한 바와 같이 LZO와 Gzip은 Hadoop 환경 내에서 전통적인 압축기법으로 사용되어 왔다. 그러나 RainStor와 같은 기술은 Hadoop 환경에서 압축비율을 획기적으로 높여준다.

12.4 실시간 스트리밍데이터의 수명주기를 관리하는 것

정보 수명주기 관리(Information Lifecycle Management, ILM)는 실시간의 스트리밍 데이터의 관점으로 바뀌고 있다. 데이터가 매우 빠른 속도로 유입되는 경우 팀은 그 데이터가 가치가 있는지, 저장될 필요가 있는지를 구분해야 한다. 스트리밍 데이터 분석 응용이 그러한 결정을 그 순간에 내릴 수 있다면, ILM 정책을 "움직이는 데이터"에 적용할 수 있을 것이다.

예를 들어, 어떤 스트리밍 응용이 센서 데이터를 읽어서 분석을 하는 데 10 miliseconds마다 한 번씩 분석하고, 매초마다 읽은 것을 저장한다고 가정한다. 그러나 센서로부터 읽은 것에 이상 현상(이벤트)이 발생하면 스트리밍 분석 응용은 그 이벤트 전후의 데이터를 저장한다. 사례 12.3에서 네트워크 모니터링 시스템이 비정상적인 이벤트에 대한 스트리밍 데이터를 분석하고 있다.

사례 12.3

스트리밍 데이터 분석을 통한 네트워크 모니터링에서 비정상적인 이벤트 처리

네트워크 모니터링 시스템은 여러 라우터로부터 시스템에 유입되는 NetFlow 데이터를 분석한다. 각 NetFlow 데이터는 통계적인 정보들로 구성되며, 소스 IP주소, 목적지 IP주소, 바이트 및 패킷의 개수 등을 포함한다. 네트워크 모니터링 응용은 이 데이터를 실시간으로 분석하여 이전 기록 분석으로 설정된 표준 데이터(historical norms)와 비교한다. 분석결과는 직원들이 9시에 출근하여 업무를 시작할 때 소셜 미디어 웹사이트로의 트래픽이 증가하는 현상을 확인할 수 있다. 네트워크에 비정상적으로 많은 트래픽이 이전에 알려지지 않은 주소로 흘러나갈 경우도 발견될 수 있다. 이는 데이터 유출의 신호가 될 수 있다.

네트워크 모니터링 시스템은 메인 메모리상에 네트워크 정보의 일부를 유지함으로써 실시간 분석을 실현할 수 있다. 보안 팀은 얼마나 많은 데이터가 메인 메모리에 유지되어야 할지를 결정할 수 있을 것이다. 예를 들어, 2시간 동안의 NetFlow 레코드를 메모리에 저장하기로 결정하고, 읽은 것을 디스크에 매분마다 기록함으로써 히스토리 분석(historical analysis)이 가능하게 된다.

12.5 규제 준수를 위한 소셜 미디어 기록 보관과 전자정보 공개 요구에 부응

소셜 미디어를 통해 보다 많은 커뮤니케이션이 이루어지면서, 법률적 문제 역시 커지고 있다. 이는 소셜 미디어의 저장과 유지에 관한 적절한 거버넌스의 필요성이 증가하고 있음을 의미한다. Green에 따르면 미국의 법정에서 소셜 미디어 콘텐츠와 관련된 판결이 많아지고 있다. 미국의 수집통신법안(United States Stored Communications Act, 1986)은 서비스 제공자가 사용자의 커뮤니케이션 정보를 누설하는 것을 금지하며, 이 법안은 소셜 미디어에도 마찬가지로 적용된다. 그러나 서비스 제공자는 소셜 미디어 콘텐츠를 누설할 수 없도록 되어 있지만 개인은 아직도 그것이 가능하다.[56]

미국의 금융산업규제기구(Financial Industry Regulatory Authority, FINRA)는 규제지침 10-06, 2010을 통하여 금융기관이 소셜 미디어 사이트를 통해 고객과 커뮤니케이션한 기록을 보관할 것을 요구한다. 그러나 이런 정보는 해당 기업의 손에서 벗어나 서비스 제공자가 보유하는 것이 일반적이다. 따라서 특별하게 소셜 미디어 정보를 수집하고 보관하는 개발 도구와 서비스의 필요성이 증가하고 있으며, 제 21장에서 이러한 도구들을 소개한다.

12.6 규제 혹은 사업상 필요하지 않은 정보의 방어적인 폐기

많은 기관들은 가능하면 영원히 정보를 보관하는 것이 법적 문제에 대한 좋은 대응이라고 생각하지만, 사실은 그렇지 않다. 종이에 기록된 데이터이건 전자기록 데이터이건 그것이 어디에 존재하건 (스토리지 캐비넷, 직원의 디스크, 서버, 하드 등) 조직 내에 존재하는 데이터는 법적 증거가 된다. 2010년 Compliance, Governance and Oversight Council에서 조사한 결과보고서인 "Information Governance Benchmark Report in Global 1000 Companies" 보고서에서 75%의 응답자는 방어적인 데이터 폐기 능력이 부족함을 지적하였다. 거대한 레거시 데이터가 비즈니스와 규제 관련한 주요 문제로 지적되고 있다. 빅데이터

56 Green, Steven W. "Social Media and E-Discovery: Impact and Infl uence." *Bloomberg Law Reports*, January 24, 2012.

거버넌스 프로그램은 데이터 보유 스케줄에 근거하여 법적으로 필요하지 않은 빅데이터를 삭제하는 정책을 수립해야 한다. 예를 들자면, 통신사의 경우 모든 통신 데이터는 2년 동안 저장되어야 하며, 기간이 지나면 즉각적으로 삭제되어야 한다. 다만 법적인 문제가 있는 일부 데이터는 별도로 보관해야 할 것이다.

요약

빅데이터 수명주기는 정적인 데이터와 동적인 데이터 모두에 대하여 관리되어야 한다. 빅데이터의 수명주기를 관리함으로써 조직은 IT 비용을 줄일 수 있고, 응용의 성능을 높일 수 있으며, 방어적인 데이터 폐기와 전자 증거제시 요구에 대응할 수 있다. 또한, 소셜 미디어와 연관된 이슈들을 해결할 수도 있다.

CHAPTER

13

웹과 소셜 미디어

이 장은 Crysta Andersin(IBM), Akin Arikan(IBM), Kurt Wedgwood(IBM), Arvind Sathi(IBM)의 공헌으로 작성되었다.

이 책에서는 웹과 소셜 미디어 데이터의 거버넌스에 비교적 많은 내용을 할애하고 있다. 소셜 미디어는 조직이 그들의 고객과 관계를 맺는 방식을 바꾸고 있으며, 고객과의 관계를 브랜드, 상품, 서비스로 발전시켜 나가는 방식을 바꾸고 있다. 다음은 소셜 미디어 현상의 규모에 관한 생각을 정리하는 수치들이다.

- 지금까지 전 세계에서 7억 7천만 명의 사람들이 소셜 네트워크 사이트를 방문한다.[57]
- 5천억 개의 제품과 서비스에 관한 소감이 매년 온라인에서 소비자들에 의해 공유된다.[58]
- 그 가운데 60% 이상이 페이스북상에서 공유되고, 또한 16%의 유저가 80% 이상의 제품과 서비스에 관해 메시지와 포스트를 작성한다.[59]
- 78%의 소비자는 가까운 사람 간의 커뮤니케이션을 신뢰한다.[60]

마케팅 담당자들에게 소셜 미디어의 힘은 관심있는 사람을 모으고, 특정 인구통계학적 특징을 발견하며, 정확하게 관심있는 고객을 구분해 낼 수 있다는 데 있다. 소셜 미디어는 회사가 다음을 성취하는 데 촉매제가 된다.

- **영향력과 친밀감:** 소셜 미디어는 CRM에서 관계를 증폭시킨다. 소비자는 그들의 또래를 신뢰한다. 더구나 회사는 고객 데이터를 쉽게 모으고 분류할 수 있는 능력을 보유하게 된다.
- **스케일과 스피드:** 소셜 미디어는 마케팅 담당자가 더 빠르게 더 광범위한 소비자에게 동적으로 더욱 정확하게 접근할 수 있도록 지원한다. 기존에는 기획, 창의력 개발, 미디어 구매 등의 과정을 거쳐 캠페인을 하므로 수개월이 걸리게 되지만 지금은 Twitter와 Facebook에서 즉시 캠페인을 진행할 수 있다.

---

57 "Social Networking Phenomenon." http://www.comScore.com, 2009.

58 Bernoff, Josh and Schadler, Ted. *Empowered: Unleash your Employees, Energize your Customers, Transform your Business*. Harvard Business Review Press, 2010.

59 Ibid.

60 Corcoran, Sean. "The Broad Reach Of Social Technologies." Forrester Research, August 25, 2009.

- **낮은 비용**: 소셜 미디어는 매우 저렴한 비용으로 정확히 타깃된 고객들에게 광고를 할 수 있다.

빅데이터 거버넌스 프로그램은 다음과 같은 베스트 프렉티스를 받아들여 웹과 소셜 미디어 데이터를 관리해야 한다.

13.1 진화하는 규제와 관습을 고려한 소셜 미디어 고객 데이터 활용 정책 수립
13.2 종업원과 구직자에 관한 소셜 미디어 데이터의 적절한 사용 정책 수립
13.3 신뢰구간을 활용한 소셜 미디어 품질의 측정
13.4 쿠키 및 다른 형태의 웹 추적 데이터의 활용에 관한 정책 수립
13.5 프라이버시와 규제를 위반하지 않는 방식으로 온라인과 오프라인의 데이터를 연동시키는 정책 수립
13.6 웹 측정 방법의 일관성 유지

다음에서 이들 각각에 대하여 구체적으로 살펴본다.

13.1 진화하는 규제와 관습을 고려한 소셜 미디어 고객 데이터 활용 정책 수립

개인들은 Facebook, Twitter, LinkedIn, 블로그, 그 외 소셜 미디어에 다양한 정보를 이미 게시하였다. 회사도 이 정보에 대한 활용이 증가하고 있으며, 고객의 인구통계학적 정보, 행동양식, 관계 등의 정보에 관심을 가지고 있다. 그러나 대부분의 경우 회사들은 소셜 미디어 정보의 적절한 활용과 관련하여 확립된 법적 원칙과 경험이 부족하다. 다음 몇 가지 사례가 산업체에서 소셜 미디어를 어떻게 활용하는지를 보여준다.

- **보험사**

소셜 미디어가 보험업자에게 두 가지 중요한 기능을 제공한다.

- 보험청구 관리

사례 13.1에서 보는 바와 같이 보험업자는 보험청구에 대한 조사업무에 소셜 미디어를 사용하고 있다.

사례 13.1

자동차 보험금 지급 심사에 페이스북 정보를 이용하는 보험 조사원[61]

어느 주부가 자동차 보험사에 뺑소니 차량이 자신의 차를 치고 도망갔다고 주장했다. 그러나 그녀의 페이스북을 조사한 결과 그녀의 딸이 사고에 책임이 있다는 사실을 알았다. 그녀는 이후에 보험사기로 유죄 판결을 받았다.

- 보험 판매

보험료 산정에 소셜 미디어 정보를 활용할 수 있는가? 예를 들면, "생명보험사는 가입자가 스카이 드라이빙을 즐긴다는 이유로 보험료를 인상할 수 있는가?", 혹은 "50살이 넘은 사람이 열정적으로 테니스를 친다는 이유로 보험료를 인하할 수 있는가?" 라는 문제들이다. 미국에서 각 주는 보험부서가 존재하여 지역 내에서 보험업체들을 통제한다. 각 보험 부서는 그 주에서 보험 가입자의 프라이버시를 보호하는 데 중요한 역할을 한다. 한때 미국정부는 보험사들이 가입자의 신용정보를 범죄 가능성 예측에 활용하는 것을 금지하였으나 지금은 허용하듯이, 소셜 미디어 정보도 비슷한 방향으로 흘러갈 것으로 예상된다.[62] Celent 연구소(http://www.celent.com/reports/using-social-data-claims-and-underwriting)의 2011년 보고서에는 소셜 데이터가 보험가입과 청구처리에 통합되어 사용되고 있으며, 3년 이내에 리스크 평가와 합의 활동에 표준 입력자료로 활용될 것으로 예상하고 있다. 이 보고서는 보험계약

---

61 Patel, Julie. "Insurers use social media to investigate claims: Should they use it to set rates?" *Sun Sentinel*, October 9, 2011. http://articles.sun-sentinel.com/2011-10-09/business/fl -insurance-socialmedia-20111009_1_social-media-insurers-insurance-fraud.

62 Ibid.

목적으로 매우 유용한 소셜 데이터 타입으로 온라인 구매, 선호도, 라이프스타일, 동작과 개인의 습관, 신상품 제안에 관한 개인의 설명, 서비스, 회사 운영 등을 제시하고 있다.

• 의료보험(Health Plan)

HIPAA와 같은 프라이버시 관련 규제로 인해 의료보험은 온라인에서 할 수 있는 일이 제한되어 있다. 그럼에도 불구하고 사례 13.2에서는 소셜 미디어가 의료보험의 비즈니스 프로세스를 어떻게 변경시키는지를 보여주고 있다.[63]

사례 13.2

소셜 미디어가 의료보험의 비즈니스 프로세스를 어떻게 변경시키나?

트위터, 페이스북, YouTube 등이 잠재적 고객과의 채널로 부상함에 따라 의료 보험사는 소셜 미디어에서 언급된 자사에 관한 글을 모니터링한다. 고객이나 의사가 Twitter에 올린 불만을 회사의 담당자가 모니터링한 다음 적절하게 대응한다. 당사자는 이러한 대응에 무관심할 수 있어도 회사의 대응을 대중들에게 공개하는 것이 중요한 목적이다. 이 불만을 올린 고객은 회사의 응답도 볼 것이기 때문이다. 그러나 HIPAA의 프라이버시 규정에 따라 소셜 미디어로 제공하는 콘텐츠의 내용에 제약을 받기 때문에 오프라인 혹은 전화상으로 신속하게 대응하는 것도 필요하다.

• 생명과학 관련회사

제약 및 의료기기 회사는 소셜 미디어를 활용하여 그들의 고객을 더 많이 이해하려고 한다. 그러나 이러한 회사는 고도의 규제 환경에 처해 있으므로 관련 규제를 준수해야 한다. 사례 13.3은 최근 미국 FDA에서 제시한 가이드라인으로 생명과학 관련 회사가 소셜 미디어 상에서 대중에게 승인되지 않은 정보를 제공할 때 지켜야 할 절차를 담고 있다.

---

63 Berry, Emily. "@HealthPlan: How insurers use social media." *American Medical News*, January 24, 2011. http://www.ama-assn.org/amednews/2011/01/24/bisa0124.htm.

사례 13.3

미국 FDA에서 제시한 생명과학 관련 소셜 미디어의 활용 가이드라인[64]

웹사이트나 공개적인 포럼에서 제시되는 제품 정보는 광범위한 청중에게 장기간 노출된다. FDA는 회사가 자사의 FDA 규제 의약품에 대한 승인되지 않은 상세한 정보를 소셜 미디어 등에 노출하는 것에 대하여 걱정하고 있다. 특히, 특정한 약품과 의료장비에 관한 정보는 더 이상 유효하지 않은 구식의 정보를 지속적으로 노출할 수도 있기 때문이다. 즉, 인터넷 게시 이후에 새로운 위험요소가 나타난 경우도 있기 때문이다.

이러한 위험성을 감안하여 FDA는 소셜 미디어를 활용하는 생명과학 회사들에게 다음과 같은 가이드라인을 제시하고 있다.

1. 회사가 승인되지 않은 요청에 대하여 답을 할 때 회사는 그 요청이 **분명하게 자신의 제품인 경우**에 (특히, 경쟁사 제품에 관한 문의가 아닐 경우에) 한하여 답변해야 한다.

   예) 개인이 Twitter나 블로그에 "Drug/Device X가 증상 Y에 사용될 수 있는가?"라는 질문을 하였다면 (이 질문이 회사의 권유에 의해 작성되지 않았어야 함) 해당 회사는 이 질문이 자사의 제품에 관한 것이 분명하므로 답을 할 수 있을 것이다.

   예) 개인이 "어떤 약이나 장치를 증상 Y에 사용할 수 있는가?" 라는 질문을 했다고 하자. 이 경우 Drug/Device X를 제조하는 회사는 증상 Y에 대한 FDA 승인이 없는 한 이 질문에 답을 하면 안 된다. 이 질문이 특정한 Drug/Device X에 관한 질문이 아니기 때문이다.

2. 회사 제품에 관한 질문에 대하여 소셜 미디어 상에서 답할 때 회사의 연락처 정도를 제시하는 것으로 한정하며, 승인되지 않은 정보를 포함해서는 안 된다. (자사 제품에 대한 질문이 승인되지 않거나 명확하지 않은 내용을 포함하고 있으므로) 회사의 공식 답변은 의료 관계자나 회사의 담당자에게 문의하여 정확한 답변을 얻으라고 권고하는 것이다.

3. 회사의 공식 답변에는 담당 부서와 담당자에 대한 연락처를 제공하여 개인이 비공개적인 1-1 방식으로 원하는 정보를 얻을 수 있도록 해야 한다.

4. 개인이 사적으로 회사에 콘택하여 회사 제품에 관한 추가 정보를 원하면 회사는 구체적인 답변과 함께 그 기록을 유지할 수 있다.

---

64 *Draft Guidance for Industry: Responding to Unsolicited Requests for Off-Label Information About Prescription Drugs and Medical Devices*. United States Food and Drug Administration, December 2011.

- **헬스 케어 제공자**

미국 의료협회에서는 의사가 온라인상에서 활동할 때 지켜야 할 핵심 가이드라인을 다음과 같이 제시하고 있다.[65]

- **HIPAA 규제:** 의사들은 환자들의 프라이버시와 비밀을 지켜야 한다는 것을 인지하고, 개개인을 식별 가능한 형태로 온라인에 올려서는 안 된다.
- **환자-의사 기밀 유지 의무:** 환자와 의사 간의 접촉이 인터넷을 통해 이루어질 경우, 전문적인 윤리 가이드라인에 따라 환자와 의사 간에 지켜야할 선을 지켜야 한다.
- **정보의 분리보관:** 의사는 개인적인 정보와 전문적인 정보를 분리해서 보관해야 한다.

- **은행**

소셜 미디어는 은행에서 두 가지 중요한 기능에 적용될 수 있다.

- **신용 위험 관리:** 은행들은 대출에 따르는 신용 위험을 평가하기 위해 소셜 미디어 정보를 활용하고 있다. 예를 들어, 대출 신청자의 Tweets이나 Facebook 페이지를 분석하여 그의 취업상태를 확인하려고 한다. 그러나 개인정보를 수집하는 행위는 FCRA(공정신용보고법)에 금지되어 있지만 완화되고 있는 추세이다.[66]
- **채권회수 업무:** 채권 회수부서는 Facebook, Twitter, Monster.com 등의 사이트를 통해 연체자의 최신 연락처 등을 추적하려고 한다.[67] 그러나 채권 추심은 미국 연방법(FDCPA)의 규정에 따라 채무자를 괴롭히거나 혹은 프라이버시 법규를 위반해서는 안 된다. 따라서 채권 추심자는 Facebook에 채무자의 친구로 거짓등록 하는 것이나 Facebook 담벼락에 메시지를 포스팅하거나 혹은 개인 채무에 관해 Tweeting 하는 것은 금지되어야 한다.

---

65 "American Medical Association Policy, Professionalism in the Use of Social Media." AMA 2012 annual meeting. http://www.ama-assn.org/ama/pub/meeting/professionalism-social-media.shtml.

66 Quittner, Jeremy. "Banks to Use Social Media Data For Loans And Pricing." *Bank Technology News*, January 26, 2012. http://www.americanbanker.com/issues/177_18/movenbank-social-media-lendingdecisions-brett-king-1046083-1.html?zkPrintable=true.

67 Ibid.

- **법조계**

2011년 12월 영국의 이혼 관련 웹사이트 www.divorce-online.co.uk에 의해 수행된 조사에서 잘못된 행위의 33%가 Facebook에 나타난다고 보고하였다. 이혼 변호사는 소셜 미디어의 정보를 마이닝하여 상대방의 부정, 숨겨진 자산, 진실성, 숨겨진 정보 등을 찾아내는 데 사용할 수 있다. 블로그, 소셜 미디어, 사진공유 사이트 등에서 모여진 정보는 법정에서 핵심 증거가 될 수도 있다. 예를 들어, 38세 남자가 법률 사무소를 찾아가서 별거 중인 부인의 재정 정보를 조사하려고 부탁했다. 조사원은 그녀의 Facebook에서 사진을 발견하였고, 그녀가 라루바 섬에서 친구와 찍은 사진과 마우이섬의 고급 호텔에서 저녁을 먹는 사진이었다. Twitter 상에 올라 있는 글을 보고 그녀의 가족이 고급 레스토랑을 가지고 있으며, 그녀가 그 비즈니스에 관련되어 있음을 알게 된다. 조사원들은 이 단서들을 가지고 그녀의 자산을 발견하는 데 사용한다.[68]

13.2 종업원과 구직자에 관한 소셜 미디어 데이터의 적절한 사용 정책 수립

2009년 6월 CareerBuilder가 실시한 조사에 따르면 45%의 고용주들이 소셜 네트워크를 통해 구직자를 조사하였다. 그 결과 18%의 고용주들이 긍정적인 콘텐츠를 찾았다고 한다. 긍정적인 콘텐츠의 예로서 지원자의 인간성에 대한 호감과 조직 내에서의 적합성을 들었다. 그러나 또한 부정적인 콘텐츠를 찾았다고 한 고용주도 35%에 달하였다. 부정적인 콘텐츠의 예로서 적합하지 않은 사진과 정보, 알코올과 마약 사용, 이전 고용주나 동료 및 고객으로부터의 좋지 않은 이야기 등이다.

소셜 미디어의 사용을 통제하는 법적인 프레임워크는 아직 유동적이며, 사례 13.4에서 상세하게 설명하였다.

68 Naone, Erica. "How Divorce Lawyers Use Social Networks." *Technology Review*, July 1, 2011. http://www.technologyreview.com/web/37943/.

사례 13.4

Facebook 계정과 비밀번호를 요구하는 고용주

2011년 미국인권연맹(American Civil Liberties Union, ACLU)은 매릴랜드 주 교도관이 제기한 불만 처리를 계속하였다. 개인들은 휴가로부터 돌아오고 있었고, 고용주는 그에게 업무 복귀의 조건으로 Facebook 계정과 비밀번호를 요구하였다. 교정 부서에서는 그의 친구들과 포스팅을 검사하여 갱 활동 등 불법 활동에 개입하지 않았음을 입증하려고 한다는 말을 하였다. 항의를 한 결과 부서는 고용주가 있는 자리에서 그의 Facebook 계정을 들어갈 수 있는 보조 아이디를 요구하였다.

2012년 3월 Facebook은 고용주가 구직자에 대한 Facebook 비밀번호를 요청하는 것에 관해 비난하였다. 미국 뉴욕 주 상원의원 Charles Schumer와 Connecticut 주의 상원의원 Richard Blumenthal는 사법부와 고용평등위원회에 이러한 행위가 프라이버시 법을 위반하는지 조사할 것을 요구하였다.

2012년 4월 Maryland 주는 직원들이 소셜 미디어 콘텐츠를 (회사에) 제공할 필요가 없도록 하는 법안을 통과시켰다.

고용주들은 규제와 의무 사이에서 해결책을 찾기 위해 고심하고 있다. 한편으로, 규제는 고용주들이 지원자의 나이, 기혼 여부, 종교, 인종, 성적 취향 등의 문제로 차별하는 것을 금지하고 있다. LinkedIn, Twitter, Facebook과 같은 소셜 미디어는 이러한 정보의 주요한 출처이다. 만일 고용주가 이들 소셜 미디어 정보를 활용하여 지원자를 선별한다면 이후에 사원 선발시 이러한 정보를 바탕으로 차별을 하지 않았다는 것을 입증해야 할 것이다. 사례 13.4에서 교정부서는 그를 차별하기 위해 개인정보를 사용하려고 했을 것이다.

다른 한편으로는, 고용주들은 적절한 사람을 뽑기 위해 접근 가능한 모든 정보를 활용해야 할 의무가 있기도 하다. 회사는 그들이 뽑는 사람의 배경을 확인해야 할 필요가 있다고 주장한다. 만약 회사가 갱단과 이어져 있는 사람을 채용한다면 공공에 문제를 유발하고 심각한 법적 문제를 유발할 가능성이 있기 때문이다.

미국에서는 몇몇 연방과 주의 법 및 규제들이 표면적으로는 이를 금지하고 있다. 다음은

법률과 규제의 예이다.[69]

- 시민적 권리에 관한 법률의 Title VII는 채용 시 인종, 피부색, 종교, 성별, 국적에 기반을 둔 차별을 금지하고 있다.
- 미국의 공정채용위원회는 고용주가 가족적인 의무(예를 들어, 자녀나 부모 및 장애가족 부양 등)를 가진 지원자를 차별해서는 안 된다.
- 채용에서 나이차별 관련법은 40세 이상의 지원자에 대하여 차별을 금지하고 있다.
- 임신 차별 관련법은 임신을 이유로 지원자를 차별하는 것을 금지한다.
- 장애 관련법은 지원자가 장애를 가지고 있거나 장애를 가진 사람과 관련이 있다고 하여 차별을 할 수 없다.
- 유전정보 비차별법은 유전적 테스트 결과 혹은 관련 정보 수집에 기반을 둔 차별을 할 수 없도록 하고 있다.
- Facebook 권한과 의무 규정은 사용자가 자신의 비밀번호를 공유하거나 다른 사람이 자신의 Facebook을 접근할 수 있도록 허용하는 것을 금지한다.

이 책을 발간할 당시에 Minnesota, Illinois, Washington, Massachusetts, New Jersey 등에서 Maryland와 유사한 방향의 규제를 시행하고 있었다.[70] 몇몇 국제적인 사법 당국에서도 비슷한 움직임이 있었다. 예를 들어, 독일 정부는 2010년 하반기에 Facebook 프로파일로 취업 지원자를 선별하는 것을 금지하는 법안을 마련하였다. 캐나다 정부는 아직 이러한 규제를 만들지는 않았지만 연방과 지방 정부 모두에서 엄격한 프라이버시 법률을 가지고 있다. 2011년 12월 캐나다 Alberta 지방정부의 정보 및 프라이버시 위원회는 소셜 미디어 백그라운드 검사에 관한 가이드라인을 제정하였다. 이 가이드라인에는 기업들이 소셜 미디어를 활용하여 백그라운드 체크를 하는 행위를 금하고 있으며, 이를 위반하면 Alberta 개인정보보호법과 Alberta 인간 기본권을 침해하게 된다.

---

69 Lory, Beth E.H. ""Employer Use of Facebook as a Tool in Pre-Employment Screening of Applicants: Benefits and Ethical, Legal, and Privacy Implications"" Master of Arts in Organizational Leadership Theses, 2011. Paper 7. http://sophia.stkate.edu/maol_theses/7.

70 Stern, Joanna. "Maryland Bill Bans Employers From Facebook Passwords." *ABC News*, April 11, 2012. http://abc-news.go.com/blogs/technology/2012/04/maryland-bill-bans-employers-fromFacebook-passwords/.

법률, 규제, 판례법에서 채용 시 소셜 미디어의 활용을 통제하는 것은 나라마다, 주마다, 지역마다 다를 수 있고, 급속히 진화하고 있는 상황이다. 고용주는 법률 자문팀과 상의하여 각자의 상황에 적합한 정책을 만들어야 할 것이다.

13.3 신뢰구간을 활용한 소셜 미디어 품질의 측정

소셜 미디어 활용을 원하는 많은 조직들은 아래와 같은 데이터 품질 문제에 대해 고민해야 한다.

- 트위터를 통해 우리 회사의 명성을 분석해 보고 싶다. 그러나 여기에는 다음과 같은 몇 가지 우려사항이 있다.
  - 트위터라는 샘플이 전체 인구라는 모집단을 적절하게 반영하고 있는가?
  - 말을 내뱉듯이 많이 하는 사람들이 트위터를 더 많이 하지는 않는가?
  - 더 어린 사람들이 트위터를 더 많이 하지 않는가?
  - 좀 더 부유한 사람들이 트위터를 더 많이 하지 않는가?
- 소셜 미디어 데이터를 조직의 내부 자료와 합쳐서 비교하고 싶다. 내부 데이터는 정보 거버넌스 프로그램으로 정제가 되어 있지만 소셜 미디어 데이터는 내부 자료만큼 믿을 만하지는 않다.
- 소셜 미디어의 데이터는 단편적이며 완전하지 않다.
  - 트위터가 드러내는 유저의 이름은 50~60% 정도만이 정확한 것으로 드러났다.
  - 성별에 대해서도 어느 정도 짐작은 가지만 확실하지는 않다.

빅데이터 거버넌스의 관점에서, 각 조직은 신뢰구간으로 데이터의 질을 평가하는 것이 필요하다. 또한, 자연어 처리 과정을 통해 사용자의 핵심 속성을 식별할 수도 있다. "내 와이프가 자전거를 사려고 한다."라는 Tweet을 생각해 보자. 이 글을 쓴 사람은 남자이고, 기혼이며, 자전거를 좋아하는 사람으로 짐작할 수 있을 것이다. 또 "오늘은 내 생일이다."라는 Tweet을 작성한 경우 날짜를 Tweet handle과 결합하여 기존의 고객 정보와 매치해 볼 수 있을 것이다. 시스템에서 세 명의 고객정보가 매치되었다고 하자. 이 경우 조직은 세 고객에게 제안을 하는 것에 어떤 문제가 있는가를 고민해야 할 것이다.

다른 한편으로, 개별 조직은 소셜 미디어 데이터의 품질에 관한 또 다른 속성을 고려해야할 필요가 있다. 최근의 논문에서,[71] 페이스북은 수백만의 고객에 대하여 그들이 무엇을 좋아하는지, 무엇을 원하는지, 친구가 누구인지, 어디 사는지 등에 관한 놀랄만큼 많은 정보를 가지고 있다. 그 논문에서는 Facebook에서 "likes"를 파는 중개인에 관해서도 이야기하고 있다. 이러한 "likes"는 그 회사를 좋아한다고 하면 약간의 보상을 주는 방식의 페이스북 인증 패키지에 기반을 둔 것이다. 어떤 경우에는 소프트웨어 로봇이 거짓의 계정을 만들어 거짓의 "likes"를 생성하는 경우도 있다. Facebook 사는 이러한 문제를 인식하고 있으며, 가짜 데이터를 제거하는 자동화된 도구를 사용하고 있다.

13.4 쿠키 및 다른 형태의 웹 추적 데이터의 활용에 관한 정책 수립

이 절에서는 쿠키에 관한 개요부터 소개한다.[72] 쿠키(Cookies)는 HTTP 쿠키, 웹 쿠키, 브라우저 쿠키 등으로 알려져 있으며, 사용자가 웹사이트를 브라우징하는 동안에 웹사이트로부터 보내져서 웹브라우저에 저장되는 작은 데이터를 의미한다. 그 사용자가 이후에 동일한 웹사이트를 브라우징하는 경우 예전에 가져온 쿠키 정보가 검색되어 활용된다.

쿠키는 몇 가지 목적을 가지고 있다.

- **쿠키의 기능**
  - 세션 관리 기능.
  - 개인화. 쿠키는 사이트를 방문한 유저의 정보를 기억하고 관련 콘텐츠를 보여주는 데 이를 이용한다.
  - 웹 분석. 웹 분석용 쿠키는 웹과 디지털 마케팅 혁신의 효과적인 정도를 측정하고,

71 Henn, Steve and Chace, Zoe. "For $75 This Guy Will Sell You 1,000 Facebook "Likes."" *NPR*, May 16, 2012. http://www.npr.org/blogs/money/2012/05/16/152736671/this-guy-will-sell-you-sell-you-1-000-Facebook-likes.

72 The primer on cookies has been sourced from http://en.wikipedia.org/wiki/HTTP_cookie.

인터넷 유저의 브라우징 행태를 추적하는 데 이용가능하다.

쿠키는 여러 가지 목적으로 사용된다.

- **세션관리** — 이 쿠키는 쇼핑 카트 기능을 구현하기 위해 소개된 것으로 사용자가 웹사이트를 다니면서 구매하고자 하는 항목에 관한 정보를 저장하는 데 사용된다. 사용자가 웹사이트에 로그인하는 것을 허용하는 것도 쿠키 활용의 예이다. 대개 웹서버가 먼저 유일한 세션식별자(session identifier)를 포함한 쿠키를 보낸다. 다음으로 사용자는 그의 인증서를 보내고, 웹 응용은 그 세션을 확인하고, 사용자가 서비스를 사용할 수 있도록 허락한다. 이러한 방식으로 쿠키는 사용자와 관련된 데이터를 내비게이션 동안에 수집한다.
- **개인화** — 이 쿠키는 웹사이트를 방문한 적이 있는 개인에 관한 정보를 기억하는 데 사용될 수 있다.
- **웹분석** — 웹분석 쿠키(tracking cookies라고도 함)는 웹의 효율성을 측정하거나 마케팅 혹은 인터넷 사용자의 행동을 분석하는 데 사용된다. 예를 들어 사용자가 사이트로부터 페이지를 요청하는 데 그 사이트에 대한 쿠키가 없다면 서버는 처음 방문하는 사용자라고 가정한다. 서버는 랜덤한 스트링(유일하지만 그 사용자에 대한 익명의 identifier임)을 생성한 후 이것과 요청한 페이지를 함께 브라우저로 보내게 된다. 이 시점부터 브라우저는 사용자가 그 사이트로부터 페이지를 요청할 때마다 자동으로 쿠키를 서버로 보내게 된다. 웹서버는 그 페이지를 보통과 같이 보내지만 요청된 페이지의 URL과 날짜 및 시간과 쿠키를 로그 파일에 저장하게 된다. 원래 웹분석 도구들은 이 로그 파일을 분석하여 어느 페이지를 사용자들이 방문했는지, 어떤 순서로 방문했는지를 파악할 수 있다. 10년 전부터 웹분석 도구들은 JavaScript를 사용하여 데이터를 수집하는 방식을 사용하고 있다. 그러나 분석에서 쿠키의 용도는 아직도 변하지 않았다.

현재 여러 가지 유형의 쿠키와 웹추적 장치들이 사용되고 있으며, 대표적인 것은 다음과 같이 정리된다.

- **세션 쿠키** — 이 쿠키는 사용자가 웹사이트에 연결되어 있는 동안에만 지속된다. 웹 브라우저는 종료 시 세션 쿠키를 삭제한다.
- **지속 혹은 추적 쿠키** — 이 쿠키는 세션이 끝나도 삭제되지 않는다. 이 쿠키는 웹사이트에 방문한 사용자를 익명으로 식별하는 데 사용될 수 있다(정확하게는 브라우징에 사용된 디바이스를 식별함). 지속 쿠키는 어느 웹페이지를 경유하여 현재 웹페이지로 들어왔는지 등에 관한 추가적인 정보를 저장하는 데도 사용된다.
- **First-party 쿠키** — 이 쿠키는 웹 브라우저의 주소바에 나타난 도메인으로 설정된다.
- **Third-party 쿠키** — 이 쿠키에는 웹 브라우저의 주소바에 나타난 도메인과는 다른 도메인이 설정된다. 예를 들어, 사용자가 www.example1.com 사이트를 방문하였고, 이 사이트에는 foxytracking.com으로부터의 배너 광고를 한다고 하자. 사용자의 컴퓨터는 www.example1.com으로부터 first-party 쿠키를 받는다. 다음으로 사용자가 배너 광고를 클릭하면 foxytracking.com으로부터 third-party 쿠키를 자동으로 받아 사용자 컴퓨터에 저장된다.

  이후에 사용자가 www.example2.com 사이트를 방문할 때 그곳에 동일한 배너 광고가 있다면 또 다른 third-party 쿠키로 도메인 foxytracking.com가 설정된다. 결국 이들 쿠키들은 모두 광고자에게 넘어가며, 광고자는 이로부터 모든 브라우징 히스토리를 생성할 수 있게 된다.
- **Flash 쿠키** — 로컬 공유객체로 알려진 이 쿠키는 Adobe Flash를 이용하는 사이트가 유저의 컴퓨터에 저장시키는 작은 데이터이다. 이 쿠키는 유저들에게 잘 알려져 있지 않으며, 브라우저에 있는 쿠키 프라이버시 제어를 통해 컨트롤할 수 없다. 따라서 사용자가 브라우저를 통해 쿠키를 삭제했어도 대부분의 경우 남아 있다. 웹사이트들은 Flash 쿠키를 사용하여 사용자에 의해 삭제된 기존의 쿠키들을 복구할 수도 있다. 그래서 사용자가 tracking 쿠키를 제거해도 웹사이트는 Flash 쿠키 내의 데이터를 사용하여 삭제된 쿠키의 유일한 식별자를 새로운 쿠키에 재배정할 수 있다.[73]

73 Singel, Ryan. "You Deleted Your Cookies? Think Again." *Wired*, August 10, 2009. http://www.wired.com/epicenter/2009/08/you-deleted-your-cookies-think-again/.

- Web beacon — 이 쿠키는 웹페이지나 이메일에 포함되어 있는 객체로서 사용자들에게는 보이지 않지만 그 사용자가 메일 혹은 페이지를 봤는지 확인할 수 있다. 다른 이름으로 web bug, tracking bug, tag, page tag라고 부르기도 한다. 임베디드 이미지를 통하여 구현되는 Web beacon의 이름으로는 tracking pixel, pixel tag, 1×1 gif, clear gif 등이 사용된다.[74]
- Browser fingerprinting — 이 기술은 웹사이트에 접속한 고객의 브라우저에서 확인이 가능한 시스템 폰트, 소프트웨어, 혹은 설치된 플러그인 등의 정보를 조합하여 유일한 컴퓨터 혹은 개인기기를 식별해 내는 기술이다.

최근 웹추적에 관한 논쟁의 초점은 온라인 행위분석 기반의 광고에 집중되고 있다. 고객의 온라인 관심사에 관한 정보를 수집하여 관심있는 상품을 광고하는 것이다. 이 광고 시스템은 광고 네트워크를 회전하면서 third-party 쿠키를 사용하여 서로 다른 웹사이트 상의 개인 고객(적어도 디바이스)을 트래킹할 수 있다. 이 데이터를 유일 식별자를 기준으로 구성하면 인터넷 상에서 개인에 관한 광범위한 정보를 볼 수 있게 된다. 이 개인의 행동 프로파일은 광고자에게 개인의 관심사에 기반을 둔 타깃 광고를 할 수 있도록 지원한다. 타깃 광고는 가치가 높고 효과적이며 수익과 직결된다. 그러나 많은 고객과 프라이버시 옹호자들은 개인 행동 트래킹에 기반을 둔 광고는 프라이버시를 침해하는 것이라고 보고 있다.[75]

이러한 프라이버시에 관한 걱정에도 불구하고 쿠키와 웹 트래킹 기술에 관한 소비자의 지식은 매우 제한되어 있다. 영국의 문화, 미디어, 스포츠 부에서는 PwC 사의 쿠키 규제에 관한 조사분석 컨설팅을 수행하였다.[76] PwC 사는 2011년 2월 1,000명의 소비자를 대상으로 설문을 수행하였다. 샘플에 인터넷 과다 사용자가 너무 많다는 지적이 있었음에도 불구하고 쿠키에 대한 이해도는 낮은 것으로 나타났다.

---

74 http://en.wikipedia.org/wiki/Web_bug.

75 *Consumer Data Privacy in a Networked World: A Framework for Protecting Privacy and Promoting Innovation in the Global Digital Economy.* White House. February 2012. Page 12.

76 *Guidance on the rules on use of cookies and similar technologies.* United Kingdom Information Commissioner's Offi ce. May 2012. http://www.culture.gov.uk/images/consultations/PwC_Internet_Cookies_fi nal.pdf.

- 41%는 쿠키의 여러 종류에 대해서 알지 못했다. 또한, 50%만이 third-party 쿠키를 알고 있었다.
- 응답자 가운데 13%만이 쿠키가 어떻게 작동하는지 이해하고 있었다. 37%가 쿠키에 대해 들어 봤으나 어떻게 작동하는지는 몰랐다. 2%는 조사에 참여하기 이전 쿠키에 대해 들어본 바가 없다.
- 37%는 쿠키를 컴퓨터에서 어떻게 관리해야 하는지 모르고 있었다.
- 조사는 O/X 방식으로 응답자들의 쿠키에 대한 지식수준을 테스트하였다. 응답자 가운데 대다수가 16개 문항에서 1개 문항만을 올바르게 답하였다.

이 절의 이후에서는 유럽과 미국에서의 규제 환경에 관하여 살펴본다. 이 규제는 아직 안정되지 않았으며, 회사들은 법률 팀에 자문을 받아야 할 것이다. 사례 13.5는 유럽과 영국에서 쿠키의 활용에 관한 규제환경을 보여주고 있다. 이 규제는 flash cookies, web beacons, clear gifs 등과 같은 트래킹 메커니즘에도 적용된다.

사례 13.5

유럽 연합과 영국의 쿠키 이용에 대한 규제 환경[77]

2003년 영국에서 제정된 프라이버시와 전자통신 규제(Privacy and Electronic Communications Regulations)는 개인용 컴퓨터나 모바일 디바이스에서 쿠키 및 유사기술에 대한 저장과 사용에 관한 것을 담당하고 있다. 이 규제는 유럽 명령(European Directive) 2002/58/EC로 제정되었다.

2009년 개정된 명령 2009/136/EC는 가입자의 단말기에 저장된 정보(쿠키 혹은 유사 기술들)를 액세스하거나 저장하는 데 동의를 얻도록 하고 있다. 유럽 정부는 2011년 5월까지 법으로 제정하려고 한다. 명령 2009/136/EC의 5조 3항은 다음의 의미를 포함하고 있다.

회원국들은 가입자의 단말기에서 정보를 저장하거나 기 저장된 정보를 액세스할 때 명확하고 이해하기 쉬운 형태로 제시된 설명과 명령 95/46/EC에 따라 가입자의 동의를 받아야 한다.

77 *Guidance on the rules on use of cookies and similar technologies*. United Kingdom Information Commissioner's Offi ce, May 2012. http://www.culture.gov.uk/images/consultations/PwC_Internet_Cookies_fi nal.pdf.

이 명령은 기술적인 관점에서 전자적인 통신망 상의 전달을 목적으로 한 저장과 액세스를 막지는 않을 것이다.

영국의 정보 위원들은 이 규제가 특정 시나리오에 대하여 어떻게 영향을 미치는지에 관한 예를 제공하고 있다. 표 13.1이 그 예이다.

표 13.1 영국의 정보 위원들이 제시한 쿠키 규제의 예상 영향도 관련 가이드라인

쿠키 동의 예외에 포함될 활동들	쿠키 동의 예외에 포함되지 않을 활동들
사용자가 체크아웃을 하거나 장바구니에 상품을 추가할 때 사용자가 구매하고자 하는 상품을 기억하는 용도로 사용되는 쿠키	분석 목적으로 사용되는 쿠키; 예를 들어 웹사이트에 unique하게 방문하는 횟수 분석
온라인 뱅킹과 같이 사용자가 요청하는 활동에 대한 시큐리티를 제공할 목적의 쿠키	First-party, third-party 광고 쿠키
작업을 여러 컴퓨터에 분산함으로써 빠르고 효과적으로 웹페이지를 로딩하게 위한 쿠키	사용자를 식별하는 쿠키; 예를 들어 사용자가 웹사이트로 다시 왔을 때 맞춤식 인사를 보내는 용도의 쿠키

"동의"라는 말에 대하여 끊임없는 논쟁이 계속되고 있다: 명시적 동의(opt-in)와 암시적 동의(opt-out). 정보 위원회에서는 얼마전에 관련 규정을 개정하여 암시적 동의의 개념으로 나가려고 한다.[78] 구체적인 설명은 다음과 같다.

> "쿠키에 대한 동의" 문제는 규제에서 요구하는 동의의 성격에 집중되어 왔다. 암시적 동의는 데이터 보호 법률, 프라이버시 규제 등의 관점뿐 아니라 쿠키 및 유사 디바이스를 사용한 정보의 접근과 저장이란 관점에서 합리적인 제안으로 여겨져 왔다. 명시적 동의가 규제를 확실하게 보장하고 특정 상황에서는 이를 준수하는 가장 적절한 방법이긴 하지만 암시적 동의가 규제를 따를 수 없다는 것은 아니다. 웹사이트 운영자는 그들의 행위가 개인정보를 수집하는 결과를 초래한다면, 데이터 보호법에 따라 명시적인 동의를 얻어야 한다는 점을 명심해야 할 것이다.

---

78 Arthur, Charles. "Cookies law changed at 11th hour to introduce 'implied consent.'" *The Guardian*, May 25, 2012. http://www.guardian.co.uk/technology/2012/may/26/cookies-law-changed-impliedconsent.

이 책이 발간될 시점에서 영국의 몇몇 웹사이트들은 사용자가 쿠키에 대한 프라이버시 설정을 할 수 있도록 허용하고 있다(http://www.bbc.co.uk/, http://www.bt.com/).

이제 미국의 구제환경으로 돌아가보자. 사례 13.6은 Wall Street Journal의 탐색 보고서를 요약한 것으로 Apple 사의 Safari 웹 브라우저에서 Google이 프라이버시 설정을 우회하고 있다는 내용이다.

사례 13.6

애플의 Safari 웹 브라우저에서 구글이 프라이버시 세팅을 우회하다

최근의 조사분석 보고서[79]에서 'The Wall Street Journal'은 구글 및 광고회사들이 Apple 사의 아이폰 기계에서 Safari 웹 브라우저를 사용하는 수백만 사용자의 프라이버시 설정 기능을 우회하여 사용자의 웹 브라우징 습관을 추적하고 있다고 보도하였다. 이런 정보는 분명히 블록되어 있었어야 했고, 사파리 브라우저는 Third-party cookie를 막아 놓도록 설계되었으나, 구글은 이를 브라우저가 First-party cookie로 인식하도록 했다. Google은 이후에는 해당 기능을 비활성화하였다.

유럽에 비하여 미국의 웹 프라이버시에 관한 규제 환경은 상당히 관대한 편이다. 그러나 모든 공개적인 보안 위반에 대하여 온라인 상의 개인정보 사용을 통제하는 입법이 뒤따르고 있는 상황이다.

잠재적으로 제한된 입법 상황을 극복하기 위해 관련 산업체들은 스스로 만든 규제와 가이드라인을 제정하고 있다. 예를 들어 미국 광고사 연합, 국가 광고인 연합 등 많은 기구들이 2009년 7월에 연합하여 온라인 행동분석 기반의 광고에 대한 스스로의 규제 원칙을 만들었다(http://www.iab.net/media/fi le/venprinciples-07-01-09.pdf). 이 원칙은 사례 13.7에서 구체적으로 소개하였으며, 이는 빅데이터 거버넌스 프로그램의 일부로 조직에서 참고할만한 사례이다.

---

79 Angwin, Julia and Valentino-DeVries, Jennifer. "Google's iPhone Tracking." *The Wall Street Journal*, February 17, 2012.

사례 13.7

온라인 행동 기반의 광고에 대한 스스로 제정한 규제

■ 정의

온라인 행동 기반의 광고는 개인의 선호도나 관심사를 기반으로 컴퓨터나 관련 디바이스를 통해 타깃된 고객들에게 제공되는 웹 광고들의 집합이다.

■ 범위

- 이 규제는 개인의 독자적인 사용을 위해 수집하는 행동관련 웹사이트 수집에는 적용되지 않는다(예를들어, 사이트 성능의 측정을 위한 웹분석, 고객의 브라우징 행위를 보기 위한 분석 등).
- 이 규제는 온라인 행동분석 기반 광고와 온라인 콘텍스트 기반 광고를 구분한다. 전자는 이 규제의 대상이지만 후자는 그렇지 않다. 콘텍스트 기반 광고는 웹페이지의 콘텐츠와 검색질의, 웹사이트에서 동시에 발생하는 사용자 행동 등을 기반으로 이루어지는 광고이다. 콘텍스트 기반 광고의 예는 Gmail에서 이메일을 읽고 있을 때 구글의 자가출판 책에 대한 광고를 서비스하는 경우이다.

■ 원칙

1. 교육 필요성: 소비자와 회사에 온라인 행동분석 기반의 광고에 대해 교육한다.
2. 투명성: 온라인 행동기반 광고 관련 데이터 수집에 사용되는 다양한 메커니즘에 대해 소비자에게 확실히 알린다.
3. 소비자 제어권: 소비자들은 데이터가 수집되는지 여부와 특정 목적을 위해 제3자에게 전송할 수 있는지에 관한 사항을 결정할 수 있다.
4. 데이터 보안: 수집된 데이터에 대하여 보안과 유지기간이 합당해야 한다.
5. 중요사항의 변경: 온라인 행동기반 광고에서 데이터 수집과 관련한 정책을 수정하기 전에 소비자의 동의를 반드시 얻어야 한다.
6. 민감한 데이터 관리: 민감한 데이터는 다른 데이터와 다른 적용을 받는다. 특히, 관련법에 따라 보호되는 데이터의 경우 더욱 그러하다. 이러한 데이터에는 온라인 아동 프라이버시 보호법과 관련된 아동 정보가 있다. 유사하게 특정 개인의 금융 계좌번호, 사회보장번호, 약 처방전, 의료 기록 등을 온라인 광고에 활용할 때 주의가 요망된다.
7. 책임성: 온라인 행동기반 광고와 관련된 조직은 관련 정책을 수립하고 추진하여 관련 규제를 준수하는 데 광범위한 책임을 진다.

자율적 규제의 부족한 부분을 커버하기 위해 의회는 조직의 고객 관련 데이터 활용을 추가로 제한하는 몇 가지 법안을 준비하고 있다. FTC도 "Do Not Track" 원칙을 준수하기 위한 효과적인 장치를 준비하고 있다. 이는 웹 브라우저 벤더, 광고업자, 관련 산업체들로부터의 지지를 받고 있으며, 고객의 데이터가 취득되고 있는지, 트래킹되고 있는지에 관해 고객이 제어할 수 있도록 한다.

이러한 노력들이 조직과 그들의 웹사이트에 어떤 의미가 있을까? 미국에서는 기업들이 그들의 웹사이트에 프라이버시 정책에 관련된 글을 방문자에게 제공해야 할 것이다. 일반적으로 웹사이트는 opt-out을 제공할 필요가 없었으며, 회사는 쿠키를 자유롭게 사용할 수 있었다. 그러나 이러한 사항들은 백악관과 FTC 등의 규제로 미래에는 바뀔 것이다.

한편, 유럽은 웹사이트 쿠키에 대하여 opt-in 방식을 취하고 있다. 영국은 웹사이트가 명확한 정보를 제공하는 경우 암시적 동의를 허용하도록 규제를 변경하였다. 영국에서는 쿠키에 관련된 법이 사실상 있지만 웹사이트 주인은 당분간 opt-in을 구현할 필요는 없다.

이 영역과 관련된 규제는 전 세계에서 어느 정도 고정된 상태이므로 조직들은 법적 자문을 받는 것이 필요한 시점이다.

13.5 프라이버시와 규제를 위반하지 않는 방식으로 온라인과 오프라인의 데이터를 연동시키는 정책 수립

사례 13.8에서는 소프트웨어 회사에서 웹 상거래 프로세스와 관련된 빅데이터 거버넌스 프로그램을 보여주고 있다.

사례 13.8

소프트웨어 회사의 웹 상거래 프로세스

그림 13.1은 온라인 구매자에게 맞춤형 제안을 하기 위하여 온라인/오프라인 데이터를 활용하려는 소프트웨어 회사의 업무 프로세스를 보여주고 있다.

이 회사의 웹 상거래 프로세스에는 다수의 담당자가 관련되어 있다.

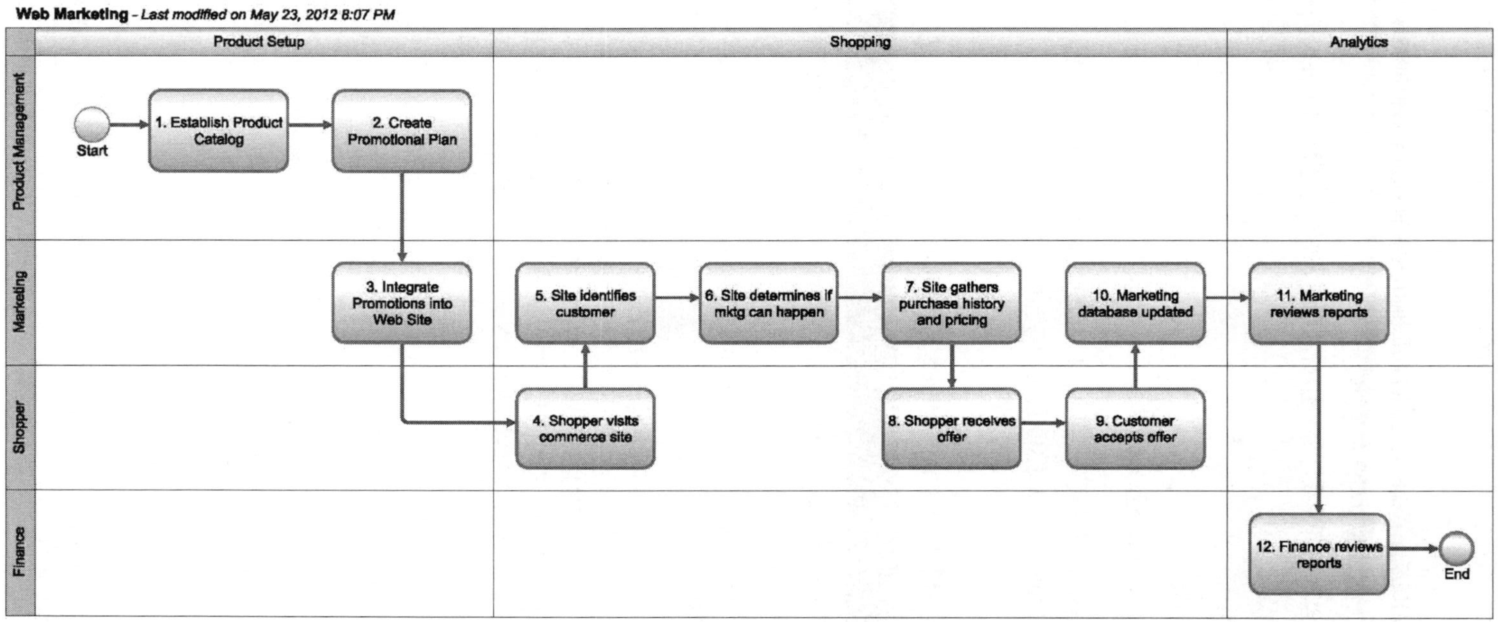

그림 13.1 온라인 구매자에게 맞춤형 제안을 하기 위하여 온라인/오프라인 데이터 활용 방안을 찾는 소프트웨어 회사의 업무 프로세스

- 제품 관리자는 제품 카탈로그를 제작하고, 마케팅 관리자의 도움을 받아 프로모션 계획을 세운다.
- 마케팅 부서는 웹사이트를 관리하고, 고객 데이터베이스를 유지하며, 다양한 종류의 마케팅 프로그램을 수행하고, 성과 보고서를 분석한다.
- 구매자는 정보를 얻기 위하여 혹은 쇼핑을 하기 위해 사이트를 방문한다. 쇼핑객들은 다른 프로파일을 가질 수 있다.
  - B2B 고객 (직원)
  - B2C 고객 (일반인)
- 재무 부서에서는 성과 보고서를 검토한다.

소프트웨어 회사는 웹사이트와 관련된 빅데이터 거버넌스 정책들을 수립해야 한다. 표 13.2에서 핵심 활동과 빅데이터 거버넌스 정책 사이의 맵핑을 보여주고 있다.

표 13.2 회사의 핵심 활동과 빅데이터 거버넌스 정책 사이의 맵핑

활동	빅데이터 거버넌스 정책
1. 적절한 제품 카탈로그 관리.	제품 관리부서는 적절한 계층과 마스터 데이터 속성을 갖춘 제품 카탈로그를 제작함.
5. 사이트가 고객을 식별함.	사이트는 고객을 식별함; 처음에는 쿠키에 대한 분석으로, 나중에는 로그인을 통해서.
6. 사이트가 마케팅 활동이 가능한 고객인지 확인함.	B2B 고객들은 이미 온라인 프로파일이 구축되어 있을 것이다. B2B 고객은 이 프로파일에서 그들이 웹사이트를 방문했을 때 프로모션 오퍼를 제시받을지에 관한 opt-in을 결정한다. 웹사이트는 로그인과 같은 관련 정보를 사용하여 고객 데이터베이스를 조회하여 그 구매자가 opt-in 동의를 했는지 확인한다. 고객 데이터 관리자는 이 데이터의 무결성을 책임지고 있다. 웹사이트는 마케팅 제안에 대한 opt-out 신청을 존중한다. 이 과정은 B2C 구매자에게는 적용되지 않는다.
8. 구매자가 제안을 받음.	웹사이트는 예측모델을 사용하여 구매자에게 상품과 가격을 제시한다. 이 예측모델은 다음과 같은 정보를 입력으로 사용한다: - 고객의 인구통계학적 정보 (로그인 시 정보를 제공한 경우) - 회사에 관한 정보 (제안에 대한 수용률 등) - 방문자의 인터넷 도메인 주소 - 구매자가 기 보유한 제품 - 구매자의 이전 브라우징 히스트리 - 가격 탄력성 - 제품 친밀감 (기 보유 제품을 기반으로 산정함) - 계약 금액 (B2B 고객의 경우) 이 예측 모델은 고객, 제품, 가격 등에 관한 고품질의 마스터 데이터를 기반으로 구축된다.

활동	빅데이터 거버넌스 정책
10. 마케팅 데이터베이스가 업데이트됨.	구매자의 상호작용 히스토리는 최신의 정보로 갱신되어 향후 웹사이트 방문 시 적절한 지원뿐 아니라 받아들여지지 않은 제안들을 이해하는 데 사용된다.
11. 마케팅 부서에서 보고서 검토.	마케팅 보고서는 고객의 트래픽, 구매자의 동선, 전환율, A/B 테스트, 장바구니 분석 등을 담고 있다. 마케팅 부서는 'unique visitor', 'conversion event', 'purchase event' 등과 같은 용어들에 대하여 비즈니스 관점에서 일관성 있는 정의를 필요로 한다.
12. 재무관점에서 보고서 검토.	이 보고서는 판매와 수익에 관해 보고하며, 'net sales' 등과 같은 용어에 대하여 비즈니스 측면에서 일관성 있는 정의를 요구한다. 또한, 보고서의 데이터에 대하여 데이터 웨어하우스 및 데이터 소스에 이르는 출처를 필요로 한다.

표 13.2에서 설명한 프로세스는 B2C 회사에서 발전된 마케팅 노력의 전형적인 모습으로 새로운 구매자층 결정(retargeting), 유지 마케팅(retention marketing), 고객 서비스 프로그램 등을 수행한다. 이 프로그램에서 마케팅의 목적은 고객과 잠재 고객이 개인화된 메시지를 받아서 더 적합한 것을 찾도록 함으로써 윈-윈 시나리오를 생성하는 것이다. 그 결과 마케팅의 노력이 더욱 성공할 가능성이 높아지도록 하는 것이다. 일반적으로 회사가 웹쿠키 기반의 분석 데이터를 웹사이트 방문객을 포함하는 PII와 통합할 때 웹사이트에 대한 프라이버시 정책을 적절히 공개할 필요가 있다.

13.6 웹 측정 방법의 일관성 유지

고객들은 서로 다른 웹사이트들과 이메일 및 마케팅 캠페인과 같은 다양한 형태로 조직의 특성과 관련하여 상호작용을 할 수 있다. 그 결과 조직들은 고객의 브라우징과 탐색의 특성이나 마케팅 캠페인에 대한 응답 등과 같은 방대한 양의 온라인 데이터를 보유하게 된다. 이러한 데이터에는 다음과 같은 종류가 포함된다.[80]

80 "IBM Coremetrics Benchmark Reports: Black Friday and Cyber Monday 2011." http://www-01.ibm.com/software/marketing-solutions/benchmark-reports/index-2011.html.

- KPI(Key Performance Indicators)로서 최고위층의 비즈니스 목표에 대한 사이트의 성과를 측정한 데이터(예: 판매량, 광고예산, 고객 셀프-서비스 성공 등)
- 트랜잭션 지표(예: 판매량, 주문 항목들, 평균 주문량 등)
- 변환 지표(예: 변환율, 쇼핑 카트 세션들, 쇼핑 카트 변환율, 쇼핑 카트 폐기율 등)
- 세션 트래픽(예: 평균 세션 길이, 사이트에 들어와서 한 페이지만 보고 나가는 비율, 세션당 보는 페이지 수, 세션당 보는 제품의 개수 등)
- 수명 가치 지표(예: 반복 방문자, RFM - Recency, Frequency, Monetary - 데이터, 2x구매자, 3x-5x 구매자)
- 모바일 디바이스 지표(예: 판매량 중에서 모바일 비중, 사이트 트래픽 중에서 모바일 비중, 모바일 바운스 비율(한 번 보고 가버리는 고객의 비율), 안드로이드 트래픽, 아이폰 트래픽, iPad 트래픽 등)
- 소셜 미디어 소개 지표(예: 판매에서 소셜 미디어의 비율, 트래픽 중에서 소셜 미디어의 비중, Facebook 소개 트래픽, Twitter 소개 트래픽, Pinterest 소개 트래픽 등)

빅데이터 거버넌스 프로그램은 일관성이 결여된 방법론을 사용하고 있는 웹사이트들 사이에 절댓값의 차이 문제에 직면하곤 한다. 다음은 이 불일치성의 이유들이다.

- **온라인 세상에서 비일관적인 용어**

두 웹사이트는 세션을 다르게 측정할 수 있다. 예를 들어, 한 사이트에서는 두 클릭 사이에 30분 이상이 경과하면 다른 세션으로 간주하지만, 다른 사이트에서는 다른 시간을 사용할 수도 있다.

- **오프라인 세상에서 비일관적인 용어**

웹 분석 데이터는 오프라인 데이터와 통합될 필요가 있다. 그러나 'high value customer', 'prospect', 'tenured customer' 등과 같은 용어의 정의가 다르게 정의된다면 이 문제는 상당한 어려움을 초래할 것이다.

- **에러로 인해 페이지 태그가 로드되지 않음**

페이지 태그는 웹페이지 내의 코드 조각으로 다른 코드를 실행하는 라이브러리를 포인트하고 있다. 페이지 태그는 여러 가지 기능을 가지고 있는데, 그 중에는 어떤 사용자가 어떤 페이지를 방문한 사실도 포함되어 있다. 대부분의 웹페이지는 다수의 (어떤 경우는 10개 이상) 페이지 태그를 포함하고 있다. 사용자가 모든 페이지 태그가 로드되기 전에 다른 페이지로 옮겨가면 불일치가 발생할 수 있다.

- **추적기술**

한 웹사이트는 로그 파일을 사용하여 웹분석용 데이터를 수집하고, 다른 사이트는 페이지 태그를 사용할 수 있다. 또 다른 대안으로 한 사이트는 first-party 쿠키를 사용하고, 다른 사이트는 third-party 쿠키를 사용할 수 있다. 두 경우 모두 측정된 수치가 다를 수 있으며, 이는 두 방식의 사각지대가 서로 다르기 때문이다.

- **분석기술의 차이**

어떤 두 웹 분석 도구도 동일한 데이터 집합에 대하여 동일한 결과를 산출한다고 보장할 수는 없다. 이러한 불일치는 다양한 소스로부터 기인한다(예를 들어, 각 도구가 클릭들을 어떻게 세션으로 그루핑하는지 등). 한 도구는 고객이 검색을 위해 웹사이트를 떠났다가 돌아오면 다른 세션이라고 간주하지만, 다른 도구에서는 이를 동일한 세션으로 간주하기 때문에 분석결과에서도 차이가 발생할 수 있다.

빅데이터 거버넌스 팀은 사용자가 모든 웹 분석 정보의 정의, 방법론, 단점 등을 이해하고 있음을 보장하는 것이 중요하다. 사례 13.9는 정보 서비스를 제공하는 어떤 웹사이트에서 클릭스트림 데이터 거버넌스의 예를 보여주고 있다.

사례 13.9

웹 정보 서비스 제공 사업자의 클릭스트림 데이터 거버넌스

웹에 기반을 둔 어느 정보 서비스 사업자는 클릭스트림 데이터의 거버넌스로 인해 고민을 하고 있다. 회사는 작지만 트래픽은 상당히 많은 편이다. 회사의 웹사이트는 매월 2.5테라 바이트 크기의 클릭스트림 데이터를 생성하고 있으며, 이는 매년 50%씩 증가하고 있다.

관련 팀은 정기적인 페이지 태그 변경 문제로 고심하고 있다. 어떤 경우에는 하나의 페이지에서 25개의 페이지 태그가 실행되고, 이는 매우 높은 수치이며, 그 이유는 회사의 수익모델이 광고 지원이기 때문이다. 새로운 광고 네트워크를 추가할 때 두 개의 태그를 삭제하고, 세 개의 태그를 추가하여 총 26개의 태그를 가지게 되었다. 그러나 신상품 발표부터 불일치가 있었다. 예를들어, 몇몇 페이지들이 실수로 업데이트되지 않았으며, 이것이 결과의 불일치를 초래하게 되었다. 다른 경우에 팀에서 어떤 페이지의 사용을 중단했지만 페이지 식별자를 재사용하였으며, 이로 인해 그 페이지에 대한 비교는 아무런 의미가 없게 된다. 비즈니스 인텔리전스 팀은 핵심 비즈니스 용어들에 대한 소유권의 부족 때문에 고심하고 있다. 많은 협상 끝에 마케팅 팀이 지표에 대한 소유권자로 지정되었다.

요약

소셜 미디어와 웹 데이터는 고객과의 관계를 개선하는 측면에서 엄청난 가치를 가진다. 그러나 조직들이 고부가가치를 얻기 위해서는 프라이버시, 데이터 품질, 메타데이터 등의 문제를 포함하는 적절한 거버넌스를 구비할 필요가 있다.

CHAPTER

14

M2M 데이터

이 장은 Alex Bentley(IBM), Marco De Angelis(IBM), Marc Flammante(IBM), Arild Kristebsen(IBM), Frode Myren(IBM), Gregory Neuveglise(IBM)의 공헌으로 작성되었다.

Machine-to-machine(M2M)은 다른 디바이스와 통신하는 wireless 혹은 wired 시스템을 의미한다. M2M은 센서, 미터기 등의 디바이스를 사용하여 스피드, 온도, 압력, 흐름, 염도 등을 측정한다. 이러한 장치들은 wireless, wired, hybrid 네트워크를 경유하면서 수집한 데이터를 유용한 정보로 변환하는 애플리케이션으로 전달한다. 예를 들어, 공장 시설에는 전기 사용량을 무선으로 전달하는 스마트 미터기가 장착되어 있을 수 있다.

무선 네트워크의 확산으로 M2M 통신이 훨씬 쉽게 이루어지고 있으며, 기계들 사이에 정보 교환에 필요한 전기와 시간이 줄어들고 있다. 그 결과 새로운 비즈니스 기회가 생성되고 있으며, 생산자와 소비자 사이의 통신도 용이하게 되었다.[81] 이러한 기술의 발전은 "IoT (Internet Of Things)"라는 용어를 만들었으며, 수십억 개의 사물(예를 들어, 재료, 상품, 의약품, 기계, 모바일 폰, 자동차 등)에 인터넷 주소를 부여하고, 이들이 서로 연결되어 통신한다는 의미이다. 각 사물에는 RFID 태그 혹은 GPS가 부착되어 그 위치를 파악할 수 있다.

이 장에서는 조직 내에서 거대한 분량의 M2M 데이터를 관리하는 데 발생하는 이슈들을 다룬다. 빅데이터 거버넌스 프로그램에서는 M2M 데이터를 다루기 위하여 다음과 같은 베스트 프렉티스를 고려해야 할 것이다.

14.1 현재 활용가능한 위치정보 데이터의 유형 조사
14.2 고객의 위치정보에 대한 활용 정책을 수립
14.3 직원의 위치정보에 대한 활용 정책을 수립
14.4 RFID 데이터에 대한 프라이버시 인증
14.5 다른 M2M 데이터에 대한 프라이버시 정책 수립
14.6 M2M 데이터의 품질과 메타데이터
14.7 M2M 데이터에 대한 유지 기간 정책의 설정
14.8 M2M 데이터 지원을 위한 마스터 데이터의 품질 향상

81 http://en.wikipedia.org/wiki/Machine-to-Machine#cite_note-4.

14.9 사이버 공격에 대한 약점을 이기는 SCADA 인프라 강화

이 장의 나머지 부분에서 이와 같은 토픽들을 다룰 것이다.

14.1 현재 활용가능한 위치정보 데이터의 유형 조사[82]

스마트폰, 센서, RFID 장착 디바이스 등이 널리 사용됨에 따라서 완전히 새로운 형태의 위치정보를 활용한 애플리케이션들이 출현하고 있다. 위치정보(geolocation)란 개인 혹은 개체의 지리적인 위치에 대한 식별정보로서 스마트폰 등 RFID 장착 디바이스들로부터 발생되는 신호에 기반을 두고 있다. 이 장치들은 전화번호, 현재위치, MAC address 등의 정보를 디바이스가 사용되지 않는 상태에서도 지속적으로 서버에 전달하고 있다. 위치정보에 대한 합법적인 사용도 물론 많이 있다. 많은 소셜 미디어 업체들은 위치정보에 대한 사용이 없이는 존재하지도 않았을 것이다.

빅데이터 거버넌스 프로그램에서는 조직에서 현재 수집하고 있는 위치정보의 유형들을 점검할 필요가 있다. 다음은 위치정보의 유형들에 대한 예이다.

기지국 데이터(base station data)

통신사들은 셀이라는 단위로 담당 영역을 나눈다. 모바일 폰의 사용과 3G통신을 사용한 인터넷 접속을 가능하도록 하기 위하여 모바일 디바이스는 특정 셀을 커버하는 안테나(기지국)와 연결되어 있어야 한다. 각 셀은 산이나 건물 등의 존재에 따라서 다른 크기의 영역을 커버하고 있다. 모바일 디바이스가 켜지면 그 디바이스는 특정 기지국과 연결된다. 통신사는 지속적으로 이러한 연결정보를 관리해야 한다. 각 기지국은 유일한 식별자를 가지고 있으며, 특정 위치와 함께 등록되어 있다. 통신사와 많은 모바일 디바이스들은 삼각법이라고 하는 기술을 사용하여 모바일 디바이스의 위치를 추정한다.

기지국 데이터는 통신 트래픽 잼을 발견하는 등 혁신적인 용도로 사용되고 있다. 각 로

82 This section includes content from "Opinion 13/2011 on Geolocation services on smart mobile devices," European Union Article 29, Data Protection Working Party.

드는 평균 스피드를 가지고 있으며, 다음 기지국으로의 이전 시 예상보다 더 많은 시간이 걸리면 트래픽 잼이 있다고 보는 것이다. 기지국 데이터는 위치에 대한 대략의 정보를 제공하지만 GPS나 WiFi 데이터와 같이 정확하지는 않다. 정확도는 도심에서 50미터 정도이고, 시골 지역에서는 수킬로미터까지 늘어난다.

GPS(Global Positioning System) 기술

스마트 모바일 디바이스는 자신의 위치를 결정하는 GPS 수신기가 장착되어 있다. GPS 기술은 미국 군사용 위성 네트워크를 사용한다. 각각은 매우 정확한 라디오 신호를 전송한다. 모바일 디바이스는 장착된 GPS 센서가 최소 4개의 신호를 수신하면 자신의 위치를 결정할 수 있다. GPS 기술은 정확한 위치를 결정할 수 있도록 하는 데 4~15미터의 정확도를 제공한다.

WiFi 기술

WiFi 액세스 포인트는 새로운 형태의 위치정보를 제공한다. 이 기술도 기지국과 유사하다. 두 방식 모두 모바일 디바이스에 의해 감지될 수 있는 유일한 식별자를 사용하며, 각 식별자에 대하여 위치가 연계되어 있다.

각 WiFi 액세스 포인트에 대한 식별자 ID는 MAC(Medium Access Control) 주소이다. MAC 주소는 네트워크 인터페이스에 부착된 유일한 식별자이다. 이는 메모리 칩, 컴퓨터의 네트워크 카드, 전화기, 랩탑, 액세스 포인트 등과 같은 하드웨어에 기록된다. WiFi 액세스 포인트는 지속적으로 그 존재를 공지하므로 위치정보의 소스로 활용된다.

RFID(Radio Frequency Identification)[83] 기술

RFID는 작은 전자 마이크로 칩으로 개체, 동물, 사람 등에 부착되어 자동 식별이 가능하도록 하는 기술이다. 데이터는 칩에 저장되어 있으며, RFID 리더기에 의해 무선으로 읽혀질 수 있다. 기존의 바코드와 유사한 개념이다. 바코드는 압축된 형태로 기록된 정보이므로 작은 공간을 차지하며, 기계에 의해 그 내용이 읽혀질 수 있다.

83 http://ec.europa.eu/information_society/policy/rfid/about_rfid/index_en.htm.

바코드에 비하여 RFID 태그는 스마트하다. 마이크로 칩에 있는 정보는 일정한 거리내에서 다른 무선 장치에 의해 자동으로 읽혀진다. RFID 태그는 사용하기 쉬우며, 개별 개체에 대하여 읽는 대신에 일정한 거리 안에 있는 RFID 태그들을 한꺼번에 읽을 수 있으므로 바코드에 비하여 훨씬 효율적이다. 인터넷 및 데이터베이스와 연결하여 모조약품의 구별, 위험한 화학물질의 수명주기 추적, 컨테이터의 위치 식별, 소매상에서 기성복의 추적 등 다양한 용도로 사용된다.

14.2 고객의 위치정보에 대한 활용 정책을 수립[84]

스마트 모바일 디바이스는 각 개인과 불가분의 관계에 있다. 대부분의 사람들은 자신의 모바일 디바이스를 주머니나 가방에 넣고 다니며, 잠잘 때나 식사 시간에도 가장 가까이 두고 있다. 사람들은 자신의 휴대폰을 다른 사람에게 빌려주는 경우도 거의 없다. 대부분은 자신의 모바일 디바이스가 이메일, 사적인 사진, 브라우징 히스토리, 주소록 등 개인적인 정보를 담고 있음을 알고 있다. 위치정보 기반 서비스 제공자는 이러한 모든 정보를 바탕으로 개인에 관한 프로파일을 만드는 것이 가능하게 된다. 예를 들어, 고객의 야간 행동 패턴, 잠자는 곳에 대한 정보, 아침에 이동 패턴, 직장의 위치 등을 추정할 수 있다. 또한, 소셜 네트워크 사이트에서 개인의 친구 관계나 행동 패턴에 대한 정보를 수집할 수도 있다. 행동 패턴 정보에는 병원이나 종교기관 방문은 물론 시위 현장에의 참여까지도 알 수 있다. 이러한 정보는 개인에게 심각한 영향을 주는 의사결정에 활용될 수도 있다.

이 책이 출판될 당시 미국에서는 스마트 디바이스에서 발생하는 위치정보의 활용에 관하여 상충되는 몇 가지 법과 제도가 존재했다. 위치 프라이버시 보호법안(The Location Privacy Protection Act, 2011)은 이러한 애매한 부분을 커버하기 위해 제안되었다. 아직 법률로 통과되지는 않았지만 사례 14.1은 스마트 디바이스에서 생성되는 개인의 위치정보를 사용하는 조직에서 반드시 해결해야 할 핵심 사항들을 보여주고 있다. 미국 혹은 그 외 지역의 조직들은 그 지역의 규제 환경과 법률적인 리스크 및 공적인 평판 등에 대한 굳건한 가이드

84 This section includes content from "Opinion 13/2011 on Geolocation services on smart mobile devices," European Union Article 29, Data Protection Working Party.

라인을 제정하는 데 노력해야 할 것이다.

사례 14.1

미국의 시각 – 위치 프라이버시 보호법, 2011

2009년 1월 법부부 특별 보고서는 연간 26,000명의 GPS 스토킹 희생자가 발생하고 있다고 보고하였다. 2010년 12월 월스트리트 저널의 조사에서는 애플 사의 iPhones과 구글 안드로이드 스마트폰의 top 101개 애플리케이션 중에서 47개가 사용자의 동의없이 사용자의 위치정보를 타기관에 넘기고 있음을 밝히고 있다.[85]

이러한 사건들로 인하여 휴대폰과 스마트폰에서의 위치정보 프라이버시에 관한 관심도가 높아지게 되었다. 현재 연방정부의 법은 회사가 고객의 스마트폰으로부터 위치정보를 얻어서 고객의 동의없이 제 3자에게 제공할 수 있도록 허용하고 있다는 사실을 많은 미국인들이 이해하지 못하고 있다. 케이블 법규와 통신 법규는 관련 회사들이 고객의 소재에 관한 정보를 자유롭게 노출시키는 것을 금지하고 있다. 전자통신 프라이버시(ECPA) 법규에서는 스마트폰 회사나 애플리케이션 서비스 회사가 고객의 위치정보를 자유롭게 (고객의 동의도 없이) 제 3자와 공유할 수 있도록 허용하고 있다.

이러한 법규들의 모순은 규제에 혼란을 가져오고 있다. 어떤 사람이 스마트폰을 사용하여 회사 전화로 전화를 거는 경우 그 회사는 그 사람의 위치정보를 그 사람의 동의없이 제 3자에게 제공할 수 없다. 그러나 동일한 사람이 동일한 스마트폰을 사용하여 인터넷 상에서 회사를 찾는다고 하면 ECPA 법규에 따라서 무선통신 회사는 그의 위치정보를 제 3자에게 자유롭게 노출시킬 수 있다.

위치 프라이버시 보호법(S. 1223, 2011)은 미국 연방법의 현행 문제점을 해결하고자 고객의 위치정보를 그들의 스마트폰이나 모바일 디바이스로부터 획득하여 사용하는 모든 회사에게 다음을 준수하도록 요구하고 있다.

1. 고객의 위치정보를 수집하기 전에 고객의 분명한 동의를 얻어라.
2. 고객의 위치정보를 제 3자에게 공유하기 전에 고객의 분명한 동의를 얻어라.

이 법률은 다음과 같은 조항을 포함하고 있다.

1. 법무부의 국립 연구소는 데이트 폭력, 스토킹, 가정폭력 등에 위치정보 기술을 사용하는 연구를 수행하라.
2. FBI의 인터넷 범죄 신고 센터에 이러한 범죄의 보고를 용이하게 하라.
3. 검찰이 위치정보 데이터 오용과 관련된 범죄를 효과적으로 조사하고 기소할 수 있도록 훈련

85 Scott Thurm and Yukari Iwatani Kane, "Your Apps Are Watching You." The Wall Street Journal, December 17, 2010.

커리큘럼을 구성하라.

4. 위치정보가 의도적으로 노출되어 가정폭력이나 스토킹을 유발하는 “스토킹 앱”을 형사 처벌하도록 하라.
5. 10세 이하 어린이의 위치정보 데이터를 의도적으로 수집하여 판매하는 것을 처벌하는 법안을 만들어라.

다음에는 유럽연합에서 위치정보의 프라이버시에 대한 규제 환경을 살펴본다. 사례 14.2에서 논의한 바와 같이 스마트 모바일 디바이스로부터 얻어지는 위치정보의 사용에 관한 법적 프레임워크는 데이터 보호 명령(Data Protection Directive, 95/46/EC)이다.

사례 14.2

유럽연합 데이터 보호 분과 제 29조 – 스마트 모바일 디바이스 상의 위치정보 서비스에 관한 가이드라인

■ 법적인 프레임워크

- 스마트 모바일 장치의 위치정보의 사용에 대한 유럽연합의 법적 프레임워크는 주로 데이터 보호 명령이다.
- 스마트 모바일 장치로부터 수집한 위치정보는 개인 데이터이다.
- 고유한 MAC 주소와 WiFi 액세스 포인트의 계산된 위치를 통합한 정보는 개인정보이다.

■ 합법적인 근거

- 스마트 모바일 장치의 위치정보가 개인의 사적인 데이터이므로 통신 사업자는 데이터에 대한 사전 동의를 얻어야 한다.
- 동의는 구체적인 용어와 조건으로 이루어져야 한다.
- 동의는 목적에 맞게 구체적으로 받아야 한다. 데이터에 대한 처리 목적이 구체적으로 변경된다면 조직은 동의를 갱신해야 할 것이다.
- 기본적으로 위치정보 서비스는 사용자가 언제든지 끌(off) 수 있어야 한다. opt-out 방식은 사용자 동의를 받는 데 적합한 방식이 아니다.
- 아이들이 사용하는 경우엔 부모님이 애플리케이션에 대해 사전에 파악하고 제어해 주어야 한다. 최소한 자녀에게 그 사실을 알려서 자녀들이 그러한 애플리케이션을 사용하는 데 있어 결정에 참여할 수 있도록 한다.

- 동의의 기간은 최소 1년으로 제한한다.
- 데이터의 주체는 간단한 방법으로 그들의 동의를 철회할 수 있어야 하며, 그로 인해 피해가 없어야 한다.
- 모바일 디바이스로부터 수집된 위치정보의 관리자들은 그들의 고객이 자신의 위치정보에 접근하여 틀린 정보를 고치거나 지울 수 있도록 허용해야 한다.
- 사용자가 자신의 위치 데이터에 언제든지 접근하고, 수정 및 삭제를 할 수 있도록 하여야 한다.

14.3 직원의 위치정보에 대한 활용 정책을 수립

빅데이터 거버넌스 프로그램은 인사관리 팀과 공조하여 직원에 관한 위치정보의 사용과 관련된 정책을 확고하게 수립해야 한다. 사례 14.3은 유럽연합에서 직원과 관련된 위치정보의 사용을 통제하는 가이드라인을 보여주고 있다.

사례 14.3

유럽연합의 직원 관련 위치정보 사용통제 가이드라인(유럽연합 데이터 보호 분과 제 29조)

- 유럽연합의 법적 프레임워크는 직원이 채용 시 위치 모니터링에 대한 동의를 했더라도 이를 인정하지 않는다.
- 그러나 고용주는 합법적인 목적으로 명백히 필요한 경우에 한하여 덜 거슬리는 방식으로 그 목적을 달성할 수 없는 경우에만 제한적으로 위치정보 기술을 채택할 수 있다.
- 직원의 동의를 구하기에 앞서 고용주는 먼저 합법적인 목적을 위해 직원의 위치를 감시해야 할 필요성이 존재하는지와 그 필요성이 직원의 기초적 권리와 자유보다 더 중요한 것인지를 조사해야 한다.
- 고용주는 직원들에게 최대한 피해를 주지 않는 방식을 채택해야 하고, 계속적인 모니터링을 하지 않아야 한다.
- 직원은 일하는 시간 외에는 모니터링 장치를 끌(off) 수 있어야 한다.
- 자동차 추적 장치는 운전하는 직원을 추적하는 장치가 아니며, 단지 자동차의 위치를 모니터링 할 뿐이다. 고용주는 이 장치를 운전사나 직원의 위치 내 행동패턴을 추적하거나 모니터링하는 데 사용하면 안 된다(예를 들어 자동차 속도와 연계하여 경고를 보내는 행위는 금지).

14.4 RFID 데이터에 대한 프라이버시 인증[86]

특정인에게 부착된 RFID 데이터는 사람을 식별하는 정보(personally identifiable information, PII)로 취급되어야 한다. 따라서 조직들은 이러한 RFID 데이터를 다른 PII와 동일한 방법으로 다루어야 한다. 2009년 5월 유럽연합 집행기관은 RFID 애플리케이션들을 프라이버시 영향 평가(PIA)의 대상으로 지정하였다. PIA는 특정 RFID 애플리케이션에 대하여 프라이버시 및 데이터 보호 평가를 엄밀하게 수행함으로써 그 영향을 최소화 한다. 유럽연합 집행기관의 데이터 보호 작업분과 제 29조에는 PIA 프레임워크가 2011년 2월 추가되었다.

이러한 규제적인 요구사항에 기반을 두고 유럽연합의 RFID 문제는 그림 14.1의 의사결정 트리를 따르도록 하고 있다. 레벨 2와 레벨 3으로 분류된 애플리케이션들은 full-scale PIA가 요구된다. 예를 들어 full-scale PIA를 필요로 하는 애플리케이션들은 개인정보를 처리하거나(레벨 2) RFID 태그가 개인 데이터를 포함하는 경우(레벨 3)이다.

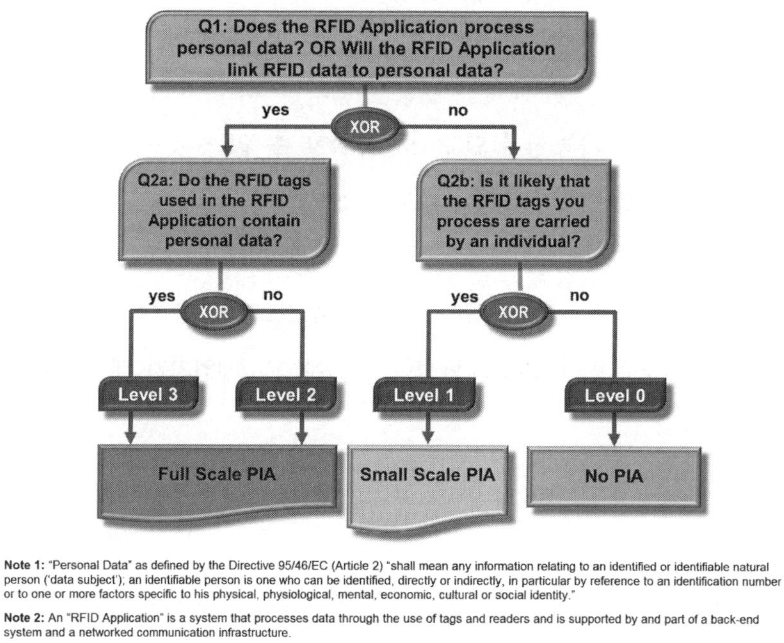

그림 14.1 PIA를 수행하기 위한 결정트리

(Source: "Privacy and Data Protection Impact Assessment Framework for RFID Applications," European Union, January 12, 2011.)

86 This section includes content from the "Privacy and Data Protection Impact Assessment Framework for RFID Applications," European Union, January 12, 2011.

14.5 다른 M2M 데이터에 대한 프라이버시 정책 수립

PIA 프로세스의 일부로 RFID 운영자는 개인 데이터를 위협하는 위험성을 인식할 필요가 있다. 다음에서 소매업과 건강관리 분야에서 이러한 위험성을 논의한다.

소매업

RFID 태그는 개인을 추적하거나 프로필을 작성하는 데 활용될 수 있다. 소매업자는 체크아웃 시 RFID 태그를 제품에서 비활성화 혹은 제거하지 않고 고객에게 전하는 경우 의도하지 않게 이러한 위험성에 노출될 수 있다.

유럽연합은 RFID 운영자에 의한 비밀 데이터 수집을 또 다른 프라이버시 위험으로 주목하였다. RFID 운영자는 상품을 소유한 개인들이 발생시키는 모든 태그(심지어 다른 상인이 부착하여 판매한 RFID 태그까지)를 읽어서 당사자 몰래 개인화된 마케팅 메시지를 개인에게 보낼 수 있다. 예를 들어, 소매점에서 신발을 산 고객을 가정하자. 그 신발에는 RFID 태그가 부착되어 있다(구매 시 소매점에서 비활성화하거나 제거하지 않은 채로 사용중임). 그 고객이 다른 상점을 방문할 때 RFID 태그 정보를 읽어서 양말을 20% 싼 가격으로 제공한다는 메시지를 보낼 수도 있다.

핵심 질문은 프라이버시 리스크 가능성이 있고, 또 묵살할 수 없는 것으로 구체화될 수 있는 것인가라는 것이다. 유럽연합 가이드라인에 따르면 소매업자는 상품을 판매하는 시점에서 고객이 태그의 활성화를 원하지 않는 한 (이 경우에도 프라이버시 문제를 설명해야 함) RFID 태그를 비활성화하거나 제거하도록 하고 있다. 만약 PIA 보고서에서 태그가 프라이버시 위협이나 개인 데이터 보호와 관련이 없다고 판정한 경우에는, 소매업자가 태그를 비활성화하거나 제거할 필요는 없다.

건강관리

지난 5년간 병원들은 자산과 환자 모니터링을 위해 지속적으로 RFID 사용을 확대하고 있다. RFID를 사용하여 자산을 관리하면 제고수준을 적절하게 유지할 수 있으며, 사기나 낭비 및 남용을 방지할 수 있다. 많은 병원들은 최근에 RFID 팔찌를 사용하여 환자를 모니터링하고 있다. 이 경우 다음과 같은 프라이버시 문제를 고려해야 한다.

- 환자의 추적 프로세스가 RFID 데이터에만 의존하는가? 이 프로세스가 RFID 이전에 존재하던 프로세스에 덧붙여 이루어지고 있는가?
- 환자가 말을 할 수 없거나 혹은 다른 방식으로 통신이 불가능하다면 환자 추적 정책이 어떻게 바뀔 것인가?
- 환자가 의료용 태그에서 민감한 개인정보를 읽는 것에 대하여 참여하지 않겠다고 선언할 수 있는가?
- 조직 내에서 누가 환자의 개인정보를 액세스할 수 있는가? 조직 밖에 있는 가족들이나 변호인 혹은 다른 사람들이 이 정보에 접근할 수 있는가?

미국에서는 이러한 문제에 관한 어떤 구체적인 법률도 통과되지 않았고, 정부와 의료계에서는 환자의 건강과 프라이버시 사이의 균형을 찾는 연구를 하고 있다.

M2M 데이터의 다른 유형들도 심각한 프라이버시 문제를 야기할 수 있다. 사례 14.4는 유럽연합의 스마트 미터기에 대한 프라이버시 문제를 다루고 있다(제 19장에서 스마트 미터기에 대하여 살펴본다).

사례 14.4

유럽연합의 스마트 미터기에 대한 프라이버시 문제

유럽연합의 데이터 보호 실무분과 제 29조는 2011년 4월 4일 채택된 것으로 스마트 미터기에 관하여 규정하고 있다. 핵심 조문은 다음과 같다.

■ 개인 데이터

스마트 미터기는 유일한 식별자를 갖고서 특정 자산에 부착되어 있으므로 개인 데이터로 간주된다(유럽연합 데이터 보호 명령 95/46/EC). 스마트 미터기 데이터로부터 개인의 생활 패턴이나 에너지 소비 패턴을 알 수 있으므로 프라이버시 문제가 중요한 이슈로 부각된다.

■ 개인 데이터 처리를 위한 근거

스마트 미터기와 관련된 개인 데이터를 처리하기 위해서는 다음 5가지 중 최소 1가지는 충족해야 한다.

1) 동의 - 고객이 그 내용을 충분히 이해한 상태에서 동의한다.
2) 계약 - 스마트 미터기 데이터에 기반한 청구서를 만들 때 개인 데이터를 처리하는 것이 필요하다.
3) 공공의 이익 혹은 공식 업무 - 운영자는 물리적 네트워크의 성능이나 전기 소비를 줄일 책임이 있다.
4) 법적인 의무 - 운영자는 스마트 미터기를 설치하고 관련 데이터를 수집할 법적 의무가 있다.
5) 합법적인 이익 - 고객의 세부적 데이터를 생성하거나 데이터를 제 3자에게 넘기는 등의 행위를 고객의 인식과 동의 없이 해서는 안 된다.

■ 설계에 의한 프라이버시 고려(Privacy by Design)

스마트 미터를 구현할 때 처음부터 프라이버시를 포함하여 설계해야 한다. 이는 시큐리티의 측정에서부터 개인 데이터의 처리를 최소화하는 문제까지 포함해야 한다. 특별조사위원회에서는 모든 데이터가 필요한 경우 혹은 사용자가 데이터 이동에 관한 동의를 한 경우를 제외하고는 가정 네트워크 안에 존재해야 한다고 명시하였다.

10분에서 60분 간격을 두고 실시간으로 수집되는 데이터를 사용하여 로드 그래프를 생성하는 것에 관심을 가지고 있다. 로드 그래프는 미터기 안에 저장되며, 2개월치 히스토리 정보를 가지고, 필요한 경우에만 생성된다.

마지막으로 특별조사위원회는 스마트 미터기의 사용과 관련된 프라이버시 영향 측정을 권고하고 있다.

■ 개인 데이터의 유지

특별조사위원회는 스마트 미터기 데이터를 업무에 필요한 기한 동안에만 유지하도록 권고하고 있다. 예를 들어, 기업은 스마트 미터기 데이터를 분석하여 에너지 효율성을 증진시키는 데 활용할 수도 있다. 이 경우 위원회에서는 13개월의 유지기한을 설정하여 연간 비교가 가능하도록 하고 있다. 연간 비교를 제외한 나머지 서비스들은 더 짧은 유지기한이 적합하다. 고객의 스마트 미터기 자체에 더 많은 데이터를 저장하는 것이 가능할 것이다.

■ 범죄 예방과 조사

스마트 미터기 데이터는 실내에서 마리화나를 재배하는 경우(전기를 많이 사용함)와 같은 수상한 행동을 인식하는 데도 사용될 수 있다. 그러나 위원회는 이러한 가능성 때문에 광범위한 미터기 데이터를 수집하고 분석하는 것을 정당화할 수는 없다고 결론내렸다.

사례 14.5는 캘리포니아에서 스마트 미터기에 대한 프라이버시 프레임워크를 설명하고 있다.

사례 14.5

캘리포니아의 스마트 미터기 프라이버시

캘리포니아 공공 시설 위원회는 11-07-056 결정문을 공표하여 전기사용 데이터의 프라이버시와 시큐리티 보호 규정을 채택하였다. 2012년 3월 San Diego 가스 및 전기(SDG&E) 담당자와 캐나다 온타리오 정보 및 프라이버시 위원회는 "Applying Privacy by Design: Best Practices to SDG&E's Smart Pricing Program."라는 백서를 발표하였다. 여기서는 SDG&E에서 스마트 미터 비용 프로그램에 privacy by design을 적용한 베스트 프랙티스를 담고 있다.

SDG&E는 고객 프라이버시 담당 임원과 프라이버시 준수를 감시하는 실무반을 운영하고 있다. 고객 프라이버시 담당 임원은 고객 서비스 부사장이며, 이사진에 포함되어 있다. 이 임원은 프라이버시 평가에 대한 책임을 지고 있다.

SDG&E의 privacy by design 프로그램의 주요 특징은 'privacy by default.'이다. SDG&E의 기본 정책은 opt-in을 원하는 고객은 어떤 조치도 취할 필요가 없다는 점이다.

14.6 M2M 데이터의 품질과 메타데이터

빅데이터 거버넌스 프로그램에서는 몇 가지 편견을 해결해야 한다. 예를 들어 "데이터가 기계로부터 생성되므로 정확한 것이다." 라는 말은 편견에 불과하다. 다음에서 M2M 데이터와 관련된 데이터 품질 및 메타데이터 문제를 살펴보겠다.

RFID

RFID 리더는 중복이나 결측치와 같은 에러를 포함하는 방대한 양의 데이터를 생성한다. RFID 데이터는 ALE(Application Level Events)와 같은 표준을 따른다. RFID 데이터가 어떤 제품이 분실된 것으로 읽혀진 경우를 가정해 보자. 여러 가지 해석이 가능할 것이다.

RFID 태그가 어떤 각도에서 읽혀지지 않을 수도 있고, 습기가 많아서 읽을 수 없는 경우도 있으며, RFID 태그 자체가 변질되어 오류를 발생시키는 경우도 있다.

빅데이터 플랫폼은 대규모의 ALE-준수 데이터를 읽기 위하여 스트리밍 데이터 기술을 사용할 수 있다. 이 경우 실시간으로 중복 데이터를 제거하는 것이 필요하다. 읽는 과정에서 결측치가 발생하면 빅데이터 플랫폼은 비즈니스 규칙에 따라 그 값을 보정하거나 혹은 시큐리티 시스템에 경고를 주는 등의 처방을 내릴 수 있다.

텔레매틱스

보험회사는 자동차에 센서(예, 자동차의 속도를 측정하는)를 설치하도록 동의하는 경우 자동차 보험계약자에게 낮은 보험률을 적용한다. 이때, 센서의 에러 때문에 텔레매틱스 애플리케이션은 시속 600마일(960 km)의 속도를 기록하게 되고, 이는 여러 가지 문제를 야기할 것이다.

전압 모니터링

어떤 집에서 전기 전압 모니터링 장치가 1,000볼트의 측정값을 기록한다. 이는 오류가 포함된 값임에 틀림없다.

통신 네트워크 교환기

사용자의 폭발적인 전화 사용은 통신 운영자의 비즈니스 인텔리전스 팀을 어리둥절하게 만들 것이다. 그러나 자세히 살펴본 결과 교환기의 에러로 2,000만 분 동안 통화했다고 기록되었음을 알게 되었다.

케이블 TV set-top 박스

케이블 TV 사업자의 마케팅 팀은 고객이 채널을 찾아다니는 정보를 활용하여 가입자가 시청한 프로그램과 상업 광고 동안에 채널을 바꾼 기록 등을 분석해낼 수 있다. 이 데이터를 다른 용도로 활용하고자 한다. 그러나 이 데이터를 Nielsen의 시청률 데이터와 비교할 수 없다. Neilsen은 통계학적인 샘플링 방식으로 이 데이터를 생성하고 있으나 양방향 set-top 박스에서 생성되는 케이블 TV 사업자의 데이터는 상대적으로 부유한 가정에 설치되어 있어 편향된 데이터가 생성될 수도 있기 때문이다.

트럭 수송업

빨리 달리는 트럭의 위치를 추적하는 애플리케이션은 시간, 분, 초 단위로 들어오는 일관성 없는 데이터를 normalize(정규화) 해야 한다.

두 가지 구체적인 사례가 이 문제에 관한 추가적인 정보를 제공한다. 사례 14.6은 유럽의 도시에서 공공 교통 업무에서 데이터 품질문제를 보여주고 있다.

사례 14.6

유럽 도시의 공공 교통 업무관련 데이터 품질문제

어떤 유럽의 도시에서는 공공 수송 네트워크의 성능을 더 잘 이해하려고 한다. 그 도시는 1,000대가 넘는 버스에 GPS 센서를 부착하여 모니터링을 시작하였다. 그 도시의 관제 센터는 분당 3,000개의 GPS 데이터와 200개의 폐쇄회로 TV 데이터를 실시간으로 받아들이고 있다. 이 데이터를 지리정보와 결합하고, 스트리밍 분석을 하여 관제 센터의 요원들이 버스들의 위치, 상태, 속도, 예상 도착시간 등을 모니터링할 수 있게 되었다. 그 결과 교통관련 업무 담당자들은 다음과 같은 질문에 답할 수 있게 되었다.

- 어느 구간이 정체를 겪고 있는가?
- 평균 노선 정체 시간은?
- 공회전 시간을 모니터링함으로써 오염 배출과 연료 소비를 줄일 수 있는가?

그러나 트래픽 모니터링 솔루션은 흥미있는 데이터 품질 문제에 직면하였다. 길이 합쳐지는 곳에서 GPS 정보의 정확성이 떨어져서 버스가 강에 있는 것으로 나타났다. 트래픽 관리 시스템은 이 문제를 다음과 같은 알고리즘을 통하여 해결하였다. "버스가 32번가 도로에 있다가 34번가로 가게 되면 GPS의 오류로 인해 버스가 33번가의 강에 있는 것처럼 데이터가 잘못 생성된다."

사례 14.7은 이탈리아에서 정전 계산과 관련된 데이터 품질에 관해 다루고 있다.

사례 14.7

이탈리아의 정전 계산과 관련된 데이터 품질 문제

이탈리아 전력 당국은 전력 서비스의 품질을 높이기 위한 법령(333/07번)을 발표하였으며, 이는 전압의 품질과 서비스 연속성에 대한 규정을 포함하고 있다. 그 결과 전기 배급 회사는 1초 이상의 지연이 발생되면 페널티가 부여될 수 있다.

구체적인 것을 찾기 전에 유틸리티 네트워크의 몇 가지 특정 요소들을 이해하는 것이 필요하다.

- 중앙 시스템(Central System)은 정전에 관한 비즈니스 로직을 관리하며, 정전과 관련된 측정치를 저장한다.
- 저전압 집중기(Low Voltage Concentrator, LVC)는 중앙 시스템의 요구 사항을 관리하고, 과금을 위해 미터기 측정값을 주기적으로 수집하는 컴퓨터이다.
- 전기 미터기(electronic meter)는 고객 측에 있으며, 내부 레지스트리에 측정값 및 다른 관련 데이터를 임시적으로 저장한 후, LVC로 전송 후 삭제한다.

시설 관리회사는 규제 준수와 관련하여 미터기 데이터를 관리하는 문제를 다루어야 한다.

- **정전 데이터의 인스턴스 손실**(loss of instance of outage data)

  일부 미터기는 제한적인 개수의 정전 인스턴스(데이터) 만을 저장할 수 있다. 예를 들어, 어떤 미터기가 10회의 정전 인스턴스만 보유할 수 있는 경우에 열한 번째 정전이 발생하면 첫 번째 정전 인스턴스에 덮어 씌어진다. 결과적으로 그 미터기의 정전 데이터는 부정확한 것이 된다. 운영 팀이 미터 정전 데이터의 간격을 적절히 선택할 수 있도록 추가 기능을 만들었다. 어떤 부서에서는 정전 데이터에 대한 다운로드(미터기에서 LVC로) 주기를 적절히 조정할 수 있는 장치를 부착하여 이 문제를 해결하고 있다. 운영 팀은 물리적 네트워크의 본질적 성능에 기초하여 이 다운로드 주기를 선택하고 있다. 예를 들어, 운영 팀은 문제가 발생하는 지역에 대하여 다운로드 주기를 한 달에서 하루로 줄임으로써 정전관련 데이터의 손실을 방지하게 된다.

- **이벤트 동기화**(event synchronization)

  관련 부서들은 중앙 시스템, LVCs, 미터기들에 부착된 시계의 불일치로 인해 실제 정전 시간의 정확한 측정이 어려운 점을 고심하고 있다. 실제로 적은 차이로 인해 미터기에 등록된 서로 다른 이벤트들이 동일한 원인으로 인해 발생한 것인지를 결정하는 데 모호함이 발생하게 된다. 어떤 시설에는 하루 단위로 조정하는 과정을 추가함으로써 모든 미터기들로부터 생성되는 정전 데이터가 동일한 이벤트와 논리적으로 연계될 수 있도록 하고 있다.

  빅데이터 거버넌스 관점에서 운영 팀은 디폴트로 60초의 허용 오차를 설정하였고, 동일한

LVCs로 묶여 있는 미터기들로부터 생성된 정전 데이터들이 실제로 동일한 이벤트와 연계된 것인지를 결정하고 있다.

14.7 M2M 데이터에 대한 유지 기간 정책의 설정

유럽연합의 데이터 보호 위원회 제 29조는 위치정보 애플리케이션 혹은 서비스 제공자는 지리정보 데이터를 정당한 보유 기간 이후에 폐기한다는 정책을 수립하여 실행해야 한다. 제 12장의 빅데이터 수명주기 관리에서 이 문제를 더 자세하게 다룬다.

14.8 M2M 데이터 지원을 위한 마스터 데이터의 품질 향상

M2M 데이터 활용 성과는 양질의 마스터 데이터에도 의존하고 있다. 사례 14.8은 일관성이 결여된 자산목록(마스터 데이터)이 철도의 예방적 유지관리 프로그램에 어떤 영향을 미치고 있는지 보여주고 있다. 이 예제는 데이터 품질, 메타데이터, 정보 수명주기 등의 개념들도 연관되어 있다.

사례 14.8

철도에서 고도의 상황 모니터링

그림 14.2는 철도에서 고도의 상황 모니터링 프로세스를 보여주고 있다.

그림 14.2 철도에서 고도의 상황 모니터링 과정

1. 센서의 설치

최신의 열차에 설치된 센서는 1,000개 이상의 서로 다른 기계적, 전기적 이벤트를 기록하고 있다. 이 이벤트는 '문열림'이나 '브레이크 작동중' 등과 같은 운행 이벤트, '라인 전압이상'이나 '압축기 X에서 압축 정도 저하'와 같은 경고 이벤트, '집전기 고장'이나 '인버터 록아웃' 등과 같은 고장 이벤트로 구분될 수 있다.

2. 데이터의 수집과 분석

데이터 분석 팀은 이전 이벤트와 매우 연관된 이벤트들을 결정한다. 예를 들어, 고장 이벤트 1245는 90%의 확률로 경고 이벤트 2389 다음에 발생한다, 이 경우에 운영 팀은 시스템 로그에서 경고 이벤트 2389가 발견되면 예방정비를 위해 작업 팀에게 지시를 내리게 된다.

3. 유지관리의 수행

운영 부서는 예방유지관리를 수행하여 비상수리의 필요성을 줄이고, 열차가 안정적으로 운행하게 지원한다.

여기서 철도회사는 다음과 같은 빅데이터 거버넌스 이슈를 다루어야 한다.

- **센서 이벤트들의 일관성이 결여된 명명법**

  철도회사는 서로 다른 제조사에서 만든 열차들을 보유하고 있다. 그 결과 서로 다른 열차의 센서들은 동일한 이벤트에 대하여 서로 다른 코드값을 생성한다. 예를 들어 '집진기 고장'이라는 고장 이벤트가 한 열차에서는 코드 A3785를 발생시키고, 다른 열차에서는 A7865를 발생시킨다. 분석 팀에서는 분석 이전에 서로 다른 열차들이 생성하는 센서 이벤트의 코드들을 표준화해야 할 것이다.

- **열차가 수리점에 있을 때 열차들은 false positive를 생성함**

  서비스 도중에 센서가 트리거되어 열차의 실제 상황을 반영하지 못하는 경우도 발생하므로 분석 팀에서는 이러한 데이터를 제거한 후 분석을 해야 한다. 분석 팀은 열차로부터 생성된 GPS 데이터를 철도 수리점의 위치 정보(이미 가지고 있음)와 결합하여 false positive 데이터를 제거할 수 있다.

- **예방정비는 자산에 대하여 일관성이 결여된 명명법 사용으로 어려움이 가중되고 있음**

  한 열차에서 특정한 부품이 파손되면 운영 팀은 다른 열차에서도 그 부품의 안전성을 체크하고 싶어할 것이다. 그러나 동일한 부품이 서로 다른 열차에서 다르게 명명되어 있다면 이를 신속하게 체크하는 데 어려움이 있을 것이다.

- **데이터 유지 정책의 혼선**

  센서 데이터의 유지 정책은 비즈니스에의 필요성과 규제 요구에 의하여 결정된다. 비즈니스 관점에서 수개월 동안의 데이터를 리뷰하여 장비의 고장에 관한 트렌드를 찾고 싶어할 것이다. 한편, 규제 측면에서서도 센서 데이터의 유지 정책에 관여할 것이다. 예를 들면 미국 연방 철도 관리청은 규정 49 CFR Part 229를 공표하여 기관차 이벤트 기록계(항공기 안전 기록계와 유사함)를 장착하도록 하고 있다. 당국은 규제를 통해 기관차 이벤트 기록계는 최신 48시간 동안의 안전과 관련된 핵심 이벤트 데이터를 저장할 것을 요구하고 있다.

다음에는 제조업체의 공급망을 따라 움직이는 RFID 데이터를 생각해 보자. 그림 14.3은 제조사의 공급망을 따라서 움직이는 제약사 관련 RFID 데이터의 예를 보여주고 있다. 화물의 받침대에 부착된 RFID 태그는 제조사 이름과 식별자 정보를 가지고 있다. 제품의 RFID 태그는 공급망을 따라 움직일 때 스캔된다. 각 지점에서 RFID가 스캔되면 제품 기록이 갱신되고, 위치관련 데이터(주소)와 온도 등이 함께 기록된다.

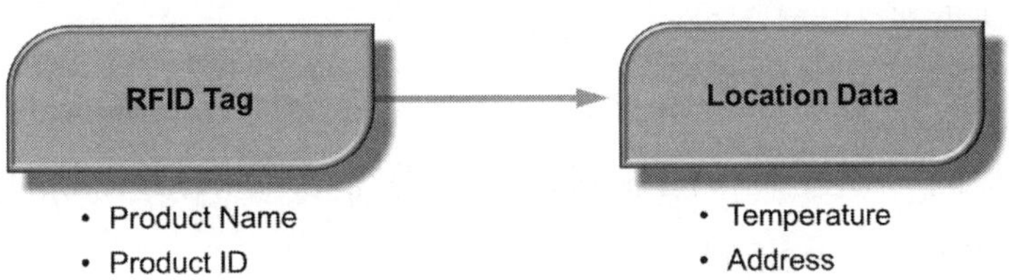

그림 14.3 **제약 관련 RFID 데이터**

기업은 이 RFID 데이터를 사용하여 다음과 같은 질문에 답을 할 수 있다.

- **재고 가시성:** 공급망 전체 과정의 어느 지점에서 제품의 재고량이 얼마나 되는가?
- **서비스 수준 협약:** 어떤 공급자가 실수로 어떤 사람의 제품을 창고로 내렸는가?
- **규제 준수:** 특정 제품들이 신선도를 유지하는 데 필요한 온도 이하로 유지되었는가?
- **사기:** 신용 때문에 소매업자에 의해 반품되어야 하지만 그렇지 못한 제품이 있는가?
- **안전성:** 어떤 제품이 공장을 떠난 이후, 고객에게 보내기 전에 결함이 있다고 판정되었는가?

공급망은 원재료와 관련된 일관성 있는 마스터 데이터에 의존한다. 공급망 상의 모든 지점에서 제품명, 식별자, 온도 요구사항 등에 관한 일관성 있는 마스터 데이터를 필요로 한다.

14.9 사이버 공격에 대한 약점을 이기는 SCADA 인프라 강화

SCADA(Supervisory Control and Data Acquisition)는 산업 프로세스, 기반시설 프로세스, 설비기반 프로세스를 모니터링하고 제어하는 컴퓨터 시스템으로 다음과 같은 작업에 사용된다.[87]

- 산업 프로세서는 제조, 생산, 전력 생산, 부품조립, 정제 등의 산업에서 필요한 과정이다. 이들은 연속적으로, 배치 방식으로, 반복적인 방식으로, 이산 모드 등으로 실행된다.
- 기반시설 프로세스는 공공 혹은 사적인 것으로 수자원 관리와 분배, 오수의 수거와 처리, 오일 및 가스 파이프라인, 전력 전송과 분배, 풍력 발전, 시민 대피 사이렌 시스템, 거대 통신 시스템 등이 그 예이다.
- 설비 프로세스는 공공 혹은 사적인 영역에서 발생하는 것으로 빌딩, 공항, 배, 우주 정류장 등을 포함한다. 이들에 대한 난방, 환기, 공기 정화(HVAC), 에너지 소비 등을 모니터링하고 제어한다.

SCADA 시스템은 표준화와 인터넷 접속 확산 등으로 사이버 공격에 취약해지고 있다. 사례 14.9는 Siemens SCADA 시스템을 공격한 Stuxnet 웜에 관해 살펴본다.

사례 14.9

Siemens SCADA 시스템을 공격한 Stuxnet 웜[88]

2010년 6월 이란의 14개 발전소를 관리하는 Siemens 사의 SCADA 시스템에 Stuxnet이라 불리

87 http://en.wikipedia.org/wiki/SCADA.

88 McMillan, Robert. "Siemens: Stuxnet worm hit industrial systems." IDG News Service, September 15, 2010. http://www.pcworld.idg.com.au/article/360645/siemens_stuxnet_worm_hit_industrial_systems/.

는 웜이 발견되었다. 이 웜은 산업 기밀을 빼내고 운행을 중단시키도록 설계되었다. 그 웜은 알려지지 않은 Windows의 취약점을 이용하였다.

Stuxnet가 컴퓨터에 설치되면 Siemens의 디폴트 패스워드를 사용하여 WinCC와 PCS7 프로그램을 실행시키도록 설계되었다. 이들 프로그램은 PLC(programmable logic controller) 프로그램으로 거대 규모의 산업 시스템을 관리한다. Stuxnet 웜은 공격자에게 시스템의 동작을 제어할 수 있도록 하여 치명적인 결과를 초래할 수 있다. 그러나 전문가들은 Stuxnet은 발견되기 전까지 최소한의 손상만 발생시켰다고 믿고 있다.

빅데이터 거버넌스 프로그램은 SCADA 시스템의 취약점을 평가하고 적절한 보안 대책을 수립할 필요가 있다. 사례 14.10은 스마트 그리드의 보안에 대한 개선 방안을 논의한다.

사례 14.10

스마트 그리드 보안 개선 방안[89]

스마트 그리드가 인터넷 프로토콜(Internet Protocol, IP)과 표준 기법들을 사용하므로 여러 가지 측면에서 보안의 강화가 필요하다. 스마트 그리드에 대한 다양한 공격을 방어하기 위해 시큐리티 팀은 ICT 시큐리티 취약점과 리스크를 측정하는 것이 필요하다. 모든 유틸리티 비즈니스 부서와 지원 조직들이 참여하여 알려졌거나 혹은 잠재적인 시큐리티 공격들을 찾아내는 것이 필요하다.

각 시큐리티 측정에서는 법률이나 규제 측면에서의 시큐리티 요구사항의 진화를 고려하는 것이 중요하다. 예를 들어, 미국의 시설 산업은 전기 그리드에 대한 핵심 시큐리티 측정인 NERC-CIP 규제를 준수해야 한다. NERC-CIP 규제는 여러 가지 문서가 작성되어 실행되도록 하고 있으며, NERC에서 요청하면 제출해야 한다. NERC-CIP 규제를 준수하기 위해 빅데이터 거버넌스 프로그램은 핵심 자산들을 식별하여 모니터링하고, 외부 공격으로부터 보호하며, 특정 문서와 계획들에 대한 기록의 유지기한을 설정한다.

다음에서 오일과 가스 산업에서 센서 데이터에 대한 거버넌스를 논의한 사례 14.11을 소개하는 것으로 이 장을 마무리한다.

89 "Smart Grid Reference Architecture" SCE-Cisco-IBM SGRA, March 31, 2011.

사례 14.11

오일과 가스 산업에서 센서 데이터에 대한 거버넌스

그림 14.4는 오일 산업에서의 센서 데이터를 관리하는 프로세스 (핵심 활동과 마일스톤)를 간단하게 보여주고 있다. 표 14.1에서 상세한 설명이 제시되었다.

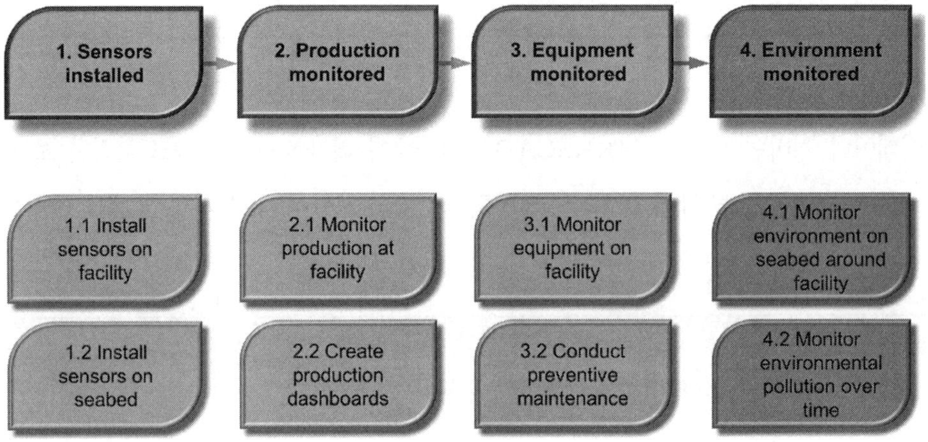

그림 14.4 오일 산업에서 센서 데이터 모니터링을 위한 프로세스

표 14.1 오일 산업에서의 센서 데이터 관리를 위한 핵심 마일스톤과 활동들

마일스톤/활동	설명
1. 센서 설치	오일과 가스 회사들은 시설에 센서를 설치하여 생산과 시설의 상태, 안전성, 환경 규제에의 적합성 등을 모니터링하고자 한다. 센서 제어 시스템은 서로 다른 제조사에서 만든 SCADA 시스템들 사이의 실시간 통신을 지원하는 표준 OPC 프로토콜을 사용하고 있다.
1.1 시설에 센서를 설치함	최신의 오일 설비에는 30,000개 이상의 센서가 부착되어 다양한 유형의 실시간 데이터를 받아 들인다: 흐름, 분당 회전수(RPM), 전압, 와트수, 온도, 압력 등.
1.2 해저에 센서를 설치함	회사는 센서를 해저에도 설치하여 환경 상황을 모니터링해야 한다: 물의 흐름, 온도, 혼탁의 정도 등. 탁도는 수질에 관한 척도로서 육안으로는 볼 수 없는 개체들에 의해 발생하는 혼탁함의 정도를 의미한다.
2. 생산 모니터링	회사는 오일과 가스의 생산 과정을 모니터링해야 한다. 오일 회사는 설비 주인들에게 할당될 생산량을 계산해야 한다.

마일스톤/활동	설명
2.1 설비에서 생산 모니터링	운영자는 각 설비에 센서를 부착하여 오일과 가스의 생산을 모니터링한다.
2.2 생산 대시보드 운영	오일과 가스 회사는 대시보드를 만들어서 시설들에서 에너지 생산을 모니터링한다. 오일과 가스 회사는 공동의 운영센터를 만들어 중앙에서 생산을 모니터링할 수 있도록 한다.
3. 장비 모니터링	시설에 설치된 장비들을 모니터링하기 위해 센서를 활용한다.
3.1 시설에 설치된 장비 모니터링	운영 부서는 각 시추공에 있는 펌퍼와 밸브와 같은 장비들을 모니터링하여 다음과 같은 전형적인 질문에 답할 수 있게 한다.[90] - 현재 발견된 방식으로 장비의 떨림 현상이 시작된다면 이 브랜드의 엔진은 언제 고장이 날 것으로 예측되는가? - 유정에 알람이 울릴 때 (그 유정의 과거 행위에 기반을 둔 분석으로) 적합한 조치를 취하는 데 얼마나 많은 시간이 필요한가? - 관측된 데이터로부터 날씨 이벤트를 어떻게 감지하는가? - 어느 센서가 주어진 위치로부터 반경 100마일 이내에 발생한 눈보라를 감지했는가?
3.2 예방정비를 수행함	만약 예방 모델이 장비의 특정 일부가 고장날 가능성이 있음을 나타낸다면, 운영자들은 예방 정비를 수행한다.
4. 환경 모니터링	오일과 가스 회사는 환경을 모니터링하기 위해 센서를 사용한다.
4.1 시설 주변의 해저 환경 모니터링	환경 센서들은 platform의 운전(동작) 이전에, 도중에, 그리고 이후에 작동 중일 것이다.
4.2 시간이 지남에 따른 환경오염 모니터링	기업들은 "시설 주변 물의 염도와 탁도가 석유 유출을 나타내는가"와 같은 질문에 답변할 수 있어야 한다.

표 14.2는 유전 센서 장치들과 관련된 빅데이터 거버넌스 정책들의 요약이다.

표 14.2 유전 센서 장치들과 관련된 주요 빅데이터 거버넌스 정책들

순서	마일스톤/활동	빅데이터 거버넌스 정책
1.1	시설에 센서들을 설치하기	빅데이터 거버넌스 프로그램은 SCADA 시스템들이 혹시 일어날 사이버 공격에 대해 적절히 보호되는지 보장해야 한다.
2.2	생산 계기판 만들기	빅데이터 거버넌스 프로그램은 생산 리포트 내에서의 비즈니스 언어들이 일관성 있음을 확신해야 한다.

90 Della Vallc, Emanuele and Carenini, Alessio. "Supporting Environmental Information Systems and Services Realization with the Geospatial and Streaming Dimensions of the Semantic Web." Workshop at EnviroInfo2010. http://ceur-ws.org/Vol-679/paper9.pdf

순서	마일스톤/활동	빅데이터 거버넌스 정책
3.1	시설의 장비를 모니터링하기	과거에는, 한 굴착장치 당 1,000개의 센서밖에 없었을 것이다. 그 중에서도 약 10개만이 용량 제한으로 인하여 2주마다 제거되는 데이터베이스에 저장되었다. 요즘의 오일과 가스 회사들은 더 많은 센서 데이터를 오랫동안 보유해야 한다. 예를 들어, HSE(보건, 안전, 환경) 부서는 왜 그 분야에서 특정한 결정이 이루어졌는지를 정당화하기 위해 3개월이나 된 오래된 정보를 사용하여 분석해야 할 것이다. 빅데이터 거버넌스 프로그램은 오일, 가스 생산시설, 그리고 관련된 definition을 위한 ISO 15926 같은 표준 모델을 활용해야 한다. 또한, 빅데이터 거버넌스 프로그램은 얼마나 많은 정보가 보유될 필요가 있는지, 그리고 내적인 요구와 규제를 충족시키는 데에 얼마나 많은 데이터를 얼마동안 보유해야 하는지를 결정하는 데 중요한 역할을 담당해야 한다. 여기서 그 굴착기가 비디오, 그림, 소리와 같은 다수의 비구조화된 정보를 생산할 수도 있다는 것을 알아차리는 것도 중요하다.
3.2	예방적 유지보수 실행하기	만약 한 굴착기에서 특정 타입의 장비가 고장 난 경우, 오일 회사는 또 다른 곳에 동일한 장비가 배치되어 있는지 재빨리 확인하여 점검하는 것이 중요하다. 그러나 만약 동일한 장비가 다른 굴착기에서 다른 이름으로 명명된 경우, 그 장비를 적시에 찾아내기 어려워질 것이다. 결과적으로, 빅데이터 거버넌스는 자산 데이터에 관한 일관성 있는 명명법을 보장하는 중요한 역할을 담당해야 한다. 자산관리 연구소와 영국 표준 연구소는 핵심 비즈니스 자산에 대한 리스크를 줄이기 위한 전략들을 개발하기 위해 함께 연구해왔다. 연구 결과로 PAS (Publicly Available Specification) 55를 발표하였으며, 이 프로젝트는 자산 관리 시스템들 안에서의 최고의 실례(관례)에 관하여 최신의 생각을 담고 있는 (PAS) 55를 낳았다. 오일과 가스 회사들은 점점 더 PAS 55를 자산 관리를 위한 산업 기준으로 채택하고 있는 추세이다.
4.1	시설 주변의 해저환경 모니터링	조금 전에 논의되었듯이, 석유 탐사와 생산 활동은 다수의 구조적이거나 비구조적인 환경적 정보를 만들어낸다. 이 정보는 환경적 규제를 고수했는지를 증명하기 위하여 그 시설 자체의 수명이 다한 다음에도 계속 온전히 유지될 필요가 있다. 이러한 정보는 50년에서 70년, 심지어 몇몇 경우에는 100년까지도 저장되어야 할 필요가 있을 수 있다. 저장은 값쌀 수는 있지만 무료는 아니다. 빅데이터 거버넌스 프로그램은 특정 유형의 정보를 위한 유지계획(retention schedules)을 정립하고 또 가능하다면 정보를 상대적으로 더 싼 보관함으로 옮기기 위한 적절한 보관 정책을 세울 필요가 있다.

요약

M2M 데이터는 RFID 태그, 스마트 미터기, 센서 등으로부터 발생하는 데이터를 포함하고 있다. M2M 데이터는 조직, 메타데이터, 프라이버시, 데이터 품질, 비즈니스 프로세스 통합, 마스터 데이터 통합, 정보 수명주기 관리 등과 관련된 베스트 프렉티스에 근거하여 통제될 필요가 있다.

CHAPTER

15

빅 트랜잭션 데이터

이 장은 Roger Rea(IBM), Chris Saunders(IBM) and Dean Trilling(IBM)의 공헌으로 작성되었다.

모든 조직은 비즈니스 과정에서 거대한 분량의 트랜잭션 데이터를 다루고 있다. 대부분의 경우, 조직의 비즈니스 트랜잭션은 운영 시스템, ERP 응용, 데이터 웨어하우스, 데이터 마트 등에서 다루어 왔다. 그렇다면 "무엇이 빅 트랜잭션 데이터 인가?"라는 의문이 있을 수 있다.

볼륨은 중요한 요소이지만 트랜잭션 데이터 집합이 빅데이터가 되는 데 충분한 조건은 아니다. 트랜잭션 데이터가 빅데이터의 자격을 갖추려면 하나 혹은 그 이상의 "Vs"를 더 만족시켜야 한다.

- **Velocity (속도)** — 트랜잭션 데이터가 아주 빠른 속도로 생성, 처리됨
- **Variety (다양성)** — 트랜잭션이 반구조화, 비구조화된 데이터를 포함하고 있거나 혹은 소셜 미디어와 같은 빅데이터와 통합됨
- **Value (가치)** — 트랜잭션 처리가 Hadoop과 같은 떠오르는 빅데이터 기술들에 기반하여 저렴하게 처리될 수 있음

표 15.1은 빅 트랜잭션 데이터의 예를 보여주고 있다.

표 15.1 빅 트랜잭션 데이터의 예

산업	빅 트랜잭션 데이터	데이터의 특징	이 책의 관련 부분
통신 및 서비스 제공업자	통화 상세기록 데이터 (CDRs)	반구조화, 빠른 속도	사례 9.4 사례 15.1
의료 보험	청구 데이터	비구조화 데이터	사례 6.1
보험 산업	청구 데이터	구조화된 데이터, 소셜 미디어와 통합 필요성 증대	사례 15.2
시설 산업	스마트 미터기에 기반을 둔 요금청구 데이터	반구조화, 빠른 속도	사례 19.1
제약 분배업자	약국 청구기록 데이터	대부분 구조화된 데이터, 소셜 미디어와 통합 필요성 증대	사례 5.1
은행	금융거래 데이터	비용절감을 위해 Hadoop 처리	사례 5.2

산업	빅 트랜잭션 데이터	데이터의 특징	이 책의 관련 부분
소비재 제품산업	POS 트랜잭션 로그 데이터	빈구조화, 소셜 미디어와 통합필요	사례 15.3

이 장에서는 책의 다른 장에서 다룬 사례에 덧붙여 3개의 사례를 추가로 살펴본다. 사례 15.1은 아시아의 거대 무선 통신사에서 CDRs 데이터의 중복을 제거하기 위하여 사용한 스트리밍 기술을 소개하고 있다.

사례 15.1

통신사의 CDRs 중복 데이터 제거를 위한 스트리밍 기술의 사용 예[91]

핸드폰 교환기는 전화발신, 이메일, 웹 브라우징 세션, 텍스트 메시지 등에 대하여 CDRs 데이터를 생성한다. 통신사는 초당 최고 100,000 CDRs를 처리한다. 공급자는 2가지 요인 때문에 중복된 CDRs 데이터를 다루어야 한다.

1. 데이터 손실을 막기 위하여, 통신사의 네트워크 내의 스위치들은 각 트랜잭션마다 2개의 CDRs를 생성한다.
2. 한 스위치가 리부팅되면 CDRs를 재송신한다.

통신사는 이러한 중복된 CDRs를 실시간으로 제거하여 요금 계산과 같은 후속 업무를 지원할 필요가 있다. CDR의 볼륨이 늘어나면 적절한 시기에 CDRs를 조정하는 것이 어렵게 된다. 고객들은 번호 이동으로 언제든지 경쟁사로 옮길 수 있으며, 몇몇 사용자들은 다중의 공급자들 사이를 옮겨 다니면서 프로모션의 이득을 취하고 있다. 통신사는 CDRs를 준실시간으로 처리할 수 있어야 하며, 동시에 이탈 고객을 예측하는 분석도 필요한 것이다. 고객 행동에 대한 실시간 분석을 통하여 고객 유지를 위한 조치를 적절한 시점에 취하는 것이 가능해진다.

통신사는 스트리밍 분석을 활용하여 각 CDR을 실시간으로 기존의 수십억 개의 CDRs와 비교하고 있으며, 이 작업은 디스크에 데이터를 넣지 않고 진행된다. 그 결과 중복된 CDRs를 실시간으로 제거할 수 있었으며, 데이터베이스 내에 저장되는 데이터의 양도 절반으로 줄였다.

91 Rea, Roger. "IBM InfoSphere Stream: Redefi ning Real Time Analytical Processing." IBM, 2010.

사례 15.2는 유럽 국가의 중앙 집권화된 보험금 청구 데이터베이스에 대하여 논의한다.

사례 15.2

유럽 국가의 중앙 집권화된 보험금 청구 데이터베이스

보험회사와 고객 사이의 거래량이 많지 않기 때문에 사람들은 빅데이터가 개인적 보험에는 적용되지 않을 것이라 생각할 수도 있다. 다수의 보험업자들은 고객 중심 또는 시장 중심의 데이터 웨어하우스를 만들지 않고 있어 이러한 변명을 사용하기도 한다. 그러나 청구 손실과 조정 비용이 많은 비중을 차지하므로 보험업자들은 청구와 관련된 빅 트랜잭션 데이터를 관리할 필요가 있다.

예를 들어, 한 보험업자의 청구 조사관은 상대적으로 저소득 우편 구역에서 발생한 마세라티의 절도에 관한 단독 청구를 조사할 가치가 없다고 생각할 수도 있다. 반면, 그러나 동일한 우편 구역 안에서 30명의 각기 다른 사람들이 다른 보험업자에게 지난 2달 간 고급승용차들에 대한 도난 청구를 제출했음을 미리 알았다면 그는 조사 필요성을 느꼈을 것이다.

유럽 국가 내 보험회사들은 정확히 이러한 목적으로 청구 정보를 모으기 위하여 함께 뭉쳤다. 그 데이터베이스는 동일한 street에 사는 사람, 동일하거나 유사한 생일(몇몇은 숫자가 뒤바뀐 상태로)을 가진 사람, 동일한 은행의 계좌를 가진 사람, 비슷한 이름을 가진 사람들을 퍼지 매칭할 수 있도록 지원한다. 지금까지 이러한 작업 대부분은 보험금이 지급된 뒤 비용을 되찾기 너무 늦었을 때 이루어졌다(그러나 거대 통합 데이터베이스 구축으로 보험금 지급 이전에 신속한 조사가 가능하게 되었다).

한 가지 골치 아픈 사안은 목뼈(whiplash) 관련 청구이다. 이는 사소한 사고임에도 증명하기가 어렵다는 이유로 엄청난 보상을 청구하는 경향이 있다. 청구 조사관들은 다수의 보험업자 사이에서 청구인들이 동일하거나 비슷한 이름이나 우편 코드를 가졌거나 은행계좌를 공유하고 있는 동일한 지역으로부터의 청구들을 비교할 능력을 가지고 있다.

이것은 현재 몇 년간 지속되고 있지만, 데이터 관리 당국은 다음과 같은 빅데이터 거버넌스를 통하여 전반적 접근의 가치를 상승시키는 것이 필요하다.

1. **효율적인 분류, 데이터 기반 이력, 그리고 청구 정보의 수명주기 관리**
   당국은 (거대 통합 데이터베이스 구축에) 참여하는 보험업자에게 그들의 데이터는 안전하며, 경쟁사에게 절대 공개되지 않을 것이고, 단골 고객과의 관계에 해가 되는 일이 없을 것임을 안심시켜야 한다.

2. **청구 분석의 보안성과 비밀성**
   만약 사기꾼이 청구 분석으로 무엇이 가능한지를 알게 된다면, 그들은 기존 (사기) 방식을 변경하고 그들의 방식을 더욱 추적이 어렵도록 만들 것이다.

3. **실시간 혹은 준실시간으로 historical data에 접근**
   보험업자들은 청구들에 대하여 보험금이 지불되기 전후에 (실시간 혹은 준실시간으로 historical data에 접근하여) 조사한다.

4. **청구들을 검토하기 위해 과거 정보를 사용하는 것**
   통합된 저장소가 구축되기 이전에 보험업자들은 노동 집약적인 특성 때문에 세밀한 조사 없이 대부분의 청구에 대해 보험금을 지불했었다.

통합된 저장소가 상당히 큼에도 불구하고, 빅데이터로서의 자격은 갖추지 못할 수 있다. 그러나 이 책이 출판된 뒤, 보험 당국자는 소셜 네트워크 데이터를 사용하여 개인들 사이의 링크를 만들고 그들의 공적 프로필로부터 정보를 획득하는 방안을 찾고 있었다.

사례 15.3은 소비재 상품 제조 회사의 디멘드 시그널 리포지터리(demand signal repositories, DSRs)를 위한 빅데이터 거버넌스의 중요성을 보여주고 있다.

사례 15.3

소비재 상품 제조회사의 DSRs를 위한 빅데이터 거버넌스

소비재 상품 회사들은 DSRs를 구축하여 모든 소비자 관련된 데이터를 수집, 통합 및 집계, 정제하는 비즈니스 인텔리전스 환경을 실현한다. DSR들은 재고관리를 위한 최소분류단위(stock keeping unit, SKU)의 레벨 분류집을 예측하고 최적화하는 작업을 지원한다. 그리고 DSRs는 판매자 관리 재고 프로그램(vendor managed inventory programs)의 지원을 통하여 제조업자가 소매업자의 제품 재고의 관리를 지원한다. 또한, DSRs는 무역 진흥, 제품 개발, 그리고 소비자 세그맨테이션 등의 기업 핵심 프로세스를 지원한다. 이러한 DSR들은 다양한 데이터 소스들을 활용하는데, POS TLogs, 소셜 미디어의 소문들, 그리고 외부 정보공급자로부터의 정보 등이 그 예이다.

DSRs는 다음과 같은 제품 관련 데이터의 품질 문제를 고려해야 한다.

- 일관성이 결여된 제품 설명, 판매, 그리고 배송 정보
- 여러 소매업자들이 동일 제품에 대하여 일관성 없는 상품 코드(Universal Product Code, UPC)나 바코드를 사용하는 문제

이러한 데이터 품질 문제는 다음과 같은 비즈니스 상의 문제를 불러올 수 있다.

- 고객 구매와 관련된 모순되고 불확실한 메타데이터에 기반을 둔 부정확한 예측들
- 모순되는 UPC와 SKU 식별자들로 인한 부정확한 SKU 혼합

그림 15.1은 소비재 상품 제조자(Customer Packaged Goods Manufacturer)의 단순화된 예시를 보여주는 것으로, POS TLogs를 DSR 환경으로 받아들여 활용하는 예이다. POS TLogs는 소매점이 판매를 하는 시점에 생성된다. POS TLogs는 SKU-level의 구체적인 정보를 가지고 있기 때문에 매주 또는 매일 DSR로 흘러들어가는 수백만 레코드의 트랜잭션 데이터를 포함한다. 그림 15.1의 예를 보면, 두 소매업자의 POS TLogs에는 동일한 상품임에도 다른 이름을 사용하고 있다. 그 결과, 제조업자들은 각자의 DSR 환경 내에서 적절한 상호참조 테이블(cross reference tables)을 만들어야 한다. 그러나 수많은 소매업자들에서 이러한 이름 불일치 문제가 되풀이 된다면 곧바로 관리가 불가능한 상태가 될 것이다. 소비재 제품 회사들은 이러한 문제를 관리하기 위하여 마스터 데이터 및 품질 관리자를 DSR 데이터 관리자(DSR data stewards)로 임명하였다. 이 관리자는 개별적인 비즈니스 분야와 협조하면서 특정 분야에서 데이터 품질과 메타데이터의 관리에 책임을 진다.

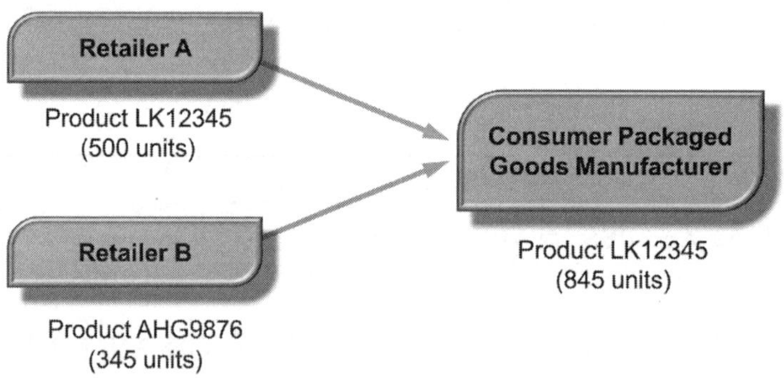

그림 15.1 소매업자 사이의 POS TLogs 데이터의 불일치

Ventana Research와 UDEX의 보고서에서도 제품 마스터 데이터의 중요성을 언급하고 있다.[92] 글로벌 데이터 동기화(Global Data Synchronization, GDS)는 소비재 제품 제조사와 소매업자가 동일한 제품 데이터를 공유하는 방식을 의미한다. 이 보고서에서는 2005년 4월에서 2006년 3월 사이에 진행된 91,000개의 새로운 제품들로부터 나온 380만개의 속성을 검토했다. 많은 데이터가 GDS 네트워크로부터 입력되어 적절한 확인 검토를 통과했으나, 63%의 제품들은 데이터 수정을 필요로 했다.

---

92 "Utilizing Bad Product Data—A Recipe for Disaster." Ventana Research and UDEX, June 2006. As reported in *Supply & Demand Chain Executive*.

요약

조직들은 오랫동안 각자의 IT 환경에서 거대한 분량의 트랜잭션을 처리해왔다. 그러나 새로운 기술의 발달로 비구조화 데이터에 대한 텍스트 분석이 가능해졌으며, 트랜잭션 데이터를 소셜 미디어 등 다른 유형의 데이터와 결합할 수 있고, 비용을 줄이기 위해 Hadoop을 사용할 수 있게 되었다. 빅 트랜잭션 데이터는 다른 빅데이터나 혹은 기존 데이터와 동일한 방식으로 관리할 필요가 있다.

CHAPTER

16

생체 데이터

생체 인식은 사람의 해부학적 또는 행동적인 특징 또는 습관을 근거로 그 사람에 대한 자동적 식별을 말한다.[93] 해부학적 데이터는 지문, 홍채, 망막, 얼굴, 손의 모양, 귀 모양, 음성 패턴, DNA, 체취를 포함한 사람의 신체적 특징으로부터 만들어진다. 행동적 데이터는 필체나 키보드 조작과 관련된 데이터이다.[94]

기술의 진보는 사용가능한 생체 데이터를 방대하게 증가시켰다. 법률 집행이나 법률 제도 및 정보국에서는 이 정보를 오랜 기간 사용해오고 있다. 예를 들어, 미국 연방 수사국(FBI)은 IAFIS(Integrated Automated Fingerprint Identification System)를 사용하고 있다. IAFIS는 3,100만 명 이상의 시민들에 대한 지문과 더불어 범죄 마스터 파일 안에 있는 7,000만 명 이상에 대한 지문과 범죄 기록들을 보유하고 있는 세상에서 가장 방대한 생체 데이터베이스이다.[95] 유사하게 EURODAC는 유럽연합을 지원해주는 지문 저장소이다.

생체 데이터는 상업용으로 확산되고 있으며, 특히 소셜 미디어와 같이 다른 종류의 데이터와 함께 융합되는 추세이다. 이는 새로운 비즈니스 기회를 제공하지만 프라이버시와 데이터 유지에 관련된 다수의 거버넌스 이슈를 던져주고 있다.

생체 데이터의 관리와 관련된 2가지 베스트 프렉티스가 있으며, 이 장의 나머지 부분에서 자세히 논의한다.

16.1 생체 데이터의 적합한 사용과 관련된 프라이버시 영향 평가

16.2 고객과 종업원에 대한 생체 데이터 사용 시 규제의 영향 분석을 위한 법률자문

16.1 생체 데이터의 적합한 사용과 관련된 프라이버시 영향 평가

빅데이터 거버넌스는 조직에서 수집하는 생체 데이터에 대하여 프라이버시 영향에 관한 이해를 먼저 해야 할 것이다. 사례 16.1은 U.S. Federal Trade Commission(FTC)의 최근 리포트로서 소셜 미디어와 얼굴 인식 기술의 통합 사용에 관한 사례이다.[96]

---

93 http://biometrics.cse.msu.edu/info.html.

94 *Biometrics in the workplace.* Data Protection Commissioner of Ireland. http://dataprotection.ie/viewdoc.asp?DocID=244.

95 http://www.fbi.gov/about-us/cjis/fi ngerprints_biometrics/iafi s/iafis.

96 *Protecting Consumer Privacy in an Era of Rapid Change: Recommendations for Businesses and Policymakers.* Federal Trade Commission Report. March 2012. Page 45.

사례 16.1

얼굴 인식 기술과 소셜 미디어의 결합으로 인한 프라이버시 영향

얼굴 인식 기술은 사람의 안면 특성에 근거하여 개인을 구분하는 것을 가능하게 해준다. 30년 동안 이 기술이 실험적으로 행해져 왔지만, 최근까지 여전히 비싸고 현실 세계의 제약으로 인해 한계가 있다. 그러나 IT 기술의 발전과 계산능력의 향상으로 인하여 얼굴 인식은 공상 과학의 영역에서 벗어나 비즈니스 영역으로 옮겨가고 있다. 비용은 감소하고 정확성은 높아지면서, 얼굴 인식 소프트웨어는 다양한 상업 제품과 통합되고 있다. 최근 온라인 소셜 네트워크와 사진 관리 소프트웨어에서 사진 정리와 게임을 돕기 위한 모바일 앱 등으로 활용되고 있다.

이러한 안면 인식 기술의 보급으로 회사들은 이질적인 거래와 상황(문맥)들로부터 얻은 개인에 대한 정보를 연결하여 데이터를 보강하고자 하는 욕구를 높여주고 있다. 예를 들어 Facebook이나 LinkedIn과 같은 소셜 네트워크들은 Yelp와 Amazon과 같은 사이트와 더불어 사용자로 하여금 프로필 포토를 업로드하고 이러한 사진들을 공개하도록 장려하고 있다. 그 결과 대량의 안면 데이터가 실명과 지리적 위치와 함께 연결되어 공개적으로 사용 가능하게 만들어졌다. 최근 Carnegie Mellon University 연구자들은 사람의 사진으로부터 당사자의 이름, 지리적 위치, 관심사, 그리고 심지어 그 사람의 주민등록번호 첫 번째 5자리까지를 알아내는 것이 대부분의 경우 가능함을 보여주고 있다. 이를 위해 얼굴 인식 소프트웨어와 데이터 마이닝 알고리즘 및 통계적 인식 기술을 결합하여 사용하고 있다.[97]

기업들은 이러한 결과를 쉽게 모방할 수 있다. 요즈음, 소매업자들은 viewers의 나이와 성별을 분석하고 적합한 광고를 전달하기 위해 얼굴 감지 소프트웨어를 사용한다.[98] 얼굴 감지기가 한 개인만을 식별해 내는 것이 아니라 얼굴을 감지하고 성별과 적절한 연령범위를 알아낼 수 있다. 미래에는, 슈퍼마켓, 역, 대학 캠퍼스에 비치된 디지털 광고 디스플레이어와 kiosks들이 viewers의 이미지를 캡쳐할 수 있고, 안면 인식 소프트웨어로 그의 얼굴을 온라인 개체(데이터베이스의 고객 정보)들과 연결할 수 있으며, 그가 방문했던 웹사이트나 그의 소셜 미디어 프로필에 저장된 공적으로 이용 가능한 정보를 기반으로 개인화된 광고를 내보낼 수도 있을 것이다.

또한, 소매업자들은 충성도 프로그램(loyalty programs)을 실행할 수 있고, 사용자의 계정에 사진을 넣어달라고 할 수도 있고, 결합된 데이터를 사용하여 고객을 다른 온라인 계정이나 그들의 in-store actions에 연결할 수도 있다. 이를 통하여 소매업자는 고객의 구매 습관, 관심사, 심지어 움직임에 대한 정보까지도 모으는 것이 가능하게 되어 고객에게 특정 상품이나 그 외의 마켓에 대

97 Acquisti, Alessandro et al. "Faces of Facebook: Privacy in the Age of Augmented Reality." http://www.heinz.cmu.edu/~acquisti/face-recognition-study-FAQ/.

98 Li, Shan and Sarno,David. "Advertisers Start Using Facial Recognition to Tailor Pitches." *LosAngeles Times*, Aug. 21, 2011. http://articles.latimes.com/2011/aug/21/business/la-fi -facialrecognition-20110821.

해 할인을 제공하는 데 사용할 수 있다. 사진만을 근거로 고객을 식별하고, 오프라인과 온라인 세상을 연결하며, 매우 세밀화된 정보를 통합해 내는 얼굴 인식 기술이 활성화되려면 기업들은 적절한 프라이버시 정책을 마련하는 것이 중요하다.

FTC 보고서는 얼굴 데이터의 사용에 관하여 몇 가지 권고를 하고 있다. 조직들은 현재 법적으로 구속력은 없지만 아래에 요약된 이러한 권고 사항들을 고려해 보아야 한다.

1. 조직들은 얼굴 정보의 보유 시간을 줄여야 하며, 적절한 보안 측정을 수행해야 한다. 예를 들어, 한 디지털 디스플레이에서 타깃화된 광고를 위해 데이터를 보강한 경우 FTC 보고서는 고객이 떠나간 뒤 즉시 그 데이터를 삭제하라는 것이다.
2. 조직은 개인이 공급하는 얼굴 데이터가 제 3자나 공공으로 사용가능한 소스에 연결될 수 있음을 당사자들에게 알려야한다. 예를 들어, kiosk를 사용하여 쇼핑객을 상점 충성도 프로그램에 가입시켰다면 kiosk 카메라로 찍힌 사진이 다른 데이터(계정 등)와 결합되어 마케팅 목적으로 사용되었음을 당사자에게 알려야 한다. 마지막으로, 회사가 다른 소스로부터 고객의 데이터를 받았을 경우 그 소스를 소비자에게 공개해야 한다.

16.2 고객과 종업원에 대한 생체 데이터 사용 시 규제 영향 분석을 위한 법률자문

생체 정보의 사용은 계속하여 증가하고 있다. 예를 들어, 병원 staff는 사용자 이름과 비밀번호를 다시 입력할 필요가 없게 하기 위해 생체정보를 사용하려고 한다. 또한, 시스템에 빠르게 로그인하기 위해 생체정보 스캔을 사용할 수도 있다. 그러나 생체정보에 관한 법과 규제가 계속해서 발달하고 있으므로 조직은 고객이나 직원의 생체 정보를 활용하는 것에 관해 법률 자문을 받을 필요가 있다.

사례 16.2는 유전 정보의 사용에 관한 법과 규제 장치의 요약본을 제공한다. 아일랜드의 경우, 종업원 생체 정보의 보관 기간과 관련된 사안을 규제에서 다루고 있다.

사례 16.2

유전 데이터의 사용을 관리하는 법규의 요약

DNA 기술의 급진전으로 몇몇 기업들은 저렴한 DNA 서비스를 제공하고 있다. 그 결과는 새로운 기회를 열어주는 이용 가능한 DNA 데이터의 범람이다. 예를 들어, 몇몇 기업은 가계 트리를 생성하고, 그들이 알지 못했던 관계를 찾아내며, 입양된 아이들의 생물학적 부모를 확인하기 위해 DNA 기술을 소셜 네트워킹과 결합하고 있다.[99] 다른 한편, 인간의 유전적 정보는 중요한 프라이버시 이슈와 관련이 있다. 정부는 이러한 프라이버시 이슈에 대해 새로운 법률을 준비하고 있다. 다음에서 관련된 법규와 규제에 대한 짧은 요약을 소개한다.

■ 미국

2008년도의 유전자정보 차별금지법(The Genetic Information Nondiscrimination Act)은 의료보험과 고용에 있어서 유전적 정보에 근거한 차별을 금지하고 있다. 비록 이 법이 생명 보험, 장애 보험, 또는 장기 보호 보험까지 연장되지는 않지만, 대부분의 주는 이러한 문맥 안에서 유전적 정보를 사용하는 것을 금하는 특정 법을 가지고 있다.

■ 영국

영국 보험연합은 생명 보험 이외의 다른 종류의 보험에 유전자 검사를 수행하는 것에 대한 중단을 선언하였다. 보험회사들은 정부가 특히 그 검사를 인정하지 않는 한 예측적인 유전자 검사 결과를 사용하지 않을 것이다.[100]

■ 유럽연합

2012년 1월 25일, 유럽 위원회는 개인 데이터의 처리와 관련한 개인 보호와 그러한 데이터의 자유로운 이동에 대한 범용 데이터 보호규제(General Data Protection Regulation) 초안을 발표하였다. 이 책을 출판할 당시 그 규제들은 아직 효력을 갖지 못하였다. 그러나 그 규제들은 유전적 정보의 사용에 관한 특정한 안내를 담고 있다. 그 규제에서 '유전적 데이터'를 넓은 범위로 정의하여 '태생적인 또는 태아 성장 시기에 습득된 개인의 특성에 대한 모든 종류의 데이터'로 규정하고 있다. 또한, 이 규제에서는 유전적 정보를 사용하는 조직들이 데이터 보호 영향평가를 수립하도록 요구하고 있다.

---

99 Fowler, Geoffrey. "Websites Use DNA to Create Family Trees." *The Wall Street Journal*, May 15, 2012.

100 Association of British Insurers news release, April 5, 2011. http://www.abi.org.uk/Media/Releases/2011/04/Insurance_Genetics_Moratorium_extended_to_2017.aspx.

■ 호주

프라이버시 보호법에서 고지 및 개인 동의에 근거하여 유전적 정보의 활용을 관리한다.[101]

■ 아일랜드

데이터 보호 위원회에서는 업무 환경에 생체 시스템을 설치하기 전에 서류화된 프라이버시 영향 평가가 선행되기를 권고하고 있다. 프라이버시 영향 평가에 포함될 만한 포인트들을 다음에 나열해 놓았다.[102]

- 시간관리와 접근제어 시스템을 가동할 준비가 되어있는가? 왜 그것을 대체할 것이 필요하다고 생각하는 것인가? 시스템에는 어떤 문제들이 있는가?
- 생체 시스템의 목표들은 무엇인가? 시간관리와 접근제어가 목적인가? 비생체 시스템도 요구되는 작업들을 적절히 수행할 수 있는가?
- 확인 시스템을 넘어 종업원을 식별하는 시스템이 필요한가?
- 중앙 데이터베이스가 필요한가? 만약 필요하다면, 중앙 데이터베이스를 사용하지 않는 시스템에는 어떤 문제가 있는 것인가?
- 데이터는 얼마나 정확해야 하는가? 데이터의 정확성을 보증하기 위해 어떠한 절차가 사용되어야 하는가? 그 데이터는 업데이트를 필요로 할 것인가?
- 정보는 어떻게 보안될 것인가? 누가 데이터나 로그에 접근을 할 것인가? 왜, 언제, 어떻게 그러한 접근이 허용될 것인가?
- 직원들을 참여시키기 위해 어떠한 합법적 근거를 가지고 있는가?
- 그 시스템은 추가적인 식별자(PIN Number, smart card)를 생체정보와 함께 사용하는가? 만약 그렇다면, 이러한 추가적인 식별자들이 생체정보와 함께 작동하기보다 그 자체만으로도 충분할 것인가?
- 직원들에게 이 시스템에 대해 어떻게 알려야 할 것인가? 이 시스템에 대한 어떤 정보를 직원들에게 제공해야 하는가?
- 내가 직원이라면 이러한 시스템을 사용하라는 명령을 받았을 때 행복할 것인가?
- 만약 생체정보 시스템의 도입이 정당화된다면, 생체정보 시스템에 포함된 프라이버시 침해를 거부할 수도 있는 사람들에게 대안 시스템을 제공하는 것이 가능한가?
- 생체 데이터에 대한 보관 정책은 무엇인가? 보관 정책에 설정된 보관 기간을 정당화할 수 있는가? 포괄적인 데이터 보관 정책을 가지고 있는가? 스태프를 위한 생체 시스템의 도입을 고려하여 이 정책을 업데이트 했었는가?

---

101 www.privacy.gov.au/law/act/genetic.

102 *Biometrics in the workplace*. Data Protection Commissioner of Ireland. http://dataprotection.ie/viewdoc.asp?DocID=244.

요약

기술의 증가로 생체정보의 유형과 양이 크게 증가되고 있다. 정부 조직들은 이러한 정보를 오랫동안 사용해왔지만 이제 상업적인 영역으로 생체정보가 확산되고 있으며, 그에 따른 새로운 비즈니스 영역이 열리고 있다. 그러나 생체정보의 유지와 프라이버시 관련 문제를 커버하기 위한 엄격한 거버넌스가 동시에 요구되고 있다.

CHAPTER

17

사람이 생성한 데이터

사람은 콜센터 요원의 노트, 음성 녹음, 이메일, 종이서류, 설문, 그리고 전자 의료 기록과 같은 방대한 양의 데이터를 생산해낸다. 사람이 생성한 데이터는 표 17.1에 요약되었듯이 대부분 비구조적이다.

표 17.1 사람이 생성한 데이터의 예

산업	사람이 생성한 데이터	빅데이터 거버넌스 문제점	이 책의 관련된 부분
산업간	음성녹음	음성녹음에서 민감한 정보를 마스킹함	사례 17.1
이메일 메시지	MDM 데이터 보강을 위한 항목 추출	사례 11.4	
건강보험 제공자	전자 의료 기록	비구조화된 내용을 활용하여 구조화된 데이터를 보강하는 동안에 메타데이터, 프라이버시, 마스터 데이터 문제를 고심함	사례 18.2
건강보험	콜센터 요원과 간호원의 노트	건강 및 웰니스 프로그램의 예측 모델 내에서 데이터 품질을 향상시킴	사례 17.2

다음에서 사람이 생성한 데이터에 대한 거버넌스 관련 베스트 프렉티스를 소개한다.

17.1 사람이 생성한 민감한 데이터를 감추기 위한 정책을 만들기

17.2 구조적 데이터의 품질 향상을 위해 사람이 생성한 비구조적 데이터 사용하기

17.3 사람이 생성한 데이터의 수명관리를 통한 비용절감 및 규제 준수

17.4 사람이 생성한 데이터 활용 MDM 보완

이 장의 나머지 부분에서 이들을 차례로 소개한다.

17.1 사람이 생성한 민감한 데이터를 감추기 위한 정책을 만들기

사람이 생성한 데이터는 개인을 인식할 수 있는 정보를 담고 있으므로 마스킹하는 것이 필요하다. 사례 17.1에서는 콜센터 내의 음성 데이터 속에 예민한 정보를 감추기 위한 빅데이터 거버넌스 정책들을 살펴본다.

사례 17.1

음성 데이터 내의 민감한 정보를 감추기 위한 빅데이터 거버넌스 정책

많은 콜센터는 다양한 목적을 위하여 통화의 전부 또는 일부를 녹음해서 남겨 놓는다. 이러한 조직들은 다음과 같은 다양한 이유로 사후에 또는 즉시 통화를 분석한다.

- 운영 효율성 제고 (음성 통화의 후처리) : 콜센터는 왜 고객들이 고객센터 대표(CSR)에 전화를 하였는지 이해하기 위해 음성 데이터를 분석한다. 그 뒤 콜센터는 자동화된 음성 답변기 메뉴를 변경하여 고객들이 CSR에 이야기하는 것보다 셀프 서비스 옵션을 사용하도록 유도한다.
- 품질 보증 (음성 통화의 후처리) : 품질 관리부에서는 CSR들이 통화를 공손히 하고 정책에 따라서 잘 하고 있는지 점검하기 위해 보이스 레코딩의 샘플을 듣는다.
- 교차판매와 상향판매 (음성 통화의 실시간 처리) : 몇몇 콜센터는 CSR들이 고객들과 통화중에 새로운 제의를 할 수 있도록 실시간 음성 분석을 사용한다.

콜센터들은 음성 녹음에 민감한 정보가 담겨 있을 때 전화를 건 사람의 프라이버시를 보호해주어야 할 필요가 있다. 특히, 금융 서비스, 보험, 헬스케어 등의 분야에서는 이것이 매우 중요하다. 예를 들어, 콜센터들은 이름이나 주민등록번호, 계좌 번호, 음성 녹음 내의 주소와 같은 민감한 정보는 감추어야 한다. 게다가, 많은 콜센터들은 규제 요구를 따르기 위해 음성 대화의 녹음을 만든다. 그러나 이러한 음성녹음은 세 자릿수 또는 네 자릿수의 카드 검증 코드와 primary account numbers(PANs)와 같은 Payment Card Industry(PCI) 데이터를 포함하고 있을 수도 있다. 지불카드 산업 데이터 보호 표준(PCI DSS)에서는 세 자릿수 또는 네 자릿수의 카드 검증 코드를 확인 이후에 보유할 수 없으며, 해당 PANs도 그 이상의 보안체계 없이는 보관될 수 없다고 명기하고 있다.

PCI 보안 표준 위원회는 이 점과 관련하여 가이드라인을 발표하였다.[103] 가이드라인은 조직들이 다음 중 하나를 해야 한다고 제안하였다.

103 "Protecting Telephone-Based Payment Card Data." PCI DSS 2.0 Information Supplement, March 2011.

- 민감한 데이터의 녹음을 막기 위한 기술을 제시
- 인가된 통화 녹음 안에 포함된 민감한 데이터를 안전하게 삭제하기 위한 기술을 제시
- 왜 민감한 정보들이 제거될 수 없는지 정당한 이유들을 서류로 입증하기, 위험 평가 실시하기, 통화 녹음 데이터가 문의 될 수 없고 PCI DSS에 따라 잘 보호됨을 문서로 확인하기

17.2 구조적 데이터의 품질 향상을 위해 사람이 생성한 비구조적 데이터 사용하기

사람이 생성한 데이터는 구조화된 데이터 내에서는 얻을 수 없는 통찰력을 제공해 줄 수 있다. 사례 17.2는 건강보험에서 콜센터 요원의 노트와 간호사의 노트 분석을 통해 데이터 품질을 개선하는 예제를 보여주고 있다.

사례 17.2

건강보험에서 헬스와 웰니스 프로그램을 위해 빅데이터를 들여오기

거대한 건강보험에서는 지난 몇 년간 정보 거버넌스 프로그램을 가지고 있었다. 정보 거버넌스 프로그램은 비즈니스 인텔리전스 관리자에 의해 운영되었었다. 비즈니스 인텔리전스 관리자는 빅데이터의 가치를 알고 있었던 선지자였지만 비즈니스로부터의 호응을 받는 데는 상당한 노력이 필요했다.

비즈니스 인텔리전스 관리자는 콜센터 요원과 간호사에 의해 만들어진 노트에서 "울혈성 심부전"과 같은 키워드를 골라내기 위해 텍스트 분석 기술을 도입하였다. 건강보험은 이 데이터를 예측모델에 넣어서 만약 특정인이 고위험군에 있어 향상된 케어 관리를 받아야 한다는 결정을 하는 데 도움을 주고 있다. 이로 인해, 건강보험은 가입자들이 의사의 지시를 따르지 않아서 전반적 비용을 높인다는 사실을 발견하게 되었다. 이러한 통찰력은 "나는 내 의사가 싫어"와 "나는 내 약이 싫어"라는 핵심 문구에 기반하여 얻을 수 있었다. 이 프로젝트에 근거하여, 비즈니스 인텔리전스의 관리자는 비즈니스로부터의 호응을 받는 것이 가능해졌다.

이 책을 발간할 당시 마케팅 팀은 고객 조사 분석에 텍스트 분석을 고려하고 있었으며, 운영 부서는 콜센터 내에서 보이스 분석을 고려하고 있었다.

17.3 사람이 생성한 데이터의 수명관리를 통한 비용절감 및 규제 준수

조직들은 이메일이나 음성녹음과 같은 사람이 생성한 데이터에 관한 규제 요구사항을 준수해야 한다. 2006년 5월 Morgan Stanley & Co.에 대한 미국 증권거래 위원회(United States Securities and Exchange Commission, SEC)의 법적조치를 살펴보자. SEC는 Morgan Stanley를 조사기간 중에 (부적절한 유지관리 절차로 인해) 수천 건의 이메일과 전자 기록을 제출하지 않는다는 이유로 고소하였다. Morgan Stanley는 1500만 달러에 합의를 하였다.

음성 데이터도 정보 수명주기 관리의 대상이 되어야 한다. 예를 들어, 영국의 금융서비스 당국은 고객의 주문을 관리하는 회사로 하여금 고객과의 전화 대화를 녹음하게 하고 6개월간 보관하도록 하고 있다.[104] 제 12장의 빅데이터 수명주기 관리에서 데이터 수명주기와 관련된 규제와 비용을 논의하였다. 이 원칙은 이메일 메시지와 음성 녹음 데이터 등 사람이 생성한 데이터에도 그대로 적용된다.

17.4 사람이 생성한 데이터 활용 MDM 보완

사람이 생성한 비구조적 데이터가 고객관계 등 MDM 데이터를 풍부하게 만드는 데 기여할 수 있다. 사례 11.4에서 MDM 데이터 보완을 위해 이메일 정보를 활용한 사례를 소개하였다.

요약

사람이 생성한 데이터는 콜센터 요원들의 노트, 음성 녹음, 이메일 메시지, 문서, 조사분석, 전자의료 기록 등을 포함한다. 빅데이터 거버넌스에서는 이러한 사람이 생성한 데이터에 대해서도 프라이버시, 데이터 통합, 품질, 수명관리 등의 문제를 적용해야 할 것이다.

---

104 "Telephone Recording: Recording of voice conversations and electronic communications." Financial Services Authority Policy Statement 08/1, March 2008.

CHAPTER

18

헬스케어

이 장의 작성에는 IBM의 Lucas Lau와 Randall Wilcox가 기여하였다.

이 장의 전체에서는 대형 병원 시스템에서의 빅데이터 거버넌스 문제를 다룬 사례 18.1을 분석하고 있다. 이 사례의 자세한 사항은 실제와는 다르게 기술되었다.

사례 18.1

울혈심부전증 환자의 30일 이내 재입원 비율을 줄이기 위한 빅데이터 거버넌스 활용

병원 시스템은 응급 서비스를 포함해 다양한 서비스를 제공하는 15개의 시설로 이루어져 있었다. 병원 환자의 상당수가 가난한 사람들이었다. 병원은 울혈심부전증으로 재입원하는 환자의 비율을 낮추기 위해 빅데이터 분석을 활용하는 파일럿 테스트를 시행했다.

연구의 목적은 두 가지였다.

1. 보험으로 처리되지 않는 비용을 줄인다.

미국 의료보험 및 의료보호 프로그램은 동일한 병으로 재입원한 환자를 진료하는 데에 따른 비용을 줄이거나 없애는 쪽으로 나아가고 있었다.

2. 병의 진행을 막기 위해 선제적으로 병을 발견해서 의료의 질을 높인다.

병원 시스템은 제한된 예산으로 금연이나 가정에서의 건강 관리 같은 프로그램을 제공하므로 30일 이내에 재입원할 가능성이 더 높은 환자에게 이들 프로그램이 집중되기를 바란다. 예를 들어 30일 이내에 재입원하는 환자의 주요인이 흡연이라면 이들 환자에게 금연 프로그램을 집중하는 것이 바람직할 것이다.

분석 부서에서는 150개의 변수와 5년 동안 축적된 2만 명의 환자 기록을 바탕으로 예측 모델을 만들었다. 이 데이터의 소스는 전자 의료기록 패키지, 입원 시스템, 원가계산 데이터베이스를 포함한 다양한 애플리케이션이다. 분석 팀은 다음의 각 영역에서 빅데이터 거버넌스와 관련된 정책을 수립한다.

18.1 비구조적 데이터 활용으로 구조적 데이터의 품질 개선

18.2 구조적 데이터로부터 얻을 수 없는 추가 의료 요인들의 추출

18.3 핵심 비즈니스 용어들에 대한 일관된 정의

18.4 모든 시설에서 환자 마스터 데이터의 일치성 보장

18.5 미국 HIPAA 규정에 의거 의료 정보에 대한 프라이버시 보호

18.6 참조 데이터의 창조적 관리를 통한 추가적인 의료 통찰력 확보

이 장의 나머지 부분에서 각각에 대한 정책을 다룬다.

18.1 비구조적 데이터 활용으로 구조적 데이터의 품질 개선

병원 시스템의 분석 팀은 흡연 여부, 약물, 알코올 중독 등을 포함한 많은 변수들이 환자의 재입원율을 결정하는 핵심 요인이라고 결정하였다.

흡연 여부

흡연 여부는 심장병의 핵심 요인임에도 불구하고 병원들은 환자의 흡연 기간과 빈도 등에 관한 완전한 이력 데이터를 가지고 있지 않았다. 처음부터 흡연 여부와 관련한 구조적 데이터의 25%만이 예/아니오의 두 가지 답으로만 되어 있었다. 그러나 분석 팀은 내용 분석을 통해 이를 85%까지 높일 수 있었다. 또한, 내용 분석 팀은 흡연한 기간과 빈도 같은 추가적인 정보도 찾을 수 있었다.

이러한 개선에는 여러 가지 이유가 있다. 예를 들어, 몇몇 환자들은 그들이 비흡연자라고 말했지만 의사 소견서에 대한 텍스트 분석에서 다음 사항을 발견하였다.

- 환자는 가만히 있지 못하고 담배피는 시간을 달라고 했다
- 환자는 어제 담배를 끊었다
- 끊었다

약물, 알코올 남용

의료 팀은 약물과 알코올 남용이 병원 재입원율의 핵심 지표라는 것을 경험으로부터 알고 있었다. 환자의 20%만이 입원 신청서에서 약물이나 알코올에 중독되어 있는지를 묻는 칸

에 체크했다. 그러나 분석팀은 비구조적 데이터를 사용하여 이 수치를 76%까지 올렸다.

18.2 구조적 데이터로부터 얻을 수 없는 추가 의료요인들의 추출

분석 팀은 구조적 데이터에서는 알 수 없는 요양시설 및 약물학 같은 의료 지표들을 발견했다. 자연 언어 처리 기술을 도입하여 중요한 의료 지표들을 찾을 수 있었고, 이 데이터를 임상이나 보고서에 적용할 수 있었다.

요양 시설

의료 팀은 요양 시설의 환자들이 혼자 사는 환자보다 약을 더 잘 챙겨먹게 된다는 것을 경험으로부터 알았다. 그러나 병원 시스템은 이 정보를 정형화된 형태로 찾아내지 못했다. 비즈니스 인텔리전스 팀은 퇴원 기록, 초음파 심장 진단도, 환자 기록, 의사 소견서, 건강 진단서의 텍스트를 분석하여 25%의 환자가 요양시설에 있다는 걸 알아냈다. 분석결과는 요양시설에서 사는 환자가 30일 이내에 재입원하는 비율은 그렇지 않은 환자보다 실제로 적다는 것을 확인했다.

약물학 규제 관련 지표

약물학 규제 관련 지표는 환자가 그들의 치료 계획에 따라 약을 어느 정도까지 먹어야 하는지 알려주기 때문에 의사나 사례 관리자에게 아주 중요하다. 비즈니스 인텔리전스 팀은 의사 소견서와 전자 의료 기록을 분석하여 이 데이터를 추가로 수집하였다.

18.3 핵심 비즈니스 용어들에 대한 일관된 정의

분석 팀은 핵심 비즈니스 용어에 대해 일관된 정의를 해야 한다. 예를 들어, '재입원'이라는 용어는 세 가지 다른 정의를 가지고 있다.

1. 의료 관점: 30일 이내, 모든 요인

   환자는 울혈심부전증 관련 증상이든지 아니든지 간에 병원에 재입원했다.

2. 의료 관점: 30일 이내, 동일한 진단

   환자는 ICD-9 진단 코드가 심장병과 연계되어 있는 형태로 병원에 재입원했다(제 6장에서 ICD-9 코드에 대해 자세하게 설명하고 있다).

3. 재정적 관점: 분기별, 연별
4. 재정적 관점에서는 재입원을 6개월에서 9개월의 기간을 포함해 더 긴 기간 동안 입원한 것으로 정의한다.

18.4 모든 시설에서 환자 마스터 데이터의 일치성 보장

정보기술 부서는 병원 시스템 내에서 각 환자를 식별하는 번호의 일관성이 부족한 상태를 고민해 왔다. 병원 직원은 각기 다른 시설에 저장되어 있는 동일한 환자의 의료 기록을 추적하는 것이 불가능했다. 해결책으로 병원 시스템은 동일한 환자와 관련된 의료 기록들을 통합할 수 있도록 긴 매뉴얼 절차를 만들었다. 그러나 환자가 매우 짧은 기간 동안에 여러 시설들로 재입원하는 경우 그 환자의 의료 기록을 통합하여 가져오는 데 엄청난 시간을 낭비했다. 이러한 데이터 통합의 지연 문제는 의료진의 치료 계획이나 의료 결과에 부정적인 영향을 미칠 수 있었다.

18.5 미국 HIPAA 규정에 의거 의료 정보에 대한 프라이버시 보호

개인정보보호 규정을 준수하는 것은 의료 분야에서 빅데이터 거버넌스를 성공적으로 이끄는 데 있어 매우 중요하다. 의료 연구 및 분석 부서는 환자 치료와 결과를 좋은 쪽으로 이끌기 위해 의료 데이터를 분석하고 싶어한다. 그러나 이 데이터는 미국 HIPAA 규정에 따라 보호되는 의료 정보(PHI)이다.

특정 사례로, 분석 부서는 비싼 긴급 의료 서비스의 사용을 최적화하고 싶어했다. 이 계획의 목적은 비싼 긴급 의료 서비스 대신에 병원으로의 무료 픽업 서비스를 사용할 수 있는 환자를 찾아내는 것이었다. 그러나 분석 팀은 환자의 주소가 PHI 중의 하나였기 때문에 개인정보보호 이슈를 고려해야 했다. 병원은 연구과정에서 주소를 사용하기 전에 환자의 동의를 얻는 방식으로 개인정보보호 규정을 준수했다.

18.6 참조 데이터의 창조적 관리를 통한 추가적인 의료 통찰력 확보

ICD-9 참조 데이터는 세밀한 부분까지 아주 잘 정의된 데이터베이스다. 예를 들어, ICD-9는 심장병에 428 코드를 부여한다. 여기에는 428.1은 심장 왼쪽의 문제, 428.2는 심장 수축의 문제를 나타내는 등 심장병 상태를 자세하게 묘사하는 서로 다른 ICD-9 코드가 있다. 의료 연구자들은 ICD-9를 분석하여 환자가 울혈심부전증과 관련된 공존이환(한 가지 또는 그 이상의 만성 질환을 동시에 앓는 것) 상태인지를 분석하고자 했다. ICD-9 코드로 유사한 병을 분류하는 것이 가능해지면서 이러한 연구의 결과를 더 효율적으로 진행할 수 있게 되었다. 분석 팀은 2만 천 개 이상의 ICD-9 코드로 20개 질병을 분류하기 위해 의사들과 협력했다. 이 실험으로 분석 팀은 분석 과정에서의 방해물을 줄일 수 있었고, 더 나은 의료 통찰력을 얻을 수 있었다.

요약

사례 18.1은 빅데이터의 'Variety(다양성)'측면에서 거버넌스 이슈를 다룬 것이다. 분석 팀은 데이터 품질, 메타데이터, 마스터 데이터, 보안 등의 핵심 거버넌스 규정으로부터 빅데이터 프로그램이 도움을 받을 수 있다는 것을 발견하였다.

CHAPTER

19

유틸리티 산업

이 장은 Mika Nikolopoulou의 도움으로 작성되었다.

이 장에서는 유틸리티 산업(수도, 가스, 전기 등)에서 발생하는 대용량 스마트 계량기 데이터 관련 베스트 프렉티스를 소개한다. 먼저, 스마트 계량기에 관한 기본적인 사항을 살펴보자.

스마트 계량기는 전력, 가스, 수도 등의 소비량을 측정하는 데 사용된다. 이러한 계량기들은 무선 기능과 결합하여 자동 계량(ARM: automated meter reading)이 가능하게 된다. 또한, 스마트 계량기는 실시간 센서를 가지고 있어 정전과 전력의 질을 모니터링할 수 있다.

기존의 전력, 가스 및 수도 계량기는 매달 혹은 매 분기별로만 사용량을 검침할 수 있다. 이 계량기들은 총 사용량만 측정할 뿐 언제 얼마나 사용되었는지에 대한 상세 정보는 제공하지 못한다.

일부 유틸리티 산업에서는 스마트 계량기를 이미 도입하였으며, 나머지도 도입하는 중에 있다. 이 스마트 계량기는 일반 주택이나 업소 사용자들의 사용량을 매 15분에서 60분 간격으로 검침하며, 그 정보를 가격 책정과 분석을 위해 일 단위로 유틸리티 산업 관리자에게 전달한다.

스마트 계량기는 사용자들에게 아래와 같은 많은 이점을 제공한다.

- **사용자별 가격 책정의 차별화** — 소비자들은 차별화된 가격을 감안하여 전력, 가스, 수도 소비량을 조절할 것이다. 즉, 가격이 비싼 피크 시간대에는 소비를 줄이고 나머지 시간에 소비량을 늘릴 것이다.
- **실제 사용량에 따른 청구서** — 소비자들은 실제 사용량과 추정 사용량에 근거한 청구서를 받는다.

스마트 계량기는 다음과 같이 유틸리티 산업에 많은 이점을 제공한다.

- **설비투자의 감소** — 세계적으로 전력 규제 완화, 시장 주도형 가격 책정이 도입된 이래 유틸리티 산업 측에서는 소비량과 생산량을 맞출 방법을 찾아왔다. 유틸리티 산업 측에서는 피크 시간대 소비자 수요를 관리할 수만 있으면 생산량을 줄일 수 있다. 즉, 1년 중에서 피크 시간대가 포함된 며칠을 사용하기 위해 비싼 전력 발전 시설

을 지을 필요가 없는 것이다. 실제로 유틸리티 산업계에서는 지능형 계량기 프로그램의 직접적인 효과로 한두 개의 비싼 전력 발전소 건립을 막을 수 있다고 믿는다.

- **더 낮은 계량 비용** — 자동계량(AMR)으로 각 계량기를 직접 방문해서 읽어야 하는 비용이 더 이상 필요하지 않다.
- **개선된 사용자 분석** — 미터기에서 발생하는 대량의 인터벌 데이터를 사용하여 고객의 사용 패턴에 대한 심도 있는 정보를 얻을 수 있다.

사례 19.1은 스마트 계량기 프로그램을 도입 중이었던 대규모 수도 사업에 대하여 논의하고 있다. 여기서는 실제 사례를 적절히 변형하였다.

사례 19.1

대규모 수도 사업체의 스마트 계량기 데이터 거버넌스

대도시 지역을 관리하는 수도 사업체에서 백만 명 이상의 가입자에게 무선 계량기 프로그램을 도입하는 중이었다. 이 프로그램의 목적은 단계별 가격 책정을 통해 피크 시간대 수도 소비량을 줄이는 것이었다. 그림 19.1에서 보듯이 스마트 계량기 프로그램의 솔루션 구조는 다섯 가지 단계로 구성된다.

1. **계량기 송신 단위(MTUs : Meter Transmission Units)**
   수도 사업체는 운영 지역에 80만 개의 MTUs를 가지고 있었다. 건물 하나당 하나의 MTU가 있었다. 이들은 6시간마다 무선으로 간단한 정보를 송신한다. 이 정보는 MTU 펌웨어에 포함된 위치 식별자, 타임 스탬프, 검침된 계량치 등으로 구성된다. 이 시스템은 하루에 300만 개 이상의 고유한 계량치를 생성한다. 또한, 각각의 MTU는 계량치를 수도 사업체로 송신할 수 없을 때 3일 분량의 데이터를 보유할 수도 있다.
2. **컬렉션 MTUs(Collection MTUs)**
   MTUs가 읽은 계량치는 380개의 컬렉션 MTUs로 보낸다. 시스템은 미리 내장된 중복기능을 가지고 있어 각 MTU가 읽은 계량치는 서너 개의 컬렉션 MTUs로 중복되게 저장한다(계량치 분실방지).
3. **데이터 컬렉션 센터 (Data collection center)**
   각 컬렉션 MTU는 10, 50 또는 300개의 계량치가 담긴 파일을 데이터 수집과 차후 처리를 위해 데이터 컬렉션 센터에 보낸다. 데이터 컬렉션 센터는 컬렉션 MTUs로부터 파일을 받는 8

개의 서버로 구성되어 있다. 이 서버는 파일을 파싱하고, MTU 식별자를 읽으며, 읽은 계량치를 해당 계좌번호에 저장하기 위해 조회 테이블을 사용한다. 데이터 센터는 24시간 동안 백만 개 이상의 원시 데이터 파일을 처리한다.

4. **데이터 분석 센터(Data analysis center)**
   그리고 나서 데이터는 새벽 1시부터 6시까지 야간 배치 모드 분석 환경으로 옮겨진다.

5. **레거시(기존의) 가격 책정 애플리케이션**
   메인프레임 상에서 운영되는 가격 책정 애플리케이션은 계좌번호, 이름, 주소와 같은 고객 마스터 데이터를 가지고 있다. 메인 프레임에 있는 주소 데이터는 온라인 주소 표준화 시스템에 의해 유효한 것으로 인증되었다.

분석 센터의 데이터는 메인 프레임으로부터 추가적인 속성들을 보충하였으며, 계좌번호, 이름, 주소, 업소 고객에 대한 부가 정보 등이 그 예이다. 이 정보는 인터넷과 콜센터를 통해 일반 고객과 업소 고객에게 제공된다.

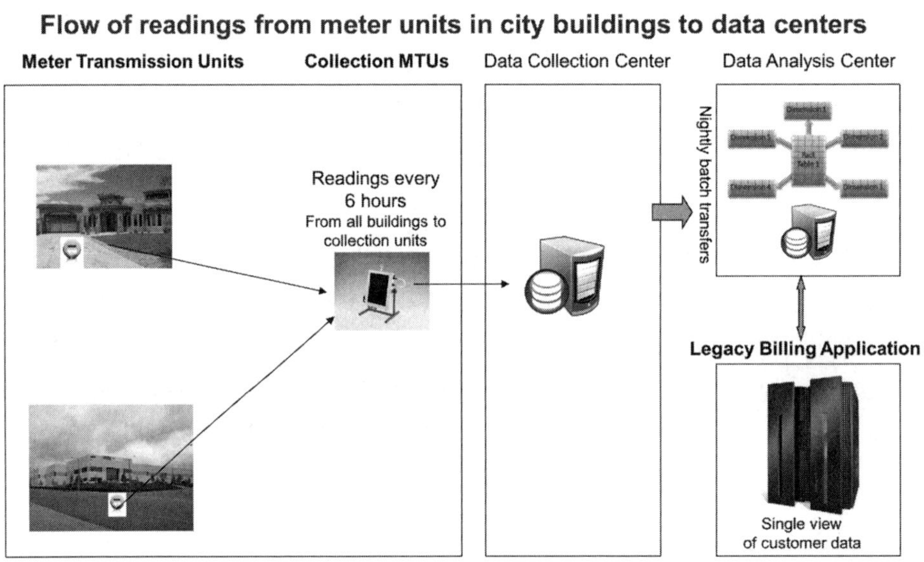

그림 19.1 스마트 계량기 프로그램의 솔루션 구조

스마트 미터 프로그램은 다음에서 설명하는 여러 가지 빅데이터 거버넌스 문제를 다루어야 한다.

19.1 미터기 계량치의 중복문제

- 문제점

  각 MTU가 읽은 계량치를 서너 개의 저장소로 중복시키므로 적절한 관리가 없는 경우 거대한 데이터 중복 문제로 인해 데이터 품질 문제가 발생할 수 있다.

- 해결책

  수도 사업체는 중복 전송되는 계량치를 지속적으로 모니터링하여 특정 건물이나 계기에 대한 각 타임스탬프에 하나의 고유한 계량치 만이 기록되도록 한다.

  처음에는 애플리케이션이 테이블에 행을 기록한 후에 중복 검사를 통해 테이블에 계량치가 이미 존재하는지를 확인하고 제거하는 방법을 사용했다.

  그러나 수도 사업체 측은 이 방법이 효율적이지 못함을 인식하고 색인(index)을 사용하여 테이블에 행을 입력하기 전에 중복 검사가 이루어지도록 하였다.

  1천만 개 이상의 계량치 데이터 중에서 단지 3백만 개 정도만 중복되지 않고 나머지는 중복된다. 따라서 애플리케이션은 2억 7,000만 개의 행을 포함한 테이블에서 중복 검사를 해야 한다 (3백만 개×90일; 90일간 보관한다고 가정함).

  시스템의 전반적인 성능 향상을 위해 유틸리티 사업체 측은 데이터가 실시간에 동적으로 처리될 수 있도록 스트리밍 분석을 도입했다. 그 결과 중복되지 않는 계량치만을 데이터베이스로 입력시키는 것이 가능하게 되었다.

19.2 기본 키의 참조 무결성

- 문제점

  데이터베이스의 몇몇 테이블은 기본 키로 계량치의 타임스탬프를 사용하고 있다. 그러나 타임스탬프는 어느 하나의 계량기에만 있는 게 아니기 때문에 (중복이 발생하게 되어) 참조 무결성을 지키지 못하게 된다. 그 결과 많은 열들이 기록되는 과정에서 참조 무결성의 위반으로 거부되는 문제가 발생하게 되었다. 이후 이 오류가 생긴 열들에 대하여 수작업이 필요했고, 결국 높은 유지비용이 필요하게 되었다.

- 해결책

  IT 부서는 MTU 위치 식별자와 타임스탬프로 구성된 복합 키를 도입하여 타임스탬프 값의 중복으로 인한 참조무결성 문제를 해결하였다.

19.3 이상치 문제

- 문제점

  자동화된 환경일지라도 3백만 개의 기록들 중 아주 일부는 틀릴 수 있다. 예를 들어, 한 건물에서 하루에 500, 520, 600, 10,000과 같은 네 개의 기록을 보낼 수 있다. 마지막 기록은 오류이거나 누수의 흔적 또는 다른 심각한 문제일 수 있다.

- 해결책

  스마트 계량기 애플리케이션은 누계와 각 계좌에서 정상 분포 패턴을 보이는 MTU의 일일 평균 소비량을 계산한다. 애플리케이션은, 또한 오류나 이상치 기록을 점검한다. 그리고 나서 이상치를 버리고 이전 기록인 (500, 520, 600, 600)을 사용하거나 소비량 히스토리인 (500, 520, 600, 630)을 근거로 한 추정치를 사용한다. 애플리케이션은 이 경우에 실제값이 아니라 추정치라는 것을 플래그로 표시해 놓았다. 이상치가 지속된다면 누수일 가능성이 높기 때문에 시스템은 플래그로 일단 표시해 둔 것이다.

19.4 고객 주소의 데이터 품질

- 문제점

  시스템은 동일한 고객임에도 가격 책정 애플리케이션(메인 프레임), 데이터 저장소, 분석 센터(분산 환경) 등에서 주소가 상이한 경우를 다루어야 할 것이다.

- 해결책

  메인 프레임의 가격 책정 시스템은 고객 주소를 표준화하기 위해 라이브 애플리케이션을 활용했다. 메인 프레임과 분산 환경에서의 고객 주소가 일치하지 않을 때 가격 책정 애플리케이션의 주소를 정확한 것(golden copy)으로 간주한다. 가격 책정 애플리케이션은 아래의 비즈니스 규칙에 따라 모든 일별 계량치의 부분 집합만을 받는다.

- 하루 중 가장 마지막 계량치만을 사용한다.
- 가격 책정을 하는 날의 계량치만을 기록함. 예를 들어, 80만 개 계좌중 10만 개만이 현재 날짜를 가격 책정 날짜로 가지고 있다면 그 10만 개의 계량치 만이 메인프레임에 저장되고, 나머지 계량치는 버린다.

19.5 정보 수명주기(lifecycle) 관리

- 문제점

  유틸리티 사업 측은 스마트 미터기의 계량치를 적절히 보관소로 이동하여 보관함으로써 (결과적으로 시스템에 대량의 데이터가 축적되는 현상을 방지함) 새로운 계량치를 입력하거나 쿼리를 수행할 때 성능저하를 방지해야 한다.
- 해결책

  유틸리티 사업체는 다음과 같은 정책을 통하여 계량 데이터의 수명주기를 관리해야 한다.
- 삭제 – 데이터 컬렉션 센터는 90일이 지난 데이터를 삭제한다.
- 분할 – 분석 센터는 2년간 데이터를 보유했다. 그러나 유틸리티 산업에서 대부분의 보고서는 몇 달간의 데이터만을 사용하고 있었다. 또한, 유틸리티 사업체는 데이터를 시간, 지역, 또는 둘 다로 분할하는 다양한 옵션을 사용하여 쿼리의 속도를 높이고 오버헤드를 줄이는 연구를 수행했다. 연구 결과 유틸리티 사업체는 2009년부터 2011년까지의 데이터를 월별로 분할하여 약 30개로 만들었다.
- 아카이브로 만들기 – 유틸리티 사업체는 2년이 넘은 분석 센터의 데이터를 아카이브로 만드는 전략을 수립하여 시행했다. 여기서 요구사항 한 가지는 아카이브로 만들어진 데이터와 그렇지 않은 데이터를 통합하여 쿼리하는 경우를 지원해야 한다는 점이다.

19.6 데이터베이스 모니터링

- 문제점

  스마트 계량기로 인한 잠재적 사생활 침해 문제가 몇몇 신문 기사에 보도되었다. 예를 들어, 스마트 계량기 데이터로부터 가입자의 가정 생활에 관한 많은 것을 발견할 수 있다. 당신이 얼마나 자주 전자레인지로 음식을 조리해서 먹는지, 얼마나 자주 타월을 세탁하는지, 그리고 심지어는 어느 브랜드의 세탁기를 사용하는지 등에 관한 정보가 스마트 계량기 데이터로부터 발견될 수 있다.[105]

- 해결책

  유틸리티 사업자는 데이터베이스 관리자와 같은 특권을 가진 사용자가 스마트 계량기 데이터에 접근하는 걸 모니터링하는 정책을 전체 로드맵의 일부로 수립하였다.

19.7 기술적인 아키텍처

제안된 스마트 계량기 프로젝트의 기술적인 아키텍처는 그림 19.2에 나타나 있다. 다음에서 기술적인 아키텍처의 핵심 요소들을 설명한다.

실시간 데이터 처리

컬렉션 유닛과 데이터 컬렉션 센터 사이에서 계량기 기록을 저장하지 않고 실시간으로(in-flight) 처리하는 것이 더 효율적이다. 유틸리티 사업 측은 IBM InfoSphere Streams를 도입하여 전송되는 수백만 개의 반 구조적 계량치를 저장없이 실시간으로 처리하면서 다음을 수행한다.

- 수백만 개의 중복되는 기록들을 처리한다.
- 이상치를 찾아내고 이들을 적정한 추정치로 고쳐놓는다.
- 이동 평균을 계산한다.

105 "Smart Meters Raise Privacy Concerns," Smart Money Magazine, June 3, 2010.

- 수도물의 사용 패턴을 만들어 낸다
- 수도물의 부족 패턴을 만들어 낸다.
- 문제점과 누수를 식별해 낸다.
- 물 부족을 예상하고 미리 수돗물 공급원을 전환함으로써 피크 소비량 시간대에 생길 수 있는 물 부족 문제에 선제적으로 대처한다.

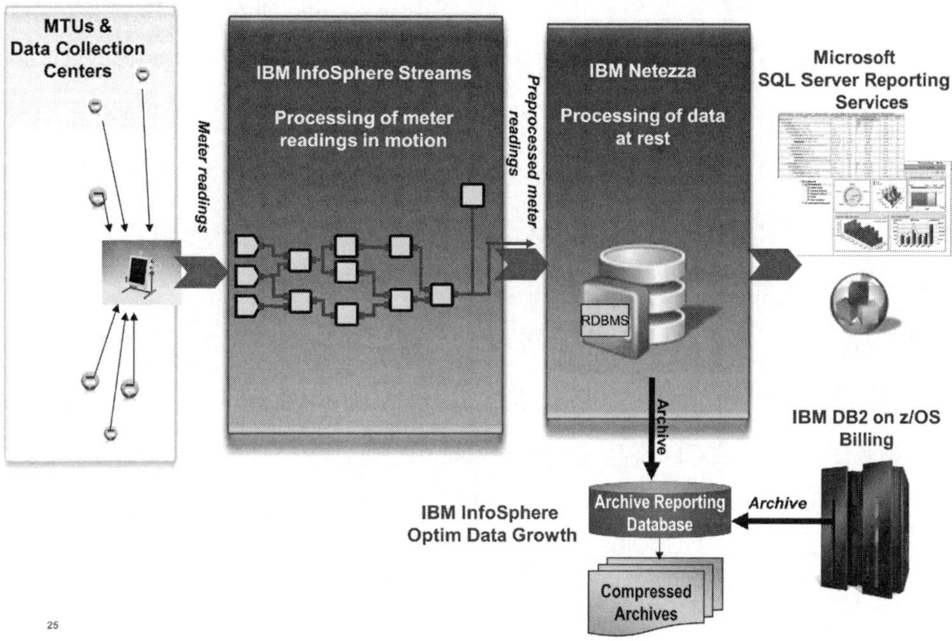

그림 19.2 유틸리티 사업에서 스마트 계량기 프로그램의 기술적 아키텍처

분석 데이터와 보고를 위한 데이터 웨어하우징

데이터의 정제 및 중복 제거 이후에 과거부터 축적된 데이터와 집계치가 적절한 데이터 모델에 저장되어 리포팅과 분석 목적에 활용될 수 있어야 한다.

유틸리티 사업 측은 IBM Netezza를 도입하여 분석을 위한 웨어하우스를 구축하였다. 또한, 이를 사용하여 감사 활동의 지원, 물 부족과 관련된 이익 집단에의 대응, 소비 패턴을 분석, 재무 분석 지원, 고객의 물 소비 패턴에 관한 보고서 작성 등을 수행한다.

데이터 아카이브 만들기

사례에서 유틸리티 사업 측은 아카이빙 기술을 도입하여 저장 비용, 하드웨어 비용, 유지 비용을 낮추면서도 쿼리가 더 작은 데이터세트에 대하여 수행되도록 함으로써 시스템 성능을 향상시켰다.

유틸리티 사업 측은 IBM InfoSphere Optim™ Data Growth를 아카이브 플랫폼으로 채택했다. 애플리케이션은 리포트, ODBC/JOBC 커넥터, 관계형 데이터베이스, 심지어 마이크로소프트 사의 엑셀 등을 이용하여 현재 데이터뿐 아니라 아카이브 데이터에 접근할 수 있어야 한다. 애플리케이션 팀은 데이터를 완벽한 비즈니스 대상으로 보고 대처하도록 한다. 예를 들어, 팀은 행들을 아카이브하는 것은 물론이고 비즈니스와 연관된 행들과 관계가 있는 전체 데이터베이스 구조까지 아카이브로 만들 수 있어야 한다. 따라서 한 세트의 계량치 데이터는 가격 책정 정보, 시간에 따른 트랜드와 패턴, 관련된 고객 데이터 등과 함께 아카이브로 만들어져야 할 것이다.

유틸리티 사업 측은 다단계 아카이빙을 로드맵의 일부로 만들고 싶어 한다. 예를 들어, 3~5년 된 데이터세트는 더 빠른 저장소에, 5~10년 된 데이터는 덜 비싼 저장소에, 그보다 오래된 데이터는 테이프나 CD 혹은 광기억 장치에 아카이브를 만들게 한다. 기존의 애플리케이션은 처음 2~3년간의 데이터를 주로 접근하지만 아카이브 데이터는 주로 시간에 따른 트렌드를 파악하는 데 사용되고 있었다. 더 오래된 데이터는 법적인 조사 요청이 있을 때 필요했다.

요약

이 장에서는 스마트 계량기와 관련하여 M2M 데이터를 다루는 수도 유틸리티 사업의 사례를 다루었다. 유틸리티 사업 측은 데이터 품질, 개인정보보호, 정보 수명주기 관리와 관련된 빅데이터 거버넌스 이슈를 다루어야 한다.

CHAPTER

20

통신 서비스 공급자

이 장은 IBM의 Arvind Sathi가 집필했다.

'통신 서비스 공급자(communications service provider : CSP)'라는 용어는 전화, 무선 통신, 인터넷, 케이블, 위성 서비스 공급자를 포함하는 넓은 범위의 회사를 지칭한다. 지난 5년 이상 CSP 사업자들은 스마트폰과 유사한 기계의 급격한 사용 증가로 고객 데이터가 급증하는 걸 경험했다. 그러나 대부분의 수익과 시장 가치 평가는 애플리케이션 공급자와 기계 제작자에게 돌아갔다. CSPs는 그들의 망에서 데이터 양이 엄청나게 증가한 것에 비하여 그에 따른 수입의 증가는 별로 없었다.

시장 압력에 대응하기 위해 CSPs는 새로운 데이터를 더 잘 이해하고, 이를 판매, 마케팅, 고객 서비스에 활용하는 경쟁에 돌입하고 있다. 이 데이터는 빅데이터 영역에 속해 있다. CSPs는 그들이 보유하고 있는 빅데이터를 관리, 조직, 수익화하지 않으면 살아남을 수 없다. 이에 따라 CSPs에게 빅데이터 거버넌스는 새롭게 떠오르는 핵심 과제가 되었다.

CSP의 빅데이터 거버넌스 부문에서 떠오르고 있는 과제는 세 개의 넓은 범주로 나눌 수 있다.

1. **고객에 대한 싱글뷰** — CSP는 데이터 분석을 통해 고객이 자사 제품을 커뮤니케이션, 콘텐츠, 상업적 필요에 따라 어떻게 사용하는지를 완전하게 파악할 수 있다. 당신은 새롭게 얻은 데이터를 그동안 모아왔던 다른 모든 데이터와 통합하여 고객에 대한 더 나은 포괄적인 이해를 하는 데 사용하는가?
2. **빅데이터 품질** — 고객 데이터는 데이터 품질 수준이 상이한 여러 샘플에서 얻어진다. 당신은 이러한 데이터를 어떻게 통합해서 그 데이터가 신뢰성을 가질 수 있게 하는가?
3. **정보 수명주기 관리** — 새로운 데이터는 CSP가 이전까지 경험했던 것보다 훨씬 더 많은 데이터다. 현재의 분석 시스템은 이러한 양의 데이터를 기대하는 속도로 소화하고, 저장하고, 분석하지 못한다. 당신은 이러한 규모의 데이터를 어떻게 실시간으로 혹은 준실시간으로 저장하고 분석하고 사용하는가?

이 장에서는 이러한 질문에 대해 자세하게 다루고 현재까지 알려진 범위 안에서 부분적으로 대답한다. 이 질문들은 CSP가 경쟁력을 갖고 생존하는 데 중요한 것으로 미개척 영역을 공략한 회사가 빅데이터 분석을 혁신적으로 사용해서 획기적인 가치를 향유할 수 있다는 것이다. 비록 이 분야가 아직 초기 단계에 있기는 하지만 CSP는 빅데이터 거버넌스 관점에서 선도하는 위치에 있다. 이러한 질문에 대한 답은 다른 산업에도 적용 가능할 것이다.

20.1 빅데이터 유형

CSPs는 다음의 유형으로 분류할 수 있는 엄청난 양의 빅데이터를 수집하고 있다.

- **네트워크 이벤트** — CSPs는 네트워크가 어떻게 사용되고 있는지를 자세하게 이해할 수 있게 해주는 엄청난 양의 데이터를 네트워크 장비로부터 수집해 왔다. 사용자들과의 상관관계를 찾아보면 통화 중 연결이 끊어지는 것 같은 네트워크 데이터는 서비스 품질과 사용 현황에 대해 유용한 정보를 제공한다.
- **통화, 사용 세부 기록** — CSPs는 예전부터 발신, 종료, 음성 지속 시간 등 통화에 관한 많은 양의 정보를 수집해 왔다. 데이터, 동영상 제품이 점점 성능이 좋아짐에 따라 기존의 CDRs는 데이터, 동영상 사용 정보도 포함하는 xDR로 확장됐다. (여기서 x는 음성, 데이터, 동영상 정보를 의미하는 변수이다.)
- **위치 정보** — CSP는 고객의 자세한 위치 정보를 가지고 있다. 유선 전화 가입자의 경우 이 정보는 보통 디지털 고객이 최종적으로 전화를 어디서 끊었느냐에 관한 정보이다. 무선 가입자의 경우 무선 단말기의 위치이며, 이는 가입자를 서비스하는 기지국의 삼각 측량으로 파악된다. 근거리 무선 통신과 GPS 가능 전화를 활용하면 이 정보는 수미터 이내의 오차 범위를 가질 정도로 정확하다.
- **웹 트래픽** — 장치들은 웹 트래픽에 관한 많은 정보, 특히 그 중 대부분의 경우 장치에 남은 웹 쿠키를 저장한다.
- **채널 클릭** — 케이블 텔레비전 방송 중계업자 셋톱박스(디지털 텔레비전 신호를 일반 텔레비전에서 볼 수 있도록 전환하는 장치)는 사용자의 채널 선택에 대한 자세한 정보를 제공한다. 또다른 경우 CSPs가 자사의 광섬유 네트워크나 인터넷 프로토콜 텔레비전(IPTV) 서비스에서 케이블 서비스를 제공함에 따라 콘텐츠 시청자에 대한 정보를 수집할 수 있게 되었다.

- **소셜 미디어** — CSPs는 가입자들이 신상품 권고나 고객 서비스에 관하여 Twitter나 YouTube 등과 같은 소셜 네트워크 사이트에 올리는 의견들을 모니터링해왔다. CSPs는 브랜드 이미지를 구축하고 새 제품을 제공하는 과정에서 고객들과 소통하기 위해 소셜 네트워크 사이트를 활용하기 시작했다.

20.2 빅데이터를 마스터 데이터와 통합하기

1980년대와 1990년대를 거치는 동안 CSPs는 업무 자동화와 관련된 비즈니스 사례를 기반으로 하는 부서별 애플리케이션을 잇달아 만들었다. 그 결과 고객, 제품, 관련 데이터를 포함하는 부서별 데이터베이스들이 만들어졌다. 이들 애플리케이션들에서 과금과 판매의 관점은 겹치는 영역을 가지고 있지만 한 애플리케이션에서 다른 애플리케이션으로 매핑하는 것은 쉽지 않다.

지난 10년 동안에 전사적 차원에서 고객 및 제품 마스터 데이터가 급격하게 발전했다. 분석 애플리케이션에서 처음으로 마스터 데이터를 사용하여 분할된 고객 및 제품 식별자뿐만 아니라 여러 계층 간의 매핑을 수행하였다. 이후 마스터 데이터 관리는 CRM과 과금 시스템과 같은 비즈니스 솔루션에 초점을 맞춘 트랜잭션 애플리케이션으로 발전했다. CSPs는 사례 20.1에서 보는 바와 같이 빅데이터를 활용하여 고객, 네트워크, 외부 데이터에 관한 포괄적인 뷰를 얻고 있다.

사례 20.1

여러 데이터 소스에 흩어져 있는 고객 데이터의 매칭

Jim과 Mary Smith는 Corey와 Karen이라는 두 아이가 있다. 이 가족은 각자 한 대의 전화기를 가지고 있다. Corey와 Karen은 고등학교에 다니며, 전화와 메시지 기능을 가지고 있는 기본적인 전화기를 가지고 있다. Jim은 아이폰을 가지고 주로 업무용 전화나 이메일 작성에 사용한다. Mary는 아이폰과 와이파이 전용 아이패드를 가지고 있다. 그녀는 아이패드를 사용하여 투자를 연구하거나 금융 블로그에서 활동한다.

Jim은 고용주로부터 업그레이드된 프로그램의 일환으로 새 아이폰을 받았다. 그는 그의 예전 아이폰을 Karen에게 주기로 했다. Karen은 원래 가지고 있던 기본 폰을 친구에게 팔기로 했다. Karen의 전화기에 약정이 6개월 남아있었기 때문에 스미스네 가족은 약정이 끝날 때까지 전화기를 가지고 있기로 했다. Karen의 친구는 Karen에게 기본 폰 기기값과 메시지 기능에 대해 돈을 지불했다.

스미스 가족에게 전화 서비스를 제공하는 CSP는 주거자들의 고객 계층도를 그리기 위해 광범위한 가구 분석을 했다. 전화기를 사용자에게 태그했고, 모든 사용자들을 가족 계좌로 연결시켰다. 앞서 언급한 조치 후에 CSP 분석 애플리케이션은 기존의 패턴과는 다른 비정상적인 통화 패턴을 발견해 냈다. Jim의 예전 아이폰은 업무용으로서 웹 트랜잭션 내역을 보여주어야 하지만 10대들의 특징인 웹 검색 행동만을 수록하고 있었다.

이 사례는 고객 계층과 가족 구조 파악의 복잡성과 고객 사용 패턴 및 소셜 미디어 데이터의 동적인 특성을 보여주고 있다. 이 사례에서 Corey가 하루 또는 이틀 여행을 다녀오는 동안 Jim에게 전화기를 빌렸다면 훨씬 더 다양한 양상이 전개될 것이다. 성장 시장에서 선불제 공급자들은 엄청나게 많은 고객들이 비용에 따라 서비스 제공자를 바꾸므로 이탈 고객의 발생을 목격한다. 사용 정보는 사용자가 전화 번호를 바꾸더라도 사용자를 식별하는 데 사용할 수 있다.

빅데이터는 고객 마스터 데이터를 얻을 수 있는 여러 새로운 소스를 열었다. 예를 들어, 제품 사용과 고장 기록 같은 네트워크 데이터는 특정 고객에 관한 상세한 정보만 보강하면 가치있는 통찰력을 얻어낼 수 있다. 사례 20.2는 T-Mobile의 빅데이터의 사용 예를 공개된 정보를 이용하여 기술하였다.

사례 20.2[106]
T-Mobile에서의 빅데이터

T-Mobile은 하루에 통화와 텍스트 메시지 기록을 포함하여 170억 개의 이벤트를 처리하는 1.2페타바이트 규모의 데이터 웨어하우스를 구축하였다. 프로젝트 초기 단계에서 T-Mobile은 이 정보를 자사 네트워크 자산의 성능을 개선하는 데 사용했다. 그러나 한곳에 모여진 이 정보를 재정, 판

106 Leslie, Alex. "T-Mobile crunching 17 billion transactions a day-what does it do with all that data?", "The "connected planet unfiltered"" blog, June 29, 2011. http://blog.connectedplanetonline.com/unfi ltered/2011/06/29/t-mobile-crunching-17-billion-transactions-a-day-%E2%80%93-what-does-itdo-with-all-that-data/.

매, 마케팅 부문 사용자들이 접근하게 되었다. 그 다음 단계에서 T-Mobile은 이 데이터 웨어하우스를 고객과 개별적인 상호작용에 활용하기로 계획하였다.

이 사례는 CSPs가 어떻게 빅데이터 분석을 통하여 마스터 데이터의 가치를 획기적으로 높일 수 있었는지를 보여준다. 네트워크 데이터는 고객 사용과 고장 정보에 관한 가장 좋은 정보를 제공한다. 이 데이터가 전략적 자산으로 조직의 다른 구성원에게 제공되어 활용되면 고객에 대하여 훨씬 더 깊이있는 이해가 가능하게 된다.

CSPs가 이 데이터를 어떻게 보호해야 할까? CSPs가 개인의 위치와 통화 패턴을 개인 식별 정보(Personally Identifiable Information, PII)와 통합할 때 데이터는 남용되기 쉽다. 가장 좋은 해결책은 고객 마스터 데이터를 PII 없이 저장하는 것이다.

대부분의 가입자들은 전화의 사용과 위치에서 일정한 패턴을 보인다. 보스턴 소재 Northeastern 대학의 네트워크 물리학자들은 10만 명의 유럽 핸드폰 사용자들의 여행 패턴을 연구하면서 사람들이 얼마나 예측 가능한지 측정하였다. 연구자들은 1,600만 개 이상의 통화 날짜, 시간, 위치에 관한 기록을 분석한 후에 모두 종합했을 때 사람들의 움직임이 수학적 패턴을 따르고 있다고 결론을 내렸다. 연구자들은 과거 행동에 대한 충분한 정보만 있으면 어떤 사람이 미래에 어디에 있을지를 93.6%의 정확도로 예측할 수 있다고 말했다. CSP가 특정 사용자를 타깃으로 하지 않는 이상 사용자 행동에 관한 패턴 정보는 대부분의 마케팅 캠페인에 충분히 활용될 수 있을 정도로 정확하다.

CSP가 PII를 포기한다 하더라도 사용 및 위치 관련 데이터는 마케팅을 하는 사람들에게 양질의 정보가 된다. 그러나 CSP가 어떻게 데이터가 정말로 익명으로 처리되었다는 걸 알 수 있을까? 몇몇 사람의 통화 패턴은 너무 구체적이어서 PII 없이도 마케팅을 하는 사람들은 그들의 행동을 비교해서 그 사람이 누구인가를 알 수도 있다. 빅데이터 거버넌스에서는 MDM의 형성을 감독하고 개인정보보호 정책에 따라 그것이 악용되지 않게 보호해야 한다. 이는 다음 절에서 다룬다.

20.3 빅데이터 개인정보보호

제 14장의 사물 통신(Machine-to-Machine, M2M) 데이터는 위치 데이터가 개인정보보호에 어떻게 관련되는지를 구체적으로 말해주고 있으며, 최근 미국과 유럽에서 긴급한 규제 사항이 되고 있다. 위치 데이터의 사용은 양날의 검이다. 한쪽에선 이 데이터를 여러 곳에 사용하는 것을 쉽게 인정해줄 것이다. 예를 들어, 위치 데이터를 놀이공원에서 잃어버린 아이를 찾는 데 사용하는 것은 매우 긍정적인 고객 경험이 될 수 있다. 한편, 허가 받지 않은 위치 데이터의 사용은 고객의 거센 반발을 일으킬 수 있는 잠재적인 위험 요소다.

CSPs 사들은 자사의 위치 데이터를 제 3자에게 팔거나 새로운 서비스를 개발하는 데 활용해서 수익을 창출하는 방법을 적극적으로 알아보고 있다. 그러나 위치 데이터를 사용하는 빅데이터 프로그램은 증가하는 법적 규제, 고객의 프라이버시 관심, 이와 연관된 위험 부담 등에 민감해야 한다. CSPs는 자사의 핵심 커뮤니케이션 비즈니스를 고객과 규제 위험으로부터 보호해야 하므로 위치 데이터의 사용과 공유에 대해 매우 신중한 입장을 취하고 있다. 예를 들어 어떤 대형 CSP에서는 어떤 위치 데이터든 하루가 지나야 금전적인 목적으로 사용할 수 있다고 결정했다.

위치 데이터를 집계한 결과는 비교적 사용 제한이 적다. 그런대로 허용되는 위치 기반 서비스에는 운전자의 핸드폰에서 교통 혼잡 여부를 알아보는 것과 경기장 관중의 특성들을 종합해서 전자 광고를 내보내는 것이 있다. 그러나 개인을 타깃으로 하여 광고를 내보내는 것은 어떠한 것이든 개인정보보호 논란에 직면하게 된다. 주요 CSP는 엄격한 개인정보보호 가이드라인을 따르는 일련의 사용 사례를 확립하고 있다. 정책과 사용 사례는 계속해서 바뀌는 규정과 시장 관습으로 인해 변화의 소용돌이 속에 있다.

20.4 빅데이터 품질

빅데이터는 데이터 품질 관리에 새로운 도전을 제시한다. 내부 데이터 품질은 잘 감독되고 관리되기만 하면 측정하고 통제할 수 있다. CSPs가 외부 데이터에 영향력이 별로 없지만 CSP는 이 데이터의 가치와 품질을 평가해야 한다. 내부 데이터와 외부 데이터의 통합은 외부 데이터의 품질을 이해하고 통합된 데이터가 어떻게 사용될지 제대로 알아본 후에 신중하게 해야 한다. Twitter 데이터 사용과 관련해서 사례 20.3을 보자.

사례 20.3

Twitter 데이터가 얼마나 대표성이 있는가?

어느 CSP 사는 국내에서 신제품을 출시하고 제품 판매, 장애 보고서, 네트워크 사용, 트위터와 관련된 데이터를 수집했다. 많은 Twitter 사용자들이 제품에 대해 부정적으로 평가하고 있었다. 마케팅 팀은 제품 판매가 활발하게 이루어지고 있었고, 장애 보고서의 수가 급격하게 증가하지도 않았기 때문에 부정적인 데이터가 이상치인가 염려되었다.

트위터 데이터가 왜 문제를 보여주고 있을까? 좀 더 심도 있게 분석한 결과 높은 연령층에서는 비교적 제품에 만족했고 피드백을 주기 위해 설문조사나 장애 보고서를 이용했다. 한편, 젊은 연령층은 제품에 대해 만족하고 있지 않았다. 젊은층들은 기존의 설문조사나 장애 보고서 같은 피드백을 이용하지 않았고, Twitter에서 제품에 대해 부정적인 의견을 나타내고 있었다.

소셜 미디어 정보는 대부분 자발적으로 올리는 것이기 때문에 표본이 편향될 가능성이 높다. CSP 사는 데이터 통합 과정에서 빅데이터 품질을 관리하는 절차를 만들었다. 소셜 청취팀은 데이터가 모집단을 대표하지 않은 그 사건 이래로 트위터 데이터의 전반적인 신뢰 수준을 보고하기 시작했다.

20.5 빅데이터 수명주기 관리

빅데이터는 모든 데이터가 저장되어야 한다는 것을 감안할 때 큰 저장 용량을 의미할 수 있다. 기존의 데이터 웨어하우징과 분석 기술과 비교하면 CSPs는 데이터 수집과 동시에 빅데이터 분석을 수행할 수 있다. 그 결과 CSPs는 1층 스토리지(tier-one storage)에 표본, 필터, 묶음과 같은 비교적 작은 데이터 부분집합을 저장할 필요가 있다. 빅데이터는 2층의 스토리지 환경도 제공한다. 많은 양의 비구조적 데이터는 나중에 의미있는 결과를 도출하기 위해 맵리듀스 작업을 거치도록 Hadoop에 저장할 수도 있다. 현재 많은 쿼리 도구들에서

(Hadoop에 저장된) 빅데이터에 대하여 큰 규모의 쿼리를 수행하는 것이 가능하다. 이 주제는 이 책의 나머지 장에서 다룬다.

요약

이 장의 시작부분에서 제시한 세 가지 이슈에 대해 부분적인 해결책을 제시했다. 이 해결방안은 다음과 같이 요약된다.

1. **고객에 대한 싱글뷰** — CSPs는 고객이 커뮤니케이션, 콘텐츠, 상업적 필요에 따라 제품을 어떻게 사용하는지에 대한 포괄적인 데이터를 얻을 수 있다. CSPs가 새로 얻은 데이터를 다른 데이터와 합치면서 CSPs는 새로운 데이터가 어떻게 사용되고 합쳐지는지를 유심히 지켜봐야 한다. 이는 CSPs가 계속해서 바뀌는 개인정보보호 규정에 대처하고, 마스터 데이터 관리를 재정의하며, 데이터 품질과 관련된 새로운 우려에 직면하면서 나타나게 된 것이다.
2. **빅데이터 품질** — 고객 데이터는 서로 다른 품질을 가진 여러 편향된 표본들로부터 얻어진다. CSPs는 이질적인 데이터의 품질을 고르게 만들면서 원시 데이터와 집계치 및 추정치에 대한 신뢰수준을 정립해야 한다. 또한, 사용자에게 원시 데이터의 편향성에 대하여 이해하고 상기할 수 있도록 한다.
3. **정보 수명주기 관리** — 빅데이터는 지금까지 CSPs가 다뤄왔던 데이터보다 훨씬 더 큰 볼륨의 데이터를 의미한다. 현재 있는 분석 시스템은 이런 엄청난 양의 데이터를 제한된 시간 안에 저장하고, 처리하고, 분석하는 것이 불가능하다. 해결방안으로 CSPs는 데이터의 표본만을 저장하고 처리하도록 결정하거나 Hadoop을 이용하여 많은 양의 비구조적 데이터를 처리하도록 결정할 수 있다.

CSPs는 새로운 영역에서 빅데이터 거버넌스와 관련하여 혁신을 주도하고 있다. CSPs는 빅데이터 거버넌스에 대처하면서 데이터 품질, 마스터 데이터 관리, 데이터 개인정보보호, 정보 수명주기 관리 등에 관한 새로운 해결책을 반드시 찾을 수 있을 것이다.

CHAPTER

21

빅데이터 참조 아키텍처

이 장의 작성에 Nick Dimtchev (IBM), Mady Korada (Inpreci), Rani Hublou (IBM), Mika Nikolopoulou, Deidre Paknad (IBM), Joe Royer (Principal Financial Group), and Brian Williams (IBM)가 기여하였다.

조직들은 빅데이터가 그들의 현재 기술 아키텍처와 어떻게 융화될 것인지에 관하여 이해하고 있어야 한다. 이 작업을 시작함에 있어 조직들은 다음의 원칙을 준수해야 한다.

1. 조직은 빅데이터를 현재 기술 인프라에 통합시켜야 한다.

Ventana 연구소의 설문조사에 따르면 63%의 응답자들은 Hadoop이 현재 있는 기술을 대체하지 못하고 있다고 지적했다.[107] Hadoop은 뜯어내서 붙이면 되는 게 아니며, CIO들은 Hadoop이 현재 기술 아키텍처와 어떻게 상호작용할 수 있을지 알고 싶어한다.

2. 빅데이터는 이전에는 가능하지 않았던 새로운 응용들을 가능하게 할 것이다.

Ventana 조사에서 87% 정도로 많은 응답자들은 그들이 이전에는 할 수 없었던 새로운 것들을 Hadoop으로 할 수 있었다고 응답하였다.[108]

3. 빅데이터는 Hadoop과 동의어가 아니다.

여러 가지 납득할 만한 이유로 아파치 Hadoop은 과장된 바가 있다. Hadoop은 특정 조직에서는 맞는 반면 다른 조직에서는 맞지 않을 수 있다. 수많은 다른 오픈소스와 벤더 기술들 역시 빅데이터를 지원한다. 이 장에서는 이런 다른 기술들의 일부와 Hadoop을 검토할 것이다.

---

107 "Informatica Expands Data Footprint for Business and IT." Ventana Research, March 14, 2012. http://blog. ventanaresearch.com/20 12/03/ 14/informatica-expands-data-footprint-for-business-and-it/.

108 "Hadoop Information Management Analytics Research." Ventana Research, Page 7. http://www.slideshare.net!informaticacorp/hadoop-tuesdays-hadoop-user-case-studies-with-david-menningerventana-research-and-joint-informatica-and-cloudera-customers.

4. 조직들은 빅데이터 거버넌스의 인적, 절차적 차원을 활성화시키기 위해 소프트웨어 툴을 사용해야 한다.

소프트웨어 벤더들은 정보 거버넌스의 프로세스를 자동화하고 효율적으로 만들기 위한 툴들을 출시했다. 대부분 이런 툴들은 빅데이터 환경으로 확장될 수 있다. 다른 경우 조직은 빅데이터 거버넌스에 관심을 집중하기 위해 추가적인 툴들이 필요할 것이다.

5. 거버넌스를 위해 툴을 도입하는 경우 넓은 빅데이터 플랫폼 맥락에서 평가되어야 한다.

빅데이터는 거버넌스를 목적으로 한 툴 도입과 거버넌스가 목적이 아닌 툴 도입의 경계를 모호하게 하고 있다. 예를 들어, 스트리밍 기술은 데이터 품질을 실시간으로 관리한다. 또한, 여러 벤더들은 거버넌스를 포함하는 처음부터 끝까지 다 갖춰진 빅데이터 플랫폼을 구축해놨다. 이러한 흐름으로 보면 이 책은 빅데이터 거버넌스만을 다루기 보다 빅데이터 기술에 대해 얘기하고 있다. 여기서는 시장에 있는 모든 벤더와 툴을 다루기에는 지면이 부족하여 몇몇 벤더 제품만을 다루고 있다.

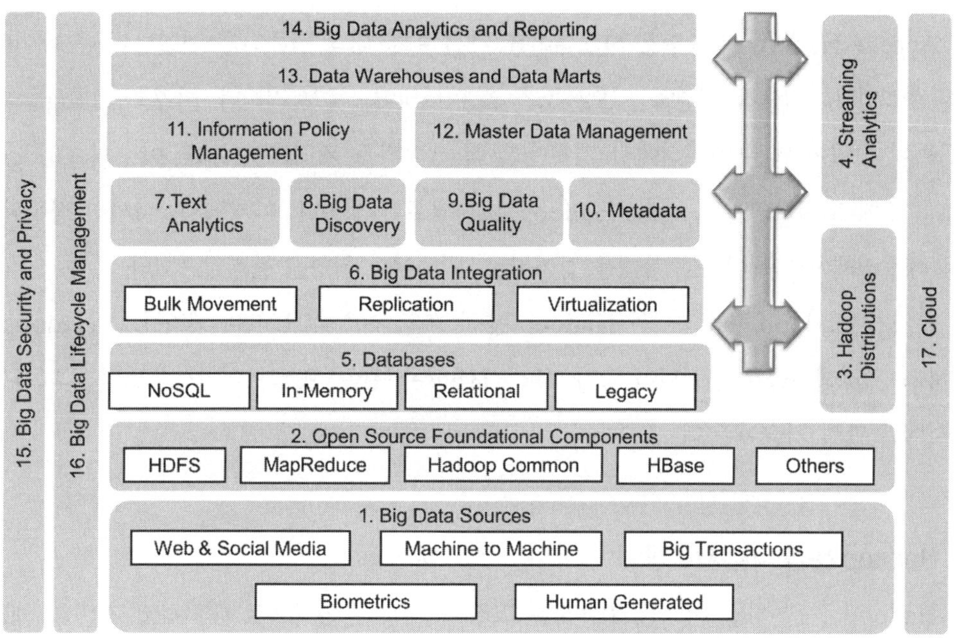

그림 21.1 빅데이터 참조 아키텍처

6. **빅데이터 문제는 살아 움직이는 데이터뿐 아니라 쉬고 있는 데이터도 다루어야 한다.**

빅데이터는 디스크에 저장된 엄청난 양의 데이터뿐 아니라 빠르게 생성되는 방대한 양의 살아 있는 데이터도 다루어 적절한 시간 안에 응답을 주어야 한다.

빅데이터 참조 아키텍처는 그림 21.1에 나타나 있다. 그림의 17개의 카테고리는 이 장의 나머지에서 설명하고 있다.

21.1 빅데이터 소스

제 2장에서 논의한 바와 같이 빅데이터 유형에는 웹, 소셜 미디어 데이터, 기계 간 데이터, 많은 양의 전자상거래 데이터, 생물 측정 통계학, 사람이 발생시키는 데이터 등이 있다. 이 데이터는 구조적, 비구조적, 반구조적 형태로 되어 있다.

21.2 오픈소스 진영의 컴포넌트들

Apache Hadoop은 상업용 하드웨어를 가진 수천 대의 컴퓨터를 연결하여 큰 데이터를 분산 처리할 수 있도록 지원하는 오픈소스 소프트웨어 라이브러리다. 야후와 Google의 연구원들이 수없이 많은 컴퓨터에서 엄청난 양의 데이터를 처리해 왔는데, 야후와 Google이 새로운 것에 도전하면서 Apache Hadoop 프로젝트가 생겼다. 이 기술은 서서히 정부와 상업용 애플리케이션 쪽에서도 자리를 잡아갔고, 빅데이터 혁명을 불러일으켰다.

아파치 Hadoop 프로젝트는 Hadoop 분산 파일 시스템(HDFS), 맵리듀스, Hadoop 공용 하위 프로젝트들로 구성되어 있다. 또한, HBase, Hive, Pig와 이 책의 범위를 넘어서는 다른 여러 관련 기술이 있다.

Hadoop 분산 파일 시스템

Hadoop 분산 파일 시스템(HDFS)은 고장에 매우 탄력적으로 대처하고 저비용 하드웨어에서 가동될 수 있도록 한 분산 파일 시스템이다. HDFS는 메타데이터와 관련하여 제 7장에서 자세히 설명하고 있다. 또한, IBM General Parallel File System (GPFS), GlusterFS, Cassandra® File System (CassandraFS) 등 빅데이터를 위한 다른 여러 파일 시스템이 있다. GPFS는 제 22장에서 설명하고 있다. GlusterFS는 클라우드 컴퓨팅, 의생명 과학, 아카이브 저장과 같은 여러 애플리케이션에서 사용되는 오픈소스 파일 시스템이다.[109] 이 장의 뒷부분에서 NoSQL 데이터베이스와 관련하여 CassandraFS 파일 시스템을 다룬다.

맵리듀스 (MapReduce)

맵리듀스 애플리케이션은 많은 양(테라바이트 단위)의 데이터를 다수의 컴퓨터에서 병렬로 안정적이며 고장에 강한 방식으로 처리할 수 있다. 맵리듀스는 애플리케이션이 자체적으로 (분산처리를 위해) 나뉘어지는 작업 단위를 가지고 있는 연산 패러다임이다. 작업 단위 각각은 클러스터에 있는 어느 노드에서나 실행될 수 있다. 맵리듀스 작업은 입력 데이터세트를 맵 태스크에서 병렬로 처리되는 독립된 덩어리로 나눈다. Hadoop 프레임워크는 자바로 구현되었지만 맵리듀스 애플리케이션을 자바로 작성할 필요는 없다.[110]

Hadoop Common

Hadoop Common은 Hadoop의 하위 프로젝트를 지원하는 공통된 세트의 유틸리티를 포함하고 있다.

HBase

HBase는 HDFS 상에 있는 칼럼 방식(column-oriented)의 데이터베이스다. 수십억 개의 행과 수백만 개의 열로 이루어진 큰 테이블을 저장할 수 있다. HBase는 관계형 데이터베이스가 아니며 구조적 쿼리 언어(SQL)를 지원하지도 않는다.

---

109 http://en.wikipedia.orglwiki/GlusterFS.

110 IBM InfoSphere BigInsights Information Center. http://publib.boulder.ibm.comiinfocenteribigins/vlr l/topicl com. ibm.swg.im. infosphere. biginsights. welcome. doc/ doc/welcome.html.

Hive

Hive는 Hadoop 상위에 있는 데이터 웨어하우징 인프라다. Hive는 Hadoop에 있는 엄청난 양의 데이터를 쿼리하는 HiveQL이라는 SQL과 비슷한 인터페이스를 제공한다. Hive가 자바에서 맵리듀스 프로그래밍을 하는 것을 어려워했던 사용자들을 끌어 모으고 있어서 Hadoop으로 일하는 것을 고려하고 있던 관계형 데이터베이스 프로그래머들에게 용기를 주고 있다.

Hive는 메타 스토어를 사용하여 데이터 웨우하우스의 두 가지 중요한 요소인 (그러나 자주 잊혀지는) 데이터 추상화(abstraction)와 데이터 디스커버리(discovery)를 제공한다. Hive에서 제공되는 데이터 추상화 기능이 없다면, 사용자는 쿼리와 함께 데이터 형식, 데이터 추출기, 로더에 관한 정보를 제공해야 할 것이다. Hive에서는 이 정보가 테이블을 생성하는 동안에 제공되고 테이블이 참조될 때마다 다시 사용된다. 이 부분에서 전통적인 웨어하우징 시스템과 매우 비슷하다.

데이터 디스커버리는 사용자가 웨어하우스에 있는 관심있는 특정 데이터를 발견하고 탐색할 수 있게 해준다. 다른 툴들은 데이터와 데이터의 가용성에 대한 정보를 드러나게 하고 향상시키기 위해 이 메타데이터를 사용하여 구축할 수 있다. Hive는 메타데이터 저장소를 제공해서 이 두 기능을 지원하며, 이 저장소는 Hive 쿼리 처리 시스템과 잘 통합되어 데이터와 메타데이터의 동기화를 이루어 나간다.[111]

Pig

Apache Pig는 Hadoop에 있는 거대한 반구조적 데이터세트를 분석하는 플랫폼이다. Java로 맵리듀스 프로그래밍을 어려워하던 사용자들은 대체물로 Pig Latin 이라는 절차적 언어를 사용할 수 있다. Hive와 Pig는 독립된 Apache 프로젝트에서 큰 데이터세트를 분석하기 위해 만들어졌다. Hive는 SQL과 친숙한 사용자들에게 더 적합한 반면, Pig는 MicroSoft Visual Basic과 파이썬(Pythom)과 같은 절차적 프로그램과 친숙한 사용자들에게 잘 어울린다.

---

111 https://cwiki.apache.org/confl uence/display/Hive/Design#Design-Motivation.

21.3 Hadoop 배포판

Hadoop은 각자 출시 일정이 다른, 다양한 기술들로 구성되어 있어서 초보자에게는 다소 어려워 보일 수 있다. 이 장의 뒷부분에서 나오듯이 아파치 Hadoop은 아직 사용된 지 얼마 안 된 기술이고, 특히 보안과 메타데이터 부분에서 단점을 가지고 있다. 다른 오픈소스 소프트웨어처럼 아파치 Hadoop은 버그 수정 같은 기능을 지원하는 제품이 나오지 않는다. 이러한 단점을 극복하기 위해 많은 벤더들은 테스팅을 마친 자사만의 아파치 Hadoop 배포판을 출시했다. 벤더들은 제품 지원을 묶어 추가적인 비용을 받고 교육을 제공한다. 이윤을 위해 Hadoop을 도입한 대부분의 기업들은 Hadoop 배포판 중 하나를 선택한다.

Hadoop 배포판을 제공하는 독립 벤더에는 Cloudera, MapR®, Hortonworks®가 있다. 또한, IBM은 InfoSphere BigInsights라는 Hadoop 배포판을 제공하고 있다. 아마존의 Amazon® Web Services™는 아마존 엘라스틱 맵리듀스라는 호스트 웹 서비스의 일부로 Hadoop 프레임워크를 제공하고 있다. EMC는 Greenplum® lID라는 Hadoop 배포판을 제공하고 있다. 이 책의 출판과 맞물려 MicroSoft는 사내(직접 설치하는) 윈도우 서버 버전과 함께 Windows Azure™ 상의 클라우드 기반 서비스로 자사의 Hadoop 배포판의 CTP(개발자들이 새롭게 출시될 운영 체제의 특징, 기능을 검증할 수 있도록 내놓는 버전)가 공개될 것이라고 발표했다.

21.4 스트리밍 분석

Hadoop은 휴면 상태에 있는 많은 양의 데이터를 다루는 데 적합하다. 그러나 빅데이터는 빠른 속도로 생성되는 데이터를 포함한다. 많은 양의 구조적, 비구조적, 반구조적 데이터를 디스크에 저장하는 것과는 대조적으로 스트리밍 분석은 생성되는 데이터를 분석하는 대량 병렬 처리 능력을 제공하는 일련의 기술을 말한다. 스트리밍 분석을 빅데이터 솔루션에 통합하면 입력되는 데이터를 디스크에 저장 (시간이 많이 걸림)하기 전에 필터링하고, 연관성을 찾을 수 있으므로 응답 시간(예를 들면 시스템 경고)을 줄일 수 있다. 관련 용어에는 더 복잡한 상황을 암시하는 사건이나 패턴을 말해주기 위해 여러 소스로부터 데이터를 조합하는

CEP(complex event processing)가 있다. CEP는 의미 있는 사건(예를 들어 기회나 위협)을 알아내고 그 사건에 최대한 빨리 대처하는 것이 목적이다.[112] CEP는 경비, 국토 안보, 국가정보원, 통신사의 CDR 조정, 금융 거래 등에 사용된다.

스트리밍 분석을 위한 빅데이터 거버넌스는 휴면 상태에 있는 데이터와 살아 생성되고 있는 데이터에 대해 다른 패러다임을 채택해야 한다. 제 9장의 9.3절은 실시간 빅데이터 품질 문제에 대처하는 스트리밍 분석의 사용에 대해 다루고 있다. 또한, 제 12장의 12.4절에서는 스트리밍 데이터의 수명주기를 관리하는 대표 사례에 대해 이야기하고 있다.

여기에는 많은 다른 오픈소스와 벤더 소유 툴들이 있다. 예를 들어, Apache Flume은 아파치 소프트웨어 재단의 시범적 사업이다. Flume은 HDFS로 많은 양의 데이터를 모으고, 묶고, 이동시키기 위해 스트리밍 데이터 움직임을 이용한다. IBM은 미국 정부와의 초기 연구에서 시작한 InfoSphere 스트림이라는 툴을 제공한다. StreamBase와 SAP Sybase Event Stream Processor 역시 CEP 플랫폼을 제공한다.

21.5 데이터베이스

기업은 NoSQL 데이터베이스, 인 메모리 시스템, 관계형 데이터베이스, 레거시 시스템 등 여러 데이터베이스 중에서 필요한 것을 선택할 수 있다.

NoSQL

NoSQL("SQL 그 이상이다") 데이터베이스는 SQL을 기본 쿼리 언어로 사용하지 않는 데이터베이스 관리 시스템 중 하나다. 여기서는 고정된 테이블 형식을 필요로 하지 않으며, 조인 연산도 지원하지 않는다. 또한, 데이터의 일관성보다는 확장성이 보장되는 읽고 쓰는 작업에 최적화되어 있다.

NoSQL 데이터베이스에는 Apache HBase, Apache Cassandra, MongoDB®, Apache CouchDB®, Couchbase®, Riak®, and Amazon DynamoDB 등 다양한 제품이 출시되어

112 http://en.wikipedia.org/wiki/Complex_event_processing.

있다. DataStax®는 Hadoop 배포판을 가지고 있고 카산드라 파일 시스템으로 HDFS를 대체하는 엔터프라이즈 버전을 제공한다. NoSQL 데이터베이스는 특정한 분야의 애플리케이션을 지원하는 용도로 관계형 데이터베이스의 잠재적인 대체물이 되어가고 있다. 예를 들어, Cassandra는 Netfix, 트위터, Constant Contact, Cisco 등의 조직에서 사용되고 있는데, 가장 큰 클러스터가 400개 이상의 컴퓨터에 300 테라바이트를 넘는 걸로 알려져 있다.[113]

In-Memory 데이터베이스

인 메모리 데이터베이스 관리 시스템은 주 기억장치를 데이터 저장용으로 쓴다. 디스크에 데이터를 저장하는 기존의 데이터베이스 관리 시스템과는 다르게 인 메모리 데이터베이스는 속도에 최적화되어 있다. 인 메모리 데이터베이스는 조직이 엄청난 양의 빅데이터를 빠르게 처리하고 분석하려고 함에 따라 점점 중요해질 것이다. SAP HANA®, Oracle TimesTen In-Memory Database, and IBM solidDB 등이 인 메모리 데이터베이스의 예다.

관계형(Relational) 데이터베이스

관계형 데이터베이스 관리 시스템(RDBMSs)은 관계형 데이터를 주로 다루는 패키지로서 오늘날 대부분의 분산 컴퓨팅 플랫폼의 핵심 기술이다. IBM DB2, Oracle Database llg, Microsoft SQL Server® 등이 RDBMS 솔루션의 예다. 아파치 Sqoop은 Hadoop과 관계형 데이터베이스 사이에 데이터가 대량으로 전송되도록 지원하는 툴이다.

이 책의 출판 시점에 아파치 Sqoop은 오라클, MySQL, PostreSQL, HyperSQL 데이터베이스를 지원했다. 소프트웨어 벤더들 역시 Hadoop과 공존하기 위해 아래와 같은 방법으로 데이터베이스 제품을 향상시키고 있다.

- **오라클** — Hadoop용 오라클 로더는 오라클 관계형 데이터베이스에서 로딩하고 분석하는 것에 최적화된 데이터세트를 만들기 위해 맵리듀스 작업을 한다. Hadoop 클러스터의 CPU를 오라클 관계형 데이터베이스의 데이터를 포맷하기 위해 쓴다. HDFS용 오라클 Direct Connector는 오라클 데이터베이스에서 HDFS 데이터에

113 http://cassandra.apache.org/.

빨리 접근할 수 있게 해준다. HDFS에 저장된 데이터는 그리고 나서 오라클 관계형 데이터베이스의 데이터와 함께 SQL을 이용해 쿼리할 수 있다.

- IBM-IBM InfoSphere BigInsights는 SQL을 사용하는 IBM DB2와 통합을 가능하게 하는 자바 기반 사용자 정의 함수(UDFs)들을 제공한다. HDFS READ라고 불리는 UDF는 IBM DB2가 HDFS에서 내용을 읽어와서 결과를 DB2 테이블로 돌려준다. JAQL SUBMIT이라는 또 다른 UDF는 사용자가 IBM DB2 애플리케이션에서 IBM InfoSphere BigInsights Jaql를 호출할 수 있게 한다.
- MicroSoft - MicroSoft는 SQL Server를 위한 쌍방향 Hadoop 커넥터를 지원한다.

레거시(Legacy) 데이터베이스

레거시 데이터베이스 관리 시스템은 데이터베이스 관리에 비관계형 접근법을 사용하고 있다. 예를 들어, IBM IMS(Information Management System)는 아직까지도 전 세계의 여러 주요 금융 기관과 큰 조직의 핵심 인프라를 운영하는 계층형 데이터베이스 관리 시스템이다.

혹자는 레거시 데이터베이스 관리 시스템을 빅데이터와 연관시키지 않을 것이다. 그러나 몇몇 빅데이터의 형태는 결국 이미 많은 양의 데이터를 다루고 있는 레거시 데이터베이스 관리 환경에 존재하고 있다. 벤더는 빅데이터를 지원하기 위해 점점 레거시 데이터베이스 관리 시스템을 개편할 것이다. 예를 들어, z/OS용 IBM DB2 분석 가속 장치는 z/OS용 IBM DB2를 운영하는 메인프레임 기반 데이터 웨어하우스에 쿼리하는 속도를 높이는 데 IBM Netezza 제품을 사용하고 있다.

21.6 빅데이터 통합

빅데이터 통합 기술은 데이터 대량 이동, 복제, 데이터 가상화 등과 같은 몇 가지 범주로 나뉘어진다.

대규모 데이터의 이동

대규모 데이터의 이동기술에는 다수의 데이터 소스로부터 데이터를 추출, 변형, 타깃 데이터베이스로의 로딩을 담당하는 ETL(Extract, Transform, Load) 도구 등이 포함된다. ETL의 변형으로 Extract, Load, Transform(ELT)가 있으며, 이는 다수의 데이터 소스에서 데이터를 추출하여 타깃 데이터베이스에 데이터를 로드하고, 타깃 데이터베이스에서 데이터를 변형한다. ELT 방식은 Hadoop에서 대량 분산 처리 성능을 활용하기 위해 자주 쓰인다. 구조적 관점에서 조직은 ETL로 Hadoop에 큰 웨어하우스 작업을 옮기고, Hadoop에서 데이터 집중 처리를 하고, ETL을 사용하여 결과를 데이터 웨어하우스로 보낼 수 있다. ETL 벤더들도 빅데이터와 Hadoop을 지원하기 시작했다.

IBM InfoSphere 데이터 스테이지 버전 8.7은 Hadoop으로부터 그리고 Hadoop에 병렬로 여러 파일을 읽고 쓰는 걸 지원하는 새로운 빅데이터 파일 스테이지를 추가했다. Infomatica PowerCenter는 회사의 주력 ETL 툴이며 트위터, 페이스북, 링크드인과 연결되어 있다. Infomatica PowerExchange는 소스 시스템의 데이터를 HDFS 안으로 그리고 HDFS 밖의 비즈니스 인텔리전스와 데이터 웨어하우징 환경으로 옮기는 Hadoop 어댑터를 출시했다. Infomatica HParser는 Hadoop에 최적화된 데이터 변형 툴이다. Informatica의 목적은 사용자가 HParser에서 데이터 통합 작업을 구상한 다음 코딩없이 Hadoop에서 그대로 쓸 수 있게 하는 것이다. Pentaho와 Talend 같은 오픈소스 데이터 통합 벤더 역시 비용 효율적인 제품과 Hadoop 통합을 좋아하는 고객들로 시장 점유율을 높여가고 있다.

데이터 복제

Information Management Magazine(www.information-management.com/)에 따르면 데이터 복제가 데이터베이스의 일부를 한 환경에서 다른 환경으로 복사하고 복사된 데이터를 원래 소스와 동기화되게 하는 과정이라고 정의한다. 원래 소스의 변동 사항은 다른 환경의 데이터 복사본에도 동시에 적용된다.

Change Data Capture(CDC)와 같은 복제 기술은 변화된 데이터만을 잡아내 복제본이 저장된 시스템으로 전송한다. 데이터베이스에 쿼리를 직접 하지 않고 데이터베이스 트랜잭션 로그(redo log)에서 inserts, updates, deletes 연산에 관한 사항을 잡아 내는 방식으로 데이터 복제의 성능을 높인다. 그 결과 CDC 기술은 유틸리티 산업의 스마트 미터 기록 같은 빅데이터를 실시간으로, 시스템 성능에 최소한의 영향을 미치면서 처리할 수 있다. 복제 툴에는 IBM InfoSphere 데이터 복제와 오라클 골든게이트가 있다. Informatica의 데이터 복제 툴인 Fast Clone과 Data Replication은 Hadoop과의 대규모 데이터 복제를 가능하게 한다.

데이터 가상화

데이터 가상화는 '데이터 연합'이라는 말로도 알려져 있다. Information Management Magazine에서는 데이터 연합을 두 개 혹은 그 이상의 물리적으로 다른 위치에 있던 데이터를 연결함으로써 마치 데이터가 동일한 장소에 있는 것처럼 만드는 것이다. 이 접근법은 한 장소에서 데이터를 보관하고 그 장소에서 데이터에 접근하는 데이터 웨어하우스 방식과는 대조된다.

데이터 가상화는 애플리케이션이 관계형 데이터베이스, XML 문서, 메인프레임 같이 여러 소스에 있는 데이터의 가상화된 모습에 SQL 쿼리를 실행할 수 있도록 한다. 데이터 가상화 벤더에는 IBM(InfoSphere 연합 서버), Informatica(데이터 서비스), Denodo, Composite Software가 있다.

21.7 텍스트 분석

조직들은 점점 콜센터 상담원의 기록, 소셜 미디어, IT 로그, 진료 기록에 포함되어 있는 대규모 비구조적 데이터로부터 통찰력을 얻고 싶어 한다.

텍스트 분석은 비구조적 텍스트 데이터로부터 유용한 지식을 뽑아내고 이 지식을 의사 결정을 돕는 데 사용하는 것이다. 이 과정에는 핵심 개념과 감성 및 트렌드 분석 등이 포함된다. 그리고 나서 텍스트 분석 결과는 예측 분석을 위한 모델에 통합될 수 있다. 예를 들어, 제 18장의 사례에서 병원은 전자 진료 기록, 의사 소견서, 건강진단, 퇴원 정보 같은 비구조적 데이터를 환자가 30일 안에 재입원하는지에 대한 예측의 정확성을 높이기 위해 사용하였다.

언어 기반 텍스트 분석 툴은 자연 언어 처리(NLP)라는 연구에 근거한다. 여러 벤더는 텍스트 분석 기능을 가지고 있는 툴을 출시했다. SAS Text Analytics는 감성 분석을 하고 비구조적 데이터를 찾아내며, 기업 데이터를 범주화하여 분류하고, 온톨로지를 관리하는 일련의 툴을 제공하고 있다. 오라클 Endeca® Information Discovery 역시 텍스트 분석과 감성 분석을 위한 부가 소프트웨어를 제공한다. IBM의 텍스트 분석 기능은 제 22장에서 설명하는 많은 제품에 들어있다. Clarabridge®는 고객 경험 분석 지원을 위해 설문 조사, 이메일, 소셜 미디어, 콜센터 상담 기록의 텍스트 분석을 제공하는 독립 벤더다.

21.8 빅데이터 디스커버리

데이터 발견과 프로파일링 작업은 아래 업무에 필수적이다.[114]

- Cross-source column overlap analysis — 여러 소스의 데이터를 대상으로 모든 칼럼들의 상호 비교를 수행함으로써 데이터 소스들 사이의 오버랩 기준치를 제정한다.
- Matching key prototypes — 동시에 여러 데이터 소스를 대상으로 서로 대응되는 키의 품질에 대한 가설을 세우고 테스트한다.
- Transformation rule discovery — 두 구조적 데이터세트 간의 복잡한 비즈니스 법칙을 발견하는 것을 자동화한다.
- Automatic matching key discovery — 서로 대응되는 키를 찾고 두 데이터 소스 간의 키를 통계적으로 검증한다.
- Cross-source data preview — 동일한 논리적 행에 대하여 여러 데이터 소스 간의 데이터 미리보기를 제공한다. 이를 통하여 분석가들은 비즈니스 규칙에 맞는 값뿐 아니라 맞지 않는 이상치를 발견할 수 있다.
- Business object creation — 고객과 같이 관련된 목표들을 논리적으로 묶어서 완전한 비즈니스 목표를 정의한다. 이는 데이터 통합, 마스터 데이터 관리, 데이터 웨어하우징, 시범 데이터 관리 그리고 데이터 아카이브 만들기와 같은 정보 중심 사업에서 중요한 역할을 한다.
- Deep profiling capabilities — 열, 키, 소스, 교차-도메인 수준에서 데이터를 포괄적으로 이해할 수 있게 한다.

114 http://www-01.ibm.com/software/dataiinfosphere/discovery/features.html?S CMP=mav.

IBM InfoSphere Discovery, IBM InfoSphere Information Analyzer, Oracle Enterprise Data Quality Profile and Audit, Informatica Data Explorer, Trillium Software®의 TS Discovery, SAP-BusinessObjects® Data Services, SAS DataFlux®Data Management Studio 같은 툴이 출시되었으며, 이들은 휴면 상태에 있는 구조적 데이터에 대하여 기존의 데이터 프로파일링과 디스커버리 프로젝트를 지원한다. 제 22장에서 다루듯이 Informatica는 데이터 프로파일링을 위한 고유한 Hadoop 기능을 출시하겠다고 발표했다. 다른 벤더도 유사한 기능의 제품을 출시할 거라고 생각한다.

제 9장의 9.3절은 생성되는 스트리밍 데이터에 대하여 데이터 프로파일링 작업의 중요함을 말하고 있다. 다시 말하면 데이터 프로파일링 툴은 무효값 빈도 같이 시간에 따른 스트리밍 데이터세트의 특징을 분석하는 데 쓸 수 있다. 또한, 여러 소스에서 데이터를 합치고 서로 연관시키고 비교할 때 생기는 시간적인 상쇄를 찾는 데 쓸 수 있다. 마지막으로 데이터 프로파일링 툴은 스트리밍 데이터의 도착률을 이해하는 데도 사용할 수 있다.

조직은, 또한 비구조적 데이터의 검색과 탐색을 위한 툴을 고려해야 한다. 이러한 툴에는 오라클 Endeca Information Discovery, IBM Vivisimo, Google의 Search Appliance 등이 있다.

21.9 빅데이터 품질

데이터 품질 관리는 조직 데이터의 품질과 무결성을 검사하고 개선하는 방법에 관한 원칙이다. 데이터 품질에는 데이터 표준화, 매칭, 생존, 시간에 따른 품질 모니터링이 있다.

데이터는 비즈니스 요구 사항을 만족시키기 위해 적절한 품질을 유지해야 한다. 빅데이터 품질은 기존 시스템과 달리 구조적, 반구조적, 비구조적 형태의 정보가 실시간으로 처리돼야 한다. 빅데이터가 종종 잘못 정의되긴 하지만 핵심 데이터 요소와 관계가 제대로 이해되지 않았기 때문에 있는 그대로 해석될 수 있을 것이다.

벤더는 기존의 데이터 품질 문제를 다루기 위한 툴들을 내놨다. IBM InfoSphere QuaJityStage, Informatica Data Quality, Oracle Enterprise Data Quality, Trillium Software TS Quality, SAS DataFlux Data Management Studio, SAP BusinessObjects

Data Quality Management 등이 대표적인 도구이다. 그러나 빅데이터 품질은 기술적 관점에서 완전히 다른 접근을 필요로 한다. 예를 들어 조직은 다음과 같은 사항을 고려해야 한다.

Hadoop 자체의 데이터 품질을 관리한다. 제 22장에서 다루듯이 Informatica는 데이터 품질을 위한 Hadoop 자체의 기능 강화를 발표했다. 다른 벤더들도 이를 따르게 될 거라고 예상한다.

- 비구조적 데이터를 사용하여 데이터의 품질을 높인다. 예를 들어, 제 18장은 의료와 관련해서 병원 시스템에서 전자 진료 기록, 의사 소견서, 퇴원 기록의 활용에 관해 설명하였다. 병원은 비구조적 데이터를 흡연자와 약물, 알코올 중독자 같은 속성 데이터의 품질을 향상시키는 데 사용했다. 그 결과 병원은 심장 합병증으로 30일 이내에 재입원할 확률이 가장 높은 환자가 누구인지 더 잘 알 수 있게 됐다.
- 스트리밍 분석을 사용하여 실시간으로 데이터를 디스크에 저장하지 않은 상태에서 데이터 품질을 높일 수 있다. 예를 들어, 제 15장의 15.1 사례에서는 '중계 시스템'으로 알려진 스트리밍 기술을 사용하여 실시간 통화 자료(CDRs)로부터 중복을 제거하고 있다.

21.10 빅데이터의 메타데이터

메타데이터는 데이터의 특징을 기술한 정보로서 조직이 관리하는 데이터의 이름, 위치, 중요성의 정도, 품질, 기업에게 주는 가치, 다른 데이터와의 관련성 등을 포함한다. 빅데이터는 크기, 속도, 다양성의 측면에서 기존의 정보를 확장시키고 있으므로 메타데이터 문제에 대한 새로운 도전을 던져주고 있다. 제 7장의 메타데이터에 대해 다루듯이 HCatalog 프로젝트(이전에는 Howl로 알려져 있다)는 이제 Apache Incubator 사업의 하나이다. HCatalog는 Hive 메타스토어 상위에 있다. HCatalog는 Hadoop에서 메타데이터 기능의 부족한 부분을 보완한다.

많은 벤더가 메타데이터 제품을 제공하고 있다. IBM InfoSphere Business Glossary, IBM InfoSphere Metadata Workbench, Informatica Metadata Manager, Informatica

Business Glossary, Adaptive® Metadata Manager TM, ASG-Rochade® 등이 대표적인 사례이다.

조직은 비즈니스 용어 사전에 빅데이터 관련 비즈니스 용어를 추가해야 한다. 또한, 조직은 Hadoop에 더 많은 데이터를 저장함에 따라 Hadoop 환경에서의 데이터 계통, 영향 분석을 중시해야 할 것이다. 시간이 흐름에 따라 벤더들은 Hadoop의 기술적 메타데이터를 지원하는 툴들을 출시할 것이라고 생각한다.

21.11 정보 정책 관리

정보 거버넌스는 정보와 관련된 정책을 관리하는 것이 주요 목표이다. 조직들은 정보 정책과 관련된 다섯 가지 중요한 프로세스를 해결하려고 노력한다.

1. 데이터 품질, 메타데이터, 프라이버시, 정보 수명주기 관리와 관련된 정책을 기록한다.
   예를 들어, 데이터 정책에 "콜센터 직원은 새로운 레코드를 생성하기 전에 고객 이름을 검색해야 한다."라고 기록한다.
2. 데이터 관리자, 데이터 스폰서, 데이터 책임자와 같은 역할과 책임을 할당한다.
   예를 들어, 고객 데이터 관리자는 고객 데이터의 품질을 높이는 데 책임이 있다. 이 관리자는 그 데이터를 다루는 IT 분야의 데이터 책임자와 파트너십을 맺을 필요가 있을 것이다.
3. 데이터 정책에 부합하는지 모니터링한다.
   예를 들어, 콜센터의 경우 조직은 콜센터 상담원들이 데이터 정책에 맞게 행동하고 있는지 모니터링하기 위해 중복된 고객 기록의 수를 측정한다.
4. 데이터 이슈에 대해 허용 가능한 선을 정의한다.
   콜센터의 정보 거버넌스 팀은 고객 데이터 중복 한계선을 3%로 정할 수 있다. 중복된 데이터의 비율이 3%보다 낮을 때는 문제 해결을 하는 것이 비용 측면에서 효율적이지 않기 때문에 이렇게 정하였다.

5. 오래 지속되고, 비즈니스의 여러 기능과 라인에 영향을 미치는 것을 집중 관리한다. 예를 들어 정보 거버넌스 팀은 고객 데이터 관리자가 중복된 기록을 삭제할 수 있게 많은 추적 시스템을 만들어 놨다.

대부분의 조직은 정보 거버넌스 정책을 일일이 수작업으로 수행해 왔다. 그러나 이제 벤더들은 빅데이터를 포함한 모든 유형의 정보 관리 정책 프로세스를 자동화하는 툴을 제공한다. 이러한 툴에는 Kalido® Data Governance Director와 SAP BusinessObjects Information Steward 등이 있다.

거버넌스, 위험, 규정 준수 플랫폼에 투자한 IBM OpenPages®, EMC RSA® Archer® eGRC과 같은 조직들은 이제 작업 통제를 기록하고 정보 정책을 지키고 있는지 모니터링하는 분야로 이 툴을 확장할 것이다. 몇몇 조직들은 기존의 BMC® Remedy®와 같은 이슈 관리 도구를 사용하여 데이터 관련 이슈를 관리할 수도 있을 것이다 (비록 이 제품이 이 문제를 목표로 만들어진 것은 아니지만).

21.12 마스터 데이터 관리

기업은 빅데이터에 대한 이해를 바탕으로 마스터 데이터를 보강하고 싶어할 것이다. 예를 들어, 소셜 미디어 감성분석을 마스터 데이터와 연계하여 어떤 고객들이 회사 제품에 더 긍정적인지 알고 싶어한다. 제 11장은 MDM을 빅데이터와 통합시키는 문제에 대해 포괄적으로 다루고 있으며, 이에 수반되는 데이터 품질, 관리, 개인정보보호도 논의하였다. 제 10장의 사례 10.1에서는 소매업자가 MDM을 활용하여 페이스북 앱을 강화하는 사례를 소개하였다.

이 영역에서의 주요 제품으로는 IBM InfoSphere Master Data Management, Oracle Master Data Management, SAP NetWeaver® Master Data Management, Informatica Master Data Management가 있다. 제 22장에서 다루듯이 Informatica는 MDM을 소셜 미디어와 통합하는 것을 강조해왔다. 다른 벤더 역시 '소셜 MDM'의 일부로서 소셜 미디어와 MDM의 통합을 지원할 것이라고 생각한다.

조직들은 빅데이터 사업을 지원하기 위해 성별, 나라, 주, 통화(각국 화폐), 질병 코드 같이 잘 관리되고 정제된 참조 데이터를 원할 것이다.

제 11장의 11.3절에서는 빅데이터에서 참조 데이터의 중요성에 대해 얘기하고 있다. 또한, 사례 9.3은 학교 건물 방에 대한 참조 데이터를 사용하여 움직임이나 온도 센서와 같은 실시간 데이터를 모니터링하는 사례를 보여주었다. 주요 MDM 벤더사들은 참조 데이터를 관리하기 위한 도구들을 제공하고 있다.

21.13 데이터 웨어하우스와 데이터 마트

조직은 다음에 근거하여 데이터 웨어하우스와 데이터 마트에 많은 투자를 한다.

- Oracle Database 11g와 IBM DB2 같은 관계형 데이터베이스
- SAP Sybase IQ, HP® Vertica®, ParAccel과 같은 빅데이터 분석에 최적화된 칼럼 형식의 데이터베이스
- Oracle Exalytics® In-Memory Machine, IBM Netezza, IBM Smart Analytics System, IBM InfoSphere Warehouse, HP Vertica, EMC Greenplum 같은 데이터 웨어하우징 통합제품들. Teradata® Aster® MapReduce 통합제품은 SQL을 테라데이터 하드웨어 플랫폼에서 맵리듀스 분석 엔진과 함께 사용할 수 있게 지원한다.

조직들이 빅데이터를 받아들임에 따라 점점 Hadoop과 NoSQL 기술을 기존의 데이터 웨어하우징 환경과 통합하는 혼합 접근법을 따를 것이다. 다음과 같은 몇몇 패턴이 있다.

- Hadoop에 반구조적, 비구조적 파일을 저장하고, 구조적 데이터를 추출하기 위해 맵리듀스 작업을 하며, 그 결과를 데이터 웨어하우스로 옮긴다.
- 처음에는 로그 파일을 NoSQL 데이터베이스에 저장하고, 그 다음에 데이터 웨어하우스로 옮긴다.
- 먼저 트위터 자료를 NoSQL 데이터베이스에 저장하여 감성 분석을 하고, 결과를 데이터 웨어하우스로 옮긴다.

사례 21.1은 금융 서비스 회사에서 빅데이터, 마스터 데이터, 데이터 웨어하우스 통합 전략에 대해 얘기한다. 이 사례는 실제와 다르게 변경되었다.

사례 21.1

금융 서비스 회사에서 빅데이터, 마스터 데이터, 데이터 웨어하우스의 Hive리드 전략

금융 서비스 회사는 신용 카드 거래 데이터를 사용하여 조기 경고와 장기 사기 분석을 실현하기 위해 빅데이터와 데이터 웨어하우스의 Hive리드 전략에 대해 알아보고 있었다. 신용 카드 거래가 시스템으로 들어오면서 회사는 전사적 레벨에서 스트리밍 분석을 통하여 거래의 위험 평가를 시행하려고 한다. 초기 평가가 끝나고 회사는 추후 분석을 위해 트랜잭션 데이터를 데이터 웨어하우스에 저장하고 싶어했다. 회사는 이 방식으로 개별 트랜잭션의 사기 적발 비율을 향상시킬 것이라고 믿었다. 그러나 장기적이면서 주목을 덜 받는 지속적인 사기의 적발은 장기 패턴을 최적으로 평가할 수 있는 정도가 된 이후에 가능할 것이다.

이 계획의 성공에 좋은 품질의 마스터 데이터가 꼭 필요하다는 것에 주목해라. 예를 들어 회사는 좌표부여 데이터(geocoding data)를 이용해 사기를 방지하려고 했다. 고객이 상인에게서 오후 1시에 장을 보았는데 같은 날 오후 1시 반에 다른 도시의 다른 상인에게서 또 다른 구매를 하는 상황을 생각해 보자. 회사는 좌표부여 데이터를 사용하여 고객이 두 지역 간에 이동을 하는 것이 가능한지를 판단할 수 있다. 만약 불가능하다면 두 번째 거래는 사기 거래로 판단할 수 있다. 물론 이 예에서 금융 서비스 회사는 두 상인과 관련된 정확한 좌표 데이터를 마스터 데이터로 보유하고 있다고 가정한 것이다.

21.14 빅데이터 분석과 리포팅

조직은 하루를 마치면서 비즈니스 결정을 하기 위해 빅데이터 요구 사항을 분석해야 한다. 많은 오픈소스들과 소유권이 있는 툴들이 빅데이터 분석과 리포팅을 지원할 수 있다.

가시화 및 리포팅

SAS, IBM(Cognos®), SAP(BusinessObjects), Tableau®, QlikView®, Pentaho 같은

벤더는 빅데이터를 가시화하고 분석할 수 있는 제품을 제공한다. 벤더들의 로드맵을 보면 Hadoop에 저장된 대규모 데이터세트에 대하여 가시화와 리포팅을 지원하는 쪽으로 발전하고 있다.

일반 예측 분석 툴

SAS와 IBM(SPSS®) 같은 벤더의 툴은 데이터 과학자들이 빅데이터를 기반으로 예측 모델을 설정하는 걸 가능하게 해주고 있다. 예를 들어, 보험 사기를 예측하는 모델에는 소셜 미디어와의 관련성을 통합하고 있다. 또한, R은 Hadoop 상의 대용량 데이터세트를 통계적으로 분석하는 데 자주 쓰이는 오픈소스 패키지다.

웹 분석

IBM Coremetrics® 같은 툴은 고객이 여러 광고 네트워크, 이메일, 비디오, 제휴 사이트, 소셜 미디어를 통해 상호작용하는 모든 정보를 수집해 낸다. 그리고 나서 이 데이터를 오프라인 정보와 통합하여 각 방문자별로 시간의 흐름이나 채널에 따른 행동 패턴을 분석해 낸다.[115]

소셜 듣기

조직은 소셜 미디어와 좀 더 가까워짐에 따라 다음과 같은 질문에 대한 답을 찾고 있다.[116]

- 고객은 우리 브랜드에 대해 무엇을 말하고 듣고 있는가?
- 우리 제품 카테고리에서 가장 많이 얘기하는 특징은 무엇인가?
- 피드백이 좋은가, 나쁜가?
- 고객은 우리의 새로운 광고 캠페인에 어떻게 반응하고 있는가?
- 홍보부가 주의 깊게 봐야 할 부정적인 평가가 있는가?

---

115 "Social Media Analytics: Making Customer Insights Actionable." IBM, 2011.

116 IBM Cognos Consumer Insight Version 1 Release 1 User Guide, 2010.

- 우리 비즈니스 파트너가 우리의 브랜드 평판을 좋게 하고 있는가, 나쁘게 하고 있는가?
- 우리 제품의 경쟁자가 시장을 활성화하고 있는가?

또한, 조직은 소셜 미디어를 혁신적인 방법으로 사용하고 있다. 예를 들어, 어떤 소매업자는 소셜 듣기 툴을 사용하여 직원 할인을 남용한 사람들과 훔친 걸 트위터에 자랑하는 도둑들을 찾아내서 손실을 방지하고 있다. Attensity, Lithium, Salesforce Radian6과 같은 소셜 듣기 벤더는 이런 요구사항을 만족시키는 툴을 제공한다. 또한, IBM의 Cognos Consumer Insight, Oracle의 Collective Intellect, SAS의 Social Media Analytics 같은 거대 벤더는 이 분야의 제품을 제공하고 있다.

전문화된 분석

많은 벤더가 빅데이터 전문 툴을 제공한다. 잘 알려진 사례는 Splunk로 애플리케이션과 네트워크 로그의 M2M 데이터를 분석하는 툴을 제공한다. 조직은 이 데이터를 애플리케이션 동작 불능 시간을 줄이고 네트워크 보안을 향상시키는 데 사용한다.

21.15 빅데이터 보안과 프라이버시

Data Intensive Computing의 안내 책자[117]에는 Hadoop에는 어떤 데이터를 어떻게 처리할지를 제한하는 보안상의 결함이 있다고 말한다. 다음은 이러한 몇 가지 단점을 요약한 것이다.

- HDFS는 공인 인증 시스템이 없으며, 공인된 사용자는 클러스터 상의 어떤 것이라도 읽고 쓸 수 있다.
- Hadoop은 안전하지 않은 "WhoAmI" 명령을 기반으로 사용자 접근을 승인한다.
- HBase는 접근 통제를 하지 않으며, Hadoop 클러스터에서 실행되는 어떤 작업에서도 클러스터의 모든 데이터에 접근할 수 있다.

117 Furht, Borko and Escalante, Armando. Handbook of Data Intensive Computing. Springer, 2011.

IT 간부들은 Hadoop을 사용하여 여러 분산된 소스로부터의 데이터를 모으기 전에 많은 잠재적인 보안 이슈에 대해 관심을 가져야 한다. 결국, 정부 기관은 Hadoop 환경에 민감한 데이터를 넣지 않을 것이다.[118] 이 문제에는 다음과 같은 여러 해결책을 추천한다.[119]

- Hadoop에는 어떤 중요한 데이터도 저장하지 않는다
- 숨겨진 텍스트와 비구조적인 필드 내용을 포함하여 중요한 데이터는 암호화한다
- 각 데이터를 고유한 클러스터에 보관함으로써 각 사용자가 인증된 데이터에만 접근하도록 한다

Hadoop은 여전히 부상하는 기술이고, 이런 이슈들은 큰 기업과 벤더의 조인으로 해결될 거라고 생각한다. 빅데이터는 Hadoop 밖에서 저장되고 처리될 수도 있다. 이는 이 장의 나머지 부분에서 다룰 것이다.

프라이버시 의무의 결정

개인정보와 데이터 보호 법은 산업, 주, 지역, 나라에 따라 매우 다르다. 규제 준수의 중요한 첫 걸음은 어떤 법이 어느 정보 소스와 카테고리에 적용되는지를 이해하는 것이다. 빅데이터 거버넌스 프로그램은 특정 데이터 소스와 데이터 카테고리에 프라이버시 보호법과 관련 요구사항 및 절차를 목록으로 만들어주는 툴을 필요로 한다. 이러한 툴로는 IBM의 "Global Retention Policy and Schedule Management"가 있다.

데이터 마스킹

데이터 마스킹 툴은 민감한 정보를 가려주는 도구로서 출생일, 은행 계좌번호, 집 주소, 캐나다의 사회 보험 번호나 이탈리아의 Codice Fiscale과 같은 국민 인식 정보 등이 주요 마스킹 대상이다. 이 분야의 툴에는 IBM InfoSphere Optim® Data Masking Solution과 Infornlatica Data Masking solutions가 있다.

---

118 Vijayan, Jaikumar. "IT must prepare for Hadoop security issues." *Computerworld*. November 9, 2011. http://www.computerworld.com/s/article/9221652/IT_must_prepare_for_Hadoop_security_issues.

119 Schlesinger, Jason. Cloud Security in Map/Reduce. July 31, 2009.

데이터베이스 암호화

데이터베이스 암호화는 암호 키를 가지고 있는 사람만이 데이터베이스의 내용을 볼 수 있도록 하는 기술이다. 대부분의 데이터베이스 벤더들은 암호 기능을 제공하고 있다.

데이터베이스 모니터링

데이터베이스 모니터링 툴은 데이터베이스 관리에 중요한 기능을 담당한다. 모든 감사 데이터는 안전하면서도 쉽게 조작할 수 없고, 모니터링 대상이 되는 데이터베이스와는 분리하여 저장되어야 한다. 데이터베이스 모니터링 기능은 데이터베이스 성능을 저하시키지 않아야 하며, 데이터베이스나 애플리케이션에 어떠한 변화를 요구해서도 안 된다. IBM (InfoSphere Guardium®)과 Imperva 같은 벤더가 모니터링 도구를 제공한다.

보안 정보와 이벤트 관리(SIEM)

SIEM 툴은 전사적으로 시스템, 애플리케이션, 네트워크 구성요소, 보안 장치의 로그 데이터들을 통합한다. 통합된 정보를 상관 분석해서 보안 사고가 일어나고 있는지를 예측한다. 그리고 나서 보안 사고의 원인을 결정하고, 더 이상의 데이터 유출을 막기 위해 정보 흐름을 차단하는 보호 기술을 실행한다. IBM Tivoli® Security Operations Manager가 SIEM 툴의 일종이다.

21.16 빅데이터 수명주기 관리

정보 수명주기 관리(ILM)는 정보의 생성부터 폐기까지의 기간 동안의 정보 관리 절차와 방법론을 의미하는 것으로 법, 규제, 프라이버시 보호 등을 포함한다. ILM은 비즈니스 절차와 법, 기록, IT와 관련된 정책들을 포함한다. ILM 프로그램은 정보가 비즈니스적인 가치를 다했을 때 효율적이면서도 법적, 규제적 준수 사항에 맞게 처분해야 한다.

ILM을 효과적으로 구현하기 위해 데이터 소유자는 어떻게 정보가 생성되고, 지속되고, 수정되며, 언제 정보의 비즈니스 가치가 없어지는지를 결정해야 한다. 데이터 소유자는 법률 지원팀 및 다른 규제 준수 관련 이해 관계자들과 함께 자신이 보유한 정보를 언제까지 가지고 있어야 되는지를 논의해야 한다.

빅데이터 수명주기 관리 플랫폼의 구성요소는 다음과 같다.

- 정보 아카이빙
- 기록, 유지 관리
- eDiscovery
- 시범 데이터 관리

정보 아카이빙

빅데이터 크기가 커지면서 자주 접근하지 않거나 더 이상 비즈니스 사용자들이 필요로 하지 않는 정보로 인해 생산 시스템에 과부하가 걸린다. 조직은 구조적, 비구조적 데이터를 효율적이고 시기 적절하게 아카이브로 만들어 나가야 한다. 법적 요구 사항에 대하여 찾을 수 있도록 하면서도 비즈니스 측면, 법적인 측면, 기록적인 측면에서 이해 관계자들이 더 이상 필요로 하지 않는 데이터를 적절하게 재배치해야 한다. 이러한 처리가 필요한 예로서 다음과 같은 빅데이터 소스들이 있다.

- Microsoft Exchange®와 IBM Lotus® Domino®의 이메일
- Microsoft SharePoint와 IBM Lotus Domino의 파일
- 관계형 데이터베이스의 구조적 데이터

IBM InfoSphere Optim Data Growth Solution과 Informatica Data Archive는 구조적 데이터를 덜 비싼 저장소로 옮길 수 있게 하며, 나중에 다시 가져와서 사용하는 것을 보장한다. 이 접근법은 저장 비용을 줄이고 애플리케이션 성능을 향상시킨다.

- SAP와 Oracle Open Text® 같은 기업 애플리케이션에 있는 구조적 데이터 — Open Text®는 SAP 데이터를 아카이브로 만드는 솔루션이다. 또한, IBM과 Informatica는 다른 기업 솔루션의 구조적 데이터를 아카이브로 만드는 솔루션이다.
- 소셜 미디어 — 소셜 미디어는 eDiscovery에 의해 추진된 유지 정책과 미국의

FINRA 같은 정부 당국의 규제 정책을 준수한다. 이 흐름은 완전히 새로운 소셜 미디어 아카이브 툴들을 요청하고 있으며, Arkovi, Backupify, Cloud Preservation, Erado, Hanzo Archives, PageFreezer 같은 벤더가 이에 부응하고 있다.[120]

- 대규모 트랜잭션 데이터와 M2M 데이터 — RainStor는 빅데이터의 볼륨을 줄이기 위해 데이터 압축 기술을 사용한다. RainStor는 엄청난 양의 구조적, 반구조적, 비구조적 데이터 (예: 통화 자료, 공익 사업의 스마트 계량기 기록, 로그 파일 등)를 관리하기 위해 두 가지 에디션의 데이터베이스 제품을 보급하고 있다.
- RainStor Big Data Retention은 기계에서 생성된 데이터, 분석 데이터 그리고 다른 형태의 빅데이터를 보유하는 것을 지원한다.
- Hadoop의 RainStor Big Data Analytics는 Hadoop 클러스터 안의 노드 수를 줄이면서 맵리듀스 작업의 성능을 높이고 싶어하는 조직을 대상 고객으로 하고 있다.
- RainStor는 Hadoop 데이터를 압축시키는 데 사용되는 LZO, Gzip를 개선하고 있다. 또한, RainStor는 SQL을 제공함으로써 비즈니스 인텔리전스 툴이 바로 데이터에 접근할 수 있도록 한다.
- Hadoop 조직은 Hadoop의 가치를 이메일과 같은 애플리케이션의 비용 효율적인 아카이브에서 찾고 있다.[121] 제 12장의 사례 12.2는 중견 기업에서 Hadoop을 사용하여 아카이브를 만드는 것의 경제적 이득에 대해 얘기하고 있다.

Symantec® Enterprise Vault, HP Autonomy® Consolidated Archive, IBM Smart Archive, EMC SourceOne® 같은 벤더들은 다양한 데이터 형태를 단일화된 아카이브로 만들어주는 도구를 제공하고 있다.

기록 및 유지 관리

모든 ILM 프로그램은 사업이 운영되는 지역의 정보에 적용되는 법과 규제의 목록을 가지고 있어야 한다. 이러한 법과 규제 및 비즈니스 요구 사항 때문에 얼마나 오래 문서를 가

120 http://blog.investmentpal. com! social-media-archiving -solutions/.

121 Sitaula, Sunil. Hadoop for Archiving Email. September 28,2011. http://www.c1oudera.com/blog/20 11/09/hadoop-for-archiving-emaill.

지고 있어야 하는지를 결정하는 유지 계획이 필요하다. 기록 관리 솔루션은 문서 유지에서 비즈니스 절차를 따르게 한다. IBM Enterprise Records, EMC Documentum Records Manager, HP Autonomy Records Manager, OpenText Records Management 등이 이 영역에서 제공되는 도구들이다.

법적 영향력과 증거 수집(eDiscovery)

많은 기업과 부서들이 소송 및 정부 조사에 대비하여 증거를 보존하게 된다. 큰 조직은 데이터에 대한 다양한 의무와 더불어 수백, 수천 개의 공개적인 법적 문제를 가지고 있다. 전형적인 법적 문제는 3년 동안 지속되고, 일부는 5년 혹은 그 이상 지속된다. Information Lifecycle Governance Leader Reference Guide에 따르면 법적 eDiscovery 비용의 대부분은 정보의 볼륨으로 인한 것이라고 말한다.[122] 가이드북은 모든 문제의 97%가 재판 전에 합의되고, 재판으로 가는 3% 중에 1.5%는 재판이 끝나기 전에 합의된다. 이런 관계로 인해 eDiscovery 절차를 개선하면 투명성이 높아지고, 예방적 차원에서 필요 없는 데이터를 제거하여 법적 비용이 상당히 줄어들게 된다.

법률팀은 증거 준수사항을 정의할 필요가 있으며, 구체적으로 IT, 기록, 비즈니스 팀과 협력하여 많은 양의 문서를 검색하고, 증거를 수집할 필요가 있다. 데이터 소스로는 이메일 메시지, 인스턴트 메시지, 엑셀 스프레드시트, PDF 문서, 음성, 동영상, 소셜 미디어 등이 있다. 벤더 툴에는 Symantec Enterprise Vault, HP Autonomy eDiscovery, IBM eDiscovery Manager, Recommind® Axcelerate eDiscovery Suite, Nuix® eDiscovery, ZyLAB® eDiscovery and Production System, Guidance Software® EnCase® eDiscovery 등이 있다.

시범 데이터 관리

빅데이터 거버넌스 사업에는 테스트 환경의 생성과 관리를 간소화하고, 데이터의 이동과 선별을 통해 현실적이고 적당한 크기의 시범 데이터베이스를 생성하며, 민감한 데이터를 가려주고, 테스트 결과 비교를 자동화하며, 여러 데이터베이스를 보유하는 데 필요한 비용과 노

122 Paknad, Deidre and Hublou, Rani. *Information Governance Leader Reference Guide*. 2012.

력을 없애주는 툴이 필요하다. IBM InfoSphere Optim Test Data Management Solution과 Informatica Data Subset은 테스트 환경의 생성과 관리를 효율적으로 지원한다.

21.17 클라우드

조직은 클라우드 환경으로 이전함으로써 더 높은 유연성, 더 빠른 처리시간, 비용절감 등을 달성하려고 한다. 다음과 같이 많은 벤더가 클라우드 빅데이터 플랫폼을 제공한다.

- **거대 클라우드 벤더**

아마존 웹 서비스는 Amazon Elastic MapReduce로 불리는 웹 서비스의 일부로 Hadoop 프레임워크를 제공하고 있다. Google Cloud Platform은 조직들이 Google 컴퓨터 인프라에서 애플리케이션을 구축하고, 많은 양의 데이터를 저장하며, 엄청난 양의 데이터 세트를 분석할 수 있도록 지원한다. 이 두 가지 제품은 제 22장에서 다룰 것이다.

- **데이터 브로커**

빅데이터 프라이버시와 관련하여 제 8장에서 다루었듯이 데이터 브로커에는 Acxiom, Reed Elsevier, Thomson Reuters 같은 기업들이 있으며, 전문화된 데이터세트나 산업 분야별로 수천 개의 다른 기업들이 있다. 이 기업들은 조직에게 다양한 형태의 데이터 보강과 검증 서비스를 제공하고 있다. 예를 들어, Acxiom은 세계에서 가장 큰 상업용 고객 데이터베이스를 제공한다. Acxiom은 매년 2만3천 개의 서버를 가동하고, 50조의 거래를 처리한다. 데이터베이스에는 한 사람당 1,500개의 데이터 포인트 꼴로 전 세계에 5억 명의 활동 고객들에 관한 데이터가 있다.[123]

- **거대 IT 벤더**

HP Converged Cloud는 조직이 개인, Hive리드, 공공 클라우드 서비스 사이를 이동할 수 있도록 지원한다.

---

123 Singer, Natasha. "You for Sale: Mapping, and Sharing, the Consumer Genome." *The New York Times*, June 16, 2012. http://www.nytimes.coml20 12/06/17 ltechnology/acxiom-the-quiet-giant-of-consumerdatabase-marketing.html? 1-4.

- **정보 관리 소프트웨어 벤더**

Trillium Software TS Quality on Demand와 SAS DataFlux Marketplace 같은 제품은 이름, 이메일 주소, 집 주소를 입증하고, 정제하며, 보강하는 서비스를 제공한다. 제 22장에서 다루는 Informatica Cloud는 데이터 로딩, 동기화, 프로파일링, 품질 서비스 등을 Salesforce와 다른 클라우드 애플리케이션들에게 제공한다.

요약

빅데이터는 Hadoop, NoSQL, 스트리밍 분석과 같이 새로운 데이터 유형이 나타나고 기술이 부상하면서 게임의 판도를 바꿀 잠재력을 가지고 있다. 이러한 발전을 활용하기 위해서 조직은 떠오르는 기술을 조직의 현재 인프라에 통합하는 참조 아키텍처를 만들어야 한다. 이 장에서는 새로운 벤더 및 기존의 벤더들이 현재의 기술과 떠오르는 기술을 융합하여 어떻게 제품을 출시하고 있는지를 보여주고 있다. 이를 위하여 빅데이터 참조 아키텍처의 각 요소들에 대한 융합에 대해 검토하고 있으며, 구체적으로 Hadoop의 보급, 스트리밍 분석, 데이터베이스, 빅데이터 통합, 텍스트 분석, 빅데이터 디스커버리, 빅데이터 품질, 메타데이터, 정보 정책 관리, 마스터 데이터 관리, 데이터 웨어하우스와 데이터 마트, 분석과 리포팅, 빅데이터 보안과 프라이버시 보호, 빅데이터 수명주기 관리, 클라우드 등이 포함된다.

많은 벤더가 빅데이터 참조 아키텍처의 여러 요소를 통합한 툴세트를 제공한다. 이런 통합된 사양들을 '빅데이터 플랫폼'이라고 부른다. IBM, Oracle, SAP, Microsoft, HP, Informatica, SAS, Teradata, EMC, Amazon, Google, Pentaho, Talend 등이 빅데이터 플랫폼을 제공하고 있다. 빅데이터 플랫폼은 다음 장에서 자세히 다룬다.

CHAPTER

22

빅데이터 플랫폼

이 장은 Mika Nikolopoulou의 공헌으로 작성되었다.

많은 벤더가 제 21장에서 언급한 빅데이터 참조 아키텍처의 여러 요소들을 통합한 툴세트를 제공하고 있다. 이와 같이 빅데이터 처리를 위해 통합된 사양들을 '빅데이터 플랫폼'이라 한다. 빅데이터 플랫폼 벤더들은 다음과 같이 분류할 수 있다.

- 거대 벤더 — IBM, Oracle, SAP, Microsoft, HP 등은 엄청난 회사 수익 때문에 이 카테고리로 분류한다.
- 카테고리 리더 — 이 벤더들은 특정 기술 분야를 독점하고 있고, 그러한 위치를 빅데이터 플랫폼을 구축하는 데 사용하고 있다. 이 부류의 벤더들에는 Informatica(데이터 통합), SAS(분석), Teradata(데이터 웨어하우징), EMC(저장)가 있다.
- 클라우드 벤더 — Amazon과 Google은 이 분야에서 주력 세력이다.
- 오픈소스 벤더 — 많은 벤더가 있지만 Pentaho와 Talend는 이 분야에서 주요 벤더이다.

다음에서 상기 13개 빅데이터 벤더들을 설명한다. 특정 벤더는 다른 벤더들보다 자사 플랫폼에 빅데이터 타입의 지원을 추가하는 데 있어 앞서 있다.

22.1 IBM

그림 22.1은 IBM의 빅데이터 플랫폼을 요약해서 보여준다. 이 플랫폼의 각 요소를 이 절에서 다룬다. IBM이 빅데이터를 강력하게 지원하고 있으므로 IBM은 자사의 빅데이터 플랫폼에서 다른 요소에도 Hadoop 지원 기능을 추가해 나갈 것으로 본다.

Hadoop 배포판

IBM InfoSphere BigInsights는 IBM에서 나온 Hadoop 배포판이다. IBM InfoSphere BigInsights는 기업 고객이 Hadoop을 쓸 수 있도록 개선한 제품이다. IBM은 최근 이러한 개선된 기능을 IBM의 Hadoop 배포판이나 Cloudera CDH 모두에서 사용할 수 있을 거라고 발표했다. 이러한 개선 사항은 다음과 같이 요약된다.[124]

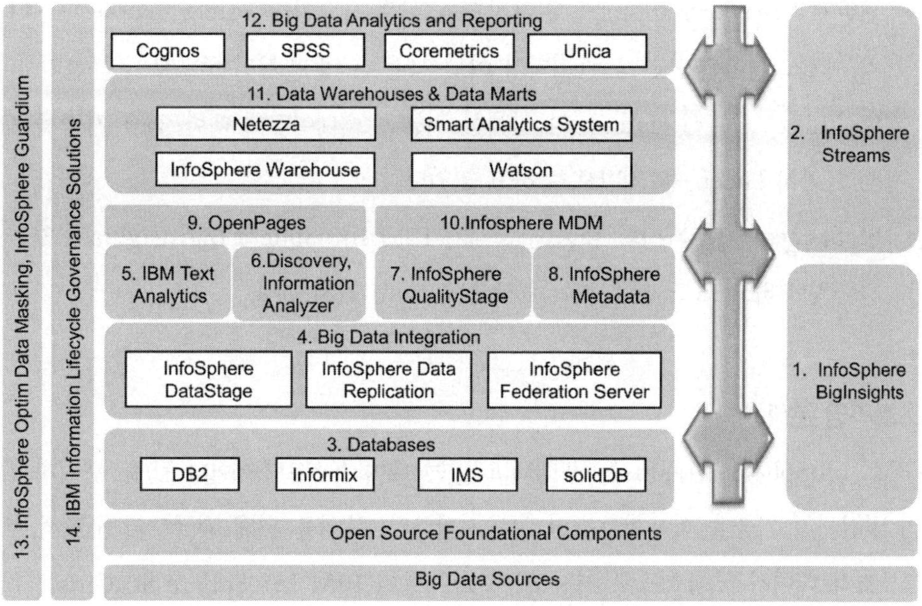

그림 22.1 IBM의 빅데이터 플랫폼

- Jaql — 오픈소스로서 선언적 언어인 Jaql은 구조적 데이터와 비구조적 데이터를 모두 처리할 수 있는 기능을 제공한다. Jaql은 여러 모듈로 확장이 가능하며, IBM은 이러한 기능을 활용하여 프리 빌트인 Jaql 모듈을 IBM InfoSphere BigInsights 내에 장착하여 텍스트 분석, HBase, IBM Netezza와의 통합을 가능하게 하고 있다.
- 텍스트 분석 — 텍스트 분석 엔진은 IBM Watson에 있다.
- 데이터 저장소 커넥터 — 커넥터는 다른 데이터베이스를 위한 JDBC 커넥터뿐만 아니라 IBM Netezza, IBM DB2, IBM InfoSphere Warehouse와 IBM Smart Analytics System에 대한 커넥터도 있다.
- 데이터 통합 — IBM InfoSphere DataStage와 IBM InfoSphere Streams에 대한 커넥터가 있다.
- 인증(Aentication) — 관리자가 IBM InfoSphere BigInsights에 역할 멤버를 기반으로 접근권한을 제공할 수 있게 한다.

124 "IBM InfoSphere BigInsights Enterprise Edition Data Sheet," IBM, 2012.

- 권한관리(Authorization) — 권한관리를 위해 사용자를 시스템 관리자, 데이터 관리자, 애플리케이션 관리자, 관리자가 아닌 사용자, 네 개의 수준으로 구분한다.
- BigIndex — 본래 Hadoop의 인덱싱 기능은 빅데이터에 대한 검색 기능을 수행하는 아파치 Lucene을 기반으로 하고 있었다.
- BigSheets — 이 가시화 툴은 사용자가 IBM InfoSphere BigInsights에 있는 데이터를 탐색하고 코드 실행 없이 쿼리를 만들 수 있게 한다.

스트리밍 분석

IBM InfoSphere Streams는 생성되고 있는 데이터(스트림 데이터 등)를 분석하기 위해 대량의 병렬처리 기술을 활용할 수 있도록 지원한다. 분석을 위해 대규모의 구조적, 비구조적, 반구조적 데이터를 디스크에 저장하는 것과 달리 IBM InfoSphere Streams는 생성되고 있는 데이터를 디스크에 저장하는 과정 없이 바로 분석할 수 있도록 한다.

IBM InfoSphere Streams는 2003년에 미국 정부와의 초기 연구에서 시작되었다. 이 툴은 현재 많은 다른 산업에서 쓰이고 있다. 예를 들어, 금융 서비스 분야에서 IBM InfoSphere Streams 기반 애플리케이션은 알고리즘적 옵션 거래를 하기 위해 평균 30 마이크로 초의 지연 시간으로 초당 5백만 개 이상의 시장 메시지를 분석하여 상관 관계를 찾아낸다. 또 다른 예로서 병원이 환자의 건강 상태 변화를 이전보다 24시간 정도 더 빠르게 찾아낼 수 있게 하는 목적을 가지고[125] 신생아 집중 치료 시설의 여러 센서에서 나오는 정보를 분석하는 데 사용되고 있다.

Databases

IBM은 DB2, Informix, IMS와 인 메모리 데이터베이스인 solidDB를 포함해서 많은 OLTP 데이터베이스를 제공한다. 제 21장에서는 DB2와 Hadoop, z/OS용 DB2와 IBM Netezza 사이의 통합을 다루었다. 또 제 21장에서 언급한 것처럼 IBM GPFS는 많은 양의 데이터를 관리하기 위한 엔터프라이즈 파일 시스템이다.

---

125 "IBM InfoSphere Streams Data Sheet," IBM, 2011.

빅데이터 통합

IBM InfoSphere DataStage 버전 8.7은 Hadoop 분산 파일 시스템에서 빅데이터에 접근하는 것을 지원하는 ETL 툴이다. IBM InfoSphere DataStage 버전 8.7에서는 새로운 Big Data File 스테이지를 추가하여 Hadoop으로부터, 혹은 Hadoop으로 다수 파일에 병렬로 데이터를 읽고 쓰는 것을 지원함으로써 데이터가 공통의 변환과정으로 쉽게 병합되도록 한다. IBM InfoSphere Data Replication은 변경되는 데이터의 식별(data refresh) 기능을 포함한 데이터 복제를 지원한다. IBM InfoSphere Federation 서버는 데이터 가시화를 지원한다.

텍스트 분석

IBM의 텍스트 분석 기술은 다음의 제품을 포함하여 여러 툴에 내장되어 있다.

- IBM SPSS Text Analytics for Surveys는 고객, 직원, 학생 만족도에 대한 통찰력을 얻기 위해 텍스트 응답들을 범주화한다.
- IBM InfoSphere BigInsights와 IBM InfoSphere Streams는 이 장의 앞부분에서 다루었다.
- IBM Cognos Consumer Insight는 이 장의 후반부에서 다룬다.
- IBM Content Analytics는 비구조적 내용의 자연 언어 처리를 돕는다.
- IBM Content and Predictive Analytics for Healthcare는 특정 산업에 국한된 전문용어 분석을 지원한다.
- IBM eDiscovery Analyzer는 수사관, 회계 감사관, 법률 전문직 사람들이 사건에 대한 통찰력을 얻기 위해 전자적 저장 정보(ESI)를 분석하는 걸 돕는다. 이를 사용하면 관련 없는 정보, 무응답, 권한을 가진 정보 등을 식별하여 법률적인 사건을 훨씬 작고 더 관련 있는 데이터세트로 줄여서 e 디스커버리 비용을 낮춰준다.

빅데이터 디스커버리

IBM InfoSphere Information Analyzer와 IBM InfoSphere Discovery는 정보 거버

넌스 프로젝트의 일부로 데이터 프로파일을 작성하는 데 사용할 수 있다. 또한, IBM은 비구조적 데이터의 검색과 발견을 위해 Vivisimo를 인수했다고 발표했다.

빅데이터 품질

IBM InfoSphere QualityStage는 빅데이터 거버넌스 프로젝트의 하나로 데이터를 정제하는 데 사용될 수 있다.

빅데이터의 메타데이터

IBM InfoSphere Business Glossary, IBM InfoSphere Metadata Workbench, IBM Cognos Business Viewpoint는 빅데이터 거버넌스 프로젝트의 일부로 비즈니스 메타데이터, 기술적 메타데이터, 운영 메타데이터, 분석 메타데이터를 관리한다.

정책 경영

제 21장에서 GRC 플랫폼의 IBM OpenPages를 확장하여 정보 정책 관리에 사용하는 방안을 논의하였다.

마스터 데이터 경영

IBM은 'IBM InfoSphere Master Data Management V10'이라는 구호 아래 Product Information Management(PIM)를 위한 MDM 등 자사의 여러 MDM을 통합하는 쪽으로 움직이기 시작했다. IBM InfoSphere Master Data Management V10은 협업형, 표준형, 고급형, 엔터프라이즈형의 네 가지 버전으로 제공될 것이다.

IBM InfoSphere Master Data Management Custom Domain Stand Alone은 IBM의 MDM 포트폴리오를 확장하여 커스텀 (각사에 적합한) 데이터 모델을 구축해야 하는 기업들을 지원한다. IBM InfoSphere Master Data Management Reference Data Management Hub는 국가별, 주별, 산업별, 통화별 코드 같은 참조 데이터를 관리한다.

데이터 웨어하우스와 데이터 마트

IBM Netezza는 데이터 웨어하우스 통합지원 패키지로서 매우 큰 데이터세트에 빠르게 쿼리하기 위해 데이터베이스 내에서 병렬 데이터 분석을 지원한다. IBM Smart Analytics System은 Netezza가 인수되기 전부터 있었고, IBM 소프트웨어, 하드웨어, 스토리지 기반의 데이터 웨어하우스 통합지원 패키지이다. IBM InfoSphere Warehouse는 DB2에 기반을 둔 데이터 웨어하우징을 위한 소프트웨어 패키지다.

"Jeopardy!" 퀴즈쇼에서 두 우승자를 물리친 IBM Watson은 IBM의 발전된 분석 포트폴리오의 정점에 있다. IBM은 Watson을 고급 분석을 필요로 하는 고급 응용(금융이나 의료 등)에 적용하기 시작했다.

빅데이터 분석과 리포팅

IBM은 빅데이터 분석과 리포팅을 위한 여러 툴을 제공한다.

- 리포팅 – IBM Cognos는 리포팅, 대시보드, 성과표, 예산, 계획, 실시간 모니터링을 위한 IBM의 주력 플랫폼이다.

IBM Cognos Consumer Insight는 소셜 미디어의 내용을 분석하는 툴이다. 이 제품은 특정 검색 용어를 포함한 텍스트의 일부나 작은 소식으로 전체 공개된 웹사이트의 데이터를 분석한다. 그리고 나서 사용자들은 고객이 느끼는 바나 고객의 태도에 대해 더 깊게 알기 위해 텍스트를 키워드, 어조, 날짜, 제품 분류 등의 기준으로 분석할 수 있다.

- 분석 – IBM SPSS는 더 나은 예측 모델을 얻기 위해 인구통계학적 요소, 선호도, 세분화된 정보를 텍스트, 소셜 미디어, 클릭스트림과 같은 빅데이터와 결합시킬 수 있다.
- 웹 분석 – IBM Coremetrics는 개인이 기업의 웹사이트와 소셜 미디어를 포함한 다른 형태의 디지털 공간과 어떻게 상호작용하고 있는지에 대한 정보를 제공한다.
- 마케팅 캠페인 관리 – IBM Unica®는 여러 채널에서의 캠페인 관리와 마케팅 자원 관리를 지원한다.

빅데이터 보안과 프라이버시

IBM은 빅데이터 보안과 프라이버시 보호를 위해 여러 툴을 제공한다.

- 프라이버시 규제 사항의 결정 – IBM Global Retention Policy and Schedule Management는 개인정보보호법과 규제 준수사항 및 절차를 특정 데이터 소스나 데이터 카테고리에 연결시켜 목록으로 만든다. 또한, 법의 충돌을 조정하고 사용 제한, 전송 제한, 배치 프로토콜, 기억 매체, 암호화 요구사항, 공개 의무 같은 적용되는 프라이버시 요구사항을 더 정확하고 명확하게 해줄 수 있다.
- 데이터 마스킹 – IBM InfoSphere Optim Data Masking Solution은 민감한 데이터를 문맥상으로 맞는 사실적인 정보로 변형하는 다양한 데이터 변형 기술을 사용한다.
- 데이터베이스 활동 모니터링 – IBM InfoSphere Guardium은 각 처리 작업에서 누가, 무엇을, 언제, 어디서, 어떻게 했는지를 포함해 모든 데이터베이스 활동의 연속된, 세밀한 검사 기록을 만든다. 이 검사 기록은 데이터를 볼 수 있는 권한을 가진 사용자를 포함해 공인되지 않거나 의심스러운 활동을 찾아내기 위해 계속해서 실시간으로 분석되고 체크된다.
- 보안 정보와 이벤트 관리 – IBM Tivoli Security Operations Manager는 일어나고 있는 보안 사건이 있는지 결정하기 위해 기업 전반에 걸쳐서 생기는 다양한 정보를 상관분석한다.

빅데이터 수명주기 경영

IBM은 강력한 빅데이터 수명주기 관리 플랫폼을 만들었다. 다음에서 이 플랫폼의 몇 가지 요소를 다룬다.

- **아카이브 만들기** – IBM Smart Archive는 IBM의 소프트웨어, 하드웨어, 서비스 제공사항을 포함하고 있다. 솔루션에는 이메일, 파일 시스템, Microsoft SharePoint, SAP 제품, IBM Connections 같이 다양한 데이터 타입을 위한 IBM Content

Collector 군의 제품들이 들어있다. 또한, IBM Content Manager와 IBM FileNet Content Manager repositories를 가지고 있다.

- **eDiscovery** — IBM eDiscovery Solution은 법률 지원 팀이 IT, 기록, 사업 팀과의 협력과 같은 증거 관련 의무를 정의할 수 있게 해주고, 법률 관련 사건에서 많은 양의 증거를 만드는 데 드는 비용을 줄여준다. 솔루션에는 법률 전문가들이 법적 소송 대비 작업을 관리할 수 있게 하는 IBM Atlas eDiscovery Process Management가 있다.
- **기록과 보유 관리** — IBM Records and Retention Management는 조직이 보유 계획에 따라 기록을 관리할 수 있게 해준다. 솔루션에는 앞서 언급한 IBM Global Retention Policy and Schedule Management가 있다. 또한, 사용자 정의 기록 관리 정책에 맞는지 확인하기 위해 IBM Enterprise Records가 포함된다.
- **테스트 데이터 관리** — IBM InfoSphere Optim Test Data Management Solution은 실제적이고 적당한 크기의 테스트 데이터베이스를 만들기 위해 테스트 환경, 데이터 부분집합의 생성과 관리를 효과적으로 만들고, 민감한 데이터를 가리며, 테스트 결과 비교를 자동화하고, 여러 복제된 데이터베이스를 유지하는 비용과 노력을 없애준다.

22.2 Oracle

Oracle은 그림 22.2와 같이 자사의 빅데이터 플랫폼을 구성하는 여러 기술을 개발했다. Oracle 빅데이터 플랫폼의 각 요소는 이 장의 나머지 부분에서 설명한다.

데이터베이스

Oracle Database 11g는 Oracle의 주력 관계형 데이터베이스다. Oracle Big Data Connectors는 Oracle 데이터베이스와 Hadoop 사이의 시너지 효과를 높인다. 이 커넥터들은 Oracle 빅데이터 제품이나 범용 Hadoop 클러스터에 설치할 수 있다. Oracle 빅데이터 커넥터들을 다음에서 목록으로 정리했다.

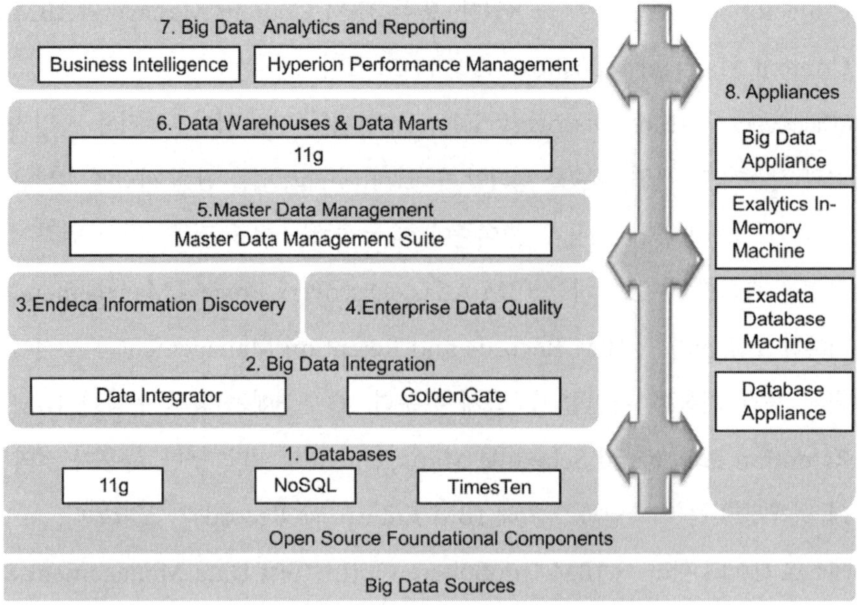

그림 22.2 Oracle 빅데이터 플랫폼

- Oracle Loader for Hadoop (OLH)은 맵리듀스 작업을 이용하여 Oracle RDBMS 내에서 데이터를 로드하고 분석하는 데 최적화된 데이터세트를 만든다. OLH는 Oracle 관계형 데이터베이스용으로 데이터 형식을 포맷하기 위해 Hadoop 클러스터의 CPU들을 사용한다.
- Oracle Direct Connector for HDFS는 Oracle 데이터베이스에서 HDFS 데이터에 매우 빨리 액세스하게 해준다. 이 작업을 수행한 후에 HDFS에 저장된 데이터를 Oracle 관계형 데이터베이스의 데이터와 함께 SQL로 쿼리할 수 있다.

Oracle NoSQL 데이터베이스는 Not Only SQL(NoSQL) key-value 데이터베이스 Oracle 버전이다. Oracle은 자사의 NoSQL 데이터베이스를 빠른 데이터 수집과 질의가 요구되는 웹 로그 파일이나 트위터 데이터 등을 처리하는 용도로 자리를 굳히고 있다. Oracle TimesTen InMemory 데이터베이스는 빠른 반응 시간을 요구하는 OLTP와 OLAP 제품에 최적화된 인 메모리 관계형 데이터베이스다.

빅데이터 통합

Oracle은 데이터베이스의 처리 능력을 부각시키기 위해 Extract, Load, and Transform (ELT)을 ETL 기술보다 강조해왔다. Oracle Data Integrator Enterprise Edition 11g는 ETL과 ELT 능력을 겸비하고 있다. Oracle Data Integrator Enterprise Edition은 Oracle Exadata® Database Machine에서 데이터 변형을 할 수 있도록 지원하며, 이 장의 나머지 부분에서 설명한다.

Hadoop용 Oracle Data Integrator Application Adapter는 데이터 통합 개발자들이 Hadoop에 있는 데이터를 Oracle Data Integrator를 사용해서 쉽게 통합하고 변형할 수 있게 해준다. 어댑터는 다음의 기능을 제공한다.[126]

- 로컬 파일 시스템에서 Hadoop으로 데이터를 로드
- Hadoop 안의 데이터의 인증과 변형 실행
- Hadoop 데이터를 Oracle 데이터베이스로 로드하여 추가적인 처리와 리포트 생성을 한다. Oracle GoldenGate는 1초 미만의 지연 시간으로 공공 요금 스마트 계량기와 같은 곳에서 발생한 실시간 데이터를 수집함으로써 빅데이터를 지원한다. Oracle GoldenGate는 소스 데이터베이스에 위치하여 데이터베이스 트랜잭션(redo) 로그에 바로 접근해서 삽입, 갱신, 삭제 작업의 결과를 읽어낸다.

빅데이터 디스커버리

Oracle Endeca Information Discovery는 구조적, 비구조적 데이터용 데이터 검색, 디스커버리 플랫폼이다. 기업들이 특히 많은 양의 비구조적 데이터 환경에서 점점 Hadoop 상의 Oracle Endeca를 찾을 것이라고 생각한다.

빅데이터 품질

Oracle Enterprise Data Quality 군의 제품들은 목적별로 여러 가지 도구를 제공한

126 "Oracle Big Data Connectors User's Guide, Release 1." http://docs.oracle.com!cdlE27101_01ldoc.10/ e27365/start.htm.

다.[127]

- Oracle Enterprise Data Quality Profile and Audit은 이질적인 데이터 소스들에서 추출된 많은 양의 데이터로부터 프로파일을 작성하는 것으로 데이터베이스, 스프레드시트, 플랫 파일 등이 데이터 소스의 대표적인 유형이다. 이 툴은 텍스트 필드 안에서 중요한 정보를 찾아내는 'phrase profiling(구절 프로파일링)' 기능을 가지고 있다.
- Oracle Enterprise Data Quality Parsing and Standardization은 이름, 주소, 전화번호와 같은 데이터를 변형하고 표준화한다.
- Oracle Enterprise Data Quality Match and Merge는 대응되는 레코드와 링크들을 찾아내거나 대응되는 기록들을 규칙에 따라 병합한다.
- Oracle Enterprise Data Quality Product Data Parsing and Standardization은 표준화된 제품 레코드를 생성한다. 이를 위해 시맨틱 인식 기술을 기반으로 제품 카테고리를 빨리 인식하고 상황에 적합한 규칙을 적용한다.
- Oracle Enterprise Data Quality Product Data Match and Merge는 정확한, 유사한, 관련된 레코드들을 식별해 내고, 이 레코드들을 생존 규칙에 따라 선별적으로 합친다.

Oracle의 Enterprise Data Quality 제품들은 Oracle Customer Hub와 Oracle Product Hub에 통합되어 있어 정제되고 표준화된 고객 및 제품 정보가 마스터 데이터 관리 환경으로 로드될 수 있도록 지원한다.

마스터 데이터 관리

Oracle Master Data Management Suite는 여러 가지 사항들을 제공하고 있다.

- Oracle Customer Hub는 고객에 대한 싱글뷰를 제공한다.
- Oracle Product Hub는 제품에 대한 싱글뷰를 제공한다.
- Oracle Site Hub는 고객, 경쟁사, 공급자와 관련된 내부, 외부 사이트에 대한 싱글뷰를 제공한다.

127 "Oracle Enterprise Data Quality Product Family Data Sheet," Oracle, 2011.

- Oracle Supplier Hub는 공급자에 대한 싱글뷰를 제공한다.
- Oracle Higher Education Constituent Hub는 학생, 교직원, 동창, 직원, 다른 구성원에 관한 싱글뷰를 제시한다.
- Oracle Hyperion Data Relationship Management는 다음 두 가지 관련된 측면을 제공한다.
- Financial master data management는 일관된 금융 분석과 리포팅을 위해 계좌(accounts), 비용센터(cost centers), 이익센터(profit centers), 법적인 요소(legal entities)에 대한 일관된 chart를 제공한다.
- Analytical master data management는 분석 차원과 성과 측정에 관한 일관된 견해를 제공해서 부서별 리포트가 기업 전체의 리포트와 일치하게 한다.

데이터 웨어하우스와 데이터 마트

Oracle Database 11g는 Oracle의 주력 데이터 웨어하우스, 데이터 마트 솔루션이다.

빅데이터 분석과 리포팅

Oracle은 분석과 리포팅을 위한 여러 가지 사항들을 제공하고 있다. Oracle Business Intelligence Tools는 리포팅, ad-hoc 쿼리, OLAP, 대시보드, 성과표 작업을 원활하게 한다. Oracle Hyperion Performance Management 제품은 전략 관리, 계획, 예산, 예측, 수익성 관리, 결산, 리포팅을 지원한다. Hadoop용 Oracle R Connector는 HDFS에 저장된 많은 양의 데이터에 대하여 R 통계 모델을 활용하여 맵리듀스 처리를 할 수 있게 한다. Oracle은 최근 자사의 소셜 매체들에서 정보를 얻는 능력을 올리기 위해 Collective Intellect를 인수했다.

통합 제품(Appliances)

Oracle은 최적화된 하드웨어와 소프트웨어 묶음들을 포함하는 'engineered systems'라는 통합제품을 출시하였다. 다음과 같은 Oracle 빅데이터 플랫폼에 이 engineered systems가 적용될 수 있을 것이다.

- Oracle Database Appliance – Oracle Database Appliance에는 Oracle 데이터베이스, 엔터프라이즈 11g, Oracle Real Application Clusters(RAC)와 Oracle 리눅스가 들어간다. 이 제품은 시스템을 사용하기 편하고 직관적으로 만들어서 컴퓨터 소유 비용을 줄이려는 중소-중견 기업을 타깃으로 한다.
- Oracle Exadata Database Machine – Oracle Exadata Database Machine은 OLTP와 데이터 웨어하우징을 위한 통합작업을 고성능으로 지원하기 위해서 제공된다.
- Oracle Exalytics In-Memory Machine – Oracle Exalytics In-Memory Machine은 분석 업무 위주인 기업 성과 관리 애플리케이션의 성능을 높이는 데 쓰인다. Oracle Exalytics는 최적화된 Oracle Business Intelligence Foundation Suite와 Oracle TimesTen In-Memory Database를 포함한다.
- Oracle Big Data Appliance – Oracle은 또한 기업이 자사의 빅데이터를 쉽게 관리하게 하기 위한 빅데이터 제품을 내놨다. Oracle Big Data Appliance는 다음 요소들을 가지고 있다.
    - 아파치 Hadoop(CDR)을 포함하는 클라우데라 배포판
    - 클라우데라 CDR을 배치하고 중앙에서 통제하는 클라우데라 관리기
    - 통계적 컴퓨터 작업과 그래픽을 위한 오픈소스 패키지 R
    - Oracle NoSQL 데이터베이스 커뮤니티 판
    - Oracle 엔터프라이즈 리눅스 운영 시스템
    - Oracle Java 가상기계(virtual machine)

22.3 SAP

SAP는 자사의 빅데이터 플랫폼의 일부로 여러 기술을 개발했다. 이러한 기술들은 그림 22.3에 나와 있고 이 장의 나머지 부분에서 다룬다. 이 책의 출판 즈음에 SAP는 자사만의 Hadoop 배포판을 가지고 있지 않고, 대신에 다른 기업의 배포판을 지원한다.

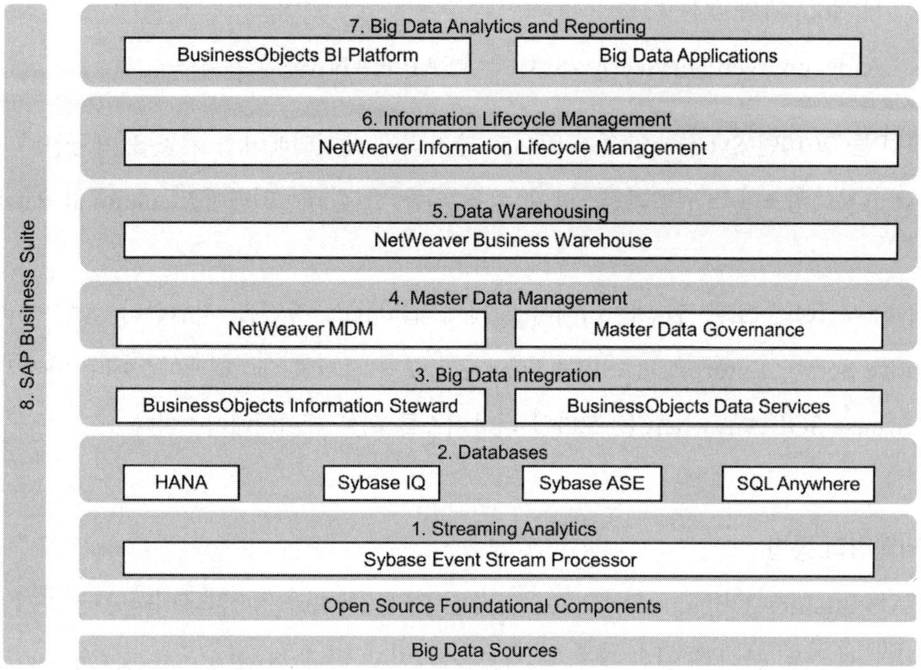

그림 22.3 SAP 빅데이터 플랫폼

스트리밍 분석

Sybase Event Stream Processor(ESP)는 자본 시장과 이와 유사한 환경에서 스트리밍 데이터를 실시간으로 분석하기 위한 복합 이벤트 프로세싱(CEP) 플랫폼이다.

데이터베이스

SAP HANA는 인메모리 상주 데이터베이스로서 기업에 설치된 대형 SAP ERP 환경에서 사용자들의 관심이 증가하고 있는 것으로 보인다. SAP는 HANA를 자사의 빅데이터 플랫폼의 중심으로 정했다. SAP는 HANA 제품을 내놓기 위해 IBM, HP, Fujitsu, Cisco, Dell, Hitachi를 포함한 여러 하드웨어 벤더들과 파트너십을 맺고 있다. HANA는 다음과 같은 빅데이터 관련 기능을 제공한다.

- 비구조적, 반구조적 데이터에 대한 텍스트 검색
- 오픈소스인 R 통계 패키지와의 호환성 제공

- Hadoop과의 호환 가능
- Amazon Web Service(AWS) 내에서 SAP HANA를 활용 가능

SAP는 2010년 Sybase 인수를 토대로 추가적인 데이터베이스 기능을 제공한다. SAP Sybase IQ는 비즈니스 인텔리전스와 분석을 위한 칼럼 데이터베이스(columnar database)이다.

Sybase IQ는 또한 인-데이터베이스 자체 맵리듀스 작업을 지원한다. SAP Sybase Adaptive Server Enterprise(ASE)는 Sybase의 주력 관계형 데이터베이스이다. 마지막으로 SAP Sybase SQL Anywhere는 모바일 디바이스를 위한 데이터베이스이다.

빅데이터 통합

SAP BusinessObjects Data Services는 ETL, 데이터 품질, 데이터 프로파일링, 메타데이터, 텍스트 분석과 같은 통합된 기능을 가지고 있다. SAP BusinessObjects Data Services는 데이터를 HANA로 옮기는 작업과 Hadoop과의 계획된 통합을 지원한다. SAP BusinessObjects Information Steward는 데이터 관리자가 데이터 품질 점검표, 데이터 인증 비즈니스 규칙, 비즈니스 정의, 메타데이터를 관리하고 감독할 수 있게 하는 기능을 제공한다.

마스터 데이터 경영

SAP NetWeaver Master Data Management는 고객, 제품, 벤더와 같은 핵심 도메인에 대한 싱글뷰를 제공한다. SAP Master Data Governance는 SAP Business Suite, SAP NetWeaver Master Data Management, SAP NetWeaver Process Orchestration을 통합하여 비즈니스 절차 면에서 정보 거버넌스 정책을 강화한다. 예를 들어, 비즈니스 사용자는 SAP 애플리케이션에서 벤더 데이터 변경 요청을 입력할 수 있다. 이 요청은 다음 단계로 워크플로를 통해 지불 조건을 입력하는 구매팀, 그 다음에는 마스터 데이터 객체에 회계 코드를 입력하는 금융팀으로 전해진다. 그 다음으로 그 요청을 승인하는 다른 사람과 데이터가 표준에 부합하는지 확인하는 데이터 관리자에게 전해진다. 이러한 기능은 SAP의 마스터 데이터 관리, 데이터 스튜어드십, 애플리케이션, 비즈니스 프로세스 관리 툴의 긴밀한 통합으로 이루어진다.

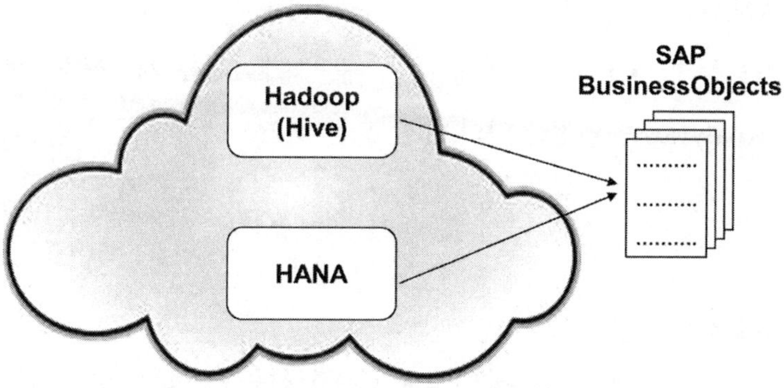

그림 22.4 SAP BusinessObjects는 클라우드 상에서
Hadoop과 HANA 인스턴스에 대해 연합 쿼리를 작성할 수 있음

데이터 웨어하우징

SAP NetWeaver Business Warehouse(SAP NetWeaver BW)는 SAP의 주력 데이터 웨어하우징 제품이다. SAP HANA도 SAP NetWeaver BW를 지원한다.

정보 수명주기 관리

SAP NetWeaver Information Lifecycle Management는 조직이 비즈니스 요구나 규제 요건에 따라 데이터를 아카이브로 만들고, 데이터에 대한 여러 유형의 보유 정책을 세울 수 있게 한다.

분석과 리포팅

SAP BusinessObjects Business Intelligence (BI) 플랫폼은 회사의 주력 비즈니스 인텔리전스 분석 패키지다. SAP는 BusinessObjects를 전체 빅데이터 플랫폼에 통합시키는 것을 보여줬다. 예를 들어, 그림 22.4의 소매업자는 10년간의 거래 데이터와 관련된 130억 개의 기록을 가지고 있다. 소매업자는 HANA에 2년간의 '따끈따끈한 정보'를 넣고 10년간의 '따뜻한/차가운(최신이 아닌) 데이터'를 Hadoop에 보관한다. Hadoop이 저렴한 하드웨어에서 실행될 때 HANA는 고가의 제품에서 실행된다. 소매업자는 BusinessObjects 안에서

Hadoop과 HANA에 저장된 데이터에 대한 연합 쿼리를 실행할 수 있다.[128]

또한, SAP는 특정 빅데이터 유형에 대한 애플리케이션을 개발했다. 예를 들어, SAP Smart Meter Analytics는 엄청난 양의 공공 요금 M2M 데이터를 분석하고 SAP HANA에서 실행된다.

비즈니스 애플리케이션

SAP 비즈니스 패키지에는 다양한 기능과 산업을 위한 SAP의 유명한 애플리케이션이 포함된다. 이 애플리케이션은 점점 비즈니스 프로세스 운영을 위해 빅데이터를 사용할 것이다.

22.4 Microsoft 빅데이터 플랫폼

그림 22.5는 Microsoft의 빅데이터 플랫폼을 보여준다. 플랫폼의 각 요소를 이 절에서 다룬다.

Hadoop 배포판

Microsoft는 Windows Server 상에 설치하거나 Windows Azure의 클라우드 기반 서비스로 제공되는 Hadoop 배포판의 CTP(community technology preview)를 공개할 예정이라고 밝혔다. Microsoft는 Windows에서 Hadoop을 실행할 수 있도록 하기 위해 Hortonworks와 공동으로 아파치 소프트웨어 재단에 제안을 하였다. Microsoft는 또한 윈도우 환경에서의 Hadoop이 보안이나 관리 및 프로그래밍 면에서 편리하다고 홍보하고 있다. 예를 들어, IT 팀은 Hadoop 클러스터를 보호하기 위해 Active Directory와 통합하는 방법을 쓸 수 있다. 또한, IT 팀은 Microsoft System Center와의 통합을 통해 Hadoop 클러스터를 더 잘 관리할 수 있다. 마지막으로 Microsoft는 맵리듀스 프로그래밍을 어려워하던 개발자들을 끌어모으기 위해 새로운 자바스크립트 라이브러리를 만들었다.

128 Wrona, Brian. "SAP Business Objects & Hadoop." Chicago SAP Business Objects User Group, June 1, 2012. http://www.chiboug.org/CHIBOUGlNewsDoclNewsDoc12771.pdf.

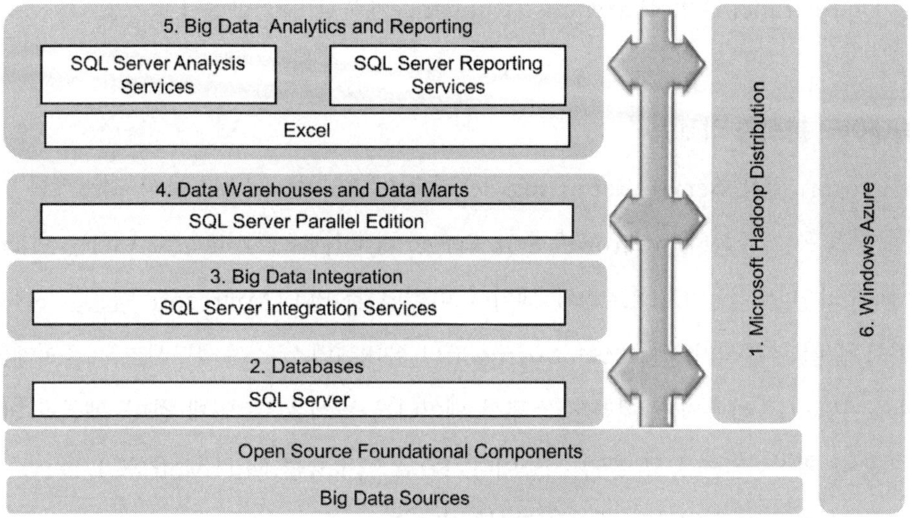

그림22.5 Microsoft 빅데이터 플랫폼

데이터베이스

SQL Server는 Microsoft의 관계형 데이터베이스 관리 시스템이다. Microsoft는 두 환경 간에 데이터를 이동하기 위해 Microsoft SQL Server를 위한 쌍방향 Hadoop 커넥터를 출시했다.

빅데이터 통합

Microsoft SQL Server Integration Services (SSIS®)는 데이터 통합을 위한 Microsoft의 ETL 툴 묶음이다. SSIS는 Microsoft의 나머지 빅데이터 플랫폼과 밀접하게 연관되어 있다.

데이터 웨어하우스와 데이터 마트

Microsoft SQL Server Parallel Data Warehouse는 2008년 DATAllegro 인수를 토대로 한 거대한 병렬처리 데이터 웨어하우스 엔진이다. Microsoft는 두 환경 간에 데이터를 이동하기 위해 SQL Server Parallel Data Warehouse용 쌍방향 Hadoop 커넥터를 발표했다. 또한, Dell은 Dell 하드웨어와 Microsoft SQL Server Parallel Data Warehouse를 기

반으로 Dell Parallel Data Warehouse Appliance제품을 출시하였다.

빅데이터 분석과 리포팅

Microsoft SQL Server Reporting Services(SSRS®)는 사용자들이 리포트를 작성할 수 있는 기능을 제공한다. Microsoft SQL Server Analysis Services(SSAS®)는 Microsoft의 주력 온라인 분석 처리(OLAP)와 데이터 마이닝 툴이다. Microsoft 엑셀은 전 세계의 초보자와 숙련된 분석가들이 쓰는 Microsoft의 유비쿼터스 스프레드시트 애플리케이션이다. PowerPivot은 사용자가 여러 소스에서 데이터를 들여올 수 있게 하며, 엑셀의 피봇 테이블 기능을 확장시키는 무료 추가 기능이다. Power View는 Microsoft SQL Server 2012 Reporting Services의 일부인 데이터 가시화 툴이다.

Microsoft의 Hive Open Database Connectivity(ODBC) 드라이버는 Microsoft SQL Server Analysis Services(SSAS), PowerPivot, Power View의 사용자들이 Hadoop 데이터와 상호작용할 수 있게 해준다. 또한, Microsoft의 엑셀용 Hive 추가 기능은 사용자들이 스프레드시트 환경에서 Hadoop과 상호작용할 수 있게 해준다.

소셜 미디어 회사 Klout는 1에서 100의 척도로 사람들이 얼마나 영향력을 가지고 있는지 알기 위해 100만 명 이상의 소셜 네트워크 데이터를 매우 빠르게 처리한다. Klout는 이 모든 데이터를 빨리 처리하기 위해 Hive 기반 데이터 웨어하우스를 실행했다. 동시에 Klout는 Microsoft SQL Server와 Microsoft SQL Server Analysis Services를 설치했다.

초기에 엔지니어들은 Microsoft SQL Server와 Hive가 소통하지 못할 것으로 예상하고 다른 해결책을 모색하였다. 이 책이 출판될 당시 Klout 사의 엔지니어들은 Hive를 Microsoft SQL Server Analysis Services와 결합하기 위해 Microsoft SQL Server의 ODBC 드라이버를 구현하고 있었다.[129]

클라우드

Microsoft Windows Azure는 여러 호스티드 데이터 관리 솔루션(hosted data

129 http://www.microsoft.com/casestudies/Microsoft-SQL-Server-2012-Enterprise/Klout/Data-ServicesFirm-Uses-Microsoft-BI-and-Hadoop-to-Boost-Insight-into-Big-Data/710000000129.

management solutions)을 제공하는 클라우드 플랫폼으로 데이터베이스와 리포팅 및 분석을 위한 툴을 포함한다. 또한, Microsoft Windows Azure는 앞서 언급한 호스티드 Hadoop 프레임워크(hosted Hadoop framework)를 가지고 있다.

22.5 HP

HP는 자사의 뛰어난 빅데이터 플랫폼을 구성하는 세 가지 솔루션(Vertica, Autonomy, HP Converged 클라우드)을 가지고 있다.

HP Vertica

HP Vertica는 칼럼기반 비즈니스 인텔리전스 통합제품으로 Zynga, Groupon, Twitter, Comcast, Vertica와 같은 기업들에서 사용되고 있다. Vertica는 또한 Hadoop과 Pig를 위한 쌍방향 플러그인을 개발했다. Vertica는 Informatica ETL의 플러그인과 함께 Cognos, MicroStrategy, Tableau, 그 외 다른 비즈니스 인텔리전스 벤더들과의 통합을 지원한다.

HP Autonomy

HP Autonomy는 음성, 동영상, 이메일, M2M 같은 복잡한 데이터 유형을 검색하는 데 특허받은 기술을 사용한다. Autonomy는 메타데이터가 아니라 실제 빅데이터를 사용해서 여러 산업의 규제 준수를 지원한다. 예를 들어, 금융 기관에서는 Autonomy를 문서 아카이빙, eDiscovery, 법적 소송 대비 작업, 기록 관리 등에 사용한다. 제약회사도 Autonomy를 사용하여 규제 승인을 위한 문서를 관리함으로써 신약 개발 절차를 효율적으로 만들고 있다.

HP Converged Cloud

HP Converged Cloud는 기업이 폐쇄형 클라우드, 혼합형 클라우드, 공개형 클라우드 서비스 사이를 쉽게 이동할 수 있도록 지원하는 솔루션이다.

HP가 빅데이터 플랫폼을 만들기 위해 여러 가지 움직임을 보일 것이라고 생각한다. 월

스트리트 저널은 HP가 2014년에는 2만7천 개의 일자리를 줄이고, 매년 30~35억 달러의 경비 절감액을 빅데이터 분석과 클라우드 컴퓨팅에 투자할 것이라고 최근에 발표했다.[130]

22.6 Informatica

Informatica 9.5를 출시하면서 Informatica는 Hadoop과 빅데이터에 대한 적극적인 지지를 나타내왔다. 그림 22.6은 Informatica의 빅데이터 플랫폼을 보여준다. 이 빅데이터 플랫폼의 각 요소는 이 장의 나머지에서 설명한다.

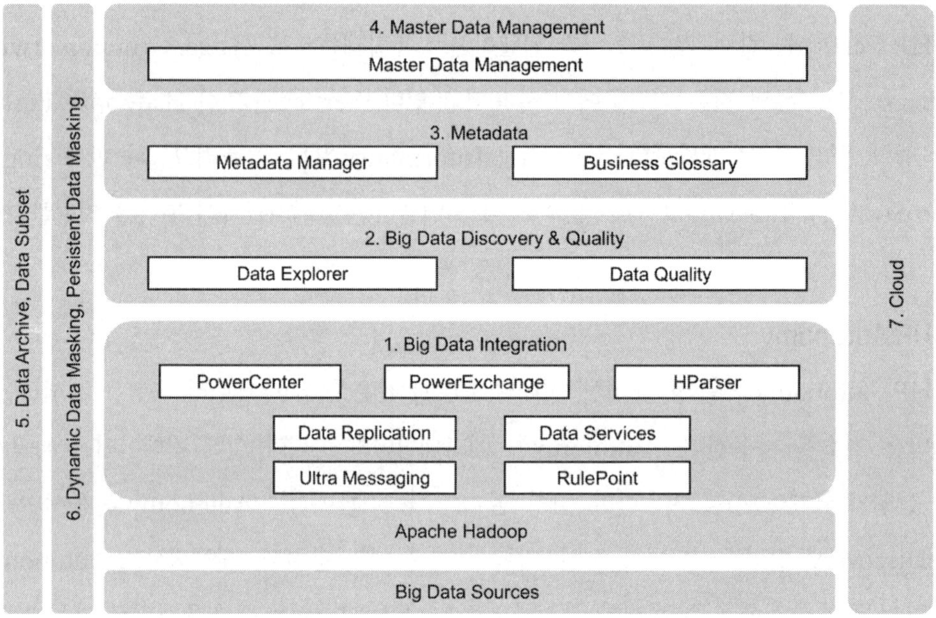

그림 22.6 Informatica 빅데이터 플랫폼

130 Worthen, Ben. "H-P Shows Age With Layoffs." *The Wall Street Journal*, May 24, 2012. http://online. wsj.com/article/SB 10001424052702304707604577422603600976414.html.

빅데이터 통합

Informatica의 빅데이터 통합 포트폴리오에는 여러 요소가 있다.

- Informatica PowerCenter® – Informatica의 주력 ETL 툴은 트위터, 페이스북, 링크드인에 대한 커넥터를 가지고 있다.
- Informatica PowerExchange® – 이 제품군에는 데이터베이스, 애플리케이션, 메인프레임 시스템에 대한 커넥터를 제공한다. Informatica는 또한 HDFS로 소스 시스템의 데이터를 가져오고, HDFS에서 비즈니스 인텔리전스와 데이터 웨어하우징 환경으로 데이터를 옮기는 Hadoop 어댑터를 위한 PowerExchange를 출시하였다.
- Informatica HParser – Hadoop에 최적화된 데이터 변환 툴인 HParser는 여러 비구조적, 반구조적 형식의 데이터의 파싱을 지원한다. Bloomberg, SWIFT, HIPAA, HL7, ACORD, NACHA, EDI X12, EDIFACT, 웹 로그, 개인소유 로그, JSON, XML를 포함하는 다양한 데이터 형식을 지원하고 있다. Informatica는 HParser로 데이터 통합 작업을 설계한 후, 코딩 없이 바로 Hadoop에서 실행할 수 있도록 하고자 한다.
- Informatica Data Replication – Informatica 9.5의 일부로서 Fast Clone과 Data Replication이 포함되어 있다. Hadoop으로의 대량 데이터 복제 기능도 제공된다.
- Informatica Data Services – 이것들은 Informatica의 데이터 가상화 툴이다.
- Informatica Ultra MessaginglID – 29West를 인수하면서 만들어진 지연 시간이 짧은 이 메시지 미들웨어는 자본 시장에 우선적으로 도입되었다.
- Informatica RulePoint® – 이 복합 이벤트 처리 툴은 실시간으로 비즈니스 분석을 한다. 예를 들어, Informatica RulePoint는 대형 선박 센서 데이터, 항구의 지리적인 범위 정보, 선박에 대한 정보, 적하 목록, 선원, 탑승객 명단, 기항지 등의 정보를 결합하여 국토 안보를 위협할 수 있는 잠재적인 고위험 선박에 대한 감시 대상 목록을 실시간으로 분석할 수 있다.[131]

131 "Informatica RulePoint: The Event Detection and Response Challenge." Informatica, 2008.

빅데이터 디스커버리와 품질

Informatica Data Explorer는 데이터 관리자와 비즈니스 분석가가 빅데이터를 포함한 모든 형태의 데이터에서 이상치를 찾을 수 있게 하는 데이터 프로파일링 툴이다. Informatica 9.5는 서로 다른 데이터 소스에서 공통적으로 나오는 비즈니스 객체를 찾기 위해 Informatica Data Explorer에 추가적인 기능을 넣었다. 이 디스커버리 기능은 Informatica Data Masking에서도 민감한 데이터를 찾기 위해 사용할 수 있으며, Informatica Data Archive에서는 완전한 비즈니스 객체를 아카이브로 만들기 위해 사용할 수 있다. Informatica Data Quality는 자료 대조와 글로벌 주소 정제 기능을 제공한다.

Informatica는 HParser에서 더 나아가서 데이터 프로파일링, 데이터 품질, 동명이인 구별, ETL 등을 위한 자체 Hadoop을 출시하겠다고 입장을 밝혔다. 개발자들은 Pig와 MapReduce 프로그래밍을 사용하는 대신에 점차 비주얼 개발 환경을 선호하게 될 것이다.[132]

메타데이터

Informatica Metadata Manager & Business Glossary는 Informatica PowerCenter 개정판의 기능이다. 이 툴은 데이터 계보, 비즈니스 용어관리 기능을 제공한다. Informatica는 가까운 장래에 Hadoop 환경에서의 메타데이터를 지원할 것이라고 생각한다.

마스터 데이터 관리

Informatica Master Data Management는 다중 도메인에서의 구현들을 관리한다. Informatica MDM 9.5는 과거에는 기록이 어땠고 누가 그 기록을 수정했는지에 대한 데이터 타임라인 기능을 제공한다. Informatica는 소셜 미디어 데이터와 MDM의 통합에 관심을 가져왔다. 예를 들어, Informatica는 소매업자가 다음을 할 수 있다는 것을 보여주기 위해 데모 버전을 만들었다.[133]

---

132 Baer, Tony. "Informatica 9.5 platform natively engages Hadoop." Ovum, May 15,2012. http://ovum.coml2012/05/15linformatica-9-5-platform-natively-engages-hadoop/.

133 http://www.informatica.com/videos/demos/1826_socialmedia_mdm/defaul.htm.

- 고객에게 VIP 보상 프로그램에 참여할 수 있는 기회를 주면서 고객의 페이스북 데이터를 사용할 수 있는지에 대한 동의를 얻는다.
- Informatica MDM이 제공하는 개체 조정과 관리 기능(서로 다른 소스에서 동일한 이름으로 된 데이터를 찾고 관리하는 기능)을 이용하여 고객의 페이스북과 MDM의 고객 프로필을 통합한다.
- 현재 MDM에 있는 고객 프로필에 고객의 페이스북 프로필의 내용을 추가한다.
- 네트워크에서 고객과 다른 사람들의 다른 연결 고리가 있는지 찾아본다(그들이 동일한 상점에서 장을 보고 동일한 주택 단지에서 사는지를 예로 들 수 있다).
- 이 추가적인 정보를 고객이 반드시 동의할 수 있도록 제안을 하는 데 활용한다.

빅데이터 수명주기 경영

Informatica는 정책을 기반으로 아카이브를 만들고 테스트 데이터를 관리하는 강력한 ILM 플랫폼을 개발했다. Informatica Data Archive는 조직이 빅데이터를 나중에 다시 가져올 걸 대비해서 더 저렴한 스토리지로 옮기게 해준다. Informatica Data Subset는 IT 부서가 테스팅을 위한 현실적인 데이터 부분집합을 가져올 수 있게 해준다.

빅데이터 보안과 개인정보보호

Informatica Dynamic Data Masking은 생산이나 생산 환경과 비슷한 환경에서의 민감한 데이터를 가린다. Informatica Persistent Data Masking은 테스팅과 같은 생산 환경이 아닌 곳에서의 민감한 데이터를 가린다. Informatica 9.5는 숨겨진 민감한 데이터를 찾아내는 Informatica Data Explorer와 함께 InInformatica Data Masking 제품을 포함하고 있다.

클라우드

Informatica Cloud®는 특히 Salesforce 같은 클라우드 애플리케이션에서 데이터의 신뢰성을 높이기 위해 여러 기능을 제공한다.

- 데이터 로딩 – 비즈니스 인텔리전스나 다른 일들을 돕기 위해 세일즈포스 데이터를 들여오거나 내보낸다.
- 데이터 동기화 – 세일즈포스와 ERP 애플리케이션 간에 데이터를 동기화한다.
- 데이터 프로파일링 – 세일즈포스 데이터 품질을 모니터링한다
- 데이터 복제 – 세일즈포스 데이터를 방화벽 내의 현장 설치용 애플리케이션과 분석 환경으로 복제한다.
- 연락처 인증 – 우편 주소를 인증하고 고치고, 이메일 주소를 검증하고, 미국 내 전화 수신거부 등록센터에서 전화 번호를 확인하고, 주소에 좌표 데이터를 더한다.

Informatica 클라우드는 Salesforce에서 더 나아가서 Microsoft Dynamics CRM Online과 NetSuite를 지원한다. Informatica 클라우드는 GoldMine, JD Edwards, Microsoft Dynamics GP, Microsoft Dynamics NAY, SAP, Oracle E-Business Suite를 포함하는 기간 시스템(백엔드 시스템)들과 다양한 커넥터를 선택할 수 있게 한다. 마지막으로 Informatica 클라우드는 금융 거래를 위해 SWIFT 형식으로, 보험을 위해 ACORD 형식으로 데이터를 변형하는 것을 지원한다. Informatica 클라우드가 미래의 시장 수요에 맞추어 빅데이터 유형을 지원할 것이라고 생각한다.

22.7 SAS

SAS는 분석 분야에 있어서 매우 충성도가 높은 고객층과 높은 시장 점유율을 가지고 있다. SAS는 최근 자사의 자회사인 DataFlux를 SAS Information Management로 합쳤다. SAS는 분석과 정보 관리를 포함해 자사의 빅데이터 플랫폼에서 Hadoop을 지원하는 것이라고 발표하였다.

빅데이터 통합

SAS Data Integration Studio는 Hadoop 데이터와 함께 사용될 수 있는 표준형 변환 패키지와 작업 흐름 구축기(job flow builder)를 가지고 있다. SAS Data Integration Studio

는 Pig, MapReduce, HDFS 명령을 통합된 작업 흐름에서 다룰 수 있게 해준다.[134]

신뢰 데이터

SAS Information Management는 DataFlux Data Management Platform을 포함하고 있어 메타데이터, 프로파일링, 품질, 모니터링, 자료 보충, 마스터 데이터, 참조 데이터, 서로 다른 소스에서 동일한 이름으로 된 데이터를 찾고 관리하는 기능을 제공하고 있다. SAS Information Management는 Hadoop 데이터의 데이터 품질 관리를 하기 위해 SAS와 Hadoop을 통합할 수 있다. SAS Metadata Server는 Hadoop에 저장된 데이터에 기반해 메타데이터를 만들 수 있게 해준다.[135]

빅데이터 분석

SAS는 이 책의 범위를 넘어서는 넓은 범위의 데이터 분석 툴을 가지고 있다. SAS/Access Interface to Hadoop은 SAS 사용자가 Hive를 관계형 데이터베이스, 데이터 웨어하우징 제품, 계층형 데이터베이스와 비슷한 데이터 소스인 것처럼 다룰 수 있게 해준다. SAS Hadoop은 사용자가 SAS 환경에서 Pig, MapReduce, HDFS 명령을 할 수 있게 해준다.[136]

또한, SAS는 HDFS 내에 설치할 수 있는 UDF를 만드는 기능을 제공한다. 이 기능에는 SAS Enterprise Miner를 사용하여 분석 평가 코드(analytical scoring code)를 가져와 HDFS 안에 설치할 수 있는 UDF를 만들 수 있게 한다. 이 UDF는 Hive, Pig, MapReduce 코드로 접근할 수 있다.

22.8 Teradata

전 세계의 가장 큰 데이터 웨어하우스 중 많은 것들이 Teradata 제품에서 실행되기 때

---

134 Troester, Mark. "SAS Hadoop: Apeek at the technology." SAS Blogs, March 6,2012. http://blogs.sas.com/contentl-datamanagement/2012/03/06/sas-hadoop-a-peek-at-the-technology/.

135 Ibid.

136 Ibid.

문에 빅데이터 플랫폼에서 Teradata를 빼고 논할 수는 없다. 그러나 이 데이터 웨어하우스는 주로 구조적 데이터에 초점이 맞춰져 있다.

고객이 그들의 데이터 웨어하우스에 새로운 빅데이터 유형을 통합할 수 있도록 지원하기 위해 Teradata는 2011년에 Aster Data Systems를 인수했다. 그 결과 Teradata는 Teradata 하드웨어 플랫폼에서 SQL을 맵리듀스 분석 엔진과 함께 사용하는 기능을 가진 Teradata Aster MapReduce Appliance 통합 제품을 선보였다. Teradata의 빅데이터 플랫폼은 참조 아키텍처 중에서 데이터 웨어하우징 요소에 초점이 맞춰져 있으며, 빅데이터 참조 아키텍처 상의 다른 요소들은 다른 벤더의 도움을 받고 있다.

22.9 EMC

EMC는 자사의 스토리지 면에서의 강점을 활용하여 다음과 같이 빅데이터 플랫폼을 구축하고 있다.

- EMC Greenplum Unified Analytics Platform (UAP)은 EMC 빅데이터 플랫폼의 핵심이다. EMC Greenplum UAP는 다음을 포함하는 소프트웨어다.
  - Greenplum Database : 구조적 데이터에 대한 대량 병렬 처리를 위한 데이터베이스
  - Greenplum HD : EMC의 Hadoop 배포판
  - Greenplum Chorus : 데이터 과학자를 위한 가시화, 탐색, 발견 도구
- Greenplum Data Computing Appliance (DCA)는 Greenplum Database와 Greenplum HD가 결합한 제품이다. 이 제품은 데이터 과학자가 Greenplum Database와 Greenplum HD에 걸쳐 저장되어 있는 대량의 데이터세트에 대해 쿼리를 할 수 있게 해준다.
- EMC SourceOne은 다양한 데이터 소스(이메일 시스템, 파일 시스템, Microsoft SharePoint 등)의 통합 아카이브뿐만 아니라 e 디스커버리용 플랫폼으로 자리잡았다.
- EMC Documentum은 EMC 대표적인 콘텐츠, 기록 관리 플랫폼이다.

22.10 Amazon

Amazon 클라우드는 Amazon Web Service(AWS)로 불린다. AWS는 빅데이터를 위한 여러 통합 기능을 가지고 있다.

- Amazon Elastic MapReduce™(Amazon EMR)는 조직이 클라우드에서 데이터 집중 작업을 수행할 수 있도록 지원해주는 호스티드 Hadoop 프레임워크를 제공한다. 시간 단위 별로 작업을 하기 때문에 사용자들은 그들이 소비한 것만큼만 돈을 내면 된다. Amazon EMR은 Amazon Elastic Compute Cloud™(Amazon EC2), Amazon DynamoDB™, Amazon Simple Storage Service™(Amazon S3) 상에서 실행된다. Amazon EMR은 사용자들이 Pig나 Hive 스트립트를 업로드하고, Amazon EC2에서 작업을 수행하고, 입출력 데이터를 Amazon S3나 Amazon DynamoDB에서 관리할 수 있게 해준다.
- Amazon EC2는 운영 시스템, 데이터베이스, 비즈니스 인텔리전스 툴의 선택을 포함하는 가상 컴퓨팅 환경을 제공한다.
- Amazon S3™ 스토리지는 대량의 데이터를 저장하거나 검색하는 기능을 제공한다.
- Amazon RDSTM은 MySQL, Microsoft SQL Server, Oracle의 호스티드 관계형 데이터베이스를 지원한다.
- Amazon DynamoDB는 Amazon의 호스티드 NoSQL 데이터베이스다.

22.11 Google

Google Cloud Platform은 조직이 애플리케이션을 만들고, 대량의 데이터를 저장하고, Google 컴퓨팅 인프라에서 분석할 수 있게 해준다. Google Cloud Platform은 빅데이터 분석을 지원하는 여러 기능을 가지고 있다.

- Google BigQuery는 조직이 테라바이트 단위의 데이터로 구성된 데이터세트와 수십억 개의 행들을 SQL과 비슷한 쿼리 언어로 몇 초만에 분석할 수 있게 해주는 웹 서비스이다. 이 솔루션은 Google이 Amazon Web Services 플랫폼에 대응하는 수단으로 만들어졌다.
- Google Prediction API는 감성 분석과 같이 애플리케이션을 지원하기 위한 패턴 매칭과 기계 학습 기능을 제공한다.
- Google Compute Engine은 조직에서 수행하는 리눅스 가상 머신의 대량 작업을 Google 인프라에서 실행할 수 있게 하는 클라우드 컴퓨팅 플랫폼이다.
- Google Cloud Storage는 사용자들이 거대한 양의 데이터를 Google 인프라에 저장할 수 있게 해준다.
- Google App Engine은 기업이 Google 인프라에 웹사이트와 애플리케이션을 구축하게 해준다.

22.12 Pentaho

Pentaho는 비즈니스 인텔리전스와 데이터 통합 부문을 밀결합한 패키지를 제공한다. Pentaho Business Analytics는 인 메모리 기술을 기반으로 리포팅, 대시 보드, 분석 기능을 제공한다. 이 툴은 산포도, 히트 그리드(heat grids), 지오-맵핑(geo-mapping)을 지원하는 것을 포함해 여러 가지 가시화 기능을 제공한다. Pentaho Business Analytics는 Pentaho Data Integration이 관계형 데이터베이스, NoSQL 스토어, Hadoop, 비즈니스 인텔리전스 제품에 있는 데이터를 분석할 수 있게 해준다.

Pentaho Data Integration은 ETL 도구로서 OLTP, 분석적인 NoSQL 데이터베이스(Oracle, Greenplum, Teradata, Netezza, Apache Cassandra, and MongoDB 등), 비구조적, 반구조적 소스(Hadoop, 엑셀, XML, RSS 피드(feeds)) 와의 연결을 지원한다. Pentaho 플랫폼은 오픈소스인 커뮤니티판과 제품 지원, 고급 기능이 있는 기업용의 두 가지 기본 형태로 제공된다. Pentaho는 자사의 뛰어난 빅데이터 지원, 오픈소스, 비용 효율성 덕분에 기업으로부터 강력한 지지를 받아왔다.

22.13 Talend

Talend Unified Platform은 ETL, 데이터 품질, MDM, BPM, 엔터프라이즈 서비스 버스를 위한 툴들을 포함하고 있다. Talend Unified Platform은 오픈소스인 Talend Open Studio와 사용료를 내는 Talend Enterprise의 두 가지 버전으로 제공된다. Talend는 자사의 비용 효율적인 툴을 좋아하는 고객들로 호평을 받고 있다. Talend의 빅데이터 툴에는 Hadoop에 입출력이 가능한 커넥터와 Hadoop 자체에서 Pig와 Hive 사용을 가능하게 하는 도구가 포함되어 있다.

요약

여러 벤더가 빅데이터 참조 아키텍처의 여러 요소를 포함하는 통합된 툴세트를 제공한다. 이런 통합된 기능을 가진 제품을 빅데이터 플랫폼이라고 부른다. 이 장에서 13개의 빅데이터 플랫폼 벤더들을 거대 벤더, 특정 분야 리더, 클라우드 벤더, 오픈소스 벤더의 4가지 범주로 나누어 살펴보았다. 이러한 벤더에는 IBM, Oracle, SAP, Microsoft, HP, Informatica, SAS, Teradata, EMC, Amazon, Google, Pentaho, Talend가 있다.

CHAPTER

부록 A

LIST OF ACRONYMS

3G	Third Generation (wireless)
4G	Fourth Generation (wireless)
ACLU	American Civil Liberties Union
ALE	Application Level Events
AMR	Automated Meter Reading
APEC	Asia-Pacific Economic Cooperation
ASE	Adaptive Server Enterprise (Sybase)
B2B	Business-to-Business
B2C	Business-to-Consumer
BPM	Business Process Management
CD	Compact Disc
CDC	Change Data Capture
CDH	Cloudera's Distribution including Apache Hadoop
CDR	Call Detail Record
CIO	Chief Information Officer
CMPI	Community Master Patient Index
CPG	Consumer Packaged Goods
CPT	Current Procedural Terminology
CRM	Customer Relationship Management
CSP	Communications Service Providers
CSR	Customer Service Representative
CTP	Community Technology Preview
DHS	Department of Homeland Security (United States)
DLP	Data Loss Prevention
DSR	Demand Signal Repository
E&P	Exploration and Production
ECPA	Electronic Communications Privacy Act (United States)
eDiscovery	Electronic Discovery
EEA	European Economic Area
ELT	Extract, Load, and Transform
EMR	Electronic Medical Record
EMS	Enhanced Messaging Service
ERP	Enterprise Resource Planning
ETL	Extract, Transform, and Load
FCRA	Fair Credit Reporting Act (United States)
FDA	Food and Drug Administration (United States)
FDCPA	Fair Debt Collection Practices Act (United States)
FDIC	Federal Deposit Insurance Corporation (United States)
FINRA	Financial Industry Regulatory Authority (United States)
FTC	Federal Trade Commission (United States)
GB	Gigabyte
GDPdU	German Data Access and Digital Signature Authentication Law
GDS	Global Data Synchronization

GMAC	Graduate Management Admission Council (United States)
GPS	Global Positioning System
GRC	Governance, Risk, and Compliance
Gzip	GNU Zip
HDFS	Hadoop Distributed File System
HIE	Health Information Exchange
HIPAA	Health Insurance Portability and Accountability Act (United States)
HSE	Health, Safety, and Environment
HTTP	Hypertext Transfer Protocol
HVAC	Heating, Ventilation, and Air Conditioning
IAFIS	Integrated Automated Fingerprint Identification System (United States)
ICD-9	International Classification of Diseases, Ninth Revision
ICD-9-CM	International Classification of Diseases, Ninth Revision, Clinical Modification
ICD-10	International Classification of Diseases, Tenth Revision
ICD-10-CM	International Classification of Diseases, Tenth Revision, Clinical Modification
ICT	Information and Communications Technology
ILM	Information Lifecycle Management
IMEI	International Mobile Equipment Identity
IMS	Information Management System (IBM)
IMSI	International Mobile Subscriber Identity
IP	Internet Protocol
IPDR	Internet Protocol Detail Record
IPTV	Internet Protocol Television
ISO	International Organization for Standardization
JMS	Java Message Service
JDBC	Java Database Connectivity
LVC	Low Voltage Concentrator
LZO	Lempel-Ziv-Oberhumer
M2M	Machine-to-Machine
MAC	Medium Access Control
MDM	Master Data Management
MMS	Multimedia Messaging Service
MPP	Massively Parallel Processing
MTU	Meter Transmission Unit
NERC-CIP	North American Electricity Reliability Corporation Critical Infrastructure Protection (United States)
NFS	Network File System
NLP	Natural Language Processing
NoSQL	Not Only SQL
ODBC	Open Database Connectivity
OLAP	Online Analytical Processing
OLH	Oracle Loader for Hadoop
OLTP	Online Transaction Processing

PAN	Primary Account Number
PAS 55	Publicly Available Specification 55
PCI	Payment Card Industry
PCI DSS	Payment Card Industry Data Security Standard
PDI	Pentaho Data Integration
PHI	Protected Health Information
PIA	Privacy Impact Assessment
PII	Personally Identifiable Information
PIM	Product Information Management
PLC	Programmable Logic Controller
PMPM	Per Member Per Month
POS	Point of Sale
PPDM	Professional Petroleum Data Management
PUC	Public Utility Commission
RAC	Real Application Clusters (Oracle)
RACI	Responsibility Assignment (matrix)
RDBMS	Relational Database Management System
RFID	Radio Frequency Identification
RFM	Recency, Frequency, and Monetary
RPM	Revolutions Per Minute
SAIDI	System Average Interruption Duration Index
SAIFI	System Average Interruption Frequency Index
SBN	Security Breach Notification
SCADA	Supervisory Control and Data Acquisition
SEC	Securities and Exchange Commission (United States)
SIEM	Security Information and Event Management
SKU	Stock-Keeping Unit
SMS	Short Messaging Service
SOA	Service-Oriented Architecture
SQL	Structured Query Language
SSAS	SQL Server Analysis Services (Microsoft)
SSIS	SQL Server Integration Services (Microsoft)
SSRS	SQL Server Reporting Services (Microsoft)
SSN	Social Security Number (United States)
STPIS	Service Target Performance Incentive Scheme (Australia)
THSRC	Taiwan High Speed Rail Corporation
TLogs	Transaction Logs
TSIEM	Tivoli Security Information and Event Manager (IBM)
UATI	Universal Access Terminal Identifier
UDF	User-Defined Function
UPC	Universal Product Code
URL	Universal Resource Location
W3C	Worldwide Web Consortium
ZB	Zettabyte

CHAPTER

부록 B

GLOSSARY

3G

Third-generation wireless technology that provides mobile Internet, web video, and mobile television.

4G

Fourth-generation wireless technology that provides ultra high-speed access to smartphones and other mobile devices.

A/B testing[1]

A method of marketing testing by which a baseline control sample is compared to a variety of single-variable test samples in order to improve response or conversion rates.

Advanced condition monitoring

Techniques that leverage sensor data to monitor the condition of equipment. Operators can take corrective action, including predictive maintenance, based on any out-of-bounds readings from the sensor data.

Apache Software Foundation ("Apache")

A not-for-profit organization devoted to supporting the open source Apache software community.

Application Level Events (ALE)

The standard for RFID data.

Archiving

The process of moving structured and unstructured information to another location for safekeeping or cost reduction. The archive might be in paper or electronic format.

Article 29 Data Protection Working Party

A body set up under Article 29 of the European Data Protection Directive (95/46/EC). The Article 29 Data Protection Working Party includes representation from each member of the European Union, European Union institutions, and the European Commission. The objective of the Article 29 Data Protection Working Party is to give advice to the states, promote consistent application of data privacy laws, and make recommendations regarding new regulations.

Automated Meter Reading (AMR)

A technology to automatically collect consumption and diagnostic data from electricity, gas, and water meters.

Base station

The area covered by a telecommunication operator is divided into smaller areas that are generally known as "cells." In order to be able to use a mobile phone, the mobile device has to connect to the antenna (base station) that covers that cell.

---

1. http://en.wikipedia.org/wiki/A/B_testing.

Batch processing

Refers to the queuing of computer processing tasks, often to take advantage of reduced utilization of computing resources. For example, mainframe applications might be batch processed at night.

Behavioral advertising

The practice of collecting information about consumers' online and offline interests in order to deliver targeted advertising to them.

Big data

Types of data that are generally referred to in the context of the four *V*s:

- *Volume* (data at rest)—Big data is generally large. Enterprises are awash with data, easily amassing terabytes and even petabytes of information.
- *Velocity* (data in motion)—Often time-sensitive, big data must be used as it is streaming into the enterprise, in order to maximize its value to the business.
- *Variety* (data in many formats)—Big data includes structured data as well as unstructured data such as text, audio, video, clickstreams, and log files.
- *Value* (cost effectiveness)—Enterprises are looking to gain insights from big data in a cost-effective manner. This is where open source technologies such as Apache Hadoop have become extremely popular.

Big data governance

Part of a broader information governance program that formulates policy relating to the optimization, privacy, and monetization of big data by aligning the objectives of multiple functions.

Big transactional data

Large volumes of transactional data that may include structured, semi-structured, and unstructured content. Examples include healthcare claims records, telecommunications call detail records, and call center agents' notes.

Biometrics[2,3]

The automatic identification of a person based on his or her anatomical or behavioral characteristics or traits. Anatomical data is created from the physical characteristics of a person, including a fingerprint, an iris, a retina, a face, an outline of a hand, an ear shape, a voice pattern, DNA, and body odor. Behavioral data includes handwriting and keystroke analysis.

Browser fingerprint

The specific combination of characteristics such as system fonts, software, and installed plug-ins that are typically made available by a consumer's browser to any website visited.[4]

---

2. http://biometrics.cse.msu.edu/info.html.
3. *Biometrics in the workplace*. Data Protection Commissioner of Ireland. http://dataprotection.ie/viewdoc.asp?DocID=244.

Business glossary
A repository with definitions of key terms that brings together common definitions across business and IT.

Business metadata
The definition of business terms.

Call Detail Record (CDR)
An electronic record of a phone call that contains details such as the calling number, the receiving number, the start time, and the end time.

Cell
See *base station*.

Change Data Capture (CDC)
A data integration technique that reads the database transaction logs to propagate to the target system only the changes that have been made to the database.

Charter
The formal document that acts as the constitution of an organization (e.g., the information governance council). The charter lays out key operating principles including the leadership, membership, roles, responsibilities, objectives, scope, and metrics of the organization.

Chief data steward
A person who has oversight responsibility over the data stewardship community.

Claims administration
A department within a health plan (insurer) that processes the claims submitted by providers.

Clickstream
A log that includes the links that are clicked by a user as he or she browses the web.

Communications Service Providers (CSPs)
A broad category of companies including telecommunications, wireless, Internet, cable, and satellite service providers.

Comorbidity
The presence of one or more diseases or disorders.

Compression
The storage of data using less capacity than the original format.

Cookie
A file placed on a computer to track browsing habits, manage sessions, and personalize the interactions with a user.

---

4. Larkin, Erik. "Browser Fingerprinting Can ID You Without Cookies." *PCWorld*, Jan. 29, 2010. http://www.pcworld.com/article/188161/browser_fingerprinting_can_id_you_without_cookies.html.

Critical data element

A data attribute whose quality has a major impact on the reliability of a report or other analysis.

Current Procedural Terminology (CPT)

Codes that are copyrighted by the American Medical Association and describe a uniform set of medical, surgical, and diagnostic services for physicians, patients, accreditation organizations, and healthcare payers for administrative, financial, and analytical purposes. CPT coding is similar to ICD-9-CM and ICD-10-CM coding, except that it identifies the services rendered rather than the diagnosis on the claim.

Customer master

The repository of master data relating to an organization's customers.

Cyber attack

A hacking activity that might be perpetrated by a nation state against the electricity grid, nuclear power plants, telephone networks, and other large-scale computer networks. It can potentially cause massive disruptions to the lives of ordinary citizens.

Data broker

Any business that gathers information on individuals, organizes and packages that information, and then sells that information to a third party. Sometimes called an "information broker" or a "data vendor."[5]

Data discovery

The process of understanding the data in a system, where it is located, and how it relates to other systems.

Data domain

A specific category of information, such as customer, product, materials, vendor, or chart of accounts.

Data lineage

The audit trail for data movement through integration processes. The result of a data lineage process is the answer to basic questions such as "where did this data come from?," "where does this data go?," and "what happened to it along the way?"

Data Loss Prevention (DLP)

A system that inspects content for data-at-rest and data-in-motion.

Data masking

The process of systematically transforming confidential data elements such as trade secrets and PII into realistic, but fictionalized, values.

---

5. Couts, Andrew. "Meet the online snoops selling your dirty laundry and how you can stop them." Digital Trends website, March 27, 2012. http://www.digitaltrends.com/social-media/unmasking-the-data-brokers-who-they-are-and-what-they-know-about-you/.

Data profiling
The process of developing a statistical analysis of the data in a source system. Statistical characteristics include data type, null percentages, and uniqueness.

Data quality management
The discipline of ensuring that data is "fit for purpose" in terms of validity, uniqueness, completeness, consistency, timeliness, accuracy, and adherence to business rules.

Data science
A discipline that deals with deep analytics of data that combines math, programming, and scientific instinct.[6]

Data steward
A person who ideally reports into the business and, by virtue of his or her deep subject matter expertise, is responsible for improving the trustworthiness and privacy of data as an enterprise asset.

Database monitoring
A form of security technology that monitors the activities of the database but operates independently of the database itself. Database monitoring technologies typically have a limited impact on the performance of the database system because they do not monitor database logs.

Demand Signal Repository (DSR)
A business intelligence environment developed by consumer packaged-goods companies to understand what items are selling and to manage replenishment at retail stores.

Electronic Discovery (eDiscovery)
Discovery in civil litigation that deals with electronic information such as emails, instant messages, and other documents in electronic format.

Electronic Medical Record (EMR)
An electronic representation of the health information about a patient.

Encryption
The process of rendering sensitive data unreadable so that an attacker cannot gain unauthorized access to it.

Enterprise Resource Planning (ERP)
A general term for applications that automate key business functions such as financials, payroll, billing, order-to-cash, and procure-to-pay.

European Union Data Privacy Directive
The European Data Protection Directive (95/46/EC) from October 1995 regulates the

6. Dumbill, Edd. "What is big data?" O'Reilly website, January 11, 2012. http://radar.oreilly.com/2012/01/what-is-big-data.html.

processing of personal data within the European Union. In January 2012, the European Commission proposed a comprehensive set of reforms to deal with new developments such as social media.

Extract, Load, and Transform (ELT)
A process used in data warehousing to extract data from one or more data sources, load the data into a target database, and transform the data in the target database.

Extract, Transform, and Load (ETL)
A process used in data warehousing to extract data from one or more data sources, transform the data, and load the data into a target database. ELT conducts transformations in the target database, while ETL conducts these transformations in an intermediate environment before loading into the target database.

Fair Credit Reporting Act (FCRA)
United States legislation that regulates the collection and use of consumer credit data.

Fair Debt Collection Practices Act (FDCPA)
United States legislation designed to prevent collectors from harassing debtors or infringing upon their privacy.

Financial Industry Regulatory Authority (FINRA)
The largest independent regulator for all securities firms doing business in the United States.

Firmographics
The characteristics of an organization such as revenues, number of employees, and industry, which may be used for marketing segmentation.

First-party cookie
This cookie is set with the same domain (or its subdomain) as shown in the address bar of the web browser.

Flash cookies
Pieces of data that are placed on a user's computer by websites that use Adobe Flash. Also known as "local shared objects."

Food and Drug Administration
A United States agency responsible for protecting the public health by regulating food products, pharmaceuticals, tobacco products, medical devices, cosmetics, and similar items.

Foursquare
A social networking application that uses geolocation data from a user's smartphone to make recommendations about nearby restaurants, businesses, and friends.

Geolocation
The identification of a person's or object's geographic location based on the transmission of signals from an RFID-enabled device, iPhone, smartphone, or similar device.

Geospatial

Refers to techniques to apply statistical and information management principles to geographic information. Oil and gas companies use geospatial datasets to determine the optimal locations for drilling purposes.

German Data Access and Digital Signature Authentication Law (GDPdU)

Legislation by the German Ministry of Finance that regulates the storage, access (by the finance authority), and authenticity (by digital signatures) of electronic tax data such as accounting information and invoices.[7]

Gigabyte (GB)

One billion (10^9) bytes.

Global Data Synchronization (GDS)

An Internet-based network that enables companies to exchange standard product data to synchronize supply chains.

Global Positioning System (GPS)

A technology to determine location based on a network of United States military satellites.

GNU

A UNIX-like operating system that is free software.

GNU Zip (Gzip)

One of the preferred compression techniques in UNIX, especially for Hadoop.

Golden copy

The record that includes the single version of the truth, or the authoritative version.

Governance, Risk, and Compliance (GRC)

An overall term to describe processes related to corporate governance, risk management, and compliance with regulations.

Hadoop

Open source software to enable the distributed processing of large data sets across clusters of computers using a simple programming model.

Hadoop Distributed File System (HDFS)

A distributed file system designed to be highly fault tolerant and to run on low-cost hardware. HDFS provides high throughput access to data and is suitable for applications that have large data sets.

Health Information Exchange (HIE)

A system that provides the ability to electronically move clinical information between disparate stakeholders such as health systems, community hospitals, physician practices, clinics, diagnostic centers, payers, and public health agencies.

---

7. http://www.cgrey.be/rm_map/Germany.html.

Health Insurance Portability and Accountability Act (HIPAA)
United States legislation that includes provisions to ensure the security and privacy of health-related information.

Healthcare services
A department within a health plan that deals with the clinical aspects of healthcare

Hypertext Transfer Protocol (HTTP)
The standard for data communications on the worldwide web.

Impact analysis
The ability to understand how a change to one data artifact affects other data artifacts.

Information governance
The formulation of policy to optimize, secure, and leverage information as an enterprise asset by aligning the objectives of multiple functions.

Information governance council
A body consisting of senior business and IT representatives that sets policy regarding information and acts as the ultimate tiebreaker if lower-level bodies cannot make decisions.

Information governance maturity model
A framework to evaluate the current state and the desired future state of the information governance program at an organization.

Information governance officer
The operational leader who leads the information governance program on a day-to-day basis. The information governance officer leads the information governance working group and reports on the progress of the initiative to the information governance council.

Information governance working group
A body consisting of mid-level business and IT representatives that makes day-to-day decisions regarding information policy.

Information Lifecycle Management (ILM)
The process and methodology for managing information through its lifecycle, from creation through disposal, including compliance with legal, regulatory, and privacy requirements.

International Classification of Diseases, Ninth Revision (ICD-9)
The World Health Organization standard for disease codes, designed to promote international comparability in the collection, processing, classification, and presentation of mortality statistics. The ninth revision (ICD-9) was published in 1978.

International Classification of Diseases, Ninth Revision, Clinical Modification (ICD-9-CM)
The official system of assigning codes to diagnoses in the United States, based on ICD-9.

International Classification of Diseases, Tenth Revision (ICD-10)
The tenth revision (ICD-10) of the International Classification of Diseases from the World

Health Organization. It was published in 1999 and significantly increased the number of codes.

International Classification of Diseases, Tenth Revision, Clinical Modification (ICD-10-CM)

The United States Department of Health and Human Services requires the implementation of this classification system, based on ICD-10, by October 1, 2013.

International Mobile Equipment Identification (IMEI)

A number that is used to uniquely identify a mobile phone.

International Mobile Subscriber Identification (IMSI)

A unique identification number pertaining to the subscriber that is stored in the SIM card of a mobile phone.

Internet of things

A situation where billions of "things" like materials, products, pharmaceuticals, machinery, and vehicles are represented with Internet addresses and interconnected into a vast network. The things are likely attached to RFID tags or GPS chips that can keep track of their locations.

Internet Protocol (IP) address

A numbering system assigned to every device that allows communications with other devices on a network and the worldwide web.

Internet Protocol Detail Record (IPDR)

A protocol to measure the use of Internet protocol-based services driven by the introduction of 4G telecommunications technologies.

Interval data

Usage data collected by smart meters at intervals of 15 to 60 minutes for residential and commercial customers.

ISO 15926[8]

A standard for data integration, sharing, exchange, and handover between computer systems that carries the formal title, "Industrial automation systems and integration—Integration of life-cycle data for process plants including oil and gas production facilities." This title is regarded too narrow by the present ISO 15926 developers, who have developed a generic data model and reference data library for process plants, which is a much broader subject.

Jaql

An open source, high-level declarative language that provides the capability to process both structured and nontraditional data. Its SQL-like interface is well-suited for quick ramp-up of developers familiar with SQL languages and makes it easier to integrate with relational databases.

8. http://en.wikipedia.org/wiki/ISO_15926.

Legal hold

A process to prevent the destruction of paper and electronic documents that might be relevant to a lawsuit.

Lempel-Ziv-Oberhumer (LZO)

One of the preferred data compression techniques for Hadoop.

Lineage

See *data lineage*.

Location-based services

A general class of applications that offer functionality based on the current location of a person or thing. For example, a person receives coupons for a retail outlet because his or her smartphone indicates close proximity to that location.

Location Privacy Protection Act of 2011

Pending legislation in the United States seeking to close current loopholes in federal law to require any company that might obtain a customer's location information from his or her smartphone or other mobile device to do the following:

1. Get that customer's express consent before collecting his or her location data.
2. Get that customer's express consent before sharing his or her location data with third parties.

Log file

A file containing the details of the activities of a computing application, such as an operating system or database management system.

Low Voltage Concentrator (LVC)

A computer at an electric utility that manages the orders dispatched from the central system and collects periodic measures from the meters for billing purposes.

Machine-to-Machine (M2M)

Technologies that allow both wireless and wired systems to communicate with other devices.

MapReduce

A computational paradigm in which an application is divided into self-contained units of work. MapReduce applications can process vast amounts (multiple terabytes) of data in parallel on large clusters in a reliable, fault-tolerant manner.

Master Data Management (MDM)

The process of establishing a single version of the truth for an organization's critical data entities, such as customers, products, materials, vendors, and chart of accounts.

Medical informatics

A department within a health plan that deals with the use of information technology to solve clinical problems.

Medium Access Control (MAC) address
A unique identifier attributed to a network interface and usually recorded in hardware such as memory chips, network cards in computers, telephones, laptops, or access points.

Member
A person who is covered under a health insurance policy, either as an enrollee or as a dependent.

Metadata
Information that describes the characteristics of any data artifact, such as its name, location, perceived importance, quality, or value to the enterprise, and its relationships to other data artifacts that the enterprise deems worth managing. See also *business metadata*, *operational metadata*, and *technical metadata*.

Monetization
The process of converting an asset such as data into money by selling it to third parties or by using it to develop new services.

NetFlow
A network protocol to collect information relating to IP traffic.

Network management
A department within a health plan that is responsible for managing the network of providers.

North American Electricity Reliability Corporation Critical Infrastructure Protection (NERC-CIP)
Regulations aimed at maintaining the reliability of the bulk power system in North America by improving its physical and cyber security.

NoSQL database
A database management system that does not use SQL as its primary query language. The database might not require fixed table schemas and does not support join operations. NoSQL ("not only SQL") databases include categories such as key-value stores. These databases are optimized for highly scalable read-write operations rather than for consistency.

OPC[9]
The name of a standards specification developed in 1996 by an industrial automation industry task force. The standard specifies the communication of real-time plant data between control devices from different manufacturers. While OPC originally stood for "OLE for Process Control," the official stance of the OPC Foundation is that OPC is no longer an acronym and the technology is simply known as "OPC." One of the reasons behind this is while OPC is heavily used within the process industries, it can be, and is, widely used in discrete manufacturing as well.

9. http://en.wikipedia.org/wiki/OLE_for_process_control.

Operational metadata

Information generated by run-time data movement mechanisms (such as ETL tools) that describes the actual data movements and, if applicable, transformations on the data.

Page tag

A piece of code in a web page that points to a library that executes some other code. Page tags have a number of functions, such as capturing the fact that a user visited a page.

Parsing

The process of analyzing text made up of a sequence of tokens (such as words) to determine its structure with respect to a given formal grammar. Parsing can also be used as a linguistic term, for instance, when discussing how sentences are divided up into phrases.[10]

Persistent cookie

A web cookie that can be used to record information such as the web page from which the user initially came to the site. This cookie outlasts user sessions.

Personalization

The presentation of content or an offer tailored to the characteristics of the recipient, including his or her historical behavior and demographics. In the context of web browsing, web cookies may be used to remember information about a user who has visited a website, in order to show relevant content in the future.

Personally Identifiable Information (PII)

Information such as name, address, telephone number, email address, and Social Security number that can be used to identify an individual.

Petabyte

Equivalent to 1,024 terabytes.

Point of Sale (POS)

The location where the actual sales transaction occurs between the customer and the retailer.

Point of Sale Transaction Logs (POS TLogs)

Highly granular transaction data generated by retailers at the point of sale.

Policy

The written or unwritten declarations of how people should behave in a given situation.

Predictive analytics

The use of statistical techniques to leverage historical or real-time data to make predictions about future events. For example, a predictive model might indicate that when a given machine vibrates beyond a certain threshold, it normally breaks down.

Preventive maintenance

The practice of taking care of equipment to prevent failures before they occur.

---

10. http://en.wikipedia.org/wiki/Parsing.

Privacy

The "right to be left alone," as defined in a *Harvard Law Review* article called "The Right to Privacy" written in 1890 by Louis Brandeis and Samuel Warren. Subsequent regulations and legislation around the world have built on this definition.

Privacy Impact Assessment (PIA)

A process mandated by the European Union whereby a conscious and systematic effort is made to assess the privacy and data protection impact of a specific RFID application, to prevent or at least minimize those impacts.

Privileged user

Users such as database administrators, call center agents, and network administrators who, by virtue of their job requirements, have read and write privileges that are greater than other users.

Professional Petroleum Data Management (PPDM) Association

A not-for-profit association dedicated to fostering data management best practices in the petroleum industry. The association has released the PPDM model, which is a representation of master data management for the petroleum industry.

Profiling

The process of building a statistical view of the characteristics of the data, such as the number of missing fields, number of nulls, and percentage of unique values.

Programmable Logic Controller (PLC)[11]

A computer used for the automation of electromechanical processes, such as the control of machinery on factory assembly lines, amusement rides, or light fixtures.

Protected Health Information (PHI)

Information regarding the physical or mental condition, the provision of medical care, or the payment for the provision of health care that can be linked to a specific individual.

Provider

A doctor, therapist, practice, or hospital that provides medical services.

Publicly Available Specification (PAS) 55

A joint project between the Institute of Asset Management and the British Standards Institute that embodies the latest thinking in terms of best practices in asset management systems.

R

An open source package for statistical computing and graphics.

RACI

A responsibility assignment matrix to define the responsible, accountable, consulted, and informed roles on a project.

---

11. http://en.wikipedia.org/wiki/Programmable_logic_controller.

Radio Frequency Identification (RFID)
A technology that allows the automatic identification of objects, animals, or people by incorporating a small electronic chip on its "host."

Recency, Frequency, and Monetary (RFM)
A methodology to define customer segments. Recency denotes how recently a customer has made a purchase. Frequency denotes how often he or she makes a purchase. Monetary value indicates how much he or she spends.

Redaction
The process of removing sensitive content from an information source.

Reference architecture
A technical architecture that includes a standard set of software components that may be implemented on a project within a specific domain (e.g., reference architecture for big data).

Reference data
Static data (such as country codes, state or province codes, industry classification codes, and ICD-10 disease codes) placed in lookup tables for reference by other applications across the enterprise.

Retention schedule
A table that includes a classification of documents, the time that those documents should be retained, the legal citation or other reason for the retention period, and the action to be taken after the retention period has expired.

Reverse append
The process of adding the name and address to a customer record when only limited information such as the email address and phone number is available.

Right to be forgotten
The right of an individual to require organizations to remove personal data from their systems if the individual no longer want his or her personal data to be processed, and there is no legitimate reason for the organization to keep it.

Roadmap
A timeline associated with the prioritization of people, process, and technology initiatives associated with a project or group of projects.

Safari
A web browser that runs on Apple devices.

Security Breach Notification (SBN)
Privacy legislation that requires organizations to notify consumers of unauthorized disclosures of certain kinds of personal data.

Security Information and Event Management (SIEM)
A platform to aggregate and analyze logs from other devices in the network.

Seismic data
Data generated from seismic waves to estimate the properties of the subsurface of the earth. Oil and gas companies use seismic data to determine the optimal locations for drilling purposes.

Semi-structured data
Data that is primarily unstructured, although there is some structure within the document. For example, a survey form might be semi-structured data because it includes structured fields such as name, gender, and age, along with multiple fields for free-text comments. See also *structured data* and *unstructured data*.

Sensitive data
Confidential or proprietary data that, if compromised, might cause financial or reputational loss to the person or enterprise that owns it.

Sensor
A device that reads a physical signal and transmits that information to another instrument. Sensors are installed in many everyday devices, including automobiles, aircraft, elevators, and machinery.

Session cookie
A web cookie that lasts only for the duration that a user is on a website. A web browser normally deletes session cookies when it quits.

Session management
A technique to keep track of a user's information across multiple web sessions. Web cookies might be used to maintain data related to the user during navigation, possibly across multiple visits. Cookies were introduced to provide a way to implement shopping-cart functionality, whereby users could store items they wanted to purchase as they navigated throughout a website.

Smart meter
A type of meter that captures usage data every 15 to 60 minutes for residential and commercial customers and communicates that information on a regular basis to the utility for billing and analytics.

Smartphone
A mobile phone that includes advanced computing functionality, such as a web browser, camera, videocamera, and email system, as well as third-party applications. Smartphones run operating systems from Apple, Google, Microsoft, RIM, Nokia, and others.

Social graph
The visibility of friends on social networking sites and the capacity to deduce behavioral traits from data about those friends.

Steward
See *data steward.*

Stream computing

A class of applications that perform high-performance, low-latency processing of large volumes of data, leveraging parallel processing capabilities.

Structured data

Data with a structured format that is typically stored in a relational database with tables, rows, and columns. See also *unstructured data* and *semi-structured data*.

Stuxnet

A computer worm discovered in June 2010 to have infected SCADA systems from Siemens in Iran. The worm was designed to steal industrial secrets and to disrupt operations by leveraging a previously unknown Windows vulnerability that has since been fixed.

Supervisory Control and Data Acquisition (SCADA)

Computer systems that monitor and control industrial, infrastructure, or facility-based processes, as discussed below:[12]

- Industrial processes including those within manufacturing, production, power generation, fabrication, and refining, which run in continuous, batch, repetitive, or discrete modes
- Infrastructure processes, whether public or private, and including water treatment and distribution, wastewater collection and treatment, oil and gas pipelines, electrical power transmission and distribution, wind farms, civil defense siren systems, and large communication systems.
- Facility processes, including monitor and control heating, ventilation, air conditioning, and energy consumption in public and private facilities, including buildings, airports, ships, and space stations.

Supply chain

The processes involved in moving a product from the supplier to the customer.

System Average Interruption Duration Index (SAIDI)

A measure in the utility industry that shows the cumulative average time that the power is out per customer.

System Average Interruption Frequency Index (SAIFI)

A measure in the utility industry that shows the average number of power interruptions a customer might experience.

Technical metadata

Information that describes the assets, models, and process elements used in IT systems.

Telematics data

Data from sensors mounted on vehicles that provides information such as location, speed, and condition.

---

12. http://en.wikipedia.org/wiki/SCADA.

Terabyte
Equivalent to 1,024 (10^3) gigabytes.

Text analytics
Techniques to derive insight from text.

Third-party cookie
A cookie that is set to a different domain than the one shown on the address bar of the web browser.

Tracking cookie
See *persistent cookie.*

Triangulation
A technique used by telecommunications operators and mobile devices to use signals from overlapping cells (neighboring base stations) to estimate the position of the mobile device with increased accuracy.

Turbidity
A measurement of water quality based on the cloudiness of water caused by individual particles that might not be visible to the naked eye.

Universal Product Code (UPC)
A barcode symbol widely used in North America, consisting of 12 digits. The first set of digits refers to the manufacturer. The next set of digits is assigned by the manufacturer and refers to the product. The last digit is a "check digit."

Universal Access Terminal Identifier (UATI)
A data attribute that is included within call detail records.

Universal Resource Location (URL)
The web address for a resource, such as "www.ibm.com."

Unstructured data
Data such as email, video, sound, and images that has no format or organizing principle. See also *structured data* and *semi-structured data.*

Upstream operations
The exploration and production businesses of oil and gas companies.

Vendor-managed inventory
An approach where the manufacturer manages the inventory of the distributor. The manufacturer receives electronic data interchange or POS feeds that provide near real-time insight about which products are selling and the associated inventory at the distributor.

Web beacon[13]
An object embedded in a web page or email and usually invisible to the user, but which checks that a user has viewed the page or email. Alternative names include "tracking bug" and "page tag." Common names for web beacons implemented through an embedded image

include "tracking pixel" and "clear gif."

xDR

An umbrella term for different telecommunications records including call detail records (CDRs), Internet protocol detail records (IPDRs) for web usage, and SMS detail records.

Zettabyte (ZB)

Equivalent to one trillion gigabytes (10^{21} bytes).

13. http://en.wikipedia.org/wiki/Web_bug.

CHAPTER

부록 C

REVIEWER PROFILES

- **Michael Eggloff**

Michael Eggloff has worked for IBM since 1995. During his IBM career, he has held national and international management positions in various business organizations, such as the systems and technology group, the software group, and global business services. In his current role (since 2010), Michael is a business value consultant within the information agenda team for the financial services sector in Europe, where he consults with banks in the development and realization of information strategies.

Michael holds master's degrees in computer science and business administration and teaches business informatics at the University of Applied Sciences in Mainz, Germany.

- **Stewart Hanna**

Stewart Hanna has over 15 years of experience promoting enterprise data integration and data management at IBM and other organizations; six years of technical sales leadership in Australia and New Zealand; four years in worldwide product management; and three years in worldwide sales, focused on integration, governance, and big data. After a successful career in retail, Stewart transitioned to the information technology industry. Experience in sales, marketing, operations, and customer service helped him to become a very successful leader in the Asia Pacific region before relocating to the United States.

Stewart is currently focused on expanding IBM's big data business. He specializes in helping clients who are looking for innovative techniques and technologies address the challenges of big data and capitalize on the opportunities it presents.

- **Wolfgang Nimfuehr**

Wolfgang Nimfuehr is an information agenda executive consultant within IBM software group Europe, working with clients across multiple industries (primarily in banking and insurance) to gain insights from smarter analytics by leveraging big data and Watson technologies. He is passionate about turning information into insight, and insight into business outcomes.

Previously, Wolfgang held various leading sales, technical, and consulting roles. He is an information management visionary with over 20 years experience in data governance. Wolfgang holds a master's degree in computer science and is a regular speaker at international conferences.

- **Michael Schroeck**

Michael Schroeck is a partner and global leader for IBm's information management services, where he leads a team of several thousand consultants in the planning, design, implementation, and governance of information and analytics solutions. Mike is considered an industry thought leader and visionary who has authored several books and articles on topics such as business intelligence, performance management, information architecture, and analytics. He has also been a featured speaker at many industry conferences and seminars around the world and is frequently quoted in leading business and technical publications.

Michael was named as one of the world's top "25 most Influential Consultants" by Consulting Magazine and was named a Distinguished Engineer by IBM for his outstanding and sustained technical achievements and leadership.

CHAPTER

부록 D

이 책에 기여한 사람들

- **Crysta Anderson** (8장, 11장, 13장)

  Crysta Anderson은 IBM InfoSphere 솔루션의 소셜 미디어 전략가다. Crysta는 InfoSphere의 소셜 미디어 상황을 관리하고 MasteringDataManagement.com 블로그의 편집자로 일하고 있다. 그녀는 또한 IBM 정보 경영 부서의 소셜 미디어 주제 관련 전문가다. Crysta는 Northwestern 대학에서 통합 마케팅 커뮤니케이션 부문에서 석사 학위를 받았다.

- **Akin Arikan** (13장)

  Akin Arikan은 Multichannel Marketing: Metrics and Methods for On and Offline Success(Sybex 출판사에서 2008년 출간)의 저자다. Akin은 또한 IBM 디지털 마케팅, 분석 솔루션의 에반젤리스트다. Akin은 지난 십년 간 마케팅 분석 현업 사람들과 함께 일해왔고 많은 산업 현장에서 배운 경험을 사람들에게 전해주고 있다. Akin의 블로그(http://multichannelmetrics.com)를 읽고 그를 트위터(@AkinArikan)에서 팔로우 해보라.

- **Alex Bentley** (14장)

  Alex Bentley는 IBM InfoSphere Traceability 서버와 IBM 마스터 데이터 경영 포트폴리오 핵심 영역에서 제품 전략을 이끌고 있다. 그는 15년 동안 여러 성공적인 벤처 기반 스타트업에서 일했고, 제품 포트폴리오를 중산층을 공략하거나 IPO(신규 상장)을 하는 데까지 키웠다. Alex의 경험은 자동차, 통신, 의료, 금융, 최첨단 부문까지 뻗어나간다. 그는 Purdue 대학에서 화학 공학 학사 학위를 따고 부전공으로 경영과 역사를 공부했다.

- **Rachid Bichri**

  정보 시스템에서 박사학위를 받고 Rachid Bichri는 교사로서 커리어를 시작했다. 그리고 나서 그는 15년 이상을 자동차 제조산업에서 보냈다. 그는 그곳에서 ERP 시스템 실행부터 커스텀 어플리케이션 구상까지 다양한 프로젝트에서 그가 배운 것을 적용했다. IT 솔루션에서 데이터가 주요한 도전으로 다가오고 있다는 걸 알고 Rachid는 지난 10년을 처음에는 Polycom의 MDM 설계자로 지금은 Hitachi 컨설팅 회사에서 전문 서비스 컨설턴트로 MDM 분야에서 솔루션을 구상하는 데 보냈다.

- **Dave Borean** (11장)

InfoTrellis 제품 분야 부사장으로 David Borean은 15년 이상을 엔터프라이즈 측정 시스템을 실행하고 10년 이상을 마스터 데이터 경영과 데이터 품질 경영을 하며 보냈다. InfoTrellis에서 David는 데이터 품질 성공 사례와 새로운 기술을 결합해 빅데이터 경영을 위한 빅데이터 플랫폼에 넣는 혁신적인 제품의 실행을 이끌고 있다. 고객은 제품을 통해 그들이 믿을 수 있을 만큼의 더 높은 빅데이터 분석 품질을 얻을 수 있다.

- **Rick Clements**

그의 IBM에서의 현재 직책에서 Rick Clements는 IBM InfoSphere MDM과 빅데이터 플랫폼의 포지셔닝, 메시지, 가격 책정을 포함한 세계 제품 전략과 마케팅을 맡고 있다. 인수되면서 IBM에 합류하기 전에 그는 2006년부터 Initiate Systems에서 비슷한 권한을 행사하고 있었고 webMethods의 전략 마케팅 수석 담당자였고, SeeBeyond의 제품 마케팅 수석 담당자였다. Rick은 13년을 소프트웨어 산업에서 보냈고 엔터프라이즈 어플리케이션 통합, 비즈니스 대 비즈니스 통합, 비즈니스 절차 경영, 서비스 지향 아키텍처, 웹 서비스, 비즈니스 활동 모니터링, 마스터 데이터 경영, 빅데이터 기술에 깊은 배경지식을 갖고 있다. Rick은 Purdue 대학에서 항공, 우주 항공 공학에서 학사 학위를 받고 버지니아 공대에서 경영학 석사 학위를 수료했다.

- **Marco De Angelis** (14장)

Marco De Angelis는 주요 컨설팅 회사에서의 전략, 자문 위원회, 복합적인 변혁 프로젝트 실행과 에너지, 공공요금 산업에서의 특수한 경험 등 25년 이상의 경험을 가진 IBM의 수석 경영 컨설턴트다. Marco는 계량을 이탈리아 시장에서 자동화해주는 혁신적인 솔루션을 개발했고 현재는 유럽에서 에너지, 공공요금 산업 분야에서 정보 안건 타이거 팀의 일원으로 일하고 있다.

- **Nick Dimtchev** (4장, 21장)

Nick Dimtchev는 세계적으로 정보 거버넌스에서 탁월한 인물이며 IBM 소프트웨어 그룹에서 고객 가치 세일즈 리더로 있다. Nick의 회사는 자사의 정보 거버넌스 전략, 비즈니스 가치 극대화를 최적화, 획득, 정보를 기업 자산으로 활용하는 것의 결과라고 정의하고 여러 산업, 여러 지역의 고객들을 지원한다. Nick은 혁신을 추진하고, 시장에서 지식 리더십을 구축하고 고객들이 성공하게 하는 데 열정적이다.

- **Marc Flammante**

Marc Flammante는 유럽 IBM 소프트웨어 그룹의 부사장, CTO 직책에 있는 IBM의 뛰어난 엔지니어다. 그는 웹 서비스, SOA, 클라우드에 관한 표준을 통합하고 만드는 국제 표준 기구(ISO) 표준 위원회(SC) 38의 일원이다. Marc는 Dynamic SOA and BPM: Best Practices for Business Process Management and SOA Agility(IBM 출판사 2009년 출판)의 저자다. 그는 또한 여러 대학에서 SOA 교육의 기본 교재로 쓰이는 Service-Oriented Architecture(IBM 출판사 2005년 출판)의 공동 저자다. Marc는 Ecole Centrale de Paris에서 공학 학위를 받았다.

- **Andrew Foo**

Andrew Foo는 IBM 소프트웨어 그룹 smarter planet 솔루션 팀의 수석 IT 설계자다. Andrew는 가이드를 제시하고 새로운 지식을 찾고 최적화하기 위해 정보, 기술을 효율적으로 사용할 수 있는 방법을 알려주면서 호주와 아시아, 태평양의 여러 산업의 수백 명의 고객들과 함께 일 해왔다. IBM 소프트웨어 그룹 이전에 Andrew는 SAS, Cognos, IBM 글로벌 서비스 호주 지사 등 여러 소프트웨어 정보 경영, 성과 경영 기업에서 일했다.

- **Eberhard Hechler (8장)**

Eberhard Hechler는 IBM Boeblingen R&D 연구실의 간부급 설계자다. 그는 IBM의 성장 시장 부문커뮤니케이션 섹터 주요 설계자로 현재 2년 간 IBM 싱가포르 지사로 파견을 나가 있다. 뉴욕의 IBM Kingston 개발 연구소에서 2년을 보낸 후 그는 소프트웨어 개발에서 여러 직책을 맡았다. 그는 IT 아키텍처, 산업 솔루션, 정보 통합, MDM, 정보 아키텍처 분야에서 전문 능력을 보유하고 있다. 그는 IBM 기술 아카데미의 일원이며 책 Enterprise Master Data Management(Pearson 출판사 2008년 출판)와 책 The Art of Enterprise Information Architecture(Pearson 출판사 2010년 출판)의 공동 저자다.

- **Roger Hecker (7장)**

Roger Hecker는 성공적으로 엔터프라이즈 비즈니스 용어를 만들고 메타데이터 경영을 하기 위해 전세계 모든 산업의 고객과 함께 일하는 IBM InfoSphere의 수석 제품 매니저다. 그는 비전을 가진 제품 디자이너면서 IBM의 선구적인 사람들, 비즈니스 파트너, 고객과 협력하는 핵심 인물이다. 이스라엘에서 일하면서 Roger는 IBM InfoSphere 메타데이터 Workbench와 비즈니스 용어를 포괄적인 정보 거버넌스 플랫폼으로 바꾸는 개발자 팀을 이끈다.

- **Mark Hensley**

Mark는 현재 IBM의 북아메리카 정보 거버넌스 팀의 전문가다. 25년 간 데이터 통합, 데이터 품질, BI, 분석 분야에서 여러 역할을 맡으면서 현장에서 직접 경험하면서 Mark는 거버넌스 도전과 어떻게 많은 산업에서 이런 도전들을 극복할 수 있는지에 대해 풍부하게 알고 있다.

- **Ranl Hublou**

Ranl Hublou는 IBM의 정보 생애 주기 거버넌스 GTM(Go-To-Market) 팀을 이끈다. IBM의 가장 큰 고객들과 긴밀하게 일하면서 Rani는 방어를 위한 폐기, 가치에 따라 보유하고 아카이브로 만드는 높은 효과의 솔루션을 제공한다. 25년의 IT와 비즈니스 전략 경험에서 Rani는 세계에서 가장 큰 금융 서비스, 제조업체, 의료 업체, 언론사, 비영리 단체에 큰 성과 향상을 가져다줬다. 그녀의 세계적인 엔터프라이즈 솔루션 경험은 오라클, SAP, 맥킨지, 엑센츄어 같은 회사에서 얻어졌다. Rani는 스탠포드 대학교에서 공학 학사, 석사 학위를 갖고 있다.

- **Bill Huennekens**

Bill Huennekens는 워싱턴 주 교육부 장관의 데이터 거버넌스와 EDFacts 코디네이터다. Bill은 15년 이상 공공 서비스 분야에서 총 책임자, 정책 분석가, 프로젝트 매니저, 교육자로 기술을 문제를 해결하고 효율적으로 만들고 성과를 향상시키는 데 창의적으로 썼다는 입증된 기록을 가지고 있다. 그는 Western Washington 대학에서 사회 과학 분야 학사, 석사 학위를 받았고 그 이후에도 계속해서 교육과 전문성 개발을 한 이력을 가지고 있다.

- **Mady Korada** (7장, 21장)

Mady Korada는 투자 은행, 자산 관리, 보험, 통신, 제약, 제조업, 정부 등 다양한 고객층을 가지고 있는 Inpreci(www.inpreci.com)엔터프라이즈 설계자다. 그의 Target Operating 모델에서의 작업은 주요 통신 표준인 TM 포럼 프레임워크에 받아들여졌다. Mady는 여러 위원회와 산업 포럼의 회원이며 연사로도 자주 나온다. 그의 블로그 www.mostlyknown.com에서도 그에 관한 정보를 볼 수 있다.

- **Eileen Koski**

Eileen Koski는 엔터프라이즈 데이터 거버넌스 프로그램의 계획, 실행, 관리를 맡고 있는 Express Scripts 데이터 거버넌스 책임자다. 그 이전에 Koski는 콜럼비아 대학교와 Quest Diagnostics에서 의료 정보학과 건강 정보 기술 쪽의 상업적, 학문적 분야 모두에서 일했다. 그녀는 또한 전자 건강관리 실행 TF팀을 위한 NGA 주 연합, AHIC 생체 관측 데이터 조정 그룹 등 저명한 분야 전문가로서 여러 정부 정책, TF, 패널에서 연구계 대표로 나

왔다. Koski는 콜럼비아 대학교에서 생물학 학사, 사회의학 석사, 연구 석사 학위를 가지고 있다.

- **Arild Kristensen** (14장)

Arild Kristensen은 IBM 소프트웨어 그룹 정보 어젠다 팀의 비즈니스 가치 분석가다. 그는 IT 산업에서 세일즈, 경영, 컨설팅을 포함해 25년의 경험을 가지고 있다.

정보 어젠다 팀에 합류하기 전에 그는 IBM Stavanger Center of Exellence for oil and gas에서 비즈니스 솔루션 매니저로 5년을 일했다. Arild는 고객이 정보를 회사의 자산처럼 다루는 것의 비즈니스 가치를 알려주고 있다.

- **Lucas Lau** (18장)

Lucas Lau는 SPSS 연구 서비스 팀의 IBM 예측 분석 컨설턴트며 데이터 거버넌스, 예측 모델링, 의료, 보험 분야에서의 비즈니스 실행에 관해 풍부한 경험을 가지고 있다. Lucas의 성과는 월 스트리트 저널, 포브스와 다른 주요 언론매체에도 보도되었다. Lucas는 또한 Casualty Actuarial Society와 Society of Actuaries에서 고급 분석에 대해 글을 쓰기도 했다. Lucas는 딜로이트 컨설팅 LLP의 고급 분석과 모델링 실행 분야에서 일했고 콜럼비아 대학교에서 통계 석사 학위를 받았다.

- **Bob Leo** (6장, 7장)

24년 이상의 산업 경험과 리더십으로 Bob Leo는 통합된 고객 서비스를 제공하고 디자인과 개발에 공학적으로 접근해서 비즈니스, 정보 솔루션을 개발하는 정보 기술 전문가다. Bob은 산업 성공 사례를 고객 요구와 묶고 어플리케이션, 인프라, 정보 경영, 통합 솔루션을 구축하는 절차를 만드는 걸 포함해 정보 경영에 대한 고객 주도 접근법을 믿는다. 전직 의료 CIO, 현재는 IBM의 의료 정보 전략 컨설턴트로 Bob은 지난 6년 간 포춘 500대 기업 중 100개 이상의 기업에 정보를 전략적 자산으로 활용하는 것에 대해 자문을 했다. 그는 2004년 Computerworld Premier 100대 IT 리더 명예의 전당에 올랐다.

- **Gokula Mishra** (7장, 11장)

  Gokula Mishra는 비즈니스 주도 IT 전략, 엔터프라이즈 정보 경영, 빅데이터, 데이터 웨어하우징, BI 분석 아키텍처, 솔루션 계획, 개발, 경영에서 25년 이상의 경력을 가진 최고 중역이다. ZS Associates, Booz Allen Hamilton, 오라클, TransUnion, HP, Sears Holdings 같은 기업에서 일한 뒤 Gokula는 IT뿐만 아니라 비즈니스에 대한 깊은 경험과 통찰력을 갖게 됐다. Gokula의 산업 전문 분야에는 제조, 석유, 가스, 에너지, 금융 서비스, 고객 패키지 상품, 소매, 의료, 생명 과학이 들어간다. Gokula는 마스터 데이터 경영, 데이터 품질, 데이터 거버넌스 현업에 있는 사람이면서 선도자다.

- **Frode Myren** (14장)

  Frode Myren은 IBM의 저명한 엔지니어다. 그는 북유럽 IBM 소프트웨어 그룹의 최고 기술 전략가이며 석유, 가스 솔루션 기술 전략을 담당하는 수석 공인 설계자다. Frode는 노르웨이 Trondheim에 있는 Norwegian 과학 기술 대학(NTNY/NTH)에서 Technical Physics의 과학 석사 학위를 받았다.

- **Eric Naiburg**

  Eric은 20년 이상 소프트웨어 개발 산업에서 일했고 Addison Wesley 출판사에서 발행한 UML for Database Design(2001)과 UML for Mere Mortals(2004)의 공동 저자다. Eric은 2008년에 IBM에 InfoSphere Optim 솔루션 팀 리더로 다시 합류했다. IBM에 다시 합류하기 전 그는 Ivar Jacobson 컨설팅에서 판매, 마케팅 부사장으로 일했다. IBM에서 일하기 전 Eric은 Rational 소프트웨어 그룹에서 비즈니스, 산업, 기술 솔루션 프로그램 책임자로, Rational Rose의 제품 매니저로, Rational Desktop Product의 팀 시장 매니저를 포함해 여러 직책을 맡았다.

- **Gregory Neuveglise** (14장)

  IBM의 솔루션 설계자인 Gregory Neuveglise는 여러 기업에 비즈니스 분석 솔루션을 실행하고 파는 데 10년의 경험을 가지고 있다. 그는 데이터 경영, 데이터 웨어하우징, BI, 예측 분석을 설계하고 기술적으로 지원하는 데에 전문성을 가지고 있다.

- **Vasiliki(Mika) Nikolopoulou**

Vasilik(Mika)는 IBM 정보 경영, 설계 부문에서 21년을 일했다. 그녀는 정보 거버넌스 솔루션과 제품에 여러 이력을 가지고 있고 큰 데이터베이스 설계, 실행, 성과 그리고 조정, 높은 유용성, 정보 거버넌스 솔루션 설계 부문에서 고객과 함께 일하면서 폭넓은 경험을 했다. Mika는 매우 큰 프로젝트, 통신, 의료, 정부, 보험, 금융을 포함한 많은 산업의 여러 자원을 큰 규모에서 거래하고 시작하고 이끌고 경영하는 데에 전문성을 길러왔다. 마지막으로 그녀는 빅데이터, 마스터 데이터 경영, 데이터 품질, 데이터 거버넌스에 특별한 관심을 보인다. Mika는 금융, 국제 비즈니스에서 경영학 석사 학위를 가지고 있다.

- **Deidre Paknad**

Deidre Paknad는 IBM의 정보 생애주기 거버넌스 솔루션의 책임자다. 그녀는 소송에 대비한 자료, 수집한 데이터, 보유한 데이터를 관리하는 첫 상업적 어플리케이션을 출시했다는 명성을 가지고 있고 법, 정보 거버넌스 분야에서 많은 특허를 가지고 있는 저명한 선도자다. Deidre는 25년 간 비용과 위험을 줄이기 위해 비효율적인 비즈니스 절차에 기술을 적용한 성숙한 기업가이자 간부다. 그녀는 1999년에 스미스소니언 협회에 혁신을 위해 부임했고 2000년에 다시 부임되어 일하였다.

- **Aaron Rangel**

Aaron Rangel은 IBM 기업 마케팅 경영 제품 기능 부서의 수석 제품 전략 매니저다. Aaron은 마케팅 기술, 빅데이터 분석, 데이터 거버넌스, 규정 준수 감독에 폭넓은 경험을 가지고 있다. Aaron은 IBM SPSS, Applimation, Interwoven에서 수석 경영자를 맡았다. 이것은 그에게 기업 어플리케이션 포트폴리오에서 데이터 거버넌스 주제를 폭넓게 다루는 경험이 되었다.

- **Roger Rea** (9장, 15장)

Roger Rea는 IBM InfoSphere Streams의 시장 점유율, 개발 주도, 마케팅, 판매, 금융 서비스, 고객 지원에 책임이 있다. 이 전에 Roger는 IBM, Skill Dynamics, Tivoli Systems에서 다양한 판매, 기술 교육, 마케팅, 경영 직책을 맡았다. Roger는 UCLA에서 수학, 컴퓨터 공학 학사 학위를 우등생으로 수여했다. 그는 또한 조지 워싱턴 대학에서 프로젝트 경영 석사 학위를 받았다.

- **Jennifer Reed** (11장)

Jennifer Reed는 IBM의 정부 산업을 맡고 있는 MDM 수석 제품 경영자다. 그녀는 정부 산업에서 일했고 특히 치안 부문에서 17년 이상 일했다. 기술적인 전문 능력과 배경으로 그녀는 정부 고객의 요구를 충족시켜주는 복합 솔루션 계획, 개발, 테스팅, 실행에 참여해왔다. 이 역할을 맡기 전에 그녀는 또한 하둡 빅 인사이트의 비구조적 데이터의 상관관계, 서로 다른 데이터 소스에 있는 같은 객체로 된 데이터를 찾는 작업을 포함해 MDM이 빅데이터로 발달해가는 걸 지켜보는 역할을 맡았다.

- **Will Reilly**

Will Reilly는 IBM의 정보 어젠다 산업 마케팅, 솔루션 책임자다. 이 접근법은 그가 조직이 정보 경영과 분석 기술을 도입하는 데 전략적인 접근을 취하게 하기 위해 2008년에 공동 개발했다. 이 시도 이후 2000명 이상의 IBM 고객들이 정보 어젠다 변환에 착수했다. Will은 Ascential 소프트웨어와 IBM에서 10년 이상의 정보 경영 경험을 가지고 있다. 그는 이전에는 조달, 공급 사슬 변화를 전문으로 하는 경영 컨설턴트였다.

- **Joe Royer** (21장)

Joe Royer는 Principal Financial Group에 고용되었다. Joe는 25년 이상 다양한 데이터 경영 직책을 맡으며 IT 분야에 있었다. 그의 최근 10년 이상 간의 직책은 기업 설계자다. Joe는 컨설팅 역할을 맡으면서 여러 조직의 데이터 전문가와 함께 일하며 사업 부문이 점점 증가하는 분석 수요를 충족하고 빅데이터 도전에 맞춰 갈 수 있게 데이터 전략을 만들고 실현하는 것을 돕는다. Joe는 이 모든 것을 조직의 엔터프라이즈 설계와 데이터 거버넌스 사례를 충분히 발달시키며 하고 있다.

- **Arvind Sathi** (13장, 20장)

Arvind Sathi는 IBM의 정보 어젠다 팀에서 글로벌 커뮤니케이션 부문 주 설계자로 있다. Arvind는 카네기 멜론 대학교에서 경영학 박사 학위를 받았고 노벨상 수상자인 허버트 사이몬 아래에서 일했다. Arvind는 정보 경영 설계, 전달에서 25년 이상의 리더십을 가진 숙련된 전문가다. 그는 다른 서비스 산업뿐만 아니라 많은 국내, 국제 커뮤니케이션 서비스 공급자들과 일한 폭넓은 경험을 가지고 있다. 그는 또한 실시간 정보 아키텍처, 빅데이터, 마스터 데이터 경영을 포함해 기술 주제에 관해 산업 컨퍼런스의 여러 워크샵과 프레젠테이션에서 발표했다. 그는 데이터 마스킹에 특허를 가지고 있고 책 Customer Experience Analytics-The Key to Real-Time, Adaptive Customer Relationships(MC Press 출판사, 2011년 출판)

- **Chris Saunders** (15장)

Chris Saunders는 IBM 유럽 지사의 데이터, 정보 거버넌스 리더다. 그는 거의 40년을 기업 데이터, 정보의 효율적인 사용을 전문으로 하며 컨설팅과 기업 일선에서 보냈고 2004년부터 데이터, 정보 거버넌스에 집중해왔다. 초기의 오퍼레이션 리서치(경영 효율성을 높이기 위한 연구), 데이터 모델링, 고객 분석 경험 이후에 그는 사적, 공적 부분 조직 모두에서 일했고 현재 데이터 거버넌스에 관한 저명한 저자이며 연사다. IBM에 합류하기 전에 Chris는 새로운 정보 경영 조직을 계획하고 만들었다. 이 조직은 영국 국방부가 미래에 얼마나 많은 인력이 필요할지와 어떤 훈련과 기술이 필요할지를 예측하는 방법을 바꿨다. 이는 Chris의 고객인 영국 국방부가 2010년 세계 데이터 거버넌스 우수상을 받게 했다.

- **Randy Schnier** (9장)

Randy Schnier는 IBM에서 일정 기간 동안 VLSI 회로를 구상하고, CAD/CAM 3D 디자인 소프트웨어를 개발, 설계팀에서 WebSphere 어플리케이션 서버의 중축을 맡은 걸 포함해 오랜, 다양한 경험을 해왔다. 그는 현재 InfoSphere 스트림즈 개발 팀에 있고 IBM 고객이 실제로 적용하는 과정에 관여할 뿐만 아니라 제품 개발 쪽으로도 일하고 있다.

- **Helena Soares**

Helena Soares는 거의 10년을 월 스트리트 technology에서 경영진으로 일했다. Helena는 J.P.모건, 프루덴셜 증권, CSC에서 일했다. Helena는 고객 대면 웹사이트, 금융 데이터 저장소, 컨텐츠 경영 시스템을 담당하는 개발자와 분석가 팀을 맡았다.

- **Dean Trilling** (15장)

Dean Trilling은 현재 여러 나라의 소매, 소비재, 산업 회사들이 비즈니스 전략을 분명하게 하고 우선순위를 정할 수 있게 하기 위해 이들을 컨설팅해주고 있다. Dean은 소매, 소비재, 제조, 유통업에서 35년 이상 일했다. 2004년에 IBM에 합류하기 전 그는 American Greetings사와 Quality Stores 모두에서 부사장과 정보 분야 담당 최고 임원(CIO)를 맡았다. 그는 American Greetings에서는 전자 마케팅(electronic marketing) 부사장이었고, 엑센츄어에서는 비즈니스, 기술 전략과 실행 서비스를 제공했고 두 개의 기술 스타트업에서는 최고 운영 담당자로 일했다. Dean은 Case Western Reserve 대학에서 경영 과학 이학 학사 학위와 오퍼레이션 리서치 이학 석사 학위를 받았다.

- **Susan Visser**

Susan Visser는 IBM 정보 경영 제품, 솔루션의 출판 프로그램(publishing program) 매니저다. 그녀는 작가들이 출판하고 그들의 출판된 책, e북, 커스텀 북(고객이 원하는 글들을 묶어 출판한 것, custom book)을 홍보할 수 있게 해준다. Susan은 또한 이런 제품 영역에 대해 블로그(https://www.ibm.com/developerworks/mydeveloperworks/blogs/SusanVisser)와 트위터(https://twitter.com/#!/susvis)를 운영하고 있다.

- **Nina Vredevoogd** (8장)

  Nina Vredevoogd는 미국 Concur Technologies에서 BI와 정보 경영 프로그램을 맡고 있다. 그녀는 1998년부터 주로 데이터 분석, 사적 부문 정보 경영에 초점을 맞춰 복합 기술 계획을 맡아왔다. Nina는 여러 해를 노르웨이, 영국, 미국에서 살고 일하면서 보냈고 글로벌 데이터 개인 정보 보호 정책과 법, 이 정책, 법이 비즈니스적 관점에서 어떤 의미가 있는가에 관심이 많다.

- **Kurt Wedgwood** (4장, 10장, 13장)

  Kurt Wedgwood는 엑센츄어에서 10년 간의 컨설팅 경험과 IBM에서 2년 간의 경험을 가진 IBM 정보 전략 컨설턴트다. 그는 소매업, 소비재, 여행, 운송, 공산품 회사가 거버넌스 프로그램을 만들고 추진해나가는 걸 도왔다. Kurt는 워싱턴주 시애틀에 살며 콜로라도 대학에서 금융, 회계 학위와 시카고 대학에서 경영학 석사 학위를 받았다.

- **Randall Wilcox** (18장)

  Randall Wilcox는 IBM jStart 신흥 기술 그룹의 기술 관여 매니저면서 컨텐츠 분석 총 책임자다. 이 그룹에서 그는 Watson, 빅데이터, 콘텐츠 분석 기술을 이용해 고객들이 솔루션을 찾고 실행하는 걸 돕는다. Randall은 의료 기록 텍스트 분석 솔루션을 도입했다. 이 솔루션은 포브스나 다른 많은 뉴스 매체에서 소개되었다. Randall은 20년 이상 기업 콘텐츠 경영을 했고 많은 큰 금융, 의료 조직을 위한 ECM 통합 전략을 개발해 수상했다(2005년 AIIM Best Practices Award).

- **Brian Williams** (9장, 21장)

  Brian Williams는 메릴랜드 베데스다에 있는 IBM 소프트웨어 서비스 지사의 중역 IT 설계자다. 그는 27년 이상 정보 경영, 정보 보안, 관계형 데이터베이스 구상, 개발 분야에서 일했다. 가장 최근에 그는 IBM InfoSphere Streams를 이용해 빅데이터 솔루션을 구상, 추진, 관리해왔다. 또한 그는 InfoSphere Streams 훈련 과정, 워크샵, 컨퍼런스 세션을 개발하고 가르쳤다.

- **Jay Yusko**

Jay Yusko는 SymphonyIRI Group의 기술 연구 부사장이다. 그의 주요 연구 분야는 데이터 품질, 제품 정보 경영, 고객 패키지 제품 정보 분류다. 그는 일리노이 대학에서 약학 의학사 학위를 땄고 DePaul 대학에서 컴퓨터 공학 이학 석사 학위, 일리노이 기술 대학에서 컴퓨터 공학 박사 학위를 땄다. Jay는 1980년대 초부터 인공 지능과 전문가 시스템에서 일했다. 그는 제품 유사성에 특허를 가지고 있고 두 개의 특허를 더 취득할 예정이다. 하나는 제품 유사성에 관한 특허이며 다른 하나는 제품 정보 경영에 관한 특허이다.

- **Jay Zaidi**

Jay Zaidi는 기업 데이터 경영, 전략적 계획, 프로그램 경영에 입증된 실력을 가진 실천적이고 결과 지향적인 리더다. 그는 더 강력한 데이터 거버넌스와 책임성을 장려하기 위해 전체론적 데이터 품질(Holistic Data Quality)이라는 용어를 산업에 도입하고 선제적으로 조직 정보 공급 사슬의 데이터 품질 이슈를 감독하고 개선하는 데 HDQ 프레임워크를 개발했다. 그는 Fannie Mae에서 규정 준수, 위험, 감사, 운영 상의 위협을 다루기 위해 HDQ에 기반한 엔터프라이즈 솔루션을 추진했다. 그는 유럽, 아시아, 북아메리카에서 경영 컨설팅, 금융, 의료 영역의 다양한 기술, 자문 역할을 맡았기 때문에 매우 다재다능하다.

찾아보기

A

Accountable ········· 52
Alberta 개인정보보호법 ········· 162
Alberta 인간 기본권 ········· 162
American Civil Liberties Union, ACLU ········· 161
Apache Hadoop ········· 70, 256
APEC ········· 104
Apple 사 ········· 170
audit information logging and reporting ········· 29
ARM: automated meter reading ········· 234

B

base station data ········· 181
BPM(business process management) · 122
Bridges ········· 26
browser fingerprinting ········· 88
business outcomes ········· 28

C

Cable Communications Act ········· 96
CDF(Chief Data Officer) ········· 31
CDO(chief data officer) ········· 57, 63
CDRs: call detail records ···· 18, 116, 132
Change Data Capture(CDC) ········· 263
Children' s Online Privacy Protection Act ········· 97
classification and meta data ········· 29
communications service provider : CSP ········· 244
Consumer Privacy Bill of Rights ······· 100
Cookies ········· 164
Core Disciplines ········· 29
CPT 코드 ········· 53
Custodian ········· 66

D

data architecture ········· 29
Data Protection Directive, 95/46/EC ·· 185
data quality management ········· 29
data risk management ········· 29
demand signal repositories, DSRs ····· 209
demand signal repository, DSR ········· 21
Directive ········· 93
DNA 기술 ········· 217
DNA 서비스 ········· 217
DSR data stewards ········· 210

E

Electronic Communications Privacy Act ····· 96
EMC ····· 308
Enablers ····· 29
ERP 응용 ····· 206
ETL(Extract, Transform, Load) ····· 263
EURODAC ····· 214
European Data Protection Directive, 95/46/EC ····· 92
Extract ····· 263

F

Facebook 앱 ····· 124
Facebook ····· 128, 155, 215
Fair Credit Reporting Act ····· 96
Family Educational Rights and Privacy Act, FERPA ····· 96
FCRA(Fair Credit Reporting Act) ····· 58
Federal Trade Commission Act, FTC Act ····· 96
Financial Industry Regulatory Authority, FINRA ····· 150

G

Geolocation ····· 181
Global Data Synchronization, GDS ····· 210
Goals ····· 29
Google ····· 170, 309
GPS(Global Positioning System) ·· 84, 182
GPS 데이터 ····· 132
GPS 시그널 ····· 84
Gramm-Leach-Bliley Act ····· 97

H

Hadoop 커넥터 ····· 262
Hadoop ····· 35, 147, 211, 250, 254
HBase ····· 256, 257
HCatalog ····· 76
HDFS ····· 262
Health Insurance Portability and Accountability ActHIPPA ····· 97
HIPAA 규제 ····· 159
historical analysis ····· 149
Hive ····· 256, 258

I

IAFIS(Integrated Automated Fingerprint Identification System) ····· 214
IBM ····· 282
ICD-9-CM 코드 ····· 53
ICD-10-CM 코드 ····· 53
IGF(Information Governance Officer) ·· 31
IGO(information governance officer) ····· 57, 64
impact analysis ····· 79
In-Memory 데이터베이스 ····· 261
Informatica ····· 302
Information Governance Council ····· 64
Information lifecycle management, ILM ····· 149
information lifecycle management ····· 29

information security and privacy ········· 29
IoT(Internet Of Things) ···················· 180
ISO/IEC 11179-4 ································ 71
IT 인프라 ·· 35

J

Jaql ··· 283

K

killer use case ································· 13

L

LinkedIn ································ 155, 215
Load ·· 263

M

M2M 데이터 ···················· 10, 20, 22, 24
M2M 데이터의 품질 ························ 191
M2M 통신 ······································ 180
Machine-to-machine(M2M) ········· 180, 249
MapReduce ····························· 35, 257
master data domain ························ 128
master data ····································· 128
MDM(master data management) ·· 42, 122
Metadata ·· 70
Microsoft ··· 298
Microsoft의 SharePoint ······················ 81

N

Netflix ·· 89
NetFlow 데이터 ······························· 149
NoSQL 데이터베이스 ························ 147
NoSQL ·································· 35, 260

O

operational metadata ························· 78
Oracle ··· 289
organizational structure & awareness ·· 28

P

Pentaho ··· 310
Per Member Per Month(PMPM) ·········· 74
Personally Identifiable Information,
PII ·· 248
Pig ·································· 256, 258
Policy ·· 29
PPI, personally identifiable information
·· 88
Privacy Act ·· 96
Privacy and Electronic Communications
Regulations ··································· 168

Q

quality requirement matrix ··············· 110

R

R ·· 272
reference data ···································· 35
Regulation ··· 93
responsibility assignment matrix: RACI
·· 31, 52
Responsible ······································· 52

RFID(Radio Frequency Identification) ······ 182, 191
RFID 거버넌스 ······ 30
RFID 데이터 ······ 10, 59, 197
RFID 태그 ······ 59, 183

S

Safari 웹 브라우저 ······ 170
SAP ······ 294
SAS ······ 306
SCADA(Supervisory Control and Data Acquisition) ······ 10, 198
Scalability ······ 76
security breach notification, SBN ······ 100
security information and event management, SIEM ······ 26
stewardship ······ 5, 29, 31
Stuxnet 웜 ······ 198
Supporting Disciplines ······ 30
System Average Interruption Duration Index, SAIDI ······ 72
System Average Interruption Frequency Index, SAIFI ······ 72

T

Taiwan High Speed Rail Corporation, THSRC ······ 38
Telephone Consumer Protection Act ··· 97
Teradata ······ 307
The Genetic Information Nondiscrimination Act ······ 217
The Location Privacy Protection Act, 2011 ······ 183
The Wall Street Journal ······ 170
timestamp ······ 112
Transform(ELT) ······ 263
Tweet 데이터 ······ 109
Tweets ······ 112, 113
Twitter ······ 128, 155

U

U.S. Federal Trade Commission(FTC) ······ 214
United States Securities and Exchange Commission, SEC ······ 225
United States Stored Communications Act, 1986 ······ 150

V

Value ······ 2
Variety ······ 2
Velocity ······ 2
Video Privacy Protection Act ······ 97
Volume ······ 2
VPNs ······ 26

W

Wall Street Journal ······ 170
WiFi 기술 ······ 182

X

xDRs ······ 117

ㄱ

가시화 및 리포팅 ··· 271
가족의 교육권 및 프라이버시에 관한 법률 ··· 96
감성 분석 ··· 14, 24, 134
개인 데이터 ··· 85
개인식별정보(PPI) ··· 88, 91, 248
개인정보 보호 ··· 57
거버넌스 프레임워크 ··· 32
건강보험 양도 및 책임에 관한 법안 ··· 97
고객 데이터 관리자 ··· 65
고객 및 제품 마스터 데이터 ··· 246
고객의 SSN 데이터 ··· 91
고객의 통화 상세기록 ··· 18
고객이탈 분석 ··· 18
공정신용보고법 ··· 96
관계형(Relational) 데이터베이스 ··· 261
관리권 ··· 5, 29, 31
구조적 데이터 ··· 222, 224, 228, 230
구조적 데이터의 품질 ··· 108
규제 프레임워크 ··· 32
규제 ··· 93
그람-리치-블라일리 법 ··· 97
글로벌 데이터 동기화 ··· 210
금융제도 개혁법 ··· 97
기계학습 기술 ··· 35
기지국 데이터 ··· 181

ㄷ

데이터 가상화 ··· 264
데이터 계통(lineage) 관리자 ··· 82
데이터 계통(lineage) ··· 79
데이터 과학자 ··· 63
데이터 관리 주체 ··· 108
데이터 관리권 ··· 82
데이터 디스커버리 도구 ··· 91
데이터 마스킹 ··· 274
데이터 마트 ··· 206, 270
데이터 무결성 ··· 102
데이터 보호 관리자 ··· 95
데이터 보호 명령 ··· 185
데이터 보호 영향 평가 ··· 94
데이터 보호에 관한 유럽연합의 지시 (95/46/EC) ··· 85
데이터 복제 ··· 263
데이터 브로커 ··· 86, 99, 279
데이터 사용자 ··· 87
데이터 수집가(소스) ··· 86
데이터 스튜어드 ··· 57
데이터 신뢰성 ··· 35
데이터 아카이브 ··· 242
데이터 아키텍처 ··· 29
데이터 아키텍트 ··· 82
데이터 웨어하우스 ··· 206, 270
데이터 웨어하우징 ··· 241
데이터 위반의 공지 ··· 94
데이터 위험관리 ··· 29
데이터 유지정책 ··· 30
데이터 품질 ··· 5, 12, 15, 21, 22, 24, 61, 238
데이터 품질 가치 ··· 43
데이터 품질 관리 ··· 3, 29, 32

데이터 품질 향상 108
데이터 품질향상 계획 58
데이터베이스 모니터링 240, 275
데이터베이스 암호화 275
데이터의 다양성 2
데이터의 압축 35
디멘드 시그널 리포지터리 209

ㄹ

로그 분석 24
로드맵 46
리스크 관리 32
리스크 프레임워크 32
리포팅 271
링크드인 9

ㅁ

마스터 데이터 관리 42, 269
마스터 데이터 도메인 128
마스터 데이터 통합 13, 19, 21, 22, 23, 24
마스터 데이터 품질 129
마스터 데이터 3, 128, 134, 136
마스터 데이터의 품질 195
마스터데이터 통합 16
맵리듀스 256, 257
메타데이터 관리 3
메타데이터 관리자 82
메타데이터 리포지터리 11, 88, 91
메타데이터 5, 9, 11, 20, 24, 70, 191
명령 93
명시적 동의(opt-in) 94, 169
목표 29
미국 HIPAA 규정 229
미국 연방 수사국(FBI) 214
미국 연방통상위원회(FTC) 17, 89
미국 증권거래 위원회 225
미국의 공정채용위원회 162
미국의 국토안보국(DHS) 85
미국의 금융산업규제기구 150
미국의 수집통신법안 150
미국인권연맹 161
미연방 신용관련 법률 58
민감한 빅데이터 36, 77, 88, 91

ㅂ

바코드 183
반구조적 114
방화벽 26
법적 영향력과 증거 수집(eDiscovery) 278
베스트 프렉티스 129, 234
보안 위반 공지법 100
보안 인텔리전스 26
보안 정보 이벤트 관리 26
보안 정보와 이벤트 관리(SIEM) 275
분류와 메타데이터 29
분산 파일 시스템(HDFS) 256
분석속도 2
브라우저 지문 88
블로그 155
비구조적 데이터 114, 228
비구조적 텍스트 137

비디오 프라이버시 보호법 ········ 97
비용 효율성 ········ 2
비즈니스 결과 ········ 28
비즈니스 메타데이터 ········ 61
비즈니스 사전 ········ 71
비즈니스 인텔리전스 부서 ········ 54
비즈니스 인텔리전스 팀 ········ 56, 80, 109
비즈니스 케이스 ········ 5
비즈니스 프로세스 통합 ········ 12, 19, 21
빅 클레임 트랜잭션 데이터 거버넌스 ··· 54
빅 트랜잭션 데이터 ···· 10, 15, 19, 21, 40
빅데이터 거버넌스 ········ 2, 163, 209
빅데이터 거버넌스 정책 ········ 124
빅데이터 거버넌스에 대한 정책 ········ 32
빅데이터 거버넌스 프로그램 ········ 30, 43, 88, 109, 118
빅데이터 보안 ········ 273
빅데이터 분석 ········ 228, 271
빅데이터 수명주기 관리 ········ 250, 275
빅데이터 실무 관리인 ········ 66
빅데이터 아키텍처 ········ 36
빅데이터 타입 축 ········ 8
빅데이터 품질 ········ 43, 108, 109, 118, 120, 244, 249, 266
빅데이터 프라이버시 정책 ········ 77
빅데이터 프라이버시에 관한 법과 규제 ········ 105
빅데이터 플랫폼 ········ 35, 255, 282
빅데이터의 관리권 ········ 31
빅데이터의 메타데이터 ········ 267
빅데이터의 압축 보관 ········ 144
빅데이터의 품질 ········ 57, 119
빅데이터의 품질 향상 ········ 33
빅데이터의 프라이버시 ········ 3, 84

ㅅ

사람이 생성하는 데이터 관리권 ········ 62
사람이 생성한 데이터 ········ 11, 23
사물 통신 ········ 249
산업(industries)과 기능(function) 축 ······ 8
생체정보 데이터 관리권 ········ 62
생체정보 ········ 10
생체측정자료 ········ 15
성숙도 모델 ········ 28
센서 데이터 거버넌스 ········ 30
소비자 프라이버시 권리장전 ········ 100
소셜 네트워크 ········ 160
소셜 네트워킹 ········ 217
소셜 미디어 ········ 246
소셜 미디어 거버넌스 ········ 30
소셜 미디어 데이터 ········ 136, 163
수요 시그널 저장소 ········ 21
스마트 모바일 디바이스 ········ 183
스튜어드십 ········ 5
스트리밍 기술 ········ 118
스트리밍 기술 활용 ········ 116, 117
스트리밍 데이터 분석 ········ 114
스트리밍 분석 ········ 207, 259
스트리밍 애플리케이션 ········ 116
스트림 데이터 ········ 118
시스템 평균 중단빈도 지수 ········ 72
시스템 평균 중단시간 지수 ········ 72

실시간 데이터 처리 ··· 240
실시간 스트리밍데이터 ··· 144
실행 매뉴얼 ··· 32

ㅇ

아시아 태평양 경제협력기구 ··· 104
아카이빙(보관) ··· 35, 61
암시적 동의(opt-out) ··· 169
얼굴 인식 기술 ··· 17
얼굴 인식 ··· 17
연방거래위원회법 ··· 96
영향분석 ··· 79
예방적 유지관리 ··· 22
예방적 유지보수 ··· 123
오픈소스 ··· 256
온라인 어린이 프라이버시 보호법 ··· 97
온라인 행위분석 기반의 광고 ··· 167
용량 ··· 2
운영 메타데이터 ··· 78, 79
웹 분석 ··· 272
웹 쿠키 ··· 58
웹 클릭스트림 분석 ··· 73
웹 트래픽 ··· 245
웹과 소셜 미디어 ··· 9, 14, 24
위치 정보 ··· 181, 245
위치 프라이버시 보호법안 ··· 183
유럽 데이터 보호 명령 ··· 92
유럽 명령(European Directive) 2002/58/EC ··· 168
유럽 의회의 인권법 제8조 ··· 92
유럽연합 데이터 보호 명령 95/46/EC ·· 189
유럽연합 집행기관 ··· 187
유럽의 데이터 보호 명령(95/46/EC) ··· 102
유전자정보 차별금지법 ··· 217
유전정보 비차별법 ··· 162
유틸리티 산업 ··· 234
이탈 고객 관리 ··· 128
인가받은 사용자 ··· 104
잊혀질 권리 ··· 94

ㅈ

자동 계량 ··· 234
자동차 텔레매틱스 ··· 19
자산 데이터 관리자 ··· 66
전기통신 프라이버시법 ··· 96
전자 의료 기록 ··· 222
전자통신 프라이버시(ECPA) ··· 184
전화 고객보호법 ··· 97
정보 거버넌스 ··· 3
정보 거버넌스 실무반 ··· 65
정보 거버넌스 위원회 ··· 31, 64, 108
정보 거버넌스 조직 ··· 3
정보 거버넌스 책임자 ··· 64
정보 거버넌스 축 ··· 8
정보 거버넌스 프로그램 ··· 147, 224
정보 거버넌스 프로젝트 ··· 5
정보 로깅과 보고서의 감사 ··· 29
정보 수명주기 관리 ··· 3, 5, 13, 20, 22, 29, 33, 149, 239, 244
정보 아카이빙 ··· 276
정보 정책 관리 ··· 268
정보보안과 프라이버시 ··· 34

정보보호 관리자 ······ 64
정보보호와 프라이버시 ······ 29
정보의 분리보관 ······ 159
정책 ······ 29
조력자 ······ 29
조직 구조와 인식 ······ 28
지리 공간 및 지진 분석 ······ 20
지원 원칙 ······ 30

ㅊ

참조 데이터 ······ 35, 232
참조 무결성 ······ 237
채널 클릭 ······ 245
책무 ······ 52
책임 ······ 52
책임할당 행렬 ······ 31, 52
책임할당(RACI) 차트 ······ 52
최고 데이터 관리자 ······ 66
최고 데이터 임원 CDO(Chief Data Officer) ······ 46
최고 데이터 책임임원 ······ 63

ㅋ

캘리포니아 공공 시설 위원회 ······ 191
케이블 통신법 ······ 96
콜센터 ······ 129, 223
쿠키 ······ 164
쿠키의 기능 ······ 164
쿠키정보 ······ 9
클라우드 ······ 279
클레임 분석 ······ 15
클레임 코드 ······ 53
클릭스트림 분석 ······ 73

ㅌ

타이완 고속철도 회사 ······ 38
텍스트 분석 ······ 264
통신 CDRs ······ 10
통신 서비스 공급자 ······ 244
트위트 ······ 9

ㅍ

페이스북 ······ 9
페이스북상 ······ 154
품질 요구 매트릭스 ······ 110
프라이버시 규정 ······ 14, 91
프라이버시 법 ······ 96
프라이버시 ······ 5, 12, 20, 23, 24, 25, 84, 273
프라이버시와 전자통신 규제 ······ 168

ㅎ

하둡(Hadoop) ······ 5
핵심 원칙 ······ 29
핵심적인 사용예 ······ 13
헬스케어 클레임 ······ 10
확장성 ······ 76
환자 마스터 데이터 ······ 229, 231
히스토리 분석 ······ 149

1948년 인권법 선언 ······ 91
2010년 Gartner 연구 보고서 ······ 144

정가 32,000원

빅데이터 거버넌스

2014년 6월 10일 초판 인쇄
2014년 6월 20일 초판 발행

역자와의
협의하에
인지생략

저 자 : Sunil Soares
역 자 : 조완섭 · 우준식 · 신정길 · 조재용 · 김상하 · 주재은
번역총괄코디네이터 : 신정길
발행자 : 우명찬 · 송 준
발행처 : 홍릉과학출판사
주 소 : ㉾ 142-885 서울시 강북구 인수봉로 50길 10
등 록 : 1976년 10월 21일 제5-66호
전 화 : 999-2274~5, 903-7037
팩 스 : 905-6729
ISBN : 979-11-5600-033-4

hongpub@hongpub.co.kr
www.hongpub.co.kr